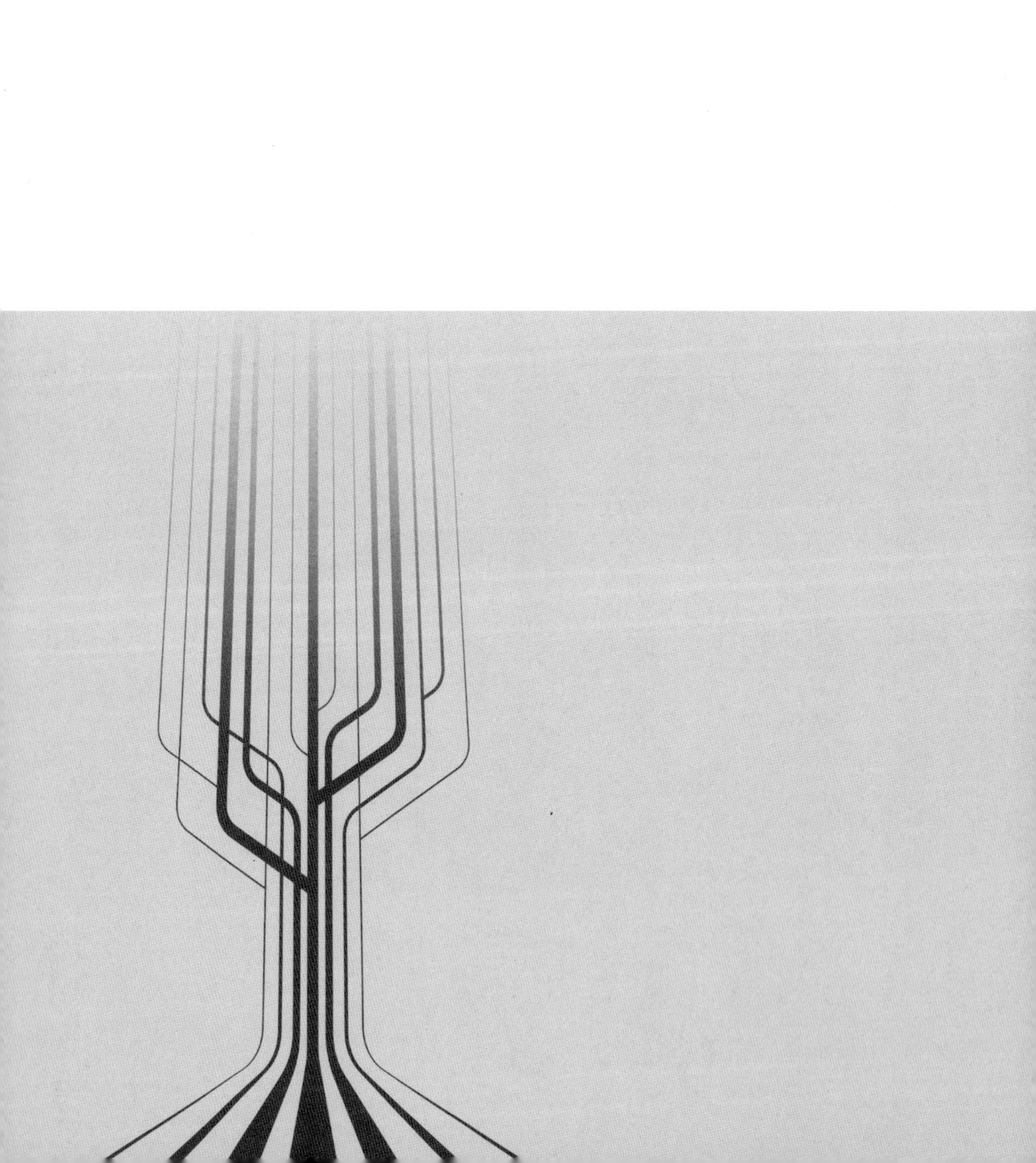

厦门民营经济发展报告

（2018—2019）

厦门市工商业联合会（厦门总商会）
厦门市民营经济工作领导小组办公室 编

厦门大学出版社 国家一级出版社
XIAMEN UNIVERSITY PRESS 全国百佳图书出版单位

图书在版编目(CIP)数据

厦门民营经济发展报告.2018—2019/厦门市工商业联合会(厦门总商会),厦门市民营经济工作领导小组办公室编.—厦门:厦门大学出版社,2021.1

ISBN 978-7-5615-8048-6

Ⅰ.①厦… Ⅱ.①厦… ②厦… Ⅲ.①民营经济—经济发展—研究报告—厦门—2018—2019 Ⅳ.①F279.275.73

中国版本图书馆 CIP 数据核字(2021)第 026446 号

出版人 郑文礼
责任编辑 许红兵
封面设计 李嘉彬
技术编辑 朱 楷

出版发行 厦门大学出版社
社址 厦门市软件园二期望海路 39 号
邮政编码 361008
总机 0592-2181111 0592-2181406(传真)
营销中心 0592-2184458 0592-2181365
网址 http://www.xmupress.com
邮箱 xmup@xmupress.com
印刷 厦门兴立通印刷设计有限公司

开本 720 mm×1 000 mm 1/16
印张 32
插页 2
字数 492 千字
版次 2021 年 1 月第 1 版
印次 2021 年 1 月第 1 次印刷
定价 88.00 元

厦门大学出版社
微信二维码

厦门大学出版社
微博二维码

编　委　会

今年是厦门经济特区建立四十周年。作为我国最早设立的四个经济特区之一，厦门始终不忘初心、牢记使命，一路拼、一路闯、一路领跑，跑出了特区发展的“厦门速度”，由海防前线的海岛小城蜕变为高素质高颜值的现代化国际化城市。经济特区建设以来，厦门地区生产总值、财政总收入年均增长15.7%和19.4%，发展速度、质量、效益居全国前列。

伴随着厦门经济特区建设的飞跃发展，厦门民营经济也在茁壮成长。回首四十年，民营经济从小到大、从弱到强，已成为厦门经济社会的重要组成部分，为厦门深化供给侧结构性改革、产业结构转型升级、全方位推动高质量发展提供了强有力支撑。

厦门市工商联（总商会）作为政府管理和服务非公经济发展的助手，始终围绕如何更好地促进民营经济健康发展开展大量重要工作，组织编撰《厦门民营经济发展报告》就是其中一项。自2007年首部《厦门民营经济发展报告（2001—2006）》出版后，市工商联（总商会）坚持两年一部的编年出版，为社会各界了解、研究厦门民营经济提供丰富的资料，为各级党委、政府制定相关政策提供可靠依据。

恰逢“十三五”规划收官之年及“十四五”规划编制之年，本次编撰的《厦门民营经济发展报告（2018—2019）》立足于厦门民营经济整体发展，从行政区划、经济区域、重点产业分布等方面，力求以翔实的数据、丰富的信息、深入的分析，结合民营经济政策与统计信息，为厦门民营经济发展画像。

本报告回顾了2018—2019年厦门民营经济的发展概况，总结了民营经济对厦门经济社会发展的贡献，分析了厦门民营经济发展中遇到的挑战和存在的机遇，为厦门民营经济今后的转型和发展描绘了蓝图。2018—2019年，正是中美贸易摩擦从开端走向白热化的时期。透过本报告，我们清楚地看到，由于厦门经济构成中外向型经济占比较大，且其中的民营企业大多盘子小、抗压能力弱，因而受到中美贸易摩擦的冲击较大。但在中央和地方各级政府的强有力领导下，在市工商联（总商会）和各相关部门的高效指导和服务下，厦门民营经济克服种种困难，取得了显著的发展成效。

厦门民营经济2018—2019年的发展成就，充分展现了民营经济在困境中的坚韧与活力，也看到了从中央到地方各级党委、政府的高度重视，以及工商联、各行业商协会等组织对民营经济的坚定支持，这也为2020年厦门民营经济最终战胜新冠疫情不利影响，迅速重回快速发展轨道坚定了信心。随着我国经济迈入高质量发展新阶段、“双循环”新发展格局的加快形成，我们相信，厦门民营经济在“十四五”期间将会继续取得更辉煌的发展成就，为决胜全面建成小康社会，开启实现全面建设社会主义现代化国家新征程，贡献其应有的力量。

目录

主题报告

综合分析

区域发展

产业布局

金融服务

政策引导

两岸交融

大事记

附录：民营经济扶持政策汇编

主题报告

ZHU TI
BAO GAO

厦门民营经济 2018—2019 年发展报告

一、引言

改革开放 40 多年来，民营经济已经成为我国“公有制为主体、多种所有制经济共同发展”基本经济制度的重要组成部分。民营企业在推动发展、促进创新、增加就业、改善民生和扩大开放等方面发挥了不可替代的作用，为新时代中国特色社会主义经济建设做出了重要贡献。至 2018 年，民营企业已为我国经济贡献了 50% 以上的税收、60% 以上的 GDP、70% 以上的技术创新、80% 以上的城镇劳动就业、90% 以上的企业数量。

2018 年以来，全球经济总体仍延续复苏态势，但增速明显放缓，贸易保护主义抬头，以中美贸易摩擦为代表的全球贸易争端日趋升温，美联储持续收紧货币政策，特朗普政府减税引致美元升值，全球债务水平继续提高，地缘政治冲突不断发生。面临种种困境和挑战，世界经济复苏强度明显减弱并走向分化，各主要经济体均有不同的经济发展掣肘。美国经济进入筑顶阶段，欧元区和日本经济放缓趋势明显，一些新兴市场国家经济下滑并出现金融市场动荡。在全球经济下行压力增大的背景下，2018 年，我国宏观经济运行整体保持平稳，全年实现经济增长 6.6%。但受国内及国际环境影响，我国仍处于“经济 L 形”期，面临着经济转型的重要问题，经济运行稳中有变。2019 年，面对更为复杂的国际经济环境，国内经济继续平稳运行存在积极因素，但仍具有不确定性。在此背景下，我国民营经济的发展遇到了新的挑战。

为帮助民营企业在面对经济下行和中美贸易摩擦等国内国际不利影响下走出困境，中央和地方各级政府陆续出台多个文件，采取多种举措，加大对民营企业发展的扶持力度，不断改善民营企业的商运环境，大大鼓舞了民营企业克服困难的信心。2018 年 11 月 1 日，习近平总书记在民营企业座谈会上的讲话，提出支持民营经济发展壮大的六个方面政策举措，表明党中央毫不动摇鼓励、支持、引导非公有制经济发展的坚定决心和鲜明态度，为民营经济健康发展注入了强大的信心和动力。同年 12 月 25 日，随着《市场准入负面清单（2018年版）》的正式公布，我国开始全面实施市场准入负面清单制度，无论国有企业、民营企业、混合所有制企业还是外资企业都将享有更加公平的市场环境。2019 年 12 月 4 日，《中共中央国务院关于营造更好发展环境支持民营企业改革发展的意见》发布实施，为民营企业改革发展营造更好的发展环境提供了新的政策支撑，进一步激发了民营企业的活力和创造力，更好地发挥民营经济在推进供给侧结构性改革、推动高质量发展、建设现代化经济体系中的重要作用。

与此同时，厦门市委、市政府认真贯彻落实习近平总书记在民营企业家座谈会和参加十三届全国人大二次会议福建代表团审议时的重要讲话精神，落实落细中央和省委、省政府支持民营经济发展的一系列政策措施，于2018年出台《关于促进民营经济健康发展的若干意见》，有力地促进民营经济保持总体平稳、稳中有进的良好发展态势。同年，厦门市税务局出台《关于支持民营经济健康发展的若干措施》，围绕减轻税费负担、推动自主创新、破解融资难题、优化执法服务等六方面内容，提出 16 条举措，有针对性地将税收扶持政策落地，为民营企业打造一流的税收营商环境。

面对国内外复杂变化的经济形势，厦门市民营经济的发展虽然遇到许多困难和问题，但伴随着从中央到地方一系列政策的落地，越来越多的民营企业在主动作为中稳预期、增定力、添信心，用实际行动印证了民营经济发展的巨大生机活力。

二、2018—2019 年厦门民营经济发展概况

据已公开数据显示，截至 2019 年 10 月，厦门全市私营企业（不含港澳台）达 34.1 万户，较 2018 年年底增加 3.01 万户；截至 2018 年年末，全市个体工商户达 25.39 万户。2019年，厦门各类民营企业实现增加值 2711.74 亿元，占全市同期 GDP 比重 45.2%。厦门市民营经济发展的总体态势良好。

（一）厦门民营经济的规模与结构

2018—2019 年，厦门民营经济保持快速发展势头，民营经济增加值、私营企业户数、注册资金等均保持两位数增长，民营企业已成为厦门市经济发展的主要力量之一，为全市经济发展提供了强大活力。

1. 占全市经济总量近半，企业注册资金、户数均保持两位数增长，民营经济保持快速发展势头

从经济增加值看（表1），2018 年，全市民营经济增加值为 2457.71 亿元，名义同比增长率为 11.7%，占全市 GDP 比重 44.9%；2019 年，全市民营经济增加值达 2711.74亿元，名义同比增长率为 10.3%，超过同期全市 GDP 的名义增长率，占全市 GDP 比重提高至 45.2%。

表 1　厦门市地区生产总值与民营经济增加值

指标	2017		2018		2019	
	年末值（亿元）	增长率（%）	年末值（亿元）	增长率（%）	年末值（亿元）	增长率（%）
地区生产总值	4607.84	7.6	5468.61	7.7	5995.04	7.9
民营经济增加值	2199	8.4	2457.71	11.7	2711.74	10.3

数据来源：根据厦门市统计局、公开数据等整理。

注：（1）地区生产总值 2017—2018 年数据为第四次全国经济普查后修订数据，2019 年数据为四季度 GDP 初步核算数据；地区生产总值增长率为按不变价格（剔除通胀）计算的实际增长率。（2）民营经济增加值增长率为按当年价格计算的名义增长率。

从企业注册资金看（表2），截至 2018 年年底，全市私营企业注册资金达19198.65 亿元，较 2015 年增加 10814.02 亿元，比上年增长 22.23%，注册资金规模不断扩大。2018年私营企业和个体工商户户均注册资金分别达到 617.56 万元和 8.69 万元，个体工商户户均注册资金创历史新高。

从企业户数看（表3），截至 2019 年 10 月底，全市民营企业数（不含港澳台）34.1 万户，同比增长 11.69%，占全市企业数（36.19 万户）的 94.22%。2018 年年底，全市共有个体工商户 25.39 万户，较 2015 年增加 8.08 万户，同比增长 20.62%。

表2　私营企业、个体工商户注册资本变化情况

年份	私营企业			个体工商户		
	注册资本（万元）	增长率（%）	户均注册资金（万元）	资金数额（万元）	增长率（%）	户均资金数额（万元）
2015	83846316	—	468.31	1012279	—	5.85
2016	116871650	39.39	521.15	1348670	33.23	6.74
2017	157064775	34.39	591.21	1713563	27.06	8.14
2018	191986469	22.23	617.56	2208014	28.86	8.69

数据来源：厦门市市场监督管理局2018年统计汇编。

注：截至完稿前,《厦门市市场监督管理局2019年统计汇编》尚未公布。

表3　私营企业、个体工商户户数及增长率

年份	民营企业		个体工商户	
	户数（万户）	增长率（%）	户数（万户）	增长率（%）
2015	17.9041	28.28	17.3119	13.56
2016	22.4258	26.26	20.0027	15.54
2017	26.5668	18.47	21.0522	5.25
2018	31.0881	17.02	25.3942	20.62
2019.10	34.1	11.69	—	—

数据来源：根据厦门市市场监督管理局 2018 年统计年鉴、公开数据整理。

注：截至完稿前,《厦门市市场监督管理局 2019 年统计年鉴》未发布。

2. 占全市境内外上市公司数量的 82.89%，民营企业的经济实力不断增强

资本市场方面，2019 年年底，厦门全市境内外上市公司 76 家，其中民营企业 63 家，占 82.89%；境内 A 股上市企业 49 家，总股本 285.51 亿股，市价总值 3634.50亿 元，其中民营企业有 37 家，数量占比达 75.51%。同年，厦门市共新增 7 家上市企业，全部来自民营企业。厦门民营企业的经济实力与资本市场直接融资能力不断增强。

在全国工商联发布的“2019 年中国民营企业 500 强”榜单中，厦门有三家民企上榜，分别是的盛屯矿业集团股份有限公司（第 273 位）、厦门禹洲集团股份有限公司（第 349 位）、厦门恒兴集团有限公司（第 484 位）。而在胡润研发院的“2019 胡润中国 500 强民营企业”中，厦门有7家企业入围。

在福建省工商联发布的 2019 福建省民营企业 100 强榜单中，厦门有29家企业入围，百强企业年均营业收入达到 155.2 亿元，比上年增加 41.15 亿元。其中，作为厦门入围企业前三名的均和（厦门）控股有限公司、盛屯矿业集团股份有限公司、厦门禹洲集团股份有限公司，分别位于省百强榜单的第9位、第 13 位和第 16 位。而在 2019 年福建省民营企业制造业 50 强中，厦门也有宏发电声、奥佳华等 10 家企业入围。

2019 年“厦门企业 100 强”榜单则充分显示，民营企业是最具活力、最具潜力的经济群体。从榜单看，上榜民营企业数量已占据半壁江山：上榜的 100 家企业中，国有及国有控股企业 28 家、外资及台港澳企业 19 家、民营企业 51 家、集体企业 2 家。从营业收入看，民营企业也在不断攀升，前十强中，有 3 家企业是民营企业，其中，均和 (厦门) 控股有限公司以 387.01 亿元，位居民营企业的第一名，进入榜单的第五名。

3. 产业结构不断优化，产业发展与厦门市整体经济发展规划相呼应

厦门市长期致力于发展先进制造业、现代服务业，“十三五”规划中也强调要着重培育计算机和通讯设备、航运物流、软件信息等一批千亿产业链。厦门民营经济的行业结构变化则一定程度上呼应了厦门市经济发展的规划方向。

如表4 所示，2018 年厦门民营经济实体和注册资金集中的行业排名靠前的有批发和零售业，租赁和商务服务业，科学研究、技术服务业以及制造业。从民营企业户数比重看，批发和零售业、租赁和商务服务业所占比重有所下降，信息传输、软件和信息技术服务业，科学研究、技术服务业，教育，文化、体育和娱乐业逐年上升，第三产业占比逐年上升，于 2018 年达到 84.5%。从民营企业注册资金比重看，批发和零售业、制造业的比重在逐年降低，而科学研究、技术服务业，教育，文化、体育和娱乐业的注册资金比重上升趋势明显。从民营企业户数与注册资金的增长率看，第三产业增长率高于第一和第二产业，其中批发和零售业，交通运输、仓储和邮政业，住宿和餐饮业，信息传输、软件和信息技术服务业，租赁和商务服务业，科学研究、技术服务业，水利、环境和公共设施管理业，教育、卫生和社会工作，文化、体育和娱乐业都 有稳定且较高的增长速度。厦门民营经济分行业的发展特征表明厦门民营经济的发展与厦门市整体的经济发展战略规划目标是相契合的。

表4　厦门市各行业私营企业户数与注册资金变动情况表

单位：%

行业分类	2017				2018			
	户数比重	户数增长率	注册资金比重	注册资金增长率	户数比重	户数增长率	注册资金比重	注册资金增长率
农、林、牧、渔业	0.54	9.90	0.58	20.21	0.50	7.62	0.52	9.00
采矿业	0.03	−16.83	0.07	33.42	0.03	−4.76	0.06	13.58
制造业	10.24	5.75	8.32	18.71	9.51	8.69	7.80	14.60
电力、热力、燃气及水生产和供应业	0.12	32.20	0.32	88.81	0.12	18.59	0.32	21.03
建筑业	5.28	19.58	6.27	42.47	5.35	18.57	6.56	27.86
第二产业合计	15.66	10.15	14.98	28.80	15.00	12.07	14.74	20.29
批发和零售业	38.67	16.00	24.5	22.60	37.85	14.54	23.37	16.60
交通运输、仓储和邮政业	2.62	16.96	1.90	23.57	2.57	14.77	1.87	20.29
住宿和餐饮业	1.39	9.27	0.51	31.89	1.39	16.85	0.48	17.06
信息传输、软件和信息技术服务业	7.32	23.66	5.62	34.62	7.68	22.86	6.11	33.02
金融业	0.32	81.06	0.99	60.98	0.25	−8.34	0.77	−5.55
房地产业	1.85	13.03	3.10	19.29	1.75	11.10	3.23	27.34
租赁和商务服务业	16.96	21.02	34.19	41.38	16.77	15.71	34.04	21.69
科学研究、技术服务业	8.62	38.66	10.15	54.75	9.78	32.88	10.99	32.28
水利、环境和公共设施管理业	0.36	16.26	0.40	37.62	0.35	14.30	0.52	58.69
居民服务、修理和其他服务业	1.96	0.50	0.61	36.64	1.85	10.82	0.62	24.96
教育	0.40	66.30	0.17	94.93	0.50	47.19	0.19	36.26
卫生和社会工作	0.10	109.92	0.18	36.24	0.13	59.45	0.19	30.01
文化、体育和娱乐业	3.25	37.73	2.11	62.62	3.62	30.47	2.35	36.04
第三产业合计	83.79	20.22	84.43	35.54	84.50	18.00	84.74	22.67

数据来源：厦门市市场监督管理局统计汇编（2017年、2018年）。

注：截至完稿前，《厦门市市场监督管理局2019年统计年鉴》未公布。

（二）厦门民营经济的科技创新与品牌建设

1. 科技创新能力不断增强，成为我市发展“新技术、新产业、新业态、新模式”的重要力量

2018 年，中国城市科技创新发展指数、中国创新创业指数厦门均居第11 位，福厦泉自创区考评厦门片区居全省首位，核心区火炬高新区综合实力排名跃升至全国第 15 位，4 项科技成果荣获国家科技奖。2019 年，国家自主创新示范区年度考核评估厦门片区居全省第一，“小微企业创业创新基地城市示范”绩效评价进入全国前八。这些成绩的取得，厦门民营企业功不可没。

来自厦门市科技局的数据显示，2018—2019 年，全市约 85% 的国家级高新技术企业来自民营企业。2019 年，厦门市国家高新技术企业资格有效数达 1928 家，占全省 40%，净新增 302 家，同比增长 50.25%，为近两年来最高水平；172 家“三高”企业实现规模倍增，规上高新技术产业增加值占规上工业增加值的 67.13%；新培育市级高新技术企业 636 家、市级科技小巨人领军企业99 家、省级科技小巨人领军企业139 家，在库培育市级高新技术企业 1268 家、市级科技小巨人领军企业 443 家、省级科技小巨人领军企业 581 家。而各类高新企业中绝大多数为民营企业。

2019 年，厦门新增国内专利申请 34626 件，比增 7.4%，其中发明专利申请 9029 件，比增 14.4%；新增国内专利授权 23013 件，比增 7.6%，其中发明专利授权 2672 件，比增 20.6%；有效发明专利拥有量 13646 件，比增 20.6%；每万人有效发明专利拥有量达 33.2 件。新增 PCT 国际专利申请1958 件，占全省申请量的 47.1%。全市10项专利通过第二十一届中国专利奖公示，推荐 20个优秀专利项目参评2019年省专利奖。技术合同交易额达 92.53 亿元，占全省 63.4%。

同年，我市共有 6 项成果获国家科学技术奖，其中 4 项属于民营企业。三安光电股份有限公司、厦门华联电子股份有限公司和厦门光莆电子股份有限公司联合参与完成的“高光效长寿命半导体照明关键技术与产业化”项目荣获国家科技进步一等奖，这也是福建省首个民营企业获得国家科技进步一等奖的项目；厦门艾德生物医药科技股份有限公司参与完成的“基于外周血分子分型的肺癌个体化诊疗体系建立及临床推广应用”、厦门美图之家科技有限公司参与完成的“编码摄像关键技术及应用”以及厦门市美亚柏科信息股

份有限公司参与完成的专用项目荣获国家科技进步二等奖。此外，厦门万泰沧海双价人乳头瘤病毒疫苗“馨可宁”获批上市，成为世界第三支、国产第一支宫颈癌疫苗；全称为“中国福建能源材料科学与技术创新实验室”的嘉庚创新实验室启动建设；生物医药产业集群、新型功能材料产业集群入选国家发改委第一批战略性新兴产业集群培育工程。

随着以民营企业占绝大多数的各类高新企业队伍的不断壮大，厦门市高质量科技供给能力将不断增强，这将有助于提升厦门市经济创新力和竞争力，促进城市经济高质量发展，助力产业转型升级。

2. 品牌意识不断提升，中国驰名商标和知名商标品牌拥有量在副省级城市名列前茅

厦门市委市政府认真贯彻落实中央、省委精神，深入实施创新驱动、品牌带动、质量强市发展战略和质量提升行动，出台《关于实施品牌带动的若干意见》等政策，品牌质量建设取得新成效。厦门市先后获批建设国家商标战略实施示范城市、全国质量强市示范城市、国家知识产权强市创建市等，涌现出厦门天马、宏发电声、三安光电、美亚柏科等一大批质量效益好的品牌企业，产业创新能力和市场竞争力进一步提升。截至 2019 年，全市新增商标申请件数 100539 件，商标注册数 36804 件；商标有效注册量累计达 509756 件，每万户商事主体拥有商标 7529 件；新增5件驰名商标，累计 117 件；累计拥有地理标志商标 4 件。厦门市的中国驰名商标、知名商标品牌拥有量在全国 15 个副省级城市名列前茅。

（三）厦门民营经济的对外贸易规模

2018—2019 年，厦门民营企业克服中美贸易摩擦的不利影响，对外贸易先抑后扬。厦门以港立市，外贸依存度高居全国前列，对外贸易已成为我市社会经济发展的重要组成部分。但受中美贸易摩擦影响，包含民营企业在内的全市进出口都受到了较为严重的冲击。据历年《厦门市国民经济和社会发展统计公报》及图2 显示，2018 年全市进出口增速从 2017 年的 14.3% 下降至 3.3%，而民营企业甚至出现负增长。2018 年民营企业进出口总值 2123.93 亿元，同比下降 1.4%；其中出口受挫尤为严重，全年仅实现 1502.15 亿元，同比下降 4.3%；进口总额为 621.78 亿元，同比增长 6.4%。

面对复杂多变的经济形势，在厦门市委市政府的有力领导下，厦门民营企业积极应对，经受住了中美贸易摩擦等外部不利环境的挑战，于 2019 年实现逆势增长，全年实现进出口总值 2210.40 亿元，增长 6.8%，其中出口 1589.50 亿元，增长 8.2%，进口 620.90 亿元，增长 3.1%；对外贸易表现远好于同期进口、出口均出现负增长的外资企业，表现出极强的韧性，为全年厦门全市对外贸易的反弹做出重要贡献。而这优异的表现主要得益于厦门民营企业在保持传统市场份额的同时，对新兴市场开拓力度不断增强，进出口活力不断提升。具体表现在，2019 年厦门民营企业对“一带一路”沿线国家进出口增长了 17%，成为厦门外贸进出口的一大亮点。此外，有进出口记录的民营企业数量已突破1万家，占厦门海关关区进出口企业数量的 83.3%。

但从民营经济占全市对外贸易的比重来看，民营经济对外贸易占比略有下滑。2019 年民营企业进出口总额占全市进出口总额 34.47%，较 2018 年下滑 0.9 个百分点，较 2017 年下滑 1.86 个百分点；同年出口占比为45.04%，虽较 2018 年增加 0.09个百分点，但较 2017 年则下滑 2.36 个百分点；进口占比为 21.53%，而 2018 年和 2017 年的占比分别为 23.34% 和 22.27%。受限于数据可得性，图3 仅比较了厦门、青岛、杭州三个副省级城市 2016—2018 年民营企业出口占各市对外贸易比重的情况。可以发现，厦门民营经济占全市对外贸易的比重均低于青岛和杭州，尤其与杭州的差距较大。这些数据既体现了民营经济在厦门整体经济发展中相对较弱的地位，但也说明了厦门民营企业在对外贸易方面尚有较大的发展潜力等待挖掘。

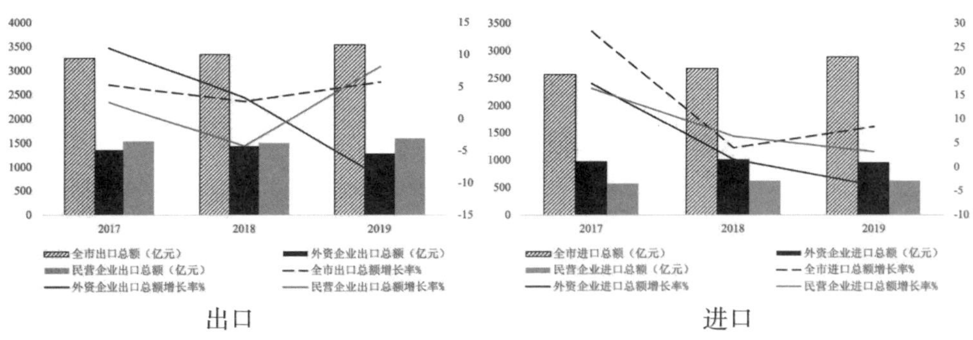

图1　2017—2019年厦门市企业出口和进口情况

数据来源：厦门市国民经济和社会发展统计公报（2017—2019）。

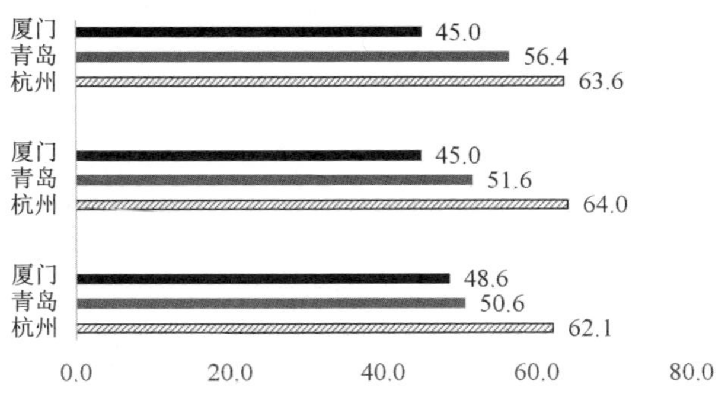

图2　2016—2018年各市民营企业出口占全市出口比重（%）

数据来源：各政府官网。

三、民营经济对厦门经济发展的贡献分析

（一）民营经济增加值的 GDP 占比近半，是地方经济增长的重要支柱

据前文数据计算，厦门民营经济对全市 GDP 的贡献率约达四成五，是厦门经济发展的主要力量和重要支柱。图3进一步比较了 2018 年厦门、青岛、杭州、深圳四个副省级城市整体经济发展及民营经济占比和贡献的情况。厦门由于区划面积和人口基数少，经济体量也小于其他三个城市，但经济增速与深圳旗鼓相当。厦门、青岛、杭州、深圳四个城市的民营商事主体的数量占比均超过 91%，在全国名列前茅，民营经济占地方生产总值的比重也接近五成。

具体来看，在民营企业数量占比方面，2018 年年底，深圳市民营经济商事主体 304.5 万家，占全市商事主体总量 97.66%；杭州市私营企业 55.5 万户，个体工商户 51 万户，全市民营经济主体数量占全市经济主体总量 91.4%；青岛市民营经济市场主体 129.6 万户，占全市经济主体总量 96.8%；而厦门民营商事主体占比 94.22%，略低于深圳和青岛，高于杭州。

在民营经济的 GDP 占比方面，深圳、杭州和青岛对当地 GDP 的占比分别为 43.77%、60.5% 和 44.5%。杭州市民营企业体量整体偏大，连续 17 次蝉联“中国民营企业 500 强”上榜企业数之首，因此杭州市民营企业对 GDP 贡献占比高于其他地区。除杭州外，与深圳青岛相比，厦门市民营经济的 GDP 占比则略高于深圳的 43.77% 和青岛的 44.5%。

可见，厦门民营经济在民营经济发达的城市比拼中不落下风，并表现出强大的发展活力和发展潜力。

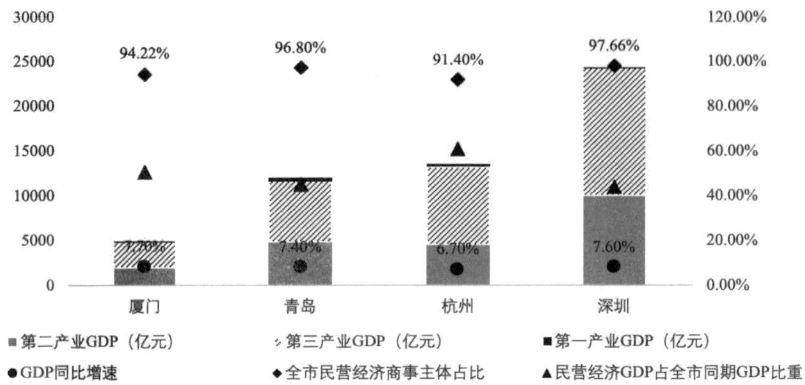

图3　2018年厦门、青岛、杭州、深圳全市经济及民营经济贡献情况

数据来源：各政府官网。

（二）对地方财政收入贡献水平不足，但仍是重要的税收来源

据统计，2018 年厦门全市的税收收入 1157.8 亿，其中来自民企的税收收入 436 亿元，民营企业税收贡献占比达 37.66%。在与全国及部分代表性地区的民营企业对财政收入贡献的比较中（图4）可以看出，厦门民营经济受区位发展的规模、特点等因素影响，其对地方财政收入的贡献水平低于沿海其他地区（如浙江、深圳等），加之东部沿海地区拉高了全国平均水平，厦门民营企业对地方财政收入的贡献水平也低于全国平均水平。可见，厦门民营经济对地方财政收入的贡献仍有不足，但也不可否认民营企业所发挥的重要作用。

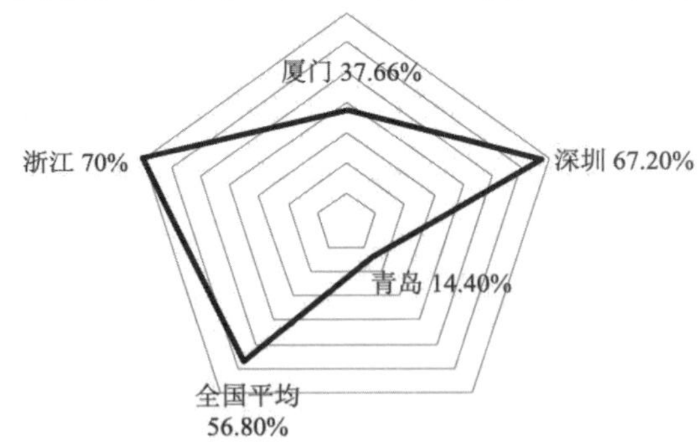

图4　2018年全国及部分地区民营企业对财政收入贡献比率

数据来源：政府网站及新闻报道整理。

（三）民营企业实力和数量不断壮大，成为吸纳就业的最重要主体

近年来，厦门民营企业的数量和经济实力不断发展壮大，为社会创造了大量的就业机会。如表5 所示，2016 年以来，厦门市民营经济对厦门全市的就业贡献均超过五成。2018 年末，全市在民营企业与个体工商户的从业人员（含投资人）达到 284 万人，占年末全社会从业人员的 64.6%。

再以厦门市第四次全国经济普查公报的三类行业的有关数据为例，2018 年末，厦门共有批发和零售业从业人员 37.09 万人，企业法人单位 5.13 万个，企业法人单位中，内资企业占 98.3%，其中私营企业占 90.85%；交通运输、仓储和邮政业从业人员 12.98万 人，企业法人单位 4412 个，内资企业占 98.0%，其中私营企业占 89.99%；住宿和餐饮业从业人员 7.69 万人，企业法人单位 3431 个，内资企业占 96.6%，其中私营企业占 87.18%。三类行业中，私营企业以绝对多数的占比，成为厦门市吸纳就业人口的重要主体。

而在城市横向比较中，从图6 可知，2018 年厦门民营经济对本地就业贡献比率高于深圳和杭州，处于全国领先水平，成为厦门市吸收就业的重要经济主体。

表5　2016—2018年厦门市民营单位对全市就业的贡献

年份	年末全社会从业人员（万人）	民营与个体工商户从业人员（含投资人）（万人）	比重(%)	城镇非私营单位从业人员（万人）
2016	352.1558	213.0052	60.48	139.1506
2017	298.8256	152.8316	51.14	145.9940
2018	439.6356	284.0442	64.60	155.5914

数据来源：厦门市经济特区年鉴（2016—2018）、厦门市市场监督管理局统计汇编（2016—2018）。

（四）科技创新不断突破，成为我市产业转型升级的生力军

民营企业是市场经济重要的活力细胞，是地区经济与产业转型升级、高质量发展的生力军。近年来，我市民营企业在产业转型、产品更新、技术升级等方面不断取得新突破，经营领域进一步拓宽，民营资本投资已从单纯的以扩大生产规模为主的粗放型投资方式，向以提高技术含量、跨行业投资为特点的集约型投资方式转变。

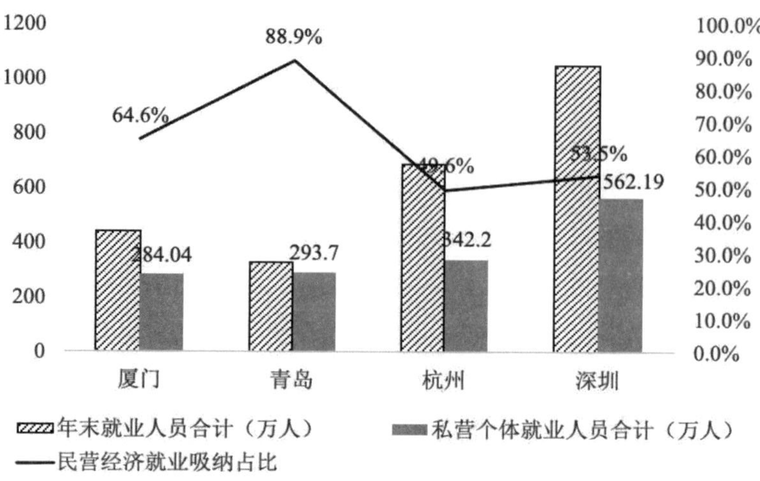

图6　2018年各城市年末就业人口及私营个体就业贡献情况

注：由于各省统计口径差异，青岛市的私营个体就业人员合计数由当年年末总就业人口数扣减国有及集团单位就业人数得，包含在外资企业就业人数，因此计算结果存在一定出入。

据厦门市科技局统计，厦门全市 85% 的国家级高新技术企业来自民营企业，2019 年新增国家级高新技术企业 302 家左右，累计达 1928 家，新培育省级科技小巨人领军企业 139 家，累计达 581 家，全市 172 家“三高”企业实现规模倍增，规上高新技术产业增加值占规模以上工业增加值的比重 67.13%，其中绝大多数为民营企业。从产业链产值看，厦门集成电路产业规模全国居前，生物医药、新型功能材料入选首批国家战略性新兴产业集群，平板显示、软件信息、旅游会展、航运物流等 8 条产业链群产值超千亿。产业投资不断推动厦门产业转型发展、促进经济动能转换。民营企业已成为我市发展“新技术、新产业、新业态、新模式”的重要力量，其高质量科技供给能力不断增强，有助于提升厦门市经济创新力和竞争力，促进产业转型升级，助力城市经济高质量发展。

四、厦门民营经济发展的挑战和机遇

（一）厦门民营经济发展面临的挑战

1. 经济发展进入高质量发展阶段，对民营经济发展质量的要求提高

2017 年党的十九大报告指出，我国经济发展进入新时代，即由原来的高速度增长阶段转向高质量发展阶段。原有的劳动力、资源、土地等生产要素的低成本优势，人口红利带动的需求优势，国内外技术水平差异技术引进潜力等发展的优势条件都大大减弱，如何进一步提高自主创新能力，优化产业结构，提高运行效益是贯穿我国经济下一发展阶段的主题。“十四五”规划将承接党的十九大中心思想，围绕社会主要矛盾从“人民日益增长的物质文化需要同落后的社会生产之间的矛盾”到“人民日益增长的美好生活需要和不平衡不充分的发展之间的矛盾”的变化，强调经济的高质量发展，对民营企业下一阶段的发展带来了新的挑战。

从供给端看，高质量发展要求企业要加快实现新旧动能的转换，改变原来通过要素投入或增加投资带动的企业增长转变为由新业态、新服务或新技术组成的新动能带动的有机增长。新动能的产生可以通过引进和自主创新，促进传统制造业的改造升级或是推动新兴产业的培育和壮大。但企业需明确自主创新才是保证企业长远发展的核心动能，无论是“无中生有”，亦或是“有中出新”，都需要把握技术的质量和效益这一基本准则，提高企业硬实力，实现有质量的发展。从需求端看，消费对经济的拉动作用增强，随着居民可支配收入的增加，居民对高质量产品和现代化的服务需求空间上升。在消费理念上消费者追求绿色、健康、品质，在消费方式上数字化消费方式成为主流，消费结构的变化进一步倒逼企业转型，产品和服务的质量成为检验企业发展最有效的途径。

在经济发展阶段转换的过程中，无论是供给端还是需求端的变化都给科技创新能力较弱的民营企业的生产经营带来挑战，要求企业从企业内部改革以适应市场变化。民营企业除了需要加强自身内部的硬实力，还需要政府提供一个良性的发展环境。一方面，政府需要协调企业，高校和科研机构形成一个研发生产闭环，在提高科研成果转化率的同时集中力量办大事，加速高新技术攻关，加强核心技术，真正做到科研服务于实体经济。另一方面，相

关知识产权保护的法律法规、创业创新的融资渠道，企业绿色生产的监督及奖惩机制等创新环境的建设需要政府及时配套。因此，经济发展阶段的转换给民企带来的是内外部建设的双层挑战，在政府配套环境建设尚未完全到位的阶段，如何有效提升产品和服务的质量，并保障核心关键技术的应用，是民企现阶段发展的首要任务。

2. 国际经济形势百年未有之大变局，使民营经济发展遭遇更多不确定

受中美贸易摩擦、新冠疫情和国际地缘政治不安定等因素的叠加影响，保护主义、单边主义明显抬头，全球经济复苏进程中风险积聚，国际经济局势存在更多的不确定和不稳定。

目前中美贸易争端停留在第一阶段谈判，由于疫情的影响和美国总统换届选举的来临，双方的竞争合作关系短期内应该不会进一步恶化，但第一阶段谈判协定是否能真正执行尚存疑虑。据海关统计，一季度我国对美出口4765.5 亿元，下降 23.6%；自美进口 1914.6 亿元，下降 1.3%。由于经济一体化、产业链全球化，中美双方的依存关系不太可能完全脱钩，因此当前中美双方之间既是斗争关系也是合作关系，但斗争的不确定性对世界经济布局产生重要影响。2020 年新冠疫情在世界范围内全面爆发，因为封城停工等措施导致全球产业链断裂，除基本经济活动外，各国经济发展陷入停滞。目前我国的疫情防控成效显著，但其他国家和地区的疫情防控出现反复，极大影响着全球经济的复苏。

国际经济环境的不确定和不稳定对民企下一步的投资发展计划带来巨大的冲击和挑战。从需求侧看，消费显著减少，2020 年第二季度消费支出对GDP 贡献率下降 73.3%。一方面，企业的裁员和停产导致居民的收入水平下降，购买力下降导致居民消费需求下降。根据国家统计局最新数据显示，截至 2020 年第二季度居民人均可支配收入累计下降 1.3%，居民人均消费支出累计下降 9.3%，其中城镇居民人均可支配收入下降 2%，农村居民人均可支配收入下降 1%。另一方面，由于居家隔离，企业停产等客观因素限制居民线下消费，医疗卫生服务和线上服务短期受益。在投资方面，由于疫情的反复导致经济前景不明朗，市场投资的信心不足。截至 2020 年第二季度，资本形成对 GDP 的贡献率下降 94%，其中房地产投资和基础建设投资变化最为明显，基本陷入停滞，企业内部投资活动受资金限制被抑制。国际贸易方面，今年

二季度外贸进出口 7.67 万亿元，同比下降 0.2%，较一季度收窄 6.3%。民营企业虽较快实现逆势突围，上半年民营企业进出口 6.42 万亿元，增长 4.9%，占外贸总额的 45.1%，较去年同期增长 3.5%，但增速明显放缓。从贸易方式来看，全球产业链断裂导致加工贸易的进出口都受到影响，且较一般贸易受损更为严重。从贸易对象看，东盟国家成为我国第一大贸易伙伴，上半年我国对东盟进出口 2.09 万亿元，增长 5.6%，占我国外贸总值的 14.7%；对“一带一路”沿线国家进出口 4.2万亿元，微降 0.9%，占我国外贸总值的 29.5%；对欧盟进出口 1.99万亿元，下降 1.8%；对美国进出口 1.64万亿元，下降 6.6%。

从供给侧来看，新冠疫情很可能导致全球产业链、供应链、价值链的重构。疫情下进出口的限制可能导致部分产业链断裂，上游企业无法及时生产，下游企业必定受到影响，这对产业链全球化的打击是致命的。从产业结构来看，第一产业影响最小。疫情对第二产业的影响集中于中小企业，中小企业的资金周转不灵存在巨大的资金链断裂风险，加之中小企业大部分为民企，因此民企影响最大。第三产业主要依靠线下服务，餐饮、酒店、旅游、娱乐等在前期基本停业，线上电商、线上教育等产业在疫情期间表现抢眼，但难以扭转服务业整体的负面影响。

3. 民营企业现代企业制度的建设不够完善

目前，我国民营企业的运营模式以家庭企业为主，合伙制企业为辅，较少有企业能建立完善的现代企业制度。家庭式经营在企业创立初期有助于节约企业管理成本，加速资本积累，企业组织结构层级少、权力集中有助于企业提高决策效率以快速应对市场风险。

随着企业的规模不断扩大，家族式经营的弊端凸显。从产权角度看，家族式企业的产权单一，由极少部分人控制公司股权，同时不同股东之间经常存在产权不清，权责不明的情况。因此企业规模一旦扩大经常会出现公司分化的情况，难以做大做强。另外，由于决策权力的集中，公司的经营目标往往是为大股东的权益服务，考虑如何更快地实现个人资金回报，决策存在独断、短视的弊端，因此企业的存续期也会较短。即使民营企业有机会上市，由于公司没有形成良性的委托代理关系，少数流通股股东的权益无法保证。从人力资源聘用角度来看，任人唯亲是家族式企业的普遍特征，流动性和凝固性并存，专业能力更是良莠不齐。企业内部各部门缺乏有效的内部监督机制和员工激励机制，尤其是财务管理不规范不透明。从企业文化角度看，家族式企业的企业文化具备浓重的个人色彩和功利性，企业文化建设往往流于表象，不能起到凝聚和激励作用。另外，人力资源规划的不科学，叠加上厦门乃至福建相较于长三角、珠三角的区位劣势，使企业人才流失情况严重，影响企业民营企业核心竞争力的建设和维续。此外，民营企业内部制度的问题也是导致融资困难的主要原因，财务的不透明不规范影响企业信用，企业的决策的短视性及较短的存续期增加银行放贷的顾虑。

（二）厦门民营经济发展存在的机遇

1. 各级政府高度重视民营经济发展，不断推出利好政策

近年来，国家从中央到地方政府高度重视民营经济的发展，不断推出各种强有力的民营经济扶持政策，民营企业遇到了更加良好的发展机遇。

2018 年 11 月 1 日，习近平总书记在民营企业座谈会上，从减轻企业税费负担、解决民营企业融资难融资贵问题、营造公平竞争环境、完善政策执行方式、构建亲清新型政商关系、保护企业家人身和财产安全等六方面，提出了大力支持民营企业发展壮大的举措，深刻体现了党中央对民营企业发展的重视、关心和支持。次年 12 月 22 日，《中共中央　国务院关于营造更好发展环境支持民营企业改革发展的意见》公布，就进一步激发民营企业活力和创造力，充分发挥民营经济在推进供给侧结构性改革、推动高质量发展、建设现代化经济体系中的重要作用，营造更好发展环境支持民营企业改革发展，提出一系列措施。

厦门市委市政府积极响应中央号召，出台了《关于促进民营经济健康发展的若干意见》（厦委发〔2018〕26 号），即民企扶持政策 30 条（详见表6）。《意见》的具体措施主要涉及表6的所列示的四个方面，对小微企业重点实行减税降费，缓解融资难题；对规模以上民营企业采取适当奖励措施，推动企业做大做强，鼓励自主创新。《意见》规定 2018 年继续开展龙头骨干民营企业认定工作，此后每两年开展一次认定工作，有效期两年，对符合条件的龙头骨干民营企业进行重点培养享受“一企一策”“一事一议”及其他优惠政策。厦门市龙头骨干民营企业认定数量已由 2018 年的 60 家扩大到 2020 年的 90 家，体现了对扶持厦门民营企业发展的力度进一步加强。同时，《意见》为鼓

励民营企业在“十四五”规划期间有广大发展空间的医疗、养老、教育等高端服务业领域加大投资，对符合条件的企业予以适当补助，既是对相关产业的鼓励，也为相关产业的民营企业提供了更好的发展环境，借以抓住“蓝海市场”机遇。

表6 “民营经济30条”对民营企业的主要扶持方向

方向	具体措施
鼓励自主创新	首台（套）重大技术装备，单项最高给予500万元补助
	重点实验室，给予200万元的一次性补助
	新型研发机构给予一次性100万元开办经费补助
	科研仪器、设备和软件的购置经费最高可补助3000万元
	每孵化一家国家高新技术企业的给予研发机构20万元奖励
	研发投入给予最高限额为800万元的补助
	国家级高新技术民营企业予以一次性奖励10万元。
减税降费	对符合条件的小型微利企业，其年应纳税所得额不超过100万元的部分，减按25% 计入应纳税所得额，按20% 的税率缴纳企业所得税
	对年应纳税所得额超过100万元但不超过300万元的部分，减按50% 计入应纳税所得额，按20% 的税率缴纳企业所得税
减税降费	对2018年1月1日起新开办的上述小型微利企业在此期间其企业所得税地方留成部分“即征即奖”给企业
	对民营企业或其个人股东取得的股权转让收益所缴纳的企业所得税或个人所得税额，给予适当奖励
缓解融资困难	制定和完善民营企业金融服务尽职免责制度，明确免责情形，进一步落实不良贷款容忍度管理要求，民营贷款不良率提高2个百分点
	建立无还本续贷“白名单”制度，实现还本续贷无缝对接
	新增应急还贷资金10亿元，有效满足企业还贷续贷过程中的资金周转需求
	支持民营企业通过资本市场直接融资并给予相应奖励
推动做大做强	对符合条件的新增规模以上民营工业企业、限额以上民营批发和零售企业，以企业上年度缴纳的地方级税收收入为基数，增量部分的50% 奖励给企业扩大再生产，奖励期限3年
	民营企业税后利润分配给个人的，转为增资或在我市再投资用于扩大再生产的部分，其已缴纳的个人所得税地方留成部分予以全额扶持
	对规模以上民营工业企业实施技术改造的项目给予最高1000万元补助

此外，我市还建立了挂钩服务企业的“六必访”制度，健全政银企常态化对接机制，加强了政府、银行等金融机构与民营企业间的信息传递和反馈，更好地落实落细“民营经济 30 条”。数据显现，2019 年，厦门市企业新增政策性减税超 150 亿元，累计实现减税降费超 400 亿元，清偿民营企业中小企业欠款 4.6 亿元，小微贷款余额增长 19.7%，银税互动贷款余额增长 183%，融资成本下降 0.8个百分点，累计使用 115 亿元应急转贷纾困资金，民企帮扶成效明显。

2. 经济发展进入高质量发展阶段，有助于加快民营经济供给侧转型升级

当前我国经济已由高速增长阶段转向高质量发展阶段，进入经济发展的新常态。高质量发展是经济发展到一定阶段自主选择的结果，民营企业要想做大做强就必须遵循宏观经济发展规律。当前，国家正大力推进结构性改革，创造有利于创新、创业的条件和氛围，通过发展数字经济、促进互联互通、完善社会保障措施等，建设适应未来发展趋势的产业结构、政策框架、管理体系，调动各方面创新积极性，提升经济运行效率和韧性，努力实现高质量发展。同时，在国际经济局势存在大量不确定的情况下，需求侧的影响能随着疫情的逐渐好转而好转，但全球产业链布局的变化，将会成为下一阶段全球经济发展的主调。

民营企业要想在国内外经济变革的档口突出重围，“高质量”的生产将成为企业的唯一出路。要实现高质量的发展，民营企业就必须加快新旧动能的转换，加强自主创新能力，挖掘增长动力。自主创新是推动高质量发展、动能转换的迫切要求和重要支撑，也是每个民营企业实现产品与服务升级换代的重要保障。民营企业需要找准切入点，抓住新技术、新产业、新业态不断涌现的历史机遇，尊重、保护、鼓励创新；要积极参与国际创新合作，集全球之智，克共性难题，让创新成果得以广泛应用，惠及更多国家和人民。

3. “双循环”新发展格局的形成，有助于以需求带动民营经济转型升级

2020 年以来，习近平总书记着眼我国发展阶段、环境、条件变化，提出要推动形成以国内大循环为主体、国内国际双循环相互促进的新发展格局，并作出了深刻阐释。这一战略决策，是事关全局的系统性深层次变革，也为民营经济下一步的发展指出了方向。

（1）要以国内大循环为主体，把满足国内需求作为发展的出发点和落脚点。当前，我国内需市场持续扩大、消费结构不断升级，为民营经济提供了广阔的国内市场。从表 7 可以看出 2015 年至 2019 年社会消费品零售支出增势趋于平稳，但始终保持对 GDP 的正向拉动作用，且相较于投资和外贸对经济的拉动作用，国内消费品市场对经济增长的贡献超过投资和外贸的贡献之和。在当前国内外经济环境存在较大不确定性的情况下，内需市场成为振兴民营企业的重要方向。

表7　消费支出对国内经济增长的贡献情况

年份	社会消费品零售总额（亿元）	社会消费品总额同比增长（%）	最终消费支出对 GDP 总值增长贡献率（%）	最终消费支出对 GDP 增长拉动（百分点）
2015	300930.8	11.10	69	4.9
2016	332316	10.90	66.5	4.6
2017	366261.6	9.40	57.5	4.0
2018	380986.9	8.20	65.9	4.4
2019	411649	8	57.8	3.5

数据来源：国家统计局。

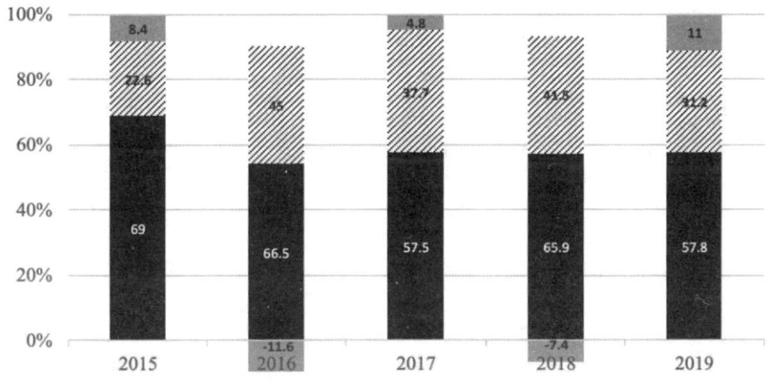

图7　三大需求对 GDP 增长贡献贡献率

数据来源：国家统计局。

居民生活水平的提高伴随着消费水平提高及消费结构的改变。过去五年我国人均可支配收入同比增长率维持在 8.4% 以上，社会消费品零售总额同比增速略高于居民可支配收入增速。人们不再满足于基本的生存物质需求，绿色、健康、品质、新颖、个性的消费理念成为主流。需求结构的变化带动消费结构的升级。

近年来，我国生产型消费支出比重下降，其中食品烟酒的消费支出比重下降最为显著，享受型支出如交通通信消费支出比重都有大幅度提升，教育、文化娱乐和医疗保健在居民生活支出的占比也有较为显著的上升。

以厦门为例，2019 年厦门全市智能家用电器和音像器材、可穿戴智能设备零售额分别增长 68.0% 和 12.2%，能效等级为 1 级和 2 级的家用电器等零售额分别增长 1.1 倍和 3.5 倍。1—11 月，信息传输、软件和信息技术服务业实现营业收入 400.69亿元，增长 16.2%，其中互联网和相关服务业增长 30.4%。全年参加城镇企业职工基本养老保险、医疗保险、失业保险人数分别为 320.21 万人、421.88 万人和 240.66 万人，分别增长 8.2%、6.1% 和 7.2%。2020 年1—5 月，全市可穿戴智能设备、新能源汽车等消费升级类商品零售额分别增长 67.0% 和 29.3%，即使在国内经济转型国际局势动荡不安的背景下依然维持强劲增势。

可以看出，我国居民美好物质生活需求表现强劲，在可预见的时期内，新型消费结构带动的相关产业还有很大增长空间，全新升级的消费结构为民营企业带来新的发展机遇和投资方向。

（2）在推动国内大循环的同时，要实现国内国际双循环相互促进，而“一带一路”倡议是中美贸易摩擦背景下促进国际循环的主攻方向。

受中美贸易战影响，2017 年以来我国外贸出口的地区结构，产品结构以及出口量都受到一定影响，“一带一路”沿线国家跃升成为我国第一大贸易合作伙伴，有效降低了中美贸易战对我国外贸企业的负面影响。

从贸易合作伙伴位次来看，2019 年我国对欧盟进出口 4.86 万亿元，增长 8%，对东盟进出口 4.43 万亿元，增长 14.1%，对美国进出口 3.73 万亿元，下降 10.7%，东盟超越美国成为我国第二大贸易伙伴。“一带一路”沿线国家进出口达 9.27 万亿元，增长 10.8%，高出整体增速 7.4 个百分点。“一带一路”沿线国家为我国外贸出口业务提供了更大的发展潜力。同时，2019 年我国民营企业进出口 13.48 万亿元，增长 11.4%，拉动外贸增长 4.5 个百分点，占我国外贸总值的 42.7%，较 2018 年提升 3.1 个百分点，首次超过外商投资企业成为我国最大外贸经营主体。同样，2019 年厦门对部分“一带一路”沿线国家的进出口也表现强劲，例如对阿曼进出口增长 7.8 倍，对乌克兰增长1倍，对乌兹别克斯坦增长 92.5%。

从上述分析可以看出，“一带一路”倡议为民营企业带来的发展机遇是毋庸置疑的。尤其是在中美贸易落入低谷的时候，“一带一路”国家对我国进出口需求的强势稳定增长为厦门市民营企业的外贸增长注入了一支强心剂。

4. 城乡区域协调发展，有助于民营经济构建产业链群规模、提升集聚效应

2016 年国务院批复《厦门市城市总体规划（2011—2020年）》，旨在统筹厦门市城乡区域协调发展，完善城市基础设施体系。《规划》有利于厦门市民营企业实现产城融合，人气商气加速聚集也为民营企业极其相关产业链的做大做强创造先决条件。

2019 年，厦门市岛内大提升、岛外大发展持续推进。岛内策划生成首批 30 个重大项目，总投资 2269 亿元；新开工入统交通及市政项目 115 个，比上年增加 62 个。东部城中村整村改造顺利实施，签约率 90% 以上，完成拆迁 361 万平方米。岛外新城基地建设提速提效，重大片区分别制定三年行动规划，总投资超 6000 亿元，完成年度投资超 1530 亿元；一批骨干路网加速形成，学校、医院、保障房等一批公建配套全面铺开，中航锂电、华为鲲鹏生态基地等一批重大产业项目落地建设。近两年完成或动工的交通市政项目包括：厦门轨道交通、飞机购置及国道 324（凤南—角美段）改线工程、厦门第二东通道、翔安机场高速公路、城际铁路 R1线机场段土建预留工程等。

城乡统一的发展策略，有利于提升产业链群规模，能在有效降低民营企业生产成本的同时集合资源扩大生产。资源节约型环境友好型城市的建设要求也能倒逼民营企业改革，淘汰落后产能。教育、医疗等公共服务的统筹布局有利于相关产业的发展壮大。更加完善的对外交通设施和相关城市基建有助于企业联合周边地市产业优势，优化产业供应链。

五、中美贸易摩擦对厦门民营经济发展的影响

2018—2019 年，对我国经济发展具有重要影响的事件就是由美国政府于 2018 年发动并于 2019 年进入白热化的中美贸易摩擦。而厦门市经济构成中有很大比例是外向型经济，其中民营企业大多盘子小、抗压能力弱，受到中美贸易摩擦的不利影响较大，受创较为严重。因此，分析中美贸易摩擦对厦门

民营经济发展的影响，并总结我市民营企业的应对措施，为今后我市民营经济应对各种不利的国际局势提供借鉴，具有重要意义，故在此单列一节进行分析。由于相关的直接数据较少，这里将使用较多的间接数据进行分析。

1. 从贸易规模看，美国依然是厦门的最大贸易伙伴

从厦门对美进出口值看，2013 年至 2017 年五年数据显示厦门对美进出口值年均约 133 亿美元，2016 年虽有所下降，但从整体看占全市进出口总值比重相对较稳定。2018 年厦门对美进出口总值为 157.13 亿美元，整体仍维持正增长，但受中美贸易摩擦影响，2018 年厦门对美国进出口总值增速下降较快，同比增长仅 5.8%；2019 年受中美贸易摩擦进一步影响，对美进出口总值出现断崖式下跌，同比增长—17.62%，对美进出口占比降至 13.30%。

从厦门对美出口值看，2013 年至 2017 年五年数据显示厦门对美出口值除 2016 年下降 7.6% 外，每年均呈增长态势，出口值占全市出口总值呈现逐年略增趋势。2018 年对美出口值 109 亿美元，比上年增长 10.1%，占全市出口总值 21.55%，贸易摩擦对当年对美出口影响尚未显现。商务统计月报数据显示，2019 年 1 至 6 月厦门货物出口美国每月占全市出口总值比重为 18.5%～19.8%，虽与上年同期相比回落近1个百分点，贸易摩擦的影响开始显现，但美国仍是最主要的出口市场。

从厦门自美进口值看，2013 年至 2017 年五年数据显示厦门自美进口值除 2016 年下降 19.3% 外，均呈增长态势，与占全市进口总值比重的变化趋势基本相符，呈上下波动。2018 年自美进口值 481.3 亿元，比上年下降 2.7%，占全市进口总值 11.9%，呈现逐步下降趋势。商务统计月报数据显示，2019 年1至 6月厦门自美货物进口值占比持续下降，仅在 6.4%～6.8%，与上年同期相比下降约 8 个百分点，美国作为主要进口来源地也从原来的第一位下降至第三位（第一、二位分别由澳大利亚和台湾省相互更替）。

从图10 可以看到进口总值的波动变化比出口总值的波动变化更为剧烈，2017 年和 2018 年厦门市对美出口总值仍维持 10% 以上的增速，但进口总值则从 2017 年的正增长 28.5% 下降到 2018 年的负增长 2.71%。从进出口结构来看，中美贸易摩擦对厦门市外贸经济的影响主要集中在进口方面。

可见，无论从对美出口值和自美进口值与上年同期对比的角度看，还是从对美出口和自美进口占全市出口、进口的比重看，现阶段中美贸易摩擦对厦门的影响主要是在 2019 年呈现，且对进口的影响大于出口。如图 8 所示。

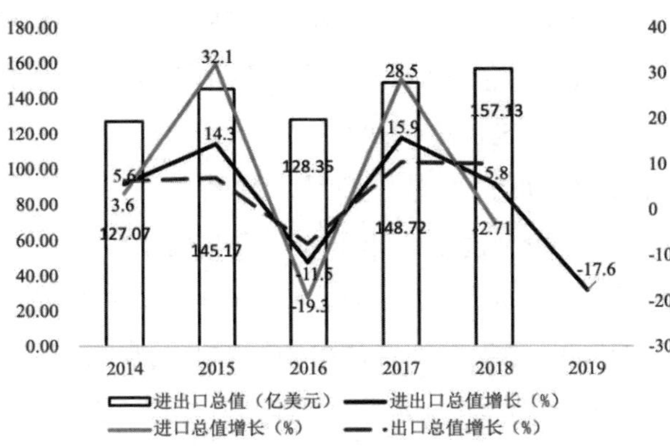

图8　2013—2018年厦门市对美贸易进出口总值变化

数据来源：中华人民共和国厦门海关。

2. 从进出口商品结构来看，受影响的主要是机电产品和劳动密集型产品

厦门对美国出口的产品分为两大类，分别是机电产品和传统劳动密集型产品。2018 年对美国出口机电产品 359 亿元，增长 8%，占同期对美出口总值的 49.9%。传统劳动密集型产品出口 246.5 亿元，增长 6.3%，占同期对美出口总值的 34.3%，主要是鞋类、家具、服装、箱包，分别对美出口 68.4 亿元、59.1 亿元、44.4 亿元、27.1 亿元，除了鞋类下降 2.2%，其余分别增长 18.3%、1.9%、17.8%。

对比美国发布的两批加税产品清单与厦门出口商品结构，可以发现，美国第一批 500 亿美元商品征税清单中厦门对美出口的产品首当其冲，主要集中于机电产品，如龙头旋塞零件、继电器、导航设备零件等，约占同期全市对美出口的 9.5%。美国第二批 2000 亿美元商品征税清单增加了劳动密集型产品，是厦门对美国出口的第二大类产品，进一步约束了厦门市对美出口，具体影响了龙头旋塞、金属家具、塑料制品、垫子等产品，约占同期全市对美出口的 47.2%。两批征税清单直接影响厦门对美国出口的两大类产品，其 2018 年出口值约 408.5亿元，占全市对美出口总额的 56.8%，占全市出口总值 12.2%。

厦门自美国进口的产品分为三大类，分别是机电产品、感光材料和粮食。2018 年自美进口产品最主要的是机电产品 197.6 亿元，增长 7.2%，占同期自美进口总值的 62.6%；其次是感光材料，进口值为 27.6 亿元，增长 12.2%，占同期自美进口总值的 8.7%；最后是粮食，进口值为 21.8 亿元，大幅下降 58.2%，占同期自美进口总值 6.9%。粮食产品中主要是高粱 10.5 亿元和黄大豆 8.2 亿元，分别下降 31.5% 和 69.4%。

对比中国发布的两批自美进口商品征税清单和厦门进口商品结构，可以看出，中国第一批 500 亿美元加税清单中影响厦门自美进口的产品是粮食等，主要商品为高粱、黄大豆、松木原木、玉米等，占同期全市自美进口的 12.3%。中国第二批 600 亿美元加税清单中影响厦门自美进口的产品主要是感光材料和部分原材料，如胶片、木浆、锆矿砂、原木等，占同期我市自美进口的 34.7%。这两批征税清单共涉及厦门进口 148.2 亿元，占全市自美进口的 46.9%，占全市进口总值的 5.6%。可见，中美贸易摩擦对厦门进出口产品的影响是较为直接的。

结合前文关于厦门民营企业对外贸易情况的分析，可以看出，一方面厦门市对美进口的体量小于出口，另一方面中国对美的加税清单都在 2018 年出台，而美国对中国的两批征税清单于 2018 年、2019 年先后出台，中美贸易摩擦对厦门市进口的影响比出口的影响更大，2019 年第二批清单的出台使得厦门市对美出口的产品半数受到影响，因此2019 年厦门市对中美贸易摩擦的反应全面爆发。

3. 从进出口企业看，受影响的出口企业分布较广，进口企业相对集中

美国第一批 500 亿美元加税商品中，涉及厦门企业881家，其中超 1000 万元的企业 81 家（约占 9.2%），超亿元企业 18 家，前 10 家企业出口集中度为 47.5%；第二批 2000 亿美元加税商品中，涉及厦门企业 2724 家，其中超 1000 万元的企业 322 家（约占 11.8%），超亿元企业 59 家，前 10 家企业出口集中度为 34.2%。

中国第一批 500 亿美元加税商品中，涉及厦门企业 253 家，其中超 1000 万元的企业 36 家（约占 14.2%），超亿元企业 6 家，前 10 家企业进口集中度为 75.8%；第二批 600 亿美元加税商品中，涉及厦门企业 898 家，其中超 1000 万元的企业 98 家（约占 10.9%），超亿元企业 20 家，前 10 家企业进口集中度为 57.6%。

总体来看，由于民营企业大多为中小企业，而中美贸易摩擦涉及的企业中，资产规模不超过 1000 万元的企业占比高达 90%，民营企业是中美贸易摩擦的主要风险承担者。

六、关于更好地促进厦门民营经济发展的建议

（一）政府部门应完善促进民营经济发展的长期制度保障

1. 建立健全民营经济统计监测体系

要对症下药，就要全面充分了解病灶。同样，要促进民营经济健康快速发展，对其进行全面准确的统计监测也不可或缺。民营经济的统计监测可为中央、政府和有关部门进行科学决策提供重要依据，也是推进我国民营经济发展的一个重要保障。然而，我国尚未建立全国统一的民营经济统计监测体系，亦未制定民营经济统计监测制度，导致相关部门在统计上各自为政，统计指标不完整，统计内容不规范，各地区各部门统计口径不统一，时效性较差，资源整合与信息共享不充分等问题，难以为党委政府决策、民营企业经营发展、社会各界舆论宣传提供及时高效的数据支持。

鉴于当前国家层面的民营经济统计监测体系不健全、不完善，而工作中又确有此需求，因而建议厦门市委市政府可先行先试，率先尝试由厦门市统计局牵头构建一套完善且适合厦门市情的民营经济统计监测体系。重点可从以下几个方面进行推进，并根据现实情况进行调整和改进：

（1）准确界定民营经济的概念。目前我国对经济类型的划分，主要是根据财产所有权的归属划分为公有经济（国有经济和集体经济）和非公有经济（私有经济、港澳台经济和外商经济）。而统计层面上，对于民营经济的概念范畴并不明确，通常只将个体工商户、民营企业纳入民营经济的范畴，而新型农村经营主体、民办非营性组织（如养老机构、教育机构、医疗机构）等并未纳入统计。因此，统计上可将民营经济定义为：除国有及国有控股、外商和港澳台独资及控股以外的其他各种所有制经济。其市场主体包括个体工商户、民营企业（独资、合伙、股份制）、民营控股企业（与国资、外商、港澳台合资）、新型农村经营主体、民办非营性组织等。

（2）健全民营经济统计监测指标体系。目前国家层面对民营经济的统计监测指标体系还未规范，相关部门的统计指标不完整，不能准确地反映我国

民营经济发展的真实状况，不利于准确把握我国民营经济发展规律和做出形势研判与科学决策。对此，可将民营经济统计监测指标体系设计为如下 4 大类 28 项指标。

经济类 8 个指标：民营经济增加值，民营经济增加值占 GDP 的比重，民间投资总额，民间投资占固定资产投资的比重，民营经济税收总额，民营经济税收占税收总额的比重，民营经济进出口总额，民营经济进出口占进出口总额的比重。

规模类 7 个指标：民营企业数量，个体工商户数量，新型农村经营主体数量，民办非营性组织数量，规上企业数量，民营经济从业人员数量，民营市场主体退出数量。

科技类 9 个指标：民营高新技术企业数量，民营科技型企业数量，民营高新技术产品数量，民营高新技术产品对 GDP 的贡献度，民营企业 R&D 经费投入总额，民营企业 R&D 经费投入强度，民营企业专利发明数量，民营企业专利拥有量，民营企业科技成果转化率。

金融类 4 个指标：民营企业贷款户数，民营企业贷款余额，民营企业直接融资户数，民营企业直接融资规模。

（3）统一相关部门的统计口径。从统计口径上看，统计部门、工商部门、税务部门、金融部门、劳动部门、科技部门、工商联、主管部门等统计的民营经济发展指标，主要是个体工商户和民营企业，重点是规上企业，对于新型农村经营主体、民办非营性组织等的统计则较少，并且许多与民营经济有关的重要数据指标并未统计。另外，相关部门的统计截止时间和发布时间也不统一，且准确度较低，时效性较差，信息共享度不高。因此，一是需要明确承担民营经济统计监测的部门及所负责的统计指标；二是需要遵循统一核算、分项负责的原则，即统一核算指核的口径、范围以及发布时间，并对承担的指标负全责；三是各部门的统计监测数据，需在规定时间之内报统计局，由统计局对外统一发布。

（4）整合数据资源实现信息共享。一是建立健全部门间的协调机制，促进部门间的分工合作；二是形成横向联系统计、经信委、财政、工商、税务、劳动、农委、民政、工商联等多个部门，纵向贯穿省、市、区县、乡镇、民营市场主体的统计网络体系，避免因多头统计、多头发布和口径不一而导致的行政资源浪费；三是充分利用先进网络技术，搭建统一的信息上报和共享的大数据平台，将民营经济数据上报和发布统一到一个平台，简化上报流程，并在符合数据安全相关法律法规的前提下，及时向社会公开发布民营经济的各项统计数据。

（5）加强统计调查队伍建设。一是可在专项资金中安排适当资金，开展课题研究和专项培训，建设一支独立的从属于统计系统内部的基层统计调查队伍；二是分层次培养一批专业分析人员，有计划地抓好基层业务培训，进一步提高业务素质，以做好统计监测和生产经营分析工作，并定期发布研究分析报告。

（6）引导市场主体及时准确地上报统计数据。一是相关主管部门应切实引导和规范民营市场主体，使其按照《统计法》和国家的有关规定，如实提供并上报相关统计资料；二是相关部门应依法加强对民营市场主体上报数据的监督与管理。

2. 以大数据、区块链等数字科技为依托，建立健全民营企业信用评价体系

民营企业融资难、融资贵在近几年都是焦点问题，特别是新冠疫情的突然爆发导致大量中小企业资金周转困难，急需纾困资金。虽然国家和地方出台了多项政策鼓励银行信贷资源向民营企业和中小微企业倾斜，但这些从信贷需求侧角度设计的政策，一定程度上把民营经济部门的一部分风险转移到银行部门，给银行部门施加了较大压力。由于民营企业，特别是规模较小的民营企业，经营信息不公开不透明，使得银行难以核实企业实际经营状况，征信成本大，严重的信息不对称和过高的道德风险使得银行不敢轻易向民营企业放贷。2019年中国银行业协会的一项针对2380位银行家的调研结果显示，造成民营经济融资难、融资贵的一个重要原因是民企信用评价体系不健全、不完善，使得银行担心向民营企业和中小微企业放贷的信用风险太高。

因此，建立一套健全的民营企业信用评价体系有望从根本上解决民营企业融资难、融资贵的问题。总的思路是，由政府大数据管理部门牵头，各有关政府职能部门、银行信贷部门和大数据科技企业共同参与，依托“全国中小企业融资综合信用服务示范平台厦门站”的现有基础，打通各部门之间以及与企业自身经营相关的底层数据，共同设计数据收集、清洗、脱敏等的流

程制度和信用评价模型建模，探索建立一套能合理评估厦门各种民营企业经营状况的信用评价体系，在确保符合国家信息安全与保护规定的前提下，为银行信贷决策提供更为有效的信息支持。

从更高层面上看，建立基于大数据、区块链等数字科技的民营企业信用评价体系，是对信贷市场供给侧改革的一种尝试，即让银企双方减少信息不对称、不完全所导致的道德风险，让银行的信贷决策更加市场化，使作为信贷市场供给方的银行可根据自身的风险承受能力选择相应的利率向目标民营企业放贷，这有利于提高信贷投放效率，减少银行部门放贷风险。因此，“建立健全民营企业信用评价体系”可以更好地促进民营企业和中小微企业信贷市场的市场化改革，减少信贷市场的行政干预，从而更加符合新时代加快完善社会主义市场经济体制的要求。

此外，还可进一步将民企的信用评级与信贷、税收、市场准入等相关扶持政策关联，推进市场经济环境净化升级。信用好的民企，可享受较好的信用贷款和税收政策，可以获得更多的商业机会等；反之，信用差的民企，在贷款、税收、市场准入等方面均要受到限制，这反过来也会促使民营企业重视自身的信用建设，降低经营风险。

（二）有关部门要继续完善和创新扶持政策措施，提升营商和招商环境

1. 继续完善财政税收扶持政策，减轻民营企业负担

要进一步完善民营企业减免税、缓缴税的政策。从《关于促进民营经济健康发展的若干意见》中可以看到，目前厦门市对中小企业的税收扶持政策力度较大，但扶持范围偏窄。目前对中小企业的税收减免仅包括年应纳税所得额在 100 万元以下的企业，对于应税所得额超过 100 万元的中小企业的扶持力度不够，还有可提升空间。对此政府可以通过改变一刀切的政策，建立阶梯式的税收扶持政策，对不同规模、不同行业的中小企业建立不同的税负减免或缓缴扶持政策，进一步减免、缓缴税款。

要加大困难时期对民营企业的政策措施支持力度。中美贸易摩擦和新冠疫情对民营企业的生产经营产生了巨大的冲击。要充分发挥厦门市民营经济工作领导小组和领导小组办公室的作用，建立定期会议制度，保持政企信息沟通的及时性，为民营企业提供一个能及时反馈问题和困难的渠道，建立常

态化协调解决民营经济发展困难和问题的机制。对因疫情等突发事件造成临时资金困难的企业提供及时有力的财政纾困资金支持；对具备发展潜力的企业提供财政资金奖励等。

2. 善于利用金融资源服务实体经济，充分利用多种融资渠道

要完善政、银、企长效对接机制，推动银企精准对接，促进银行对民营企业提供个性化融资服务。对于优质民营企业或在战略性新兴产业产业中具有较大发展潜力的民营企业，政府还可通过贷款贴息、担保金补贴等方式，鼓励银行等金融机构优先予以信贷支持，引导金融机构优化信贷服务，促进信贷资源向优质和潜力民营企业聚集，做大做强重点民营企业。

在间接融资难以满足厦门民营企业发展融资需求的情况下，要积极引导民营企业充分利用多层次资本市场的直接融资渠道。可由厦门市金融局牵头，会同市工商联、民营办等有关部门以及金融中介机构，设立专门针对民营企业的上市辅导制度安排。积极支持民营企业入选厦门市上市企业后备库，对符合条件的民营企业进行有针对性的上市辅导，加强跟踪服务，加快企业改制上市步伐，支持有条件的企业到主板、创业板、中小企业板、科创板、“新三板”、厦门两岸股权交易中心等多层次股权交易市场上市融资。

政府可设立并逐年加大产业引导和发展基金的资金投入力度，同时支持社会和民间资本成立或大力引进专业的产业投资发展基金，积极为具有战略性发展前景的企业提供资金支持，为企业的生产线拓展、研发投入和规模发展等解除资金之忧。

3. 构建综合发展扶持体系，引导民营企业融入“十四五”规划发展方向

要积极向厦门民营企业宣传厦门规划重点发展产业方向，引导厦门民营企业融入厦门市“十四五”规划，为厦门市“十四五”期间经济发展贡献民营力量。针对不同产业的发展特征，要完善相关政策措施，构建有效的民营企业发展扶持体系。尤其是重点发展的战略性新兴产业，具有技术密集、资本密集的特点，政策的引导与帮扶是民营企业快速融入的重要支撑。政府可联合市属国企，在重点发展的战略性产业投入建设支持民营企业孵化、培育的综合性服务平台，通过整合政府、产业龙头企业、服务型企业、高校、科研中心、行业协会等多元主体资源，在产品研发、生产、试验、检测及人员培训等多方面上助力民营企业特别是中小型民营企业的研发创新，为民营企

业的技术迭代、成为细分应用领域的领跑者提供强有力支持。要大力引进合同研究组织、合同加工外包等外包服务机构，鼓励企业共享大型科学仪器设备资源和技术服务资源，鼓励社会资本参与公共技术服务平台建设。

要鼓励民营企业与在厦及厦外高校和研究机构开展产学研合作。新兴产业和高新技术产业是民营企业的重要发展方向，但大部分民营企业的科研实力不足，容易遇到技术瓶颈；而高校、科研所等具备雄厚的科研实力，却存在科研成果转化率低的问题。政府可出台政策并牵线搭桥，鼓励民营企业与高等院校、科研机构合作，形成研发生产闭环，在促进科研成果转化的同时，加速核心高新技术攻关，做到科研服务于实体经济。还可对有条件的民营企业自建科研实验基地，或取得的技术创新和专利申请进行奖励。对民营企业的技术职工及管理人员也可以建立校企联合培训机制，与在厦或厦外各大学合作，一方面由高校为企业在职员工提供培训，另一方面企业可以向高校定制培养企业所需的相关专业人才，毕业后迅速进入企业一线。

4. 加强制度设计，完善引进、培育和留住人才的体制机制

政府有关部门要根据厦门民营经济的产业和发展阶段特征，找准人才需求定位，有规划地持续推进改革和创新人才管理的体制机制，推出含金量更高的人才政策。同时，要优化和精简人才政策兑现流程，提高政策兑现效率。要完善适宜吸引和留住人才的城市基础设施与社会服务保障设施的建设，更好地发挥城市吸引和留住人才的软硬件实力。要注重发挥民营企业作为用人单位的主体作用，与用人单位一起探索职称评审改革，健全人才评价、流动、激励机制，最大限度地激发和释放人才创新创造创业活力，建立完善的多层次人才体系。

（1）引进人才方面，要调整目前过多注重于高端人才、忽略中层骨干人才的人才引进政策，加强对中层骨干人才引进工作的重视。有条件的情况下，要重视、争取引进以高端人才为首的整个成熟人才团队落地。要建立健全高端人才、企业骨干人才、青年人才的人才引进政策体系，建立重点人才项目协调机制。

（2）培育人才方面，要不断创新人才培养机制，完善“产、学、研、用”的协同式人才培养模式，通过“政企共建、成本共担、资源共享”模式，建立人才实训基地，搭建人才培训共享平台，实施个性化人才培训、培养活动。

要探索与高校开展产教融合试点，通过实习实训、定制课程等形式向高校延伸人才培养链条，做好人才储备。要优化人才工作运行机制，健全领导联系服务人才制度，营造尊重人才、爱护人才的浓厚氛围。

（3）留住人才方面，要建立与重点产业相关的一流科学家、企业家、技术专家、中层骨干人才等分层次的人才库，完善人才评价体系，每年依据人才评价结果对入库人才进行动态调整。对于入库人才，要在住房保障、医疗保障、子女就学、补贴奖励、创新创业等方面给予优先支持；对于核心技术团队或前沿技术开发团队，符合条件者予以一次性百万奖励。要对在相关产业人才培养方面做出突出贡献的民营企业进行奖励，对人才培训基地项目进行资助等，以此来完善人才体系建设。

（三）民营企业自身要练好内功，促进企业稳健快速发展

1. 以市场需求为导向，提升产品服务和企业品牌

十九大报告指出，当前，我国社会主要矛盾已经转化为人民日益增长的美好生活需要和不平衡不充分的发展之间的矛盾，消费者更加注重产品和服务的质量。人民群众消费需求层次提升也为民营企业发展带来了新的机遇，打开了新的市场。作为民生领域的主力军，民营企业要抓住消费升级的新机遇，增强质量意识，狠抓产品和服务质量，通过技术创新带动产品创新、市场创新、资源配置创新和组织创新，不断吸收和开发新技术，涉足新领域，推出新产品，形成新产业、新业态和新模式，增强发展的内生动力，提升产品竞争力，以优质的产品和服务赢得市场。同时，要加强企业品牌建设，根据市场的变化和消费者的需求，不断丰富企业品牌内涵，以优质的企业品牌形象扩大企业产品和服务的影响力，进一步扩大市场占有率，实现企业的发展壮大。

2. 整合优势资源，合力抱团发展

面对我国经济发展进入新常态阶段，叠加国际复杂的经济形势，许多民营企业，尤其是规模较小的企业，面临生存难、发展难、融资难、产品缺乏出路等一系列问题。“单丝不成线，独木不成林”，规模体量较小的企业应加强同行或同类企业间的分工合作，依据企业产品服务特色，整合各企业优势资源，优化企业间的资源配置，规避各自短板，同时依托行业商协会的议事

协调机制，合力抱团，共同发展，避免恶性竞争，增强对外的议价力；产业链的上下游企业应更加紧密联系，互通市场信息，尤其在有龙头企业的优势产业，要以龙头企业带动产业链上下游企业共同发展，并发挥龙头企业的集聚效应吸引外地上下游企业整体或重要生产线落地厦门，不断壮大、延伸在厦产业链条。通过提升产业链的紧密程度和整体实力，促进整体产业升级，从而实现产业的可持续发展。

3. 完善民营企业用人机制，提高企业对人才的吸引力

民营企业人才资源匮乏的内部原因在于企业本身的管理运营模式。因此，企业要建立一套适合自身发展的用人机制，吸引人才、留住人才、用好人才。一是要改变落后的企业管理制度，建立现代企业制度，在人员选聘、考核、晋升和收入分配中做到公平、公开和公正，并注重对各层级人才激励机制的设计，尊重人才，充分调动员工积极性。二是建立健全员工持续学习、培训制度，既提高员工的业务能力，同时也使员工能为公司创造更大的价值，实现员工价值与企业价值的双向提升。三是构建有自身特色的企业文化，营造“以人为本”的工作氛围，使员工的个人价值与企业目标紧密结合，让每个员工在工作的过程中拥有归属感和荣誉感。

课题指导：陈永东
课题成员：王　彧　沈婷婷　章　晔　黄淑清
课题执笔：王　彧
完成时间：2020年11月

综合分析

ZONG HE
FEN XI

厦门民营经济培育发展新动能的研究

改革开放四十年来，厦门市民营经济在夹缝中创生成长，从无到有、由弱变强，为厦门经济特区的经济社会发展做出了重要贡献。当前，国内外经济和贸易形势产生了深刻变化，移动互联、人工智能和大数据等新兴科技迅猛发展，给民营经济带来新的发展机遇，也使许多民营企业传统的发展模式面临严峻挑战。因此，改造厦门市民营经济的传统动能，加快培育新的发展动能，是促进厦门经济结构转型和实体经济升级的重要途径，也是厦门建设高素质的创新创业之城的重要着力点。

一、厦门民营经济新动能发展概况

厦门民营经济已成为厦门经济社会发展的重要支撑力量。2017 年，厦门民营经济实现增加值 2198.75 亿元，同比增长 8.4%，占全市 GDP 比重的 50.5%，占据了半壁江山。截至 2017 年年底，全市私营企业数（不含港澳台）26.55 万户，同比增长 18.37%。私营企业出口 1542.36 亿元，占全市出口的 47.4%。私营经济 2017 年共入库税款 49.29 亿元，增收 21.79 亿元，增长 79.2%。个体经济共入库税款 20.28 亿元，增收 2.07 亿元，增长 11.4%，呈现出良好的发展态势。

民营经济整体发展势头良好。高新技术企业不断推进技术和产品创新，软件信息和大数据领域的新业态、新模式不断涌现，战略新兴产业持续成长，传统产业稳步转型升级。

（一）大力开展研发创新

截至 2017 年年底，全市国家高新技术企业数量达到 1425 家，这其中七成以上为民营企业。2017 年，厦门规模以上高新技术产业工业产值 4241.38

亿元，占全市规模以上工业产值的 71.71%，占全市规模以上工业增加值的 67.93%。这些民营高科技企业持续加大研发投入，推进技术创新，促进产品结构持续优化，发展质量有效提升，成为引领厦门民营经济发展的新动能。例如，厦门民营企业亿联网络不断坚持自主研发、掌握核心技术，目前亿联在全球的 800 多名员工中，超 50% 从事研发工作。2017 年公司研发投入近 1亿元，占营业收入的 7.16%，而且耗资千万建成了国际一流的专业实验室，极大促进了产品研发。

（二）积极进军新兴产业

民营企业积极投资和布局新一代信息技术、新材料、生物与新医药、节能环保、海洋高新和文化创意等战略新兴产业，成为新动能培育的重要引擎。以乾照光电、弘信电子等为代表的民营企业在 LED、集成电路和物联网等新一代信息技术上不断取得新突破。生物医药领域涌现了金达威、大博医疗、艾德生物等一批创新能力强、成长性好的民营高新技术企业。2017 年，以民营经济为主体的规模以上重点服务业中战略性新兴服务业、科技服务业营业收入保持中高速增长，增幅分别为 18.8%、23.3%。美图网科技、美图之家、一品威客、东东东电子商务等 30 家软件企业营业收入翻倍增长，成为厦门市民营软件业崛起的新兴力量。4399、美图公司、吉比特、美柚和鑫点击等5家企业入选 2017 年中国互联网企业 100 强；厦门南讯软件和科技谷信息技术公司入围 2017 中国大数据企业 50 强。

（三）探索新业态新模式

厦门民营企业基于互联网平台、大数据和人工智能等新技术，涌现了一批分享经济、远程诊断、智慧物流、跨境电商等方面的新业态新模式。麦克奥迪网络数字化病理诊断平台覆盖全国近 1000 家医院，会诊疑难病例超 10 万例；美图公司影像应用软件月活跃用户达 4.8亿人，市场占有率全球第一。平台经济加快发展，家装保障网交易平台入驻商家超3万家。信息技术在交通、住宿、家政等传统领域广泛应用，家政服务的互联网企业好慷在家线上服务拓展至 30 个城市，营收增长 43.7%。见福、元初等民营连锁便利店将互联网、大数据、人脸识别等新兴技术原始融入线下门店，探索“网订店取”和智慧零售等新模式。

（四）改造提升传统产业

厦门民营经济在传统产业中比重较大，主要集中在农副产品与食品加工、水暖及厨卫和纺织服装等行业。传统民营制造业积极推进智能化改造和两化融合管理体系贯标工作，推动制造业与互联网、人工智能等深度融合，在生产方式、组织形式和商业模式等方面开展变革和转型，使传统制造业向现代制造业升级，实现新旧动能转换。民营企业厦门大千振宇集团有限公司的3D打印个性化云平台成为国家级的服务型制造示范平台，金牌厨柜、松霖科技、盈趣科技等民营企业成为福建省服务型制造示范企业。立达信和盈趣科技这两家民营企业被新认定为国家级工业设计中心；金牌厨柜、盈趣科技、乾照光电和长塑实业等民营企业被列为2017和2018年的国家智能制造试点示范项目。

二、厦门民营经济新动能发展存在的主要问题

通过对部分典型民营企业和相关政府部门、行业协会的走访调研，结合统计数据进行分析，总结出厦门民营经济的新动能发展存在的六方面主要问题。

（一）投资动力不足

近年来，厦门市的民间投资基本上保持较快增速，成为拉动经济增长的重要力量。但是，民间投资仍存在总量偏小、占比偏少和行业分布不合理等问题，为经济发展提供新动能的作用有待进一步发挥。2016年和2017年，厦门民间投资出现了比2014年和2015年减少的趋势，增速回落。2015年和2016年的民间投资增速都低于全市投资增速，2017年开始有所好转。而且，与福建省和全国相比，厦门市民间投资占总投资的比重却偏低，在近两年甚至只有全国平均水平的一半左右（具体见表1）。

表1　近五年厦门民间投资情况表

年份	民间投资（亿元）	增速（%）	全市投资增速（%）	占比（%）	全国占比（%）	福建省占比（%）
2013	464.20	11.3	1.1	34.5	63	56.9
2014	776.80	37.3	16.7	49.4	64.1	59.2
2015	868.30	17.7	20.6	45.8	64.2	59.7
2016	626.21	6.4*	14.4	29	61.2	57.6
2017	753.88	20.4	10.3	31.6	60.4	60.2

*2016年统计局公布数据民间投资增速增长6.4%，为采用统计新口径计算得出。

从行业来看，全市民间投资主要集中房地产业、制造业、批发零售和住宿餐饮业等传统行业。特别在房地产行业，占到民间投资的 60% 以上。但随着房地产市场的宏观调控，房地产行业以及各个传统行业的投资效益逐年减低（见表2）。而且，传统的民间投资主要以外延式扩张型为主，已经面临环境承载过重、资源要素紧张等问题。

表2　近五年厦门主要行业投资效果系数情况

年份	工业	交通仓储业	信息软件业	批发零售业	住宿餐饮业	金融业	房地产业
2012	0.21	0.15	0.68	1.49	0.43	7.69	0.19
2013	0.25	0.10	0.19	0.36	0.03	10.29	0.10
2014	0.15	0.16	2.74	1.55	0.17	19.67	0.03
2015	0.13	0.14	2.18	0.12	0.10	5.20	−0.09
2016	0.10	0.14	—	0.93	0.13	6.19	0.05

（二）盈利能力偏低

厦门现有 30 家境内主板上市民营企业，是培育民营经济新动能的骨干力量。但这 30 家企业 2017 年的净利润之和仅为 63.48 亿元，平均净利润 2.11 亿元，营业收入净利润为 3.3%，整体偏低。厦门在新三板上市的 170 家民营企业，2017 年共实现净利润 14.19 亿元，平均净利润 834.65 万元，低于全国新三板企业 1069 万元的平均利润水平。这 170 家新三板上市的民营企业中，亏损企业达39家，每家平均亏损 522.15 万元。

2018 年厦门统计年鉴公布的年主营业务收入 2000 万元以上的 1894 家工业企业中，私营企业为866家，占比 45.72%。但私营企业的平均营业利润为

593.8 万，远低于国有控股企业的 5142.22 万、外资和港澳台的 2447 万（具体见表3）。而且，亏损的私营企业有 120 家，占比 13.86%；亏损总额为 4.5 亿元，同比增长 87.84%。利润亏损都是发生在中小型企业，显示部分私营企业的经营进一步恶化。特别是微型私营工业企业，已经在 2016 年和 2017 年连续两年出现整体的营业利润亏损，而且亏损面进一步扩大。具体见表4、表5、表6。

表3　2017年收入2000万以上工业企业主要经济指标（汇总）

单位：万元

企业类型	企业数	亏损企业数	平均营业收入	平均营业利润	平均利润总额	亏损企业平均亏损额
私营企业	866	120	71843.29	593.80	643.40	375.88
国有控股	77	18	116189.61	5142.22	5483.69	1671.56
外资及港澳台	687	116	51933.09	2447.65	2729.41	2354.9

表4　年收入2000万以上私营工业企业主要经济指标（汇总）

单位：万元

年份	营业收入	营业利润	利润总额	亏损企业亏损总额	应交税金及附加
2015	5553291	204740	229545	44148	175712
2016	6414128	326091	358946	24013	200576
2017	8621195	514234	557186	45105	286178

表5　年收入2000万以上私营工业企业主要经济指标（分类型）

单位：万元

企业类型	年份	营业收入	营业利润	利润总额	亏损企业亏损总额	应交税金及附加
大型企业	2015	170823	30651	31534	没有亏损	8511
	2016	522989	101262	105506	没有亏损	31098
	2017	767959	167872	169815	没有亏损	52368
中型企业	2015	1941571	86906	93486	23662	64446
	2016	1878838	120450	130787	6752	57508
	2017	2258646	165969	175824	22191	81510
小型企业	2015	3337081	86423	103567	19959	101306
	2016	3947021	104493	122599	16911	111174
	2017	5426208	180605	211345	21662	150780

续表

企业类型	年份	营业收入	营业利润	利润总额	亏损企业亏损总额	应交税金及附加
微型企业	2015	103817	761	957	527	1449
	2016	65281	−114	54	351	796
	2017	168382	−211	203	1252	1521

表6　2017年厦门私营企业经营情况

行业（企业）	私营企业数量（家）	占总企业数量比例（%）	营业利润（亿元）	营业收入（亿元）	营业利润率（%）
年收入2000万以上私营工业企业	866	45.72	51.42	862.12	5.96
房地产开发企业	157	39.05	19.82	127.73	15.52
限额以上批发业法人企业	1117	77.03	34.45	3443.89	1
限额以上零售法人企业	298	65.93	1.2	343.67	0.35
限额以上住宿法人企业	190	62.11	−0.3642	17.21	—
限额以上餐饮法人企业	96	75	1.56	20.15	7.7

从民营企业分布较广的制造业、房地产、批发零售和住宿餐饮等传统行业来看，房地产开发企业的利润率较高，制造业、批发零售业偏低，住宿业甚至出现亏损，这也导致民营经济在前几年脱实向虚，资金流向房地产市场。

（三）出口形势严峻

近年来，私营企业的进出口额的增长率逐步走低，甚至出现负增长。2016 年，私营企业进出口总额 302.32 亿元，同比减少 11.66%；2017 年进出口总额略有增长，达到 311.8 亿元，增幅仅为 3.14%，远低于全市进出口 11.23% 的增长率。出口方面，2016 年私营企业出口同比下滑 15.87%，2017 年继续下滑 0.25%，显示民营企业外贸形势依然严峻。进口方面，2017 年，私营企业的进口增速也低于全市进口的增速，在全市进口总额的占比有所下降。具体情况见表 7 至表 9。特别是今年以来，受到中美贸易战的影响，出口面临的不确定和不稳定因素仍然较多，急需寻找外贸发展的新动能。

表7　近十年厦门市进出口情况

年份	私营企业进出口		全市进出口		私营占比（%）
	总额（亿美元）	增长率（%）	总额（亿美元）	增长率（%）	
2007	82.17	31.77	397.83	21.32	20.65
2008	106.31	29.38	453.89	14.09	23.42
2009	131.57	23.76	433.14	−4.57	30.38
2010	171.16	30.09	570.36	31.68	30.01
2011	229.56	34.12	701.67	23.02	32.72
2012	259.92	13.23	744.97	6.17	34.89
2013	324.66	24.91	840.94	12.88	38.61
2014	336.00	3.49	835.53	−0.64	40.21
2015	342.23	1.85	832.91	−0.31	41.09
2016	302.32	−11.66	771.77	−7.34	39.17
2017	311.80	3.14	858.41	11.23	36.32

表8　近十年厦门市出口情况

年份	私营企业出口		全市出口		私营占比（%）
	总额（亿美元）	增长率（%）	总额（亿美元）	增长率（%）	
2007	69.37	31.91	255.55	24.61	27.15
2008	88.46	27.52	293.94	15.02	30.09
2009	110.05	24.41	276.68	−5.87	39.78
2010	138.38	25.74	353.25	27.67	39.17
2011	183.12	32.33	426.47	20.73	42.94
2012	205.83	12.40	454.02	6.46	45.34
2013	257.06	24.89	523.54	15.31	49.10
2014	259.55	0.97	531.65	1.55	48.82
2015	271.21	4.49	534.97	0.62	50.70
2016	228.17	−15.87	469.43	−12.25	48.61
2017	227.59	−0.25	480.15	2.28	47.40

表9 近十年厦门市进口情况

年份	私营进口		全市进口		私营占比（%）
	总额（亿美元）	增长率（%）	总额（亿美元）	增长率（%）	
2007	12.80	31.01	142.28	15.83	9.00
2008	17.85	39.45	159.94	12.41	11.16
2009	21.52	20.56	156.47	−2.17	13.75
2010	32.78	52.32	217.12	38.76	15.10
2011	46.44	41.67	275.19	26.75	16.88
2012	54.09	16.47	290.89	5.71	18.59
2013	67.60	24.98	317.4	9.11	21.30
2014	76.45	13.09	303.88	−4.26	25.16
2015	71.02	−7.10	297.94	−1.95	23.84
2016	74.15	4.41	302.34	1.48	24.53
2017	84.21	13.57	378.26	25.11	22.26

（四）龙头带动不够

厦门的民营企业尽管数量众多，并成为厦门经济的重要支撑力量，但多数民营企业的规模偏小，缺乏对新旧动能转换进行引领的大型龙头企业。在2018 年中国企业 500 强中，厦门的入围企业为国贸、建发和象屿，都是国有控股企业，没有一家民营企业（入围门槛为 300 亿元）。厦门现有 30 家境内主板上市民营企业，2017 年所有企业的总营业额仅 781 亿元，平均营业额 26 亿，整体规模偏小。而 2017 年广东省民营企业营业额超过千亿的就有 9 家，浙江省销售总额破千亿的民营企业也有8家。在新三板上市的 170 家厦门民营企业中，2017 年平均收入 1.73 亿，低于全国的 1.84 亿元的平均水平。

在 2018 年中国民营企业 500 强榜单上，厦门仅 2 家企业入围，分别为均和（厦门）控股有限公司营业收入 377.08 亿元，位列 192 位；厦门禹州集团股份有限公司营业收入 217 亿元，位居 343 位。厦门仅占福建省入围数 20 家的十分之一，与杭州、深圳、广州、宁波和武汉等同类型城市差距较大（具体见表 10）。

表10　部分副省级城市2018年民营企业500强情况

城市	厦门	杭州	深圳	宁波	广州	南京	武汉	成都
民营企业500强数量	2	36	24	17	14	11	10	6

在厦门民营企业相对具有优势的软件信息行业，尽管4399、美图公司、吉比特、美柚和鑫点击等 5 家企业入选 2017 年中国互联网企业 100 强，但与杭州、深圳等城市的大型互联网和高科技企业相比，在规模、市值、员工数量等方面依然存在一定差距。

（五）税负压力较大

根据《厦门统计年鉴（2018）》，小型民营企业在 2016 年和 2017 年的应交税金及附加分别为 11.12 亿元和 15.08 亿元，超过或相当于当年营业利润的金额。微型企业在 2016 和 2017 年营业利润分别亏损 114 万元和 211 万元，但税金及附加金额分别达到 796 万元和 1521 万元，企业经营情况在恶化，但税负负担却持续加重。税负压力使不少企业在运营中步履维艰，难以腾出更多精力来系统思考和筹划新动能培育的问题。因此，亟待尽快降低小微实体私营企业的税负，给他们生存以喘息之机，避免恶性循环。

（六）吸引人才困难

近年来，厦门许多民营制造企业遭遇各种程度的用工难题，包括招工难、人工成本上升、留住人才难等问题，用工成本不断上升，使用工问题日益成为企业新旧动能转换的制约因素。在实地调研中，不少企业反映各个工种和管理人员都面临招聘难题，而且招来的员工对薪资和福利要求越来越高，新时代员工的诉求日益多元化，员工流动性非常大，使企业的生产运营面临许多人才困境。一些企业表示，好不容易招来的员工，经过一番培训后，却以各种理由跳槽了，打乱了企业运营的节奏。制造业的车间作业环境对许多年轻人来说缺乏吸引力，留不住“90后”和“95后”的工人，更别说大学毕业生。从表11可看出，中小微私营制造企业的薪酬近两年大幅上涨，但其营业利润增幅却下滑甚至出现亏损（主要是微型企业），使企业经营面临更大压力。而且，由表12可发现，虽然私营企业的薪酬上涨最快，但目前人均薪酬仍然低于国有控股和外资企业，甚至只有国有企业平均薪资的57%，这使民营制造企业更难以吸引和留住人才。

表11　近三年收入2000万以上私营工业企业薪酬情况

企业类型	年份	应付职工薪酬（万元）	年平均从业人员（人）	年人均薪酬（万元）	人均薪酬涨幅（%）	营业利润（万元）
大型企业	2015	18661	2149	8.68	53.69	30651
	2016	51812	7017	7.38	−14.97	101262
	2017	81712	11064	7.39	0.02	167872
中型企业	2015	193661	36799	5.26	6.54	86906
	2016	193309	34773	5.56	5.63	120450
	2017	280249	44104	6.35	14.30	165969
小型企业	2015	330741	66057	5.01	11.46	86423
	2016	343663	65974	5.21	4.04	104493
	2017	473592	82864	5.72	9.72	180605
微型企业	2015	3408	1146	2.97	34.28	761
	2016	778	467	1.67	−43.98	−114
	2017	3354	612	5.48	228.96	−211

表12　2017年收入2000万以上工业企业主要薪酬指标（汇总）

企业类型	企业数（家）	应付职工薪酬（万元）	全部从业人员年平均人数（人）	年人均薪酬（万元）	人均薪酬涨幅（%）
私营企业	866	838907	138644	6.05	11
国有控股	77	591749	55823	10.60	7
外资及港澳台	687	2927858	366680	7.98	10.37

三、厦门民营经济培育发展新动能的对策研究

基于厦门民营经济的现状和问题分析，结合当前面临的机遇和挑战，本课题提出如下厦门民营经济新动能发展的目标和对策。

（一）培育发展新动能的目标

经过3～5年的时间，基本形成新动能主导厦门民营经济发展的新格局，民营企业成为现代化经济体系的重要支撑。现有传统民营企业基本完成改造

升级，成为推动经济发展的重要动能；战略新兴产业逐步成为新的增长引擎，成为引领经济发展的主要动能；民间投资由房地产和传统产业逐渐转向高端制造业和战略新兴产业，成为社会投资的重要力量；民营企业的创新创业活力显著增强，具备创新型经济的竞争能力。

（二）厦门民营经济培育发展新动能的对策建议

1. 激发企业家精神，积蓄发展新动力

深入贯彻落实习近平总书记关于支持民营经济健康发展的系列重要讲话精神，引导和鼓励厦门的民营企业家摆脱小富即安的心态，努力拓宽视野、敢为人先、爱拼会赢，聚焦以互联网、大数据、人工智能为主要特征的新一轮产业革命，主动融入新的全球产业分工体系。

部分企业受到前期关于民营经济的一些不利言论的影响，对未来的发展前景存在隐忧，影响了企业创新和转型的动力。对此，政府相关主管部门应加强宣传和引导，让民营企业充满信心、安心放心地推进新旧动能转换。针对企业能力不足、资源匮乏等问题，建议有针对性地给予资金、人才引进、项目咨询等方面的政策支持和培训辅导，促进小微民营企业逐步完成动能转换。

2. 拓宽投资渠道，深度参与“千亿”工作

“双千亿”工作是当前和今后一个时期推动厦门高质量发展的重要抓手，一方面将着力打造12条千亿产业链群；另一方面将重点实施10个千亿投资工程。要积极鼓励和引导民营资本深度参与到双千亿工作中，在其中寻找自身的合适定位。特别要针对“双千亿”链条的薄弱和缺失环节，结合厦门民营企业现有的产业分布和实力情况，加强与民营企业的信息沟通，引导民间资本在产业补短板和补链条方面有更大的作为。

在一般性竞争领域和可以实行市场化运作的城市公共服务领域，积极鼓励民营资本参与国有企业混合所有制改革。对厦门的民营资本参与混改实行负面清单制度，让民营企业通过出资入股、受让股权等方式参与到国有企业的新一轮改革中。特别要针对厦门市基础教育、医疗和养老等方面的民生短板，鼓励和引导民营资本的参与，简化审批程序，给予土地、资金和人才引进等方面的重点支持。

3. 强化创新驱动，催生新业态新模式

积极营造良好的创业氛围，让更多创业家在厦门依托移动互联网、云计算、人工智能等新兴技术，发展新模式和新业态，并与实体经济深度融合，成为新的发展引擎。实施精准帮扶措施，创新融资方式，加快培育民营“瞪羚企业”和“独角兽企业”。有效推进民营骨干企业、高新技术民营企业和科技小巨人企业培育、提质计划，着力打造新一批高科技民营企业和大型龙头民营企业。支持厦门民营企业建设重点实验室，对省级以上的重点实验室进行专项资助和扶持，既促进企业自身研发能力的提升，也有助于整个行业的技术进步和创新扩散。鼓励民营企业与高校及科研院所开展联合攻关，建成各种产学研协同创新体系。加强军民融合深度发展工作，大力支持“民参军”，积极承接“军转民”，构建军民融合协同创新体系，在军民融合的战略中寻求民营经济发展新动能。

4. 立足既有优势，改造提升传统产业

在培育发展新动能过程中，要注意“增量崛起”与“存量转型”之间的关系，既要培育发展前景广阔的战略新兴产业，又要引导和鼓励传统企业通过技术创新、融合“互联网＋”以及商业模式创新等方式进行改造提升，使传统行业“老树发新芽”，甚至实现“脱胎换骨”，迸发出新的活力，重塑企业的核心竞争力。

要通过事后奖补、贷款贴息、股权投资等政策，鼓励传统民营企业技术改造，降低事中补助门槛，增加政策受益面。鼓励传统民营企业开展技术研发和创名牌工作，并给予奖励或补助，实现产业链升级。搭建各种公共服务平台，在技术研发、转型升级等方面为中小民营企业提供有效服务。积极引导和支持民营企业参加国际展会，开展跨境电子商务等新业态，不断拓展国际市场。

5. 解决融资难题，优先支持实体经济

落实好厦门市政府关于民营企业应急还贷资金的发放及监管，对因临时资金周转困难而难以按时还贷的企业给予扶持，有效满足民营企业的资金需求。特别对那些暂时遇到困难，但产品有市场、项目有发展前景、技术有市场竞争力的民营企业，尽量在资金和重组等方面予以支持，帮助企业渡过难关。大力发展科技金融，设立科技成果产业化引导基金，鼓励社会资本成立更多的天使投资和创业投资基金，解决新创企业的融资难题。试点设立特色类小额贷款公司，向创新创业、科技型企业提供短期低息小额政策性贷款。推动银行创新信贷产品，建立健全覆盖企业成长周期的全过程科技信贷服务。设立征信服务、担保服务等金融服务机构，加强配套体系，使金融机构更有保障地服务实体经济。支持更多优质民营企业在境内外兼并、收购和上市融资。

6. 优化政府服务，打造良好营商环境

新动能具有技术更迭快、业态多元化、产业融合化等新特征，现有许多的管理制度和政策经常与新动能的发展要求不相适应，甚至束缚和阻碍新动能的发展。因此，政府要进一步深化改革，加强制度创新，加快职能转变，减少事前审批，健全事中事后监管，由管理向服务转变，进一步提升各种审批和法规的科学性和灵活性，为传统动能改造提升和新动能培育壮大提供更加高效便捷的政府服务。

依法保护民营企业的合法权益，降低各种隐性成本，增加民营企业家的安全感。落实好各项民营企业的减税降负措施，切实减轻企业负担。搭建政府与民营企业相互沟通交流的各种平台，健全相关部门与民营企业家的交流和政策宣讲机制，政府的重大决策和涉企政策出台前也咨询和听取民营企业家代表的意见。帮助解决好民营企业各层次人才的引进工作，对重点纳税民营企业、高新技术民营企业的员工在子女入学等方面给予照顾。搭建各种平台，促进民营企业家之间的交流。财政安排专项资金，依托高校或专业机构对民营企业家特别是中小企业开展培训，提升民营企业家的素质能力，大力弘扬闽商精神。

课题指导：陈永东
课题组成员：尤成德、杨宗原、林媛媛、
王立凤、叶伟芳、官碧剑
课题执笔人：尤成德
完成时间：2018年10月

厦门民营企业创新创业路径研究

创新和创业，是当前中国最炙手可热的两个词，“双创”构成了中国经济发展新的引擎，是建设现代化经济体系的战略支撑。在 2014 年 9 月的夏季达沃斯论坛上李克强总理发出“大众创业、万众创新”的号召，要在960万平方公里土地上掀起“大众创业”“草根创业”的新浪潮，形成“万众创新”“人人创新”的新势态。此后，李克强总理在首届世界互联网大会、国务院常务会议和各种场合中频频阐释这一关键词。2016 年 5 月，中共中央、国务院印发《国家创新驱动发展战略纲要》，强调科技创新是提高社会生产力和综合国力的战略支撑，必须摆在国家发展全局的核心位置。2017 年十九大报告提出，到 2035 年我国经济实力、科技实力将大幅跃升，跻身创新型国家前列。2018 年 9 月 18 日，国务院下发《关于推动创新创业高质量发展打造“双创”升级版的意见》，为创新创业再添强劲动力。

国家要创新，企业更需要创新。尤其是在国际市场萎缩和国内劳动力、原材料、资源环境等综合成本上升的多重压力下，创新在引导中国民营企业转型升级与可持续发展方面起着至关重要的作用。近年来，我市民营企业在产业转型、产品更新、技术升级等方面不断取得新突破，经营领域进一步拓宽，民营资本投资已从单纯的以扩大生产规模为主的粗放型投资方式，向以提高技术含量、跨行业投资为特点的集约型投资方式转变。厦门市委市政府出台《关于促进民营经济健康发展的若干意见》，针对民营企业发展的热点、难点和重点问题，从创业扶持、市场开拓、融资促进、用地保障，以及放宽市场准入、促进投资贸易便利化等方面入手，促进我市民营经济健康发展。经过不断的探索与实践，厦门涌现出了很多锐意进取、敢为人先、行业知名的民营企业，逐步走出了自己的创新创业路径。本文以厦门市 2018—2019 年度龙头骨干民营企业作为研究对象，分析本土优秀民营企业的案例，希望为其他民营企业提供借鉴，促进厦门民营经济持续、快速发展。

一、厦门民营企业面临良好的创新创业机遇

全面深化改革进入深水区，供给侧结构性改革加快推进，改革红利进一步释放，“大众创业、万众创新”“中国制造 2025”“互联网＋”等国家发展战略深入实施，以及民生优先、内需主导、创新驱动和消费驱动的政策取向，都需要更加激发民营资本活力，也为民营企业的发展带来了更大的发展空间和新的市场机会。

（一）“一带一路”给厦门民企发展带来新动力

2017 年 9 月金砖国家领导人第九次会晤的成功召开，让世界的目光聚焦厦门这个中国东南沿海城市。国家发展改革委、外交部、商务部联合发布《推动共建丝绸之路经济带和 21 世纪海上丝绸之路的愿景与行动》，福建被定位为 21 世纪海上丝绸之路核心区。围绕“21 世纪海上丝绸之路战略支点城市”这一定位，厦门把互联互通作为“一带一路”建设的先导性工程，加快构建与沿线国家和地区互联互通、高效便捷的海陆空运输网络。近年来，厦门不断创新交流载体和平台，通过教育合作、文化互动、举办城市活动、建立友城等方式，提升厦门的国际化水平和全球影响力，深化与“一带一路”沿线国家和地区在人文交流领域的合作，为民营企业的跨国商业往来提供了更大的舞台。

（二）自贸区建设给厦门民企发展带来新活力

福建自贸区挂牌以来，厦门自贸片区以制度创新为核心任务，陆续推进闽台通关“三互”合作，扩大“监管互认”范围；推动与台湾地区金融行业组织建立合作机制；提升“三创”基地建设水平，吸引台湾青年来厦创新创业；加强与海丝沿线国家和地区海关、检验检疫、认证认可、标准计量等方面的合作，提高通关效率；做强做大中欧（厦门）班列，打造国家物流新通道；推动设立海丝投资基金、知识产权运营投资基金，积极对接亚投行和丝路基金，扩大项目合作等重点试验任务。这一系列举措为厦门民营企业提供了便利，提高了企业发展的效率。

（三）供给侧改革指明民企发展新方向

党的十九大进一步明确了深化供给侧结构性改革的思路，厦门市把发展经济的着力点放在实体经济上，把提高供给侧体系质量作为主要工作方向，深入实施质量强市战略，注重品牌的培育和打造，努力增创经济发展的质量效益优势。同时，厦门市持续推进千亿元产业链（群）培育工程，做大做强集成电路、生物医药等高端制造业产业集群，大力发展软件信息、新材料等战略性新兴产业，积极培育大数据、石墨烯等新增长点。支柱性产业的调整和转型，为民营企业的未来发展指明了方向。

（四）“双创”之城造就民企发展新氛围

2016 年 6 月，国务院批复同意在福州、厦门、泉州3个国家高新技术产业开发区建设国家自主创新示范区。自获批以来，厦门自创片区扎实谋划，高效推进，努力营造一流的创新创业生态环境，创新型城市建设再上新台阶。2017 年，厦门全市 R&D 投入占 GDP 的比重达 3.25%，科技进步贡献率约 65%；国家级高新技术企业将突破 1400 家，实现净增 200 家；规上高新技术产业增加值占规上工业增加值比重 67.7%，比上年末提高 8.6 个百分点；每万人有效发明专利拥有量约 24 件，年净增近 5 件，国内首家知识产权支行挂牌成立；实现技术合同交易额 68.68 亿元，占全省 64%。跻身全球城市可持续竞争力百强，中国城市科技创新指数厦门居第 11 位，中国创新创业指数厦门居第 9 位。得益于良好的创业氛围，厦门涌现出一大批自主创新企业，从成为“准独角兽”企业到一步步走向上市，带动了厦门中小科技企业整体发展。从2017 年至今，厦门就有 8 家人才自主创新企业上市。

（五）优良营商环境提供民企新便利

营商环境是一个国家或地区经济软实力的重要体现。2018 年国家发展改革委在北京举行全国营商环境评价现场会，宣布我国首个营商环境评价体系建立，厦门营商环境位居全国第二。厦门市从 2014 年开始对标世界一流经济体，突出问题导向，聚焦企业需求，坚持以改革的办法，有效解决营商环境建设中的重难点问题。首创“五个一”工程建设项目审批管理体系，这一体系被国务院认可并作为标准在全国推广；率先建设国际贸易“单一窗口”平台，通过该平台报关比例达 97%，报检比例达 100%，服务企业 1.5 万多家，年单证处理量破 3000 万票，被商务部推荐为全国自贸试验区最佳实践案例。厦门还聚焦市场主体反映强烈的一些“堵点”问题，打通便民服务“最后一公里”，大力推进审批服务“马上办、网上办、就近办、一次办”，全面深化“一趟不用跑”和“最多跑一趟”改革。截至目前，2016 项审批服务事项实现网上预审、网上办理，占全部审批服务事项的 97.8%，其中 264 个实现全流程网上审批，362 个实现全城通办，让“数据跑路”取代“群众跑腿”。

二、厦门民营企业创新创业路径分析

厦门市 2018—2019 年度龙头骨干民营企业的名单分为 13 个大类，共 60 家企业，如表1。通过研究每家企业的发展历史、主营业务、行业地位、竞争优势等，可将他们的创新创业路径分为 4 个类别，分别是技术先导型创新创业发展路径、互联网思维导向的创新创业路径、全球布局型创新创业路径和社会网络型创新创业路径。诚然，这些企业在成长、壮大的过程中，可能存在多种方式并举的情况，本文为了厘清思路，选取了一些典型企业，以主要发展路径作为归纳分类的标准。

表1　厦门市2018—2019年度龙头骨干民营企业拟认定名单

农副食品生产加工、制造业	机械装备	软件和信息服务
厦门银祥集团有限公司	厦门航天思尔特机器人系统股份公司	厦门市美亚柏科信息股份有限公司
福建安井食品股份有限公司	环创（厦门）科技股份有限公司	厦门吉比特网络技术股份有限公司
厦门惠尔康食品有限公司	厦门欣机电器有限公司	厦门万安智能有限公司
平板显示、光电、计算机与通讯设备、集成电路	**建筑业（含勘察设计）**	四三九九网络股份有限公司
厦门立达信绿色照明集团有限公司	厦门中联永亨建设集团有限公司	罗普特（厦门）科技集团有限公司
厦门乾照光电股份有限公司	福建省九龙建设集团有限公司	易联众信息技术股份有限公司
厦门强力巨彩光电科技有限公司	厦门合立道工程设计集团股份有限公司	厦门美图网科技有限公司
厦门弘信电子科技股份有限公司	**新材料**	厦门狄耐克智能科技股份有限公司
厦门立林科技有限公司	科之杰新材料集团有限公司	厦门网宿有限公司

续表

清源科技（厦门）股份有限公司	厦门三维丝环保股份有限公司	厦门柏事特信息科技有限公司
批发行业	厦门卓越生物质能源有限公司	智业软件股份有限公司
均和（厦门）控股有限公司	厦门聚富塑胶制品有限公司	厦门科拓通讯技术股份有限公司
厦门信和达电子有限公司	**其他高端制造业**	趣游（厦门）科技有限公司
福建三安集团有限公司	厦门松霖科技股份有限公司	厦门三五互联科技股份有限公司
厦门航空开发股份有限公司	厦门金牌厨柜股份有限公司	厦门鑫点击网络科技股份有限公司
厦门安踏有限公司	厦门合兴包装印刷股份有限公司	**其他现代服务业**
零售业	厦门华特集团有限公司	华厦眼科医院集团股份有限公司
斐乐服饰有限公司	厦门万里石股份有限公司	厦门恒兴集团有限公司
现代物流	厦门唯科模塑科技有限公司	健研检测集团有限公司
成记泰达航空物流股份有限公司	厦门保沣实业有限公司	铂爵蜜月文化（厦门）有限公司
弘信物流集团有限公司	**文化创意**	
	厦门美柚信息科技有限公司	
	大洲控股集团有限公司	

（一）技术先导型创新创业发展路径

技术创新是大部分民营企业在创新创业的过程中的必由之路，很多民营企业意识到拥有自主技术能力、形成自有品牌的产品组合对提升企业市场竞争力和产品市场占有率的重要性。企业必须依靠引进技术人才、更新机器设备、加大研发资金投入来突破企业成长的技术瓶颈。这种以提升企业技术创新能力为先导，强化企业技术创新能力体系建设，并以此为基础带动制度和管理变革的企业成长模式，可以称之为技术先导型创新创业模式。技术先导型创新创业发展模式的基本内涵包括了创新主体、创新的直接目标、创新手段和创新内容等（见表2）。其基本特点是首先集中投资于新产品开发，以产品质量和技术含量开拓市场，提高产品市场影响力和市场占有率，然后以此为基础推动企业品牌建设，改进企业管理方式，促进企业制度变迁，带动企业创新能力的全面提高。纵观厦门的骨干民营企业，可以看到对技术的高投入、高要求是普遍现象，三维丝、松霖、美亚柏科、艾德生物、立林科技、弘信电子等都有对标世界、全国领先的“一技之长”。

表2　技术先导型创新创业发展模式

创新主体	直接目标	创新手段	创新内容
企业技术人员以及大学或科研机构的合作伙伴	提高资源的投入产出效益	自主研发、外部引进、模仿创新	基础研究、新产品开发、工艺流程再造

中国“工业设计黄埔军校”松霖集团。松霖 1989 年以卫浴产品起家，在技术上精益求精、不断突破，其最独特的是对设计的无比执着。在创业之初，企业就确立了“松霖参与国际竞争早，想要竞争力强，必须在设计能力上下功夫”的信念，也因此赢得了中国“工业设计黄埔军校”的美誉，培养了大量工业设计的优秀人才。一路走来，松霖申请了 2600 项专利，斩获全球工业设计大奖 104 个，其中包括了德国红点、IF、美国 IDEA 大奖，成长为国际卫厨产业界技术及设计的领导性品牌。目前，全球顶级花洒产品有七成来自松霖。而松霖还在不断探索进取，不再满足于做单一的卫浴生产企业，开始了泛家居化的“新长征”，为消费者提供家装、家具、智能家居等一站式服务。强大的设计力与生产力，让个性化订单生产成为可能；快速的制造能力，成为赢取市场的竞争优势；机器人等智能方式的采用，让产品生产的精度与稳定性不断飞跃。

网络安全专家美亚柏科。刚刚亮相央视“大国重器”的取证车和 2017 年金砖会晤的信息安全保障，都指向一个共同的名字——美亚柏科。自 1999 年成立以来，公司深耕电子数据取证及大数据信息化等业务，逐步成长为电子数据取证行业龙头企业、网络空间安全及大数据信息化专家，为全球电子数据取证行业两家上市公司之一。技术创新一直是美亚柏科发展的主要引擎，不断提升专业技术，加强产品迭代研发，提高服务质量是全公司的共同目标。截至目前，公司共取得授权专利 205 项，其中发明专利 127 项，实用新型专利 42 项，外观专利 36 项，有效注册商标 46 项，软件著作权 344 项；被认定为“国家高新技术企业”“国家规划布局内重点软件企业”“国家创新型试点企业”“国家知识产权优势企业”；获评“中国软件和信息技术服务综合竞争力百强企业”、全国网络安全企业 50 强；拥有“国家企业技术中心”“福建省院士专家工作站”“博士后工作站”，承担国家发改委高技术产业化专项、国家重点研发专项、国家“十二五”科技支撑计划项目等科技计划项目共 30 余项。

（二）互联网思维导向的创新创业路径

互联网技术的发展渗透到社会经济运行的各个方面，对传统的商业形态产生了深刻影响，为经济活动开放出一片前所未有的“蓝海”。企业依托互联网，将各自的产品和服务准确地送到用户面前，极大地改变消费者购买、使用、思维、生活等习惯。所谓的互联网思维，不是技术、营销、渠道等的改革，而是一种系统性的创新，是对整个产品体系、价值链和生态系统的重新审视，重点在于用户、简约、极致、迭代、流量、社会化、大数据、平台、跨界等。概括来说，精准把握顾客需求、构建快速反应的能力、不断进行产品升级、专注于获取用户规模而不是短期利润，这正是一些厦门民营企业独角兽得以快速展露头角所走过的路。详见图1。在 2018 年由中国互联网协会、工业和信息化部信息中心联合发布的“2018 年中国互联网企业 100 强”榜单中，厦门有 4 家企业上榜，分别是美图公司（第 17 位）、四三九九网络股份有限公司（第 34 位）、厦门吉比特网络技术股份有限公司（第 60 位）和厦门美柚信息科技有限公司（第 98 位）。

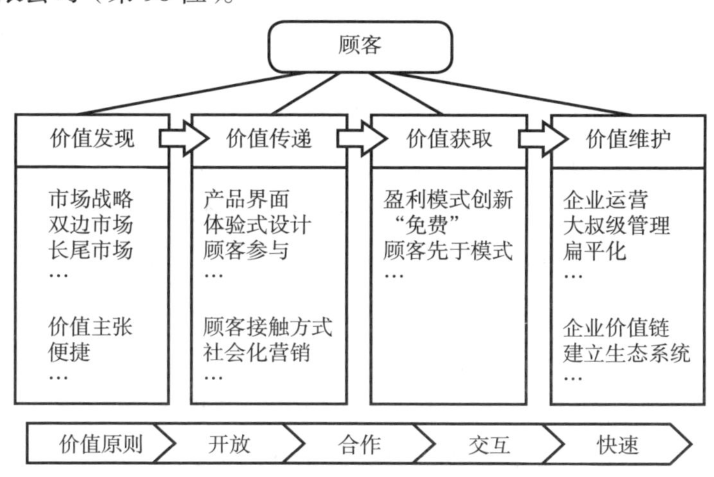

图 1　互联网思维导向的创新创业路径

美丽天使美图。美图公司成立于 2008 年 10 月，以“让更多人变美”为使命，以“成为全球懂美的科技公司”为愿景，创造了一系列软硬件产品，如美图秀秀、BeautyCam 美颜相机、短视频社区美拍以及美图拍照手机，改变了用户创造与分享美的方式，也使自拍文化深入人心。美图多年来位居“美丽产业链”的顶端，其影像及社区应用矩阵在全球已覆盖超过 15 亿台独立设备，曾被《华盛顿邮报》称为全世界最大的“美丽生态系统”。近年来，美图加速全球化布局，把握前沿关键技术，如今公司的影像实验室在人脸技术、人工智能等领域抓紧开发研究，已具备全球屈指可数的图像数据。纵观美图10年来的发展历程，精准把握顾客痛点，提供免费的服务，快速升级产品，早就遍布全球庞大顾客群，无不体现了互联网思维。

专注“她经济”的美柚。厦门美柚信息科技有限公司创始于 2013 年 4月，是一家专注为女性服务的互联网公司，从女性的生长历程和生活需求出发，以经期管理为切入点，为女性提供备孕、怀孕、育儿、社区交流等功能服务，陆续推出了美柚、柚宝宝、返还购、柚子街等一系列软件，为女性提供了一种全新的生活方式。目前，美柚用户超过 1.5 亿，日活跃用户 700 多万，2017年净利润超过1亿元。

（三）全球布局型创新创业路径

“逆全球化”的出现并不能阻挡全球化的步伐，以互联网为基础的新一代信息技术快速发展，催生了以技术链接、资本链接、人才链接和信息链接为核心的全球化链接新模式，而中国的一带一路倡议及配套举措，为企业的全球化创造了更多空间。所谓的全球化布局型创新创业，不是简单的产品走出去，而是企业在全世界范围内寻求资源的整合、能力的提升、品牌的推广和市场的扩大。厦门是一个经济外向型的城市，很多民营企业有长期与国际市场打交道的经验，他们希望在全球价值链中处于更优势的地位，因此聘请国际化的人才，根据国际标准打造产品，进行跨国并购，在海外设置销售中心、研发中心甚至制造工厂。

按摩器具航母奥佳华。澳佳华智能健康科技集团（原名厦门蒙发利科技）创立于 1996 年，2011 年在深圳交易所挂牌上市，是中国领先的集研发、制造、品牌、营销、服务为一体的国际化智能健康产业集团。公司在厦门、漳州及深圳三地共拥有五大生产基地，已通过 ISO9001/14001/13485、欧盟 CE、美国 UL/FCC/CETL/ETL 及等多项国际专业认证，产品遍及全球60多个国家和地区，出口份额和工业产值已连续十三年（2005—2017 年）保持行业第一。目前集团旗下有 OGAWA、FUJIMEDIC、FUJI、COZZIA、MEDISANA 等多个自主品牌，渠道布局亚洲、北美及欧洲市场，全球有 800 多家专卖店 / 专柜。

其中 2013 年收购马来西亚国际健康品牌奥佳华，该品牌深耕亚洲市场二十余年，在亚洲具有很高的知名度，2016 年收购德国上市企业 MEDISANA，这为企业进军欧洲市场打开了通路。这两宗收购案充分体现了奥加华公司的全球化视野。

石头王国万里石。万里石是集矿山开发、产品加工和进出口贸易为一体的中国石材行业最大民营企业之一，是“中国房地产开发企业 500 强首选供应商”“中国石材行业最具影响力企业”“中国石材出口创汇十强企业”。公司有 3 座自有矿山，8 家现代化石材加工厂，29 家下属子分公司，其中 2 家位于美国和南非，1000 多名员工，产品远销日本、韩国、美国、欧盟、南非、阿尔及利亚、中东、东盟等 30 多个国家和地区和国内 30 多座大中城市。2018 年开始，万里石涉足装修产业，希望用石材撼动瓷砖的传统市场。在厦门众多的石材企业中，万里石公司能脱颖而出，得益于其全球化的视角，创业之初就引入素以严苛闻名的日本质检人员，让自己的产品品质符合世界标准；不仅将中国石材出口，也将国外的高端装修石材引入中国市场；根据世界环保、自然的趋势，将石材引入家庭装饰行业

（四）社会网络型创新创业路径

此处的网络不是指互联网，而是指社会关系网络。20 世纪 90 年代兴起的创新网络理论认为，社会关系网络是企业创新要素的重要提供者，民营企业的创新能力与其拥有的社会关系网络的广度和深度密切相关。企业与外部信息网络的关系越稳定越密切，对知识信息的吸收能力越强，创新的可能性也就越大。具体来说，从上下游关联的视角来看，在企业与原材料、技术供应商和产品客户之间的业务往来过程中，不可避免地会产生技术、管理、营销等方面的知识溢出，这就意味着企业可以通过与上下游企业建立良好的分工协作关系来获取技术外溢，以促进自身创新。此外，由于民营企业多是由家族企业发展而来，企业之间往往存在着血缘和亲缘的社会关系，这种血缘、亲缘、地缘和业缘的社会关系，有助于民营企业构建企业间广泛稳定的商业关系网络。利用这种长期稳定的网络关系，民营企业能充分发挥资金、技术和信息等方面的资源优势，实现规模经济，提高市场竞争力，同时也能产生网络溢出效应。

不止是鱼丸的安井集团。安井创立于2001年，以火锅料制品（速冻鱼糜、速冻肉制品、鱼丸等）和速冻面米制品为主打产品，是国内最大的速冻食品企业之一。公司拥有的“安井”品牌荣获中国驰名商标和福建名牌产品等称号。安井公司的行业门槛较低，并不需要非常高的技术含量，因此决定其成功的不是产品技术，而是构造一个良好的社会网络。上游的鱼类、肉类原料企业，下游的卖场客户、餐厅客户，还有外部的科研支持机构，所有这些构成了安井的社会网络。详见图2。安井能在中国火锅制品行业中成为翘楚，与其多年来维持了良好、广泛的社会网络不无关系。

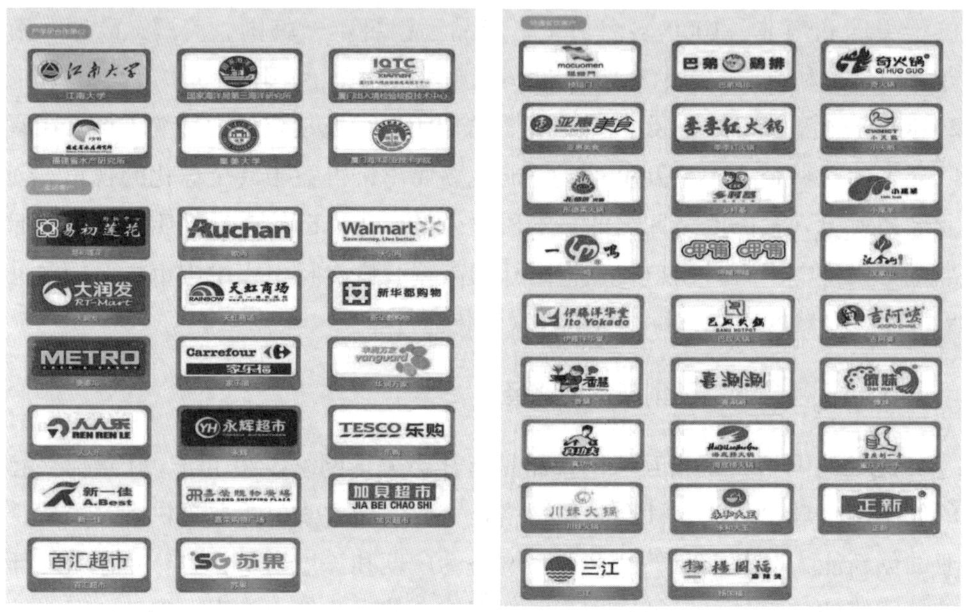

图2　安井公司社会网络

创业梦工坊弘信。在厦门骨干民营企业榜单中，有两家企业的名字中有“弘信”二字，他们都源于弘信创业工厂投资集团股份有限公司。这家从集装箱租赁业务创业起步的企业，目前是国内独树一帜的创新创业平台，凭借独特的“云创业”商业模式，整合资源，构建公共创业平台，向企业提供战略、金融、人才、市场等支持，培育和扶持创业企业成长，至今已经在租赁、电子、物流、通信、船务、职业、投行领域成功孵化出各自领域的龙头企业。弘信所做的，是让那些自身缺乏网络化社会资源的企业能够迅速拥有创业中需要的资源与服务，而培育成功后的创业企业又成为了弘信社会化网络的组成部分，这是一个良性循环，构成了多元化、丰富化的创业体系。

三、促进厦门民营企业创新创业的对策

企业是创新创业的核心，在进一步促进厦门民营企业创新创业时，应构建以民营企业为主体的创新体系，充分发会企业的能力与作用。政府、协会和全社会则扮演辅助、支持的角色，用企业的视角思考，为民营创造良好的外部环境。从以上厦门民营企业的创新创业路径可以总结出，技术、互联网、全球化、社会化网络是四个关键词，应从资金、技术、人才、资源共享等方面入手，培育出更多行业领先的民营企业。

（一）构建民营企业创新创业公共服务平台

按照集聚、集群、特色的要求，做好民营企业创业创新平台建设，为民营企业创新发展提供全方位服务。公共服务平台可以包括技术创新平台、投融资服务平台、人才资源服务平台等方面，通过该平台促进创新创业要素的展示、转让、流动、聚集和使用，重点帮助企业解决双创政策解读、知识产权保护、科技成果转化等问题。同时，平台还将担负科技中介的作用，引入专业的科技经纪人，让平台成为联结企业和大学、研发机构的桥梁。

（二）大力吸引和累积创新创业人才

加强支撑民营经济创新发展的各类人才队伍建设。加大力度引进一批高层次产业领军人才、创新型人才和高技能技术人才等。改进人才激励机制，实施人力资本产权化，允许各种形式的技术、知识入股，使企业创新者通过产权参与创新分配，激发创新者自主创新的积极性，防止成果流失或被无形损耗。培养和大力培养职业经理人队伍，打造和建设一批具有全球眼光、战略思维和市场开拓能力的企业经营管理人才。着力吸引双一流大学、985 高校、211 高校应届大学毕业生后到厦门就业、创业，为民营经济发展提供高质量的人力资本。支持企业组建人才发展基金，培育发展人才中介机构。

（三）优化民营企业创新创业融资体系

探索建设以政府财政资金为引导，政策性、商业性金融为支撑，广泛吸

引社会资金的民营企业创新创业融资体系。首先是以政策资金扶持为手段，对民营企业重点科技研发和重大技术给予更大的政策资助，加大对知识产权信息网络和服务的资金支持力度。积极为民营企业在国内外上市融资创造条件，民营非上市公司可依托产权交易中心和证券公司，探索非上市股份托管和投资基金的场外交易。其次是各商业银行应视条件加大对民营企业的支持力度，建立知识产权信用担保制度和其他信用担保制度。最后是吸引社会力量积极参与创新活动，增加科技投入，促进境外资本进入科技风险投资市场，鼓励风险投资业的发展，满足民营企业吸纳资金的需要。

（四）开办创新创业大讲堂

借鉴浙江、江苏等省市做法，由科学技术协会、工商联等部门牵头，为民营企业家、高层次引进人才开办创新创业大讲堂，以主题报告和行业论坛相结合的方式，邀请国内外知名专家学者和产业领导者到现场交流，打造企业创新创业学习平台、政企互动纽带。大讲堂可按月或者季度举办，主题涉及宏观经济、产业政策、创业知识、创业经验分享等，主讲人可以是创新创业的研究者、政府工作人员，也可以是骨干民营企业的创业家们。通过定期的分享、讨论，帮助民营企业开拓视野，掌握新知，明确思路。

课题指导：陈永东

课题执笔：庄贝妮

完成时间：2018年9月

中美贸易摩擦对厦门民营经济的影响及对策研究

一、充分认识中美贸易摩擦下民营经济的地位作用

中美贸易摩擦，本质上是的国家间的实力竞赛，是霸权国家对新兴大国的战略遏制。20 世纪日本经济直追美国，结果日美贸易战不断升级至经济战、科技战，最终日本金融战败，失去挑战美国经济霸权的资格，日美贸易战才落下帷幕。随着中国经济崛起、中美产业分工从互补走向竞争以及中美在价值观、意识形态、国家治理上的差异，中美贸易摩擦层次逐渐升级：从缩减贸易逆差、实现公平贸易的结构性改革，到霸权国家对新兴大国的战略遏制、冷战思维的意识形态对抗。我们必须清醒地认识到，中美贸易摩擦具有长期性、复杂性和严峻性。贸易战本质上是倒逼改革战，面对国际国内形势，我们最好的应对办法是以更大力度、更大决心推动改革开放，更大程度、更高水平激活民营经济活力，建设高质量市场经济体系和高水平开放体制。

民营经济在改革开放中产生，并逐渐从小到大、由弱变强，成为我国改革开放的重要成果和显著特征。从经济贡献看，民营企业占比已超我国经济总量的“半壁江山”；从吸纳就业看，民营企业已经成为就业的主要承载体；从促进创新看，我国 65% 的专利、75% 以上的技术创新、80% 以上的新产品开发，都是由民营企业完成的。从参与国际竞争看，据海关统计，2019 年上半年，我国有进出口记录的民营企业约30多万家，比上年同期增加 8.5%；进出口约 6 万亿元人民币，增长 11%，高出同期全国进出口增速 7.1 个百分点；占外贸总值的 41.7%，比上年同期提升 2.7 个百分点，对进出口总值增长的贡献率超过 50%，已超越外商投资企业成为我国最大的对外贸易主体。

进入新时代，我国经济发展已由高速增长阶段转入高质量发展阶段。民营企业以其机制灵活性、市场敏锐性，在技术创新、管理创新以及商业模式创新上形成独特优势，成为创新发展、高质量发展的生力军。尤其当前外部环境发生明显变化，单边主义、贸易保护主义抬头，国际贸易出现了较大的不确定性。越是面对困难，越需要发挥民营经济的独特作用。可以说，民营经济稳住了，我国经济稳中向好的底气才会更足。习近平总书记强调："要坚持'两个毫不动摇'，为民营企业发展营造良好的法治环境和营商环境，依法保护民营企业权益，鼓励、支持、引导非公有制经济继续发展壮大。"

二、厦门市民营企业对美国主要贸易情况

（一）厦门市民营企业对美进出口总体情况

美国长期是厦门市第一大对外贸易伙伴，厦门市民营企业是最大的对美贸易主体。2018 年，厦门市民营企业对美国进出口总额 373 亿元，增长 25%，占厦门对美进出口总额的 35%，是最大的对美贸易主体；外商投资企业进出口 346亿元，增长 4%，占比 33%；国有企业进出口 167 亿元，下降 26%，占比 16%。

数据显示（具体见表 1 至表 4），2018 年厦门市对美进口同比下降 6%，出口同比增长 7.2%，厦门市民营企业对美进口同比大幅增长 64%，出口同比增长 15.6%；2019年上半年厦门市对美进口同比大幅下降 48%，出口同比微增 1.6%，厦门市民营企业对美进口同比大幅下降 68%，出口同比增长 10.7%。

表1　2015—2018年厦门市对美进出口情况

金额：人民币元；同比增长：%

年份	进出口		出口		进口	
	金额	同比增长	金额	同比增长	金额	同比增长
2015	900.2549	15.3582	602.5194	8.0395	297.7355	33.6843
2016	846.8931	−5.9274	591.7482	−1.7877	255.1450	−14.3048
2017	1006.87	18.8902	671.2642	13.4375	335.6088	31.5365
2018	1035.04	2.79790	719.5789	7.1976	315.4652	−6.0021

可以看出，厦门市民营企业对美进口，从 2018 年同比大幅增长 64% 到 2019 年上半年同比大幅下降 68%，变化巨大；出口由同比增长 15.6% 到同比增长 10.7%，下降明显。

表2　2015—2018年厦门市民营企业对美国进出口情况

金额：人民币元；同比增长：%

年份	进出口		出口		进口	
	金额	同比增长	金额	同比增长	金额	同比增长
2015	328.1938	21.3699	238.0244	12.252	90.1694	54.4972
2016	289.1858	−11.8857	217.1079	−8.7875	72.0778	−20.0640
2017	298.6878	3.2858	241.4544	11.214	57.2334	−20.5950
2018	373.1462	24.9285	279.2167	15.6395	93.9296	64.1167

表3　2019年上半年厦门市对美进出口情况

金额：人民币元；同比增长：%

年份	进出口		出口		进口	
	金额	同比增长	金额	同比增长	金额	同比增长
合计	417.8039	−15.5617	330.3101	1.6058	87.4938	−48.4464
2019年1月	77.0063	−17.4827	62.3716	2.8451	14.6347	−55.2118
2019年2月	45.9031	−38.2251	35.2539	−22.1282	10.6492	−63.3233
2019年3月	67.9899	−15.2905	53.1063	24.1469	14.8836	−60.2949
2019年4月	72.8503	−4.7403	56.7992	1.6831	16.0511	−22.1443
2019年5月	73.0130	−15.2775	57.9410	−0.8415	15.0720	−45.6793
2019年6月	81.0412	−3.8182	64.8380	4.4040	16.2032	−26.8654

表4　2019年上半年厦门市民营企业对美国进出口情况

金额：人民币元；同比增长：%

年份	进出口		出口		进口	
	金额	同比增长	金额	同比增长	金额	同比增长
合计	149.759	−7.4208	138.0521	10.6677	11.7069	−68.3755
2019年1月	27.7597	−2.9609	25.7487	8.8366	2.0111	−59.3614
2019年2月	15.0548	−27.2739	13.9208	−20.7113	1.1340	−63.9268
2019年3月	20.4399	26.0394	18.8993	48.9671	1.5406	−56.3592
2019年4月	25.5510	−14.3558	22.8061	−1.7061	2.7449	−58.611
2019年5月	28.5779	−17.2921	26.1234	15.2211	2.4545	−79.34
2019年6月	32.3757	1.6443	30.5538	22.3708	1.8219	−73.5335

（二）厦门市民营企业对美进出口商品结构情况

由表 5 可以看出，2019 年上半年厦门市民营企业对美出口总值 138 亿元，

表5　2019年1—6月厦门市民营企业对美出口主要商品

单位：亿元

序列	hs 章编码	商品种类	金额
1	94	第94章　家具；寝具、褥垫、弹簧床垫、软坐垫及类似的填充制品；未列名灯具及照明装置；发光标志、发光铭牌及类似品；活动房屋	21.1311
2	64	第64章　鞋靴、护腿和类似品及其零件	21.1135
3	85	第85章　电机、电气设备及其零件；录音机及放声机、电视图像、声音的录制和重放设备及其零件、附件	15.4649
4	84	第84章　核反应堆、锅炉、机器、机械器具及零件	10.7101
5	39	第39章　塑料及其制品	8.7522
6	42	第42章　皮革制品；鞍具及挽具；旅行用品、手提包及类似容器；动物肠线（蚕胶丝除外）制品	8.1797
7	61	第61章　针织或钩编的服装及衣着附件	7.9731
8	90	第90章　光学、照相、电影、计量、检验、医疗或外科用仪器及设备、精密仪器及设备；上述物品的零件、附件	4.2656
9	95	第95章　玩具、游戏品、运动用品及其零件、附件	4.1583
10	63	第63章　其他纺织制成品；成套物品；旧衣着及旧纺织品；碎织物	3.8524
11	62	第62章　非针织或非钩编的服装及衣着附件	3.7027
12	68	第68章　石料、石膏、水泥、石棉、云母及类似材料的制品	3.5580
13	73	第73章　钢铁制品	3.0413
14	48	第48章　纸及纸板；纸浆、纸或纸板制品	2.7188
15	83	第83章　贱金属杂项制品	1.8509
16	69	第69章　陶瓷产品	1.7864
17	44	第44章　木及木制品；木炭	1.7695
18	52	第52章　棉花	1.3137
19	66	第66章　雨伞、阳伞、手杖、鞭子、马鞭及其零件	1.1239
20	87	第87章　车辆及其零件、附件，但铁道及电车道车辆除外	1.1197
21	29	第29章　有机化学品	1.0095
22	70	第70章　玻璃及其制品	1.0049
出口前22类商品（亿元以上）合计			129.6003
对美出口全部货值			138.0521

其中出口超亿元的商品有 22 类，合计近 130 亿元，占全部出口总值的 94%，出口商品集中度比较高。出口产品主要为劳动密集型产品，2019 年 1—6 月出口前几位的产品主要为家具、鞋类、塑料制品、皮革制品以及机电产品。

2019 年上半年厦门市民营企业从美国进口总值 11.7 亿元，其中进口超千万元的商品有 14 类合计近 10.7 亿元，占全部进口总值的 91%，进口商品集中度也比较高。进口主要是机电产品和农产品（具体见表 6），进口前 14 类商品合计 10.6694 亿元，占全部对美进口总额的 91.14%。

表6　2019年1—6月厦门市民营企业对美进口主要商品

单位：亿元

序列	hs 章编码	商品种类	金额
1	84	第84章　核反应堆、锅炉、机器、机械器具及零件	2.5085
2	37	第37章　照相及电影用品	1.6397
3	44	第44章　木及木制品；木炭	1.4277
4	90	第90章　光学、照相、电影、计量、检验、医疗或外科用仪器及设备、精密仪器及设备；上述物品的零件、附件	1.2413
5	85	第85章　电机、电气设备及其零件；录音机及放声机、电视图像、声音的录制和重放设备及其零件、附件	0.93045
6	39	第39章　塑料及其制品	0.7075
7	47	第47章　木浆及其他纤维状纤维素浆；回收（废碎）纸及纸板	0.5989
8	38	第38章　杂项化学产品	0.4495
9	12	第12章　含油子仁及果实；杂项子仁及果仁；工业用或药用植物；稻草、秸秆及饲料	0.4267
10	48	第48章　纸及纸板；纸浆、纸或纸板制品	0.18850
11	04	第4章　乳品；蛋品；天然蜂蜜；其他食用动物产品	0.16757
12	25	第25章　盐；硫磺；泥土及石料；石膏料、石灰及水泥	0.1558
13	68	第68章　石料、石膏、水泥、石棉、云母及类似材料的制品	0.1259
14	70	第70章　玻璃及其制品	0.1014
进口前14类商品（千万元以上）合计			10.6694
对美进口全部货值			11.7069

三、中美贸易摩擦对厦门市民营企业进出口的影响分析

（一）关税加征情况

2018 年 6 月 15 日，美国宣布对原产于中国的 500 亿美元商品加征 25% 的进口关税。其中，对约 340 亿美元于 7 月 6 日实施，约 160 亿美元于 8 月 23 日实施。同时中国决定对原产于美国的 659 项约 500 亿美元进口商品加征 25% 的关税，并与美方一样分批同步实施。

2018 年 7 月 10 日，美国宣布对从中国进口的 6031 个税号约 2000 亿美元商品加征 10% 关税并于 9 月 24 日起实施。同时中国决定对原产于美国的 5207 个税目约 600 亿美元商品，加征 10%、5% 不等的关税。

2019 年 5 月 10 日，美方把 2000 亿美元中国输美商品加征关税从 10% 上调至 25%。5 月13日，中国发布对原产于美国的部分进口商品提高加征关税税率的公告，分别实施加征 25%、20%、10% 的关税。对之前加征 5% 关税的税目商品，仍实施加征 5% 的关税。

2019 年 8 月1日，美国总统特朗普表示，将对从中国进口的 3000 亿美元商品加征 10% 的关税，3000 亿美元加征关税产品分为 A、B 两个清单，A 清单中的产品将于 9 月1日开始正式征收 10% 的关税，B 清单中的产品将于12月15日开始正式征收 10% 的关税。中国表示坚决反对并决定对 8 月3日后新成交的美国农产品采购暂不排除进口加征关税，中国相关企业已暂停采购美国农产品。国务院关税税则委员会发布公告，决定对原产于美国的 5078 个税目、约 750 亿美元商品，加征 10%、5% 不等的关税，分两批自 2019 年 9 月1日12 时 01分、12 月15日12 时 01 分起实施。同时发布公告，自2019 年12月15日12 时01分起，对原产于美国的汽车及零部件恢复加征 25%、5% 的关税。

（二）数据宏观分析

厦门市民营企业进出口的主要特点是：一般贸易进出口占比约 80%，占绝对主导地位；东盟、美国和欧盟是三大主要贸易伙伴约占全部贸易额的 50% 以上，此外对台湾地区、香港地区、韩国三者合计约占 25% 左右。厦门市民营企业产品出口以劳动密集型产品为主，进口主要是机电产品和农产品；

出口主要是纺织服装、鞋、家具、箱包、玩具、塑料制品等六大类劳动密集型产品排第一位，机电产品排第二位，农产品排第三位，三者合计约占同期民营企业出口总值的 80% 左右；同期民营企业进口第一位的是机电产品，其次是农产品，二者合计占同期民营企业进口总值的 40% 左右。

从外部看，特别需要关注的是自中美经贸摩擦以来，劳动密集型产品海外订单开始从中国流出到东南亚等地，其中越南收获最多。[①] 最新公布数据表明，越南 2019 年 4 月各商品大类对美出口几乎全线同比大增：家具和照明设备同比增长 42%；行李和手提箱同比增长 48%；塑料、橡胶制品同比增长 99%；纺织服装同比增长 132%。[②] 此外，欧盟和越南 6 月 30 日签署两份贸易协定，同意在10年内逐步削减双边贸易 99% 的关税。欧盟是越南第二大出口市场，越南大米、水产、服装和鞋类等主要出口产品将获得关税优惠。[③]

从内部看，厦门行业外迁现象值得重视。如厦门市是我国石材进出口贸易重镇，曾经石材进出口约占全国 2/3，有专业石材企业超过 2500 家，周边集聚 6000 多家传统工艺石材加工厂。此前受原材料涨价、环保压力较大等因素影响，已有部分石材企业外迁，加之此次大部分产品在美加征关税清单内，人造石英石台面又遭美“双反”调查影响，进一步加速行业企业向外转移。据有关部门估算，目前在东南亚、非洲、欧洲等地约有 20 万福建石材人在开矿和办石材加工厂，这部分几乎都是民营企业。产业大规模的被动外迁可能会造成城市产业空心化的风险，影响地方经济和就业。

从全国范围看，民营企业抗风险的短板效应突出，竞争压力明显加大。民营企业以中小微企业居多，由于进出口规模小、自有资金不足，抵御外部市场变化的能力较弱，当前国际形势复杂多变，更加暴露民营企业的抗风险短板，不少中小民营企业处境相对艰难。海关数据显示，去年上半年有进出口记录的民营企业中约 20% 今年上半年没有进出口。据部分为中小微民营企业提供外贸综合服务的企业反映，近期其代理的进出口业务萎缩下降明显。以民营经济进出口发达的深圳为例，上半年深圳 26 家主要外贸综合服务企业合计进出口同比下降 21%，其中 20 家出现下降。

① “关税加征”成全球贸易新“毒瘤”，我国纺织企业影响几何？［EB/OL］. 全球纺织网，2019-07-12.

② 纺织服装同比增长 132.11%，越南或已成为贸易流动转移的最大受益者［EB/OL］. 全球纺织网，2019-06-12.

③ 欧盟和越南签署自贸协定［EB/OL］. 新华社，2019-07-01.

（三）企业微观调研

通过实地调研了解，厦门市部分民营企业已经受到强烈影响。部分企业出口订单陆续减少，出口规模大幅下降；部分行业龙头企业或以美国为主要出口地的企业遭遇重创，如厦门某轻工制品有限公司对美出口依赖度较高，2018 年该公司出口至美国商品占其同期出口值的 96%，2019 年输美产品同比下滑约 40%。在贸易摩擦加剧和生产成本不断提高的背景下，市场竞争日趋激烈，部分企业毛利润率下滑，经营出现明显困难，如（厦门）某工业有限公司主要从事龙头及相关卫浴配件制造，2018 年销售产值约 50 亿元，出口美国占其年销售产值的 76%，其中 86% 的输美产品被列入美方前两轮加征关税清单中，2019 年毛利润环比下滑50%，毛利润率环比下滑 30%，后续有亏损风险，且该企业在厦门的工厂及配套工厂有员工 1 万人，若承担高额关税或失去美国市场，企业面临裁员危机，企业预计将有 2000～4000 名工人停工，可能出现配套的小微企业倒闭潮。在中美贸易摩擦持续加深的背景下，民营企业家心理预期发生明显变化，对经济发展前景信心不足，因此企业扩大投资意愿不强，如部分企业的经营战略停滞、暂缓，原定的市场扩张计划被迫中止，正在设计和准备进入量产的项目被迫搁置。部分大型龙头企业被美列入“实体清单”，其上下游产业链附带的民营企业连带影响也不容忽视。有的企业零件原料对美依赖，企业为避免失去供货来源，只能被迫忍受国外涨价。此外关键核心技术受限，“卡脖子”风险上升，厦门机电企业从美国进口的基本为关键核心零部件，如芯片、液晶面板和电容电感等，一旦美国对这些零部件采取限制出口或技术封锁，削减对中国出口相关零部件，将直接导致这些进口原料和零部件价格上涨，从而增加企业的产品成本，甚至可能因无法进口零部件而导致企业停产破产。

（四）总体研判预测

综合各方数据分析及实地调研情况，自 2018 年 8 月 23 日正式实施的美国 500 亿美元清单主要针对中国制造 2025 和高新技术产业，厦门市出口产品中的机电、汽车及零部件等受到影响，主要商品为龙头和旋塞等零件、继电器、航空发动机零件、液晶显示板等，但是商品总量相对有限，涉及民营企业数量占比较小，这部分对我市民营企业影响尚在可控范围。美方发布的 2000 亿美元商品加税清单，涉及面扩大到家具、纺织、服装、金属制品、文具等传统出口行业；2018 年厦门市对美出口涉及 2000 亿美元加征关税商品的企业 2715 家，涉及企业占全部出口企业的约 40%，占对美出口企业总数的一半以上，主要商品包括劳动密集型产品、金属家具、塑料制品等。这部分企业商品出口的净利润率在 10% 以下，可替代性较强，特别是加征 25% 关税后对企业生产经营影响很大。这期间民营企业为避税曾出现“抢进口现象”。但随着 2019 年中美贸易摩擦中双方互加关税的逐步扩大，厦门市民营企业对美进口由 2018 年的同比大幅增长 64% 降低到 2019 上半年大幅下降 68%，出口由 2018 年的同比增长 15.6% 降低到 2019 上半年的增长 10.7%。可以预测的是：随着两国进出口商品几乎全部加征关税的实施，我市劳动密集型行业中对美出口比重大的服装、家用纺织品等将受到严重的影响，未来厦门市民营企业对美进口和出口必将更加大幅下降。

四、应对中美贸易摩擦的对策建议

中美经贸摩擦具有长期性、复杂性和反复性，必须加大应用市场“无形之手”和政府“有形之手”相结合，落实好普适政策与精准帮扶，充分发挥企业、行业组织、政府部门共同作用，合力应对当前挑战。

（一）企业层面

1. 申请关税豁免及分摊

积极与国外客户沟通联系，请求对方提出关税豁免申请。美国在开征340亿美元商品关税的时候，同时通过 USTR（美国贸易代表办公室）发布消息，允许美国企业提出申请，对中国出口到美国的产品进行关税豁免。企业还可以通过协商与国外客户就增加关税进行分摊，调研了解到对于贸易摩擦影响可控的企业一般可通过协商各自承担一些关税成本；对于产品技术含量较高、不易替代性企业，则可以要求美国进口商承担相对更多的加征关税；对于产品议价能力不强的企业往往只能自己承担较多甚至全部的加征关税成本。

2. 合理运用技术规避手段

积极探索从技术上规避贸易制裁，充分考虑运用归类总规则、原产地规则等，通过转口贸易、中性包装、入自由港等方式，使货物原产地、商品税号发生实质性改变以进行贸易制裁规避。例如对货物进行简单加工、组装等使税号发生变化，避免出现在制裁商品目录上；可以半成品形式出口至加拿大、墨西哥等地，再进行简单的加工组装使产品原产地发生变化，合理规避关税；也可以考虑针对可能发生的贸易争端，在国外一些自由贸易区设立工厂或者进行特别工序的加工来规避贸易制裁。此外，中美双方加税清单暂未波及跨境电商等新兴业态领域，企业可以加强对新型贸易方式、物流方式的研究和探索。

3. 扩大内销深耕国内市场

国内消费市场巨大，企业可以考虑扩大内销比例来消化出口压力。企业可以尝试转换思路，充分运用网络信息技术等，借助各种平台资源，以差异化营销提高国内市场份额。可以借用一切可以利用的资源，没有销售网络的可以借助平台商、经销商的渠道。如厦门某民营企业出口产品受阻后，其产品通过线上、线下加快开拓国内市场，在京东、天猫、淘宝等线上线下都开设了在线门店，全面加强其在国内市场的营销。出口企业应该发挥自身在产业链中、价值链上的优势，进行合纵连横形成整体营运能力，开展差异化经营提升产品销售业绩。

4. 开拓国外新市场新基地

面对贸易摩擦的长期影响，部分有条件的企业可以选择进一步开拓非美市场，特别是“一带一路”沿线国家、与我国缔结自由贸易协定的国家和其他新兴市场，加速实现贸易多元化布局。据统计，2008 年以来，厦门市对“一带一路”沿线国家出口贸易值总体呈现上升趋势，同时应该特别注重利用线上平台等方式推动外贸全球发展。部分实力较强的企业可以选择在东南亚、非洲等与美国签订关税减免协议、自由贸易协定的国家地区设立工厂基地，利用该地区较为廉价的劳动力和较为优惠的土地、税收等开展生产经营，进行代加工后再向美国出售产品，以“曲线出口”的方式免于直接加征关税以保持对美市场出口占有率，有效分散因贸易争端引起的经营风险。

5. 练好内功提升自身抗风险能力

企业可以尝试通过加强技术创新，提高产品附加值，专注聚焦自身优势做精做专产品，加快培育自主品牌，细化分析研究重新寻找潜在客户群，抢占其他国家的市场，或者跳过美国的中间商环节，寻找最终消费者，增强抵御贸易摩擦的能力。特别是劳动密集型企业可以加快向研究开发型进行转型的步伐，利用新兴的技术、知识、信息、制度诸要素改造传统要素，逐步实现从低技术含量向高技术含量的转变。企业还可以通过信息化手段精简内部流程人员，缩减开支，整合外部供应商，优化整合部门职能，减少生产经营成本，提升企业自身抗风险能力。

（二）行业组织层面

1. 发挥统一对外作用

努力协调各方企业，尽力避免出口企业在对外协商时各自为战、互相竞争，尽力避免无序竞争造成全行业订单价格整体走低，利润空间大幅压缩，造成大多数企业处于“有单无利”状态。如行业协会可以指导各方企业与客户签订价格波动联动协议，防范价格波动引发行业内部恶性压价、竞价。各方各面应着力提升行业协会在制定行业技术标准上的地位作用，进一步增强行业组织的协调力和话语权，切实保障行业组织代表行业整体利益统一对外的有效性和合法合规性。

2. 依法维护企业权益

利用行业协会的专业性、广泛性和灵活性等独特优势，积极协助企业解决技术壁垒、知识产权等非关税壁垒。可以建立快速维权中心、公平贸易站，及时处理会员企业在国外的专利纠纷等维权事件。可以组织或代表涉案企业积极应诉，如厦门市石材商会协助应对美国对我石英石“双反”案件无损害抗辩协调，经组织动员，共130多家企业及律师事务所踊跃参会，取得较好的效果。

3. 整合信息预警服务

重视行业协会内部信息服务机构建设，积极完善行业信息服务功能，广泛收集行业信息，使会员企业能够及时了解世界各国行业标准的变动、同行业发展状况以及相关的法律法规、技术规定，避免因信息不对称导致贸易摩擦。联合政府部门构建行业大数据平台，依托进出口外贸数据，加强加大动态预警分析，通过与会员企业沟通协调，全面及时地收集行业信息和通报贸易预警信息，有效地调整企业的信息不对称格局，积极协助企业在贸易、技术壁垒方面进行预警和规避。

4. 协助各方推动行业发展

组织服务会员企业多途径、多方式、多手段参与各类展会，通过展示交流合作的展会平台，积极开拓国内外市场。密切配合政府相关部门落实有关惠企政策，协助企业用好各项扶持政策和政策性金融工具，积极承接政府部门合作项目，促进行业规范化发展。协会还可以结合行业受影响企业具体情况，将行业和企业国际公平贸易信息、原因分析、应对措施的意见建议等及时报送有关政府部门，争取更大更及时的政策支持服务力度。行业协会作为一种中介组织有其特殊的功能，在企业发展协调、互助服务、交流调解、统一制衡等方面能够发挥重要作用，在应对贸易摩擦的过程中，有其不可替代的特殊优势。

（三）政府层面

1. 完善应对贸易摩擦的服务机制

制定完备的应诉受益机制和应诉规则，加大市级财政、税收等方面的支持力度，构建救济扶助机制，设立应诉资金，并在出口信贷、出口退税、出口信用保险和进口税收担保等方面给予应诉企业优惠和政策支持，减少或避免由于高昂的诉讼费用导致企业放弃应诉、退出美国市场。及时研究制定涉及摩擦企业的就业应急预案和政策储备，帮助困难企业稳定就业岗位。强化对行业协会及企业应诉的法律服务和政策扶持力度。完善公平贸易政策措施，提高贸易救济扶持资金补贴额度。

2. 建立跨部门的贸易摩擦预警平台

整合各方资源，建设统一的跨部门跨领域大数据平台，构建政府、企业、行业协会三方合作机制，形成整体应对合力。充分发挥行业协会、中介组织进行贸易救济预警、知识产权数据监控服务和互换合作、搭建应诉平台方面的作用。推动行业协会在政府部门指导下建立常态化和专业化的国际贸易摩擦监测预警机制，为企业提供研发创新规划、成果保护布局、风险预警跟踪、应急防御策略等提供决策支持。强化政府对外贸易预警服务，及时发布相关的调查案件的案件进程以及更为翔实的信息，及时为受影响的企业提供法律支援，帮助企业准确了解调查程序、调查内容和应诉收益，鼓励依法抗辩，维护公平权利。

3. 开展更大力度的减税降费

为支持民营企业发展，国家出台了许多税收优惠政策，但就现实企业感受而言，民营企业的税收负担还是较重，成本上涨，利润下滑，蓝领工人缺口扩大，高端人才留住困难，行政收费项目“杂”且“多”，整体税费支出比例较大。国家社保收费方式的改革，也可能给民营企业带来较大的冲击，还有一些隐性的玻璃门影响着民营企业经营效率的提升。希望能从国家层面实施更大力度的减税政策，继续深化“放管服”改革，出台更多实际优惠政策，不断降低企业税费负担，最大程度协助帮扶企业渡过难关。

4. 依托一带一路促进贸易市场多元化

充分发挥厦门市区位优势，加快完善与“一带一路”快速联通的陆水空立体交通网络，着力打造贯通欧亚、通江达海的交通走廊。针对企业迫切需要更契合物流路径、更低成本更高效率的监管模式和通关流程，进一步创新监管模式实现物畅其流，全力推进跨境物流一体化，以物流一体化牵引带动市场一体化。实施外贸市场多元化战略，推动贸易主体多元均衡融合，根据价值链延伸的特点，强化东盟、金砖国家及“一带一路”沿线国家贸易，高度重视俄罗斯等东欧国家、东南亚、中东及拉美市场潜力。创新贸易方式，进口贸易、补偿贸易、投资贸易、跨境电商等多种贸易方式并举，以进促出、以出带进，综合开拓推动厦门市加工贸易向产业链高端延伸，支持产业结构调整升级，逐步降低对美国的贸易依存度，努力构建多元化的全球贸易网络。

5. 创新金融税收支持服务方式

民营企业融资难问题仍然存在。商业银行历来追求稳健经营，无论是在体制机制还是风控要求上都对民营企业比较谨慎，在资产端出于避险本能“拥抱”国企和央企。同时，银行内部对不良贷款的责任认定严苛，令银行展业人员对普通民营企业有畏难情绪，不敢贷、怕追责现象比较普遍。为此，必须充分发挥商业银行的主力渠道作用，创新方式和手段，应用信息化、数字化技术，多渠道多方式建立健全新型补偿激励机制，提高商业银行支持中小民营企业的积极性，降低企业融资成本。在进出口环节指导民营外贸企业用足用好减免税、出口退税、进口担保、优惠原产地等政策，积极推进关税保证金保险等海关多元化税收担保改革，通过“先放后税”“集中缴税”“担保快放”等减轻民营企业资金压力。创新思路，为广大中小民营企业搭建抱团取暖新型合作平台，全面考虑外贸综合服务企业规模体量，差异化制定企业信用管理办法，按比例设定企业认证、处罚等适用标准；推进跨部门信息数据共享监管协同，促进金融、通关、退税、结汇便利化、信息化和一体化，进一步释放民营企业活力。

课题指导：陈永东
课题执笔：姜文辉
完成时间：2019年10月

加强国际化人才培养
支持民营企业参与“一带一路”建设

“一带一路”倡议自 2013 年提出，2014 年成为国家三大“战略”之一，2015 年完成顶层规划设计，2016 年进入全面落实阶段。习近平同志在党的十九大报告中指出：“要以‘一带一路’建设为重点，坚持引进来和走出去并重，遵循共商共建共享原则，加强创新能力开放合作，形成陆海内外联动、东西双向互济的开放格局。”这标志着“一带一路”建设将在新时代继续发挥开放引领作用，为实现“两个一百年”奋斗目标和中华民族伟大复兴的中国梦做出新贡献。同时，“一带一路”建设写入党章，体现中国坚定推进“一带一路”国际合作的决心和信心。

民营企业是中国经济发展不可或缺的力量，民营企业的国际化程度体现了中国经济的开放发展水平。自“一带一路”倡议提出以来，民营企业参与“一带一路”建设的积极性高涨，取得了诸多的成果。随着民营企业沿“一带一路”“走出去”的步伐不断加快，在取得成就的同时也存在一些隐忧和困难。例如，一些民营企业在“走出去”之前对东道国的法律法规、投资环境、市场信息等缺乏深入了解，存在盲目投资、风险较高等情况。

这些问题归根结底还是在于民营企业缺乏掌握“一带一路”沿线国家和地区政治、经济、金融、法律、外语、管理（尤其是风险管控）等知识的国际化专业人才。因此，加强国际化人才培养，对于提升民企国际化素质和能力，大力推进民营企业参与“一带一路”建设具有积极的现实意义。

一、民营企业参与“一带一路”建设中国际化人才的现状

民营企业在走出国门参与“一带一路”建设的过程中遭遇了各种的困难和挑战，有些问题是共同的，其中最大的问题就在于国际化人才难以满足企业的需求。中国民营企业在国际化战略转型升级过程中最核心的竞争是国际化人才的竞争。

（一）国际化人才的含义

国际化人才指具有国际化意识和胸怀，具备国际一流的知识结构，视野和能力达到国际化水准，在全球化竞争中善于把握机遇和争取主动的高层次人才。

《国家中长期教育改革和发展规划纲要（2010—2020 年）》提出，“要开展多层次、宽领域的教育与合作，提高我国教育国际化水平，要培养大批具有国际视野、通晓国际规则、能够参与国际事务和国际竞争的国际化人才”，这为国际化人才需要具备的基本要素进行了界定。

但是，在实践操作上，大部分民营企业对国际化人才的理解还停留在较浅的层面。一些企业对国际化人才常见的要求是：精通外语，有留学经历，有外企工作经验，有海外工作经历，担任过外企高管，有外籍身份，了解一些西方文化，等等。

学者指出，国际化人才应当具备以下七种素质：宽广的国际化视野和强烈的创新意识；熟悉掌握本专业的国际化知识；熟悉掌握国际惯例；较强的跨文化沟通能力；独立的国际活动能力；较强的运用和处理信息的能力；较高的政治思想素质和健康的心理素质，能经受多元文化的冲击，在做国际人的同时不至于丧失中华民族的人格和国格。①

（二）“一带一路”背景下国际化人才培养的基本路径

目前，中国急需的国际化人才的获取和培养途径主要包括依托国内高校、企业自主培养以及从国外引进三种。

---

① 韩方明．破解中国的国际化人才匮乏困境［EB/OL］.http://www.china.com.cn/opinion/think/2016-02/22/content_37839813.htm.

1. 依托国内高校

国内多所高校，如北京大学、清华大学、厦门大学等较为重视学科的国际视野，提高了对学生外语水平的要求，要求学生能用外语对外交流、阅读学科专业国际前沿著作、参加本学科专业的国际学术研讨会等。这些高校通过建设优质课程，培养具有宽广国际视野及外语沟通能力的学生，如在各类专业的培养方案中，一些专业的核心课程开设了双语教学。

外语类院校要求在熟练掌握外国语言技能的基础上，全面了解对象国的人文和社会科学知识和基础理论，培养具备国际沟通交往能力，在各领域从事外事、翻译、教育、管理、研究等各种工作的国际化人才。除了专业课程设置，有的高校还开设了第二课堂，与政府及企事业单位合作，让学生在学习期间利用各种机会参加国际会议、国际赛事的翻译与语言社会实践。

2. 企业自主培养

民营企业在进行国际化战略转型升级的过程中，对国际化应用型人才的需求大量增加，很多企业依靠自身的力量培养急需的国际化人才。例如，美的集团为了使人才更加适合美的企业文化和发展节奏，特别注重国内人才的国际化属性，在语言等方面加强培养。联想集团专门打造了国际人才培训计划，安排国内人才去国外轮岗轮训，为员工设置外国高级主管为导师的导师制以及派国内员工去哈佛大学学习 MBA 等。中兴通讯与教育部门签署“ICT 产教融合创新基地”战略合作协议，与地方高校共建 ICT（信息通信技术）创新实践平台。通过产教融合的创新基地项目，中兴通讯组建专业团队，缩短校企合作距离，简化校企合作环节，实现了企业、学校、学生与社会的多赢局面。此外，中兴通讯联合合作院校实行了中国高校人才企业培养＋海外“再培养”，与法国普瓦提埃大学进行国际化人才联合定制培养，服务于“一带一路”法语区，这类校企合作创新成功地为企业培养了国际化人才。①

3. 从国外引进

由于“一带一路”沿线各国在政治、经济、社会、文化、宗教、习俗等方面存在巨大的差异，需要利用东道国的人才来分析这些国家和地区的市场需求及风险，开发生产适销对路的产品，管理当地的供应商、经销商及雇员，

① 聚焦“一带一路”战略培养国际化 ICT 人才［EB/OL］.http://www.xinhuanet.com/politics/2016-11/29/c_129382876.htm.

这有助于民营企业实现投资及出口贸易伙伴国的多元化。

例如，格兰仕注重引进国外人才，其北美分公司、中国香港分公司、日本研究中心基本上都雇佣当地人才，其中国本土的制造、研发、设计等环节的关键岗位上，企业自主培养的人才和来自日韩的专家团队各占一半。美的在开拓海外市场过程中，注重发挥海外人才在销售、设计、研发等环节的作用。潍柴已在美国、欧洲等地设立研发中心，招揽各国人才充实技术团队，研发针对当地的产品，这也是该公司快速打开国际市场的一种方式。

二、厦门民营企业“一带一路”国际化人才培养的机遇与挑战

（一）机遇

1. 厦门经济国际化程度高，与“一带一路”国家合作密切

福建是建设 21 世纪海上丝绸之路的核心区，而厦门作为核心区的“核心”，参与“一带一路”建设具有独特的优势。厦门具备在口岸、贸易投资、华侨华人、人文历史、民间交流等方面的独特优势，以及改革开放所累积的制度优势与自贸区的优势等，使得“海丝”建设支点作用进一步凸显，成为“一带”与“一路”无缝对接的陆海枢纽城市。

厦门利用国际国内两个市场、两种资源，汇集人流、物流、资金流、信息流，提升资源全球配置能力，努力成为内地市场和“海丝”沿线国家的要素集聚地。目前，厦门港集装箱吞吐量全球排名第 14 位，厦门空港全球排名第 93 位，中欧（厦门）国际货运班列辐射我国中西部和欧洲、东南亚地区。2017 年，厦门市营商环境位列全球第 38 位，已与全球 20 个城市缔结友好城市。2015—2017 年厦门市对“海丝”国家投资额达 39.96 亿美元。2018 年1—6 月，厦门与“一带一路”65 国贸易额 885.6 亿元，增长 10.8%，其中：出口 482.2 亿元，增长 3.7%；进口 403.4 亿元，增长 20.8%。①

因此，厦门现在的经济形势和独特的“海丝”战略支点的优势都将为民营企业参与“一带一路”建设提供良好的机遇。

① 厦门主动融入“一带一路” 成为陆海枢纽城市［EB/OL］.https://baijiahao.baidu.com/s?id=1608958924201475809&wfr=spider&for=pc.

2. 全球化人才流动成为主要趋势，厦门发布相关人才政策

我国既是一个移民输出国，同时又越来越成为一个移民输入国。截至2015年，中国有1000万外出国际移民，比2000年增加近一倍。同时，中国经济40年的高速发展吸引了大量外籍专业人士来华就业创业。据联合国估计，中国境内有接近100万的国际移民，占全部居民的0.07%。[①] 现在，全球化人才流动逐渐成为主要趋势，中国需要抓住国际移民的红利，促进经济发展。

我国现已发布了一系列人才政策，国家层面开始实行更加灵活的外国人永久居留服务制度；中关村先行先试20项出入境政策措施，为来华创新创业的外籍高层次人才提供出入境便利；多地试点外国人来华工作许可制度等，形成了区域人才政策竞争发展的局面；各自贸区以及北京纷纷对各项重点改革举措先行先试，引领示范和推进人才对外开放。

2017年，厦门在福建自贸区现有10项出入境政策的基础上，进一步实施吸引外籍高层次人才来闽来厦创新创业的5项出入境新政策，为厦门参与国际人才竞争提供出入境政策的支持和保障。此外，在《关于促进两岸经济文化交流合作的若干措施》（简称“31条措施”）基础上，厦门还颁布了《关于进一步深化厦台经济社会文化交流合作的若干措施》（简称“惠台60条措施”）。这些政策和措施的出台大大提高了厦门对国际化人才的吸引力。

3. 国家政策支持“一带一路”人力资源服务业的发展

2017年，人社部印发《人力资源服务业发展行动计划》，提出“一带一路”人力资源服务行动，在推进人力资源市场对外开放的同时，引进我国市场急需的海外人力资源服务企业，加强与国际知名人力资源服务机构的合作；加强与“一带一路”沿线国家人力资源服务交流合作，鼓励吸引“一带一路”沿线国家人力资源服务业在我国投资设立人力资源服务企业；支持国内人力资源服务企业为“一带一路”沿线国家在我国设立的企业提供人力资源服务。

该《计划》鼓励我国企业走出去，促进有条件的人力资源服务企业在“一带一路”沿线国家设立分支机构，构建全球服务网络，为我国企业走出去提供人力资源服务。

我国进一步扩大人力资源市场对外资开放试点，在上海等11个自贸区及

① 企业“走出去”带动国际化人才需求［EB/OL］.http://news.163.com/17/0427/06/CJ0REL6I00018AOP.html.

中关村国家自主创新示范区等地，开展人力资源市场进一步向外资扩大开放的政策措施试点。这些政策服务于“一带一路”背景下我国人力资源市场对外开放的需要。此外，多家国际知名的人力资源服务机构已进入我国，在猎头、管理咨询、外包等高端服务业态中取得了较好的发展。厦门也和台湾开通了全国第一个台湾人才招聘网——海峡两岸联合猎才网。

（二）挑战

1.“一带一路”高端国际化人才供给出现瓶颈

当前，特朗普打着“美国优先”的旗号开打中美贸易战，日本与欧盟签署了《经济伙伴关系协定（EPA）》，美国通过与欧盟建立起“零关税”贸易区、再借欧日 EPA 打通了与日本的市场连接，美日欧将形成一个贸易核心，这势必对中国的出口造成不利影响。民营企业要树立战略思维和全球视野，在全球范围内配置资源，开拓新的市场，在国家顶层设计的引领下，“一带一路”沿线国家有望成为中国企业新的投资贸易目的地。

民营企业在“一带一路”国家投资贸易的过程中，需要大量的国际人才。中国是人口大国，但不是人才大国，尤其是高层次的人才较为缺乏。中国高层次人才仅占人才资源总量的 5.5% 左右，高级人才中的国际化人才则更少，我国在国际化人才培养方面的政策扶持及投入力度还远远不够。①

由于国际化人才要求有跨文化的沟通能力，熟悉东道国的经济、法律、金融及税收等政策，有较高的专业水平等，而这类高端复合型的国际化人才，中国现在相当缺乏，只能依靠大量的留学生。一方面，中国的外语教育，非英语语种的外语人才较少，而大量的“一带一路”国家使用非英语语言。另一方面，在中国的高等教育体系中，还缺乏培养“一带一路”人才的任何措施，体制中也没有类似的规划。

虽然中国近年来大力引进高端人才，比如千人计划、长江学者等，取得了显著的成就，但这些计划相对偏重于技术性和学术性人才，而不是管理性人才和国际性人才，民营企业急需的实用型经营型人才还有较大缺口。

2. 高校人才培养理念与培养实效之间的差距

国内高校虽已认识到一流人才应具备国际视野的重要性，但在培养理念

① 吴雪．“一带一路”战略的人才瓶颈与对策［N］．金融时报，2017-06-02.

与培养实效之间，还存在相当的距离。这种差距主要体现在三个方面：一是综合性大学非外语专业的外语教育课时有限，无法达到学生掌握外语技能的最低标准，更多取决于个人语言能力，大多数学生的外语水平离自如对外交流还有较大距离；二是外语类院校在人才培养过程中，偏重语言技能训练，在经济管理等应用型知识的系统化掌握方面尚有不足；三是无论什么类型的高校，对国际化人才的培养大多止于外语语言能力的培养，但是对于国际通行规则、不同文化之间的融合、世界政治经济的走向等整个国际生态的了解和掌握还比较欠缺。

3. 企业在国际化人才培养中出现难题

民营企业在自己培养国际化人才的过程中，面临以下难题：一是总量不足，国际化人才目前的总量无法满足境外业务快速发展的需要，结构性缺员问题比较突出；二是高素质复合型人才短缺，国际化人才队伍的业务分布、知识技能结构还需要进一步优化，国外生产经营所需高层次、高素质、高专业技能的人才很难及时配置齐全；三是人才结构需进一步完善，有的企业境外一般岗位在已经没有人工成本比较优势的情况下仍愿意外派企业内部自有员工，即使在中高层岗位上，也存在国际人才与本土人才比例偏低的问题。

4. 企业在国际人才引进中出现失误

有的企业不惜高薪引进国际化人才，在付了很多学费之后，发现国际化人才的能力却没有“机构化”成企业能力，主要的失误有四个方面：一是目标不明，对于国际化人才的选拔任用及发挥的作用没有清晰的计划；二是孤掌难鸣，没有为国际化人才配备相应的人力物力，使其难以发挥应有的作用；三是重外不重内，注重从国外引进人才而打击了企业内部人才的积极性；四是拔苗助长，注重国际人才创造的短期效益，忽略了其融入企业需要一个时间过程。

三、加强国际化人才培养的思路

（一）加强民营企业国际化人才战略管理

1. 加强民营企业国际化人才战略的规划

不能“人到用时方恨少”，应根据企业的“一带一路”国际化转型升级战略，做好配套的国际化人才的长中短期规划。对于民营企业不同的目标市场、不同产品与品牌、不同的国际化转型发展道路，要提前做好相应的人力资源需求规划，做到人事相宜，并为企业的高速发展储备人力资源。民营企业若想进入国际市场，成为国际化的企业，企业最高层必须具备“国际化领导力”，这样才能带领民营企业在国际化战略转型升级方面走向成功。

2. 加大民营企业对国际人才的招募与吸引力度

民营企业在引进国际化人才的过程中，要做到：一是建立与国际知名人力资源服务公司的人才交流平台，通过与国际接轨的人才市场体系，增加国际化人才比例，加快人才的国际化进程；二是以事业吸引和培养人才，依托企业的境外项目，聚集一批经营管理、技术质量管理、合同费用管理、国际采购管理等方面的高层次人才；三是对德才兼备、业绩突出的外籍员工，选拔提升、委以重任，形成人才团队和梯队；四是加强与当地技术服务公司、会计师事务所、律师事务所、监理公司、劳务中介等专业机构合作，通过技术服务、业务咨询、劳务派遣等形式，拓展员工当地化引才渠道。

在国际化引才的进程中，要注意：首先，不是为了引进而引进，一方面要让国际员工提供企业需要的服务，另一方面要从他们身上学习国际化经营的理念和能力；其次，要规范对境外当地人才的招聘程序，严格执行所在国劳动法律法规，规范当地员工管理行为，对外树立遵纪守法、注重社会责任的良好企业形象；最后，要关注团队建设，关心外籍员工的工作生活，在加强沟通交流、尊重文化差异的基础上，促进文化交流融合，积极营造各类员工、各类人才和谐合作的良好氛围。

3. 加强民营企业对国际化人才的系统化培训与开发

第一，对于国外人才，首先要配备副手及其他能力较强的下属，形成团队来解决企业的问题，避免单兵作战，孤掌难鸣的情况；其次要培养国际人才对企业文化的认可，避免文化冲击，使其能“招得进来”“留得下去”；最后要视东道国国际雇员自身的素质，在经过能力素质测评之后，有针对性地开展系统培训，如专业技术技能、管理技能等，提升其综合素质。

第二，针对民营企业内部人才的培养，首先要根据民营企业自身的需求，采用多种的培养模式，如选派优秀的管理者到国外分公司去轮岗、赴国外知名大学学习，配备外国高管担任导师，职能部门与业务部门对调轮训等；然后企业人力资源管理部门要构建符合国际要求的职业经理人能力素质模型，针对每个个体不同的情况，差别化地进行培养，使其提升国际化素养，更好地为企业的国际化战略转型服务。

第三，无论是外引还是内育，民营企业在双向引才的过程中，要根据“一带一路”沿线国家的国情，培养一批跨文化的复合型人才。这些复合型人才既要能够通晓东道国当地语言，熟知当地法律法规，了解当地文化风俗，又要能够认同企业的价值观与发展道路，了解中国的国情，熟悉民营企业的管理，从而为民营企业海外拓展提供强大的人力支持，为民营企业的国际化战略转型提供智力保障。

4. 加大对民营企业国际化人才获取和使用的政策扶持力度

虽然政府已经出台了多项针对国际化人才的优惠政策，但是政府仍然需要重视民营企业在参与“一带一路”建设过程中的人才问题。政府应创造条件为民营企业提供更多适合“一带一路”建设的人才，组织和强化“一带一路”国际化人才培养，建立企业国际化人才支持体系。

此外，政府要做好“牵线搭桥”引智的工作，消除外国人才来华就业创业的政策壁垒，以更加积极、开放、有效的人才政策，面向全球引进高层次人才；同时，还要加大对民营企业在国际化人才获取、培养和使用方面的政策扶持力度，促进民营企业的国际化生产经营能力，提升民营企业人才的国际化素养，协助民营企业国际化战略转型升级。

（二）促进高校对国际化人才培养的多元化与灵活性

1. 加强民营企业与高校的合作，培养应用型人才

民营企业可以选择几家高校或高职院校，加强校企合作，有针对性地为企业培养所需的人才。深化校企合作，注重培养质量，注重在校学习与企业

实践，注重人才的实用性与实效性，培养企业急需的应用型人才，实现学校与企业资源、信息、知识技能共享的“双赢”。

民营企业应以“一带一路”建设中的实践项目为契机，挑选优秀在校生赴企业开展社会实践，在服务“一带一路”建设中培养高水平人才。校企双方联合共建实习基地，实施双导师培养等，让学生在项目的实践过程中综合能力得以提升。校企双方可以发展国际企业订单式培训项目，共同建设国际化人才培训基地。

2. 调整课程设置，提升师资队伍国际化水平

第一，在“一带一路”背景下，结合厦门本地民营企业发展现状，调整课程设置，培养实用复合型人才。依据厦门民营企业发展的优势产业，厦门的高校可以加大对外语、金融、管理、贸易、纺织服装、机电信息、建筑工程、跨境电商等专业的扶植力度，适当削减那些和社会发展不相适应的专业。这样不仅能提高学生的就业率，还能弥补民营企业的人才缺口。

第二，要建设国际化师资队伍，需要包括国际化的教学人员、科研人员以及管理服务人员。一是要培养高校教师掌握国际化的先进教学方式和方法，提高教师在教学和科研过程中的外语的实际授课能力；二是要开拓教师的国际化的视野，提高教师走出国门的能力和素质，能带领学生参加国际化的教育和实践活动；三是要引进部分高水平的外籍教师和留学归国人员，依托他们的教育资源，带动整体师资队伍的国际化水平；四是要提高管理服务人员的国际化管理和服务水平，提高处理国际教育合作的沟通和协调处置能力和管理留学生的能力。

3. 继续推进中外合作办学，促进中外文化交流

继续推进中外双校园合作模式，在与“一带一路”国家多所高校联合开展“1+2+1”“2+2”“3+2”等在校生双学位项目基础上，扩大中外合作办学，加强与丝绸之路沿线国家交流合作，与国外高校开展学分互认联合培养项目，接收国外大学生，派出优秀生赴“一带一路”国家留学，允许中国高校在“一带一路”国家开展境外办学。

加强跨文化交流工作，推进中外文化交流，搭建人文交流平台，举办丰富多彩的中外人文交流活动。高校要寻找与“一带一路”各相关机构及国际机构的合作点，以周边国家为切入点，拉动与“一带一路”国家相关机构的交流与合作，使“一带一路”相关课程的学生群体和影响对象更加广泛和多元化，培养走出去应具备的“国际视野”和“跨文化沟通能力”。

4. 加强在校大学生职业生涯规划，践行社会主义核心价值观

对在校大学生要加强职业生涯规划的培训，使其能根据自身的素质、能力、性格和兴趣爱好等，尽早选择好自己的职业方向，并以此为基础广泛涉猎有关知识，建立起职业素养，包括知识储备、专业水平、实践能力、创新能力、社会责任等诸多要素，这样才更加符合“一带一路”对于人才培养的要求。

高校要强调爱国主义教育，弘扬中华传统文化，积极践行社会主义核心价值观，使高校毕业生在参与“一带一路”建设时，一方面能够尊重东道国的社会、文化、宗教、习俗等差异，处理好与当地各族人民之间的关系，另一方面能够自觉抵制不同价值观和意识形态的影响，确保为“一带一路”建设提供强大的精神力量。

5. 加强对留学生的培养，塑造国际人才

由于留学生对母国的政治、经济、金融、法律、语言、文化等有深入的了解，又接受过中国的教育，对中国的国情及经济社会文化较为了解，中国经济的高速发展也吸引他们愿意留下来就业创业，因此留学生可以成为厦门民营企业到“一带一路”国家投资贸易的桥梁。

高校要加强对留学生的培养，为留学生设置经济、管理等相关课程，帮助留学生做好职业生涯规划，搭建留学生与厦门民营企业之间沟通的桥梁，允许优秀的“一带一路”国家留学生毕业后留厦就业和创业。

“一带一路”国家的留学生不仅能为厦门民营企业提供有关的咨询，还可以到企业中进行社会实践。这样不但可以提升留学生的职业素养，培养综合能力，还能为企业创造价值，使留学生的作用更好更全面地发挥出来，实现厦门民营企业与留学生之间的“双赢”。

（三）大力扶持人力资源服务业，促进民营企业沿“一带一路”国际化转型

在厦门民营企业沿“一带一路”国际化战略转型的过程中，原先在国内为民营企业提供各种服务的机构，包括会计师事务所、税务师事务所、律师

事务所、评估机构、人力资源服务机构等中介服务机构也要随之国际化转型，才能满足厦门民营企业参与“一带一路”建设的需要。

在这些服务机构国际化转型的过程中，要重点扶持人力资源服务业。只有国内的人力资源服务业提高自身的国际素养，才能跟随原来服务的企业走出去建立国际网络，提升国际服务水平。政府可以加大对此类中介服务机构的扶持力度，以政府购买服务或服务外包方式，鼓励、支持和培育一些具有国际视野和国际运营能力的厦门当地的人力资源中介服务平台做大做强，使之更有能力服务好厦门民营企业的“一带一路”国际化战略转型升级的需要。

同时，也要充分发挥厦门自贸区的优势，加快人力资源市场对外资的开放，利用国外知名人力资源服务企业的先进管理理念方法和遍布世界的网络，为厦门民营企业物色、招募和培训符合“一带一路”建设需求的高端国际化人才。

（四）发挥协会组织作用，协调民营企业参与“一带一路”建设的人力资源服务

要发挥商会、行业协会组织的桥梁作用，联结并协调厦门民营企业的中坚力量，鼓励其积极参与“一带一路”建设，通过走出去开展国际贸易、投资建厂等各种方式，实现企业的国际化战略转型升级。因为“一带一路”沿线国家的政治、经济、社会、文化、宗教等具有各自不同的特征，为抵御各种风险，鼓励厦门民营企业在走出去的过程中以产业集群等形式抱团发展，增强抗风险能力。这种抱团发展也让企业对国际人才的需求具有共同的特征，因此，可以发挥商会、行业协会的作用，建立起国际人才信息的共享机制，建立“一带一路”国际化人才信息库，信息库包括专家人才库、项目库、企业数据库等，以便及时了解掌握国际人力资源和企业发展动态，提升国际化人才管理和服务水平。

商会、协会等还可以建立国际化人才黑名单制度，对于那些严重失职，严重违反职业道德，丧失职业信誉的人员，纳入黑名单，并及时提醒企业注意防范有关行为及可能带来的危害与损失，使有关企业不去录用此类人员。

政府部门、行业协会及民营企业应充分认识到国际化人才培养的重要性，可以设立国际化人才培养专项资金，鼓励双向引智。各行业协会可以牵头组

织本行业高端国际人才参加有关的培训会、研讨会、论坛或联谊会等，分享厦门民营企业参与“一带一路”建设的成功经验、失败教训及投资贸易等领域的建议，让更多的厦门民营企业可以学习先进经验，获得有用的信息，促进企业之间，国际人才之间的交流，让更多的民营企业从中受益。

发挥商会、行业协会等的积极作用，协调海关、出入境管理、人力资源和社会保障、公安、财政、发展改革等部门，为国际高端人才来厦就业创业提供各种便利措施，增加厦门对于国际高端人才的吸引力，促进厦门民营企业参与“一带一路”建设，并在此过程中实现企业国际化战略转型升级。

支持有条件的行业组织在投资国建立厦门商会，设立分支或办事机构，拓展服务网络，广泛开展民间外交和商会交流，构建常态化的民间交流合作载体和机制。注重发挥厦门侨乡的优势，利用厦门旅居在“一带一路”沿线国家的海外华侨华人及社团的独特优势，利用已经“走出去”的民营企业建立海外联系桥头堡，为厦门民营企业“走出去”提供当地的政治、经济、金融、税收及法律的有关信息及人才的信息，协助厦门民营企业吸引和招募所需的国际人才。

结　论

当前国际国内的经济形势使厦门的民营企业沿“一带一路”走出去进行国际化战略转型升级成为一个严峻而现实的选择。民营企业自身对国际市场、国际规则、国别投资环境熟悉的程度以及战略发展、金融投资、资本运作、抵御风险等方面的能力决定了企业能否成功“走出去”，能否走得稳健，而最关键的问题还在于企业是否拥有足够的国际化高端人才。

厦门民营企业在双向引才的过程中，要根据“一带一路”沿线国家的国情，采取多种方式，争取多方的合作与支持，培养出一批跨文化的实用性复合型人才，为民营企业的国际化战略转型提供智力保障。

本文从民营企业参与“一带一路”建设过程中国际化人才的现状入手，分析了国际化人才的涵义以及“一带一路”背景下国际化人才培养的三种基本路径。在此基础上，针对厦门民营企业参与“一带一路”建设过程中国际化人才培养面临的机遇和挑战，分别从厦门民营企业加大国际化人才培养的力度、高校转变培养方式、扶持人力资源服务业的发展以及商会和协会的组织协调等四个方面提出了相关的对策建议，以期为正在和即将参与“一带一路建设”的厦门民营企业提供相关的借鉴，为政府有关部门和商会协会更好地服务民营企业的国际化人才战略提供有关的建议。

课题指导：陈永东
课题执笔：袁政慧
完成时间：2019年9月

民营企业转型发展过程中商会的新职能

引　言

民营企业是民间私人投资、民间私人经营、民间私人享受投资收益、民间私人承担经营风险的法人经济实体。民营企业是指所有的非公有制企业，除“国有独资”“国有控股”外，其他类型的企业只要没有国有资本均属民营企业，“民营”是具有强烈中国特色的词汇。现阶段我国民营企业具有数量大、比重大、产出规模小、技术装备率低、产业结构不合理、管理制度不科学、商业信用和社会责任还处在比较低的发展水平等特殊性，加之中美关系和全球经济复杂且不确定性，民营企业发展已遇到瓶颈，迫切需要转型升级。

中国特色社会主义政治经济学提出，商会组织是供给侧结构改革的重要依托。近年来，我国大力推进供给侧结构改革，目标在于“去产能、去库存、去杠杆、降成本、补短板”。商会在这一改革中，担任的是组织者和服务者的角色，帮助企业转型升级，为企业提供战略保障和多元化服务，并不断升级匹配会员企业的需求。在当前民营企业转型升级的关键时期，商会如何帮助民营企业进行有技术含量的转型升级显得更加重要和紧迫。因此，研究民营企业转型发展过程中商会的新职能，具有重要的现实意义。

一、民营企业转型发展的必要性

民营企业的转型升级可以从转型和升级两个层面来理解，是量变到质变的过程。转型就是一种状态向另一种状态的转变，包括转行和转轨，前者表现为企业在不同产业之间的转换，后者表现为不同发展模式之间的转变。升级就是企业迈向更具获利能力的资本和技术密集型经济领域的能力的过程，即企业在产业链和价值链上位置的提升，一般通过创新和整合来实现。在通常情况下，企业的转型和升级是同时进行的，就是企业在转型的同时伴随着管理、技术、工艺、产业、产品以及盈利能力等方面的创新和提升，从而更加适应经济社会发展的要求。民营企业转型既是顺应外部环境变化的必然要求，也是企业摆脱现状获得长远发展的必然选择。

（一）国际环境变化迫使民营企业加快转型升级

从我国加入世贸组织开始，民营企业就不可避免地卷入世界经济中去，民营企业面临的是更广阔的市场、更激烈的竞争环境，对于企业发展来说既是机遇也是挑战。然而金融危机发生后，世界经济发展速度变缓，国际保护主义抬头，贸易壁垒加深，我国民营企业又处于生产链的底层，竞争能力弱，国际压力迫使我国民营企业必须进行转型。

（二）国内环境变化迫使民营企业加快转型升级

从国内环境来看，当前我国消费结构正在升级，消费水平和类型也由低级转向更高级，这为民营企业带来更大的市场需求的同时也对企业的生产质量提出了更高的要求。而且，随着社会生产成本和人力成本，环境成本和各类成本的提高，企业的经营压力逐渐加大，都要求企业必须加快转型的步伐。另一方面，我国现行的政策环境也鼓励民营企业积极地转型升级。

（三）民营企业发展现状要求企业加快转型

目前，我国民营企业主要集中于劳动密集型产业和技术水平较低的传统产业，利润率低，随着劳动成本的提高，企业的利润空间急剧减小，消费结构的升级也使得低质量的产品失去竞争力和大部分市场，过去依靠低成本经营的发展策略已经行不通了，只有依靠核心技术和自主品牌，加强企业核心竞争力，走创新驱动发展道路，才能获得更长久的发展和壮大。

我国民营企业转型升级应该围绕以下方面：一是产品升级，通过创新，使功能更好的产品替代原来的产品；二是工艺升级，用性能和效率更高的生产工艺替代原来的旧工艺；三是功能升级，即向微笑曲线的两端升级，由实体性的加工、制造、装配、生产活动向非实体的研发、设计和品牌、营销、网络活动升级；四是产业链升级，由低级链条分工转向更高级产业链分工。

经过新技术、新模式、新管理改造过的新产业体系，提高生产率，而不是简单化地把企业赶走挤跑。因此，通过转型升级从而提升科技含量和产品附加值，是民营企业实现可持续性发展的必然选择。

二、民营企业转型发展中的难题

长期以来，民营企业大多属于劳动密集型企业，所从事的行业多为传统产业，企业管理多为家族式管理，主要依赖低工资成本、低环境成本、低资源成本竞争和个体分散竞争，基本处于产业链分工的低端位置，缺乏核心技术和自主品牌，严重制约了经济由粗放型向集约型的转变，也制约了民营经济持续发展壮大和效益的提升。当前一些民营企业面临严峻的生存困境，突出表现为“两难”，即融资难和盈利难。“两难”的外因是“两高”，即成本高和税费高；内因是“两低”，即产品附加值低和科技含量低。民营企业转型面临的困难具体表现为：

（一）转型决策困难

民营企业转型面临的首要问题，就是要不要转型，以及转向哪里。有些民营企业转型意识不够，还没有意识到转型的迫切性和重要性，即使有转型的意愿，也有各方面的顾虑，如担心转型失败给企业带来的打击等。还有一些民营企业对转型非常渴望，却因找不到合适的路径而苦恼迷茫。是否转型以及转型路径的选择涉及企业战略层面的重大决策，具有非常大的人、财、物的风险，一旦转型失败，对于各方面实力都非常薄弱的中小企业来说是根本无法承受的。因此，80%以上的中小企业都在观望等待，不敢轻易决策和实施。

（二）民营企业融资难

民营经济为推动经济发展、深化经济体制改革、维护社会和谐稳定做出了贡献，但当前民企在获得金融资源方面却处于弱势地位。据银保监会公布的数据显示，民营企业贡献了50%以上的税收，60%以上的国内生产总值，70%以上的技术创新成果，80%以上的城镇劳动就业，90%以上的企业数量；但在银行贷款余额中，民营企业贷款仅占25%。如何翻越民营企业面前的“融资高山”值得关注。民营企业融资难有其自身的问题，也有商业银行在贷款审批中存在的歧视性规定的问题。目前的金融体系当中，90% 的融资是通过银行贷款来实现的，在90% 的融资当中，国有银行又是提供资金的主体，国有银行贷款的主要对象又是国有企业，民营企业在国有银行融资方面显然是不占优势的。另外，资本市场的不完善和社会信用体系的不完善也是制约民营企业融资难的主要因素。

（三）民营企业创新难

1. 创新能力低下

尽管我国正大力的提倡万众创新，大众创业，但创新真正实践却十分艰难。企业的创新包括理念创新、战略创新、管理创新、产品创新、技术创新多个方面。我国民营企业的发展大多是从模仿起步，稍有不慎，就会走上抄袭的不归路，目前网络上饱受诟病的国货品牌就是实例。企业没有明确的创新方向和重点，缺少对创新目的、方法的学习了解，是创新难的主观原因。缺乏足够的资金和人才实力，则是企业创新难的客观原因。

2. 创新人才引进难

人才的引进也是民营企业的一个难题：一是由于市场上高层次创新型人才的稀缺；二是由于自身财力有限，不能满足高端人才对福利待遇、企业环境、工作软硬件设施等要求；三是由于企业未来的发展也有很大的不确定性，企业成长也需要很长的过程，不管是在引进或是留住人才方面都有一定的困难，而缺乏高端创新型人才也是导致民营企业创新能力较弱的重要原因。

（四）民营企业走出去难

当前，国际化、全球化是一大趋势，这正是民营企业转型的一个重要契机，我国民营企业应该抓住这一机遇，主动了解并进入国际市场。近年来，我国大力地支持企业“走出去”，又通过“一带一路”经济带的建设，为企业的投融资提供了更广阔的市场。2017 年“一带一路”国家对外贸易占全球比重近三成，对外贸易总额约为 60.45 万亿人民币，我国与“一带一路”沿线国家进出口增长 20.1%，同期我国与拉美国家进出口增长 22%，与非洲国家进出口增长 17.3%，而备受瞩目的中美贸易，贸易总额 3.95 万亿元人民币，且增长速度仅为仅为 18.7%，远远落后“一带一路”国家。事实表明，对美出口企业最好的风险转移地就在“一带一路”。外贸企业“一带一路”战略转型才是出路。然而，由于民营企业自身的局限性，民营企业在走向国际市场的过程中也有诸多阻碍：一段时间以来，全球经济复苏进程中风险积聚，保护主义、单边主义明显抬头，一带一路政策受影响、2025 制造计划受阻、中国企业对美投资并购受限、华为等优秀民企被无辜制裁等，给我国经济和市场预期带来诸多不利影响。民营企业占我国出口总额的 45%，一些民营出口企业必然受到影响，那些为出口企业配套或处在产业链上的民营企业也会受到拖累。

三、商会新职能助推民营企业转型

新制度经济学认为，商会组织是节约交易成本的制度安排；公共选择理论提出，商会是市场主体自我治理的重要形式；中国特色社会主义政治经济学则提出，商会组织是供给侧结构改革的重要依托。长期以来商会作为与政府、市场并存的第三种力量，在市场机制和行政机制双重失灵时，弥补着市场与地方政府的局限性。商会积极发挥信息、协商、服务、参政等功能，通过为广大民营企业提供决策服务、融资服务、技术人才引进服务、国际服务、法律与信息服务，切实解决民营企业转型面临的各种困难，为企业转型升级推波助澜。

（一）为民营企业转型提供决策服务

根据我国社会主义政治经济学的理论，商会在企业转型升级时，扮演着组织者和服务者的角色，为企业提供战略保障和多元化服务，并不断升级匹配会员企业的需求。

1. 引导民营企业做出转型抉择决策

针对民营企业转型选择难的问题，商会首先应改变企业的思想，转变企业发展思维，提高民营企业对转型升级必要性和紧迫性的认识，特别是企业家对转型升级的认识，树立在转型升级中求发展的理念。商会要加强引导，增强企业家的忧患意识、发展意识、创新意识，切实解决企业“不想转”“不敢转”“不会转”的问题。其次，通过组织企业家到国内外先进企业学习考察，提高眼界、拓展思路，认识发展现状，增强企业加快转型、培育核心竞争力的信心和决心。最后，要为民营企业减少后顾之忧，针对企业对于转型失败的担忧，商会可以建立风险转移机制，引进社会投资力量尤其是潜力巨大的民间资本力量，争取政府的优惠政策和扶助资金，为企业转型寻找合作伙伴，切实分担企业压力，转移企业破产风险。

2. 为民营企业转型路径和方向选择提供服务

在企业转型路径和方向的选择上，商会也可以发挥分析和谋划作用，提供战略保障和多元服务。首先，建立专门的研究决策中心和产业信息中心，对企业的经营状况，企业可能的发展方向，市场的最新动态和发展趋势进行全面的科学的分析；其次，委托相关权威咨询机构做行业预警分析，帮助企业及时了解市场信息、行业动态，提供企业转型的多种选择，是横向扩展还是纵向扩展，是并购还是重组，是自主创新还是引进科技，为企业提供多种转型方向。最后，通过市场调研和会员企业之间的共同商讨，协调公共关系，减少社会交易成本，为企业提供科学的转型升级指导，帮助企业快速高效地找到最适合自己的转型升级之路。

（二）为民营企业提供融资服务

对于民营企业的融资难问题，总商会需要利用到多方资源多角度解决。可从以下几点帮助民营企业解决融资问题：

1. 争取政策扶持并监督落实

首先，商会要积极与政府沟通，争取更多的政策扶持。其次，商会在参与政府管理决策时应该积极进言献策，为民营企业争取福利。最后，商会作为政府与企业的中间力量，必须发挥好桥梁作用，向政府部门反映实时的信息，监督国家政策的实施情况，保障好国家给予民营企业的支持政策的落实。

2. 打造独立的融资中心

目前，我国商会主要的资金来源还是会费和财政拨款，商会的运作资金主要用来满足商会自身的日常支出，在满足商会正常运转之余，很难再为会员企业提供融资服务。当前，必须扩展资金来源的渠道，更好地为会员企业提供融资服务。

一方面，可以通过承接政府职能，将企业注册以及征收税金的工作转移给商会，使商会获得独立又稳定的资金来源；另一方面，还可以将部分公共设施的建设以购买服务的方式委托给商会，再由商会内部进行协商决定承包的企业，投资企业既可以获得商会的支持，还能得到政府的财政补贴，由此可以解决部分企业投融资的问题。如果这种模式能够合理运行，必将改善我国部分民营企业投融资的困境。

3. 建立中小企业融资服务平台

商会还可以通过设立投资基金、互助基金、公益事业基金以及各地工商联商会系统参与创建的“中小企业融资担保有限公司”等各种形式的资本组织，建立中小企业融资服务平台，向会员企业提供融资服务。例如我国的广东高科技产业商会保持了市场化独立生存的品格，不靠收取会费和政府拨款，创建了三板中科汇商投资基金（PE），通过购买中小企业股权帮助其上市，在二级市场转让股权后获得投资回报并且获得获利企业1% 的收益，既为企业提供增值帮助，又使自己获得收入进而自主自强，是一个成功的案例。还有深圳市组建的深圳投资集团，在政府的大力支持下，发动一批有实力的企业注资建立了“资金池”，作为困难企业向银行贷款的担保金，解决了一些企业的燃眉之急。后期还组建了深圳创投集团，更大程度解决了部分会员企业融资难的问题。

4. 建立信用评价体系

为了帮助民营企业更好地获得融资，商会还需要建立相应的信用评价体系。商会信用是体现行业内经济主体履行约定的意愿及能力的重要指标，是衡量经济主体是否有资格获得融资的主要手段。商会建立了信用体系之后，就能够更加客观，公平地为民营企业的融资服务。商会信用体系应具体包括公共信用体系、商会信用管理体系和商会信用评级指标体系三个方面。公共信用体系主要由信用法律法规体系、信用数据技术支撑体系和行业信用服务体系构成，随着我国经济形势的不断变化，需要根据具体国情和现阶段经济发展的需要，借鉴国外经验，不断完善和发展；商会信用管理包括商会会员信用标准体系、商会会员信用评价体系、商会信息平台和商会信用监督服务体系；商会信用评级指标体系是商会信用的核心内容，商会利用第三方权威机构，按照独立、公正、客观的原则对企业的管理能力、经济偿付能力和营运能力进行评估，并用简单的符号表示出来。一旦建立起全面科学的商会信用体系，配合商会的融资渠道，便能大大减少企业的融资问题，为企业转型提供源源不断的动力。

（三）为民营企业提供创新与人才服务

1. 提高民营企业的创新意识

民营企业转型的关键在于创新，而创新与创新型人才是密不可分的。商会在民营企业转型过程中，要着重引导和帮助企业提高创新意识和创新能力。通过创新目的、创新方法、创新理念的学习，加强企业尤其是企业家对于创新的重视。

2. 提高民营企业的创新能力

首先，商会可以通过开展定期的创新创业座谈会、研讨会，提高企业家的创新知识储备。其次，在科技创新方面，商会通过搭建技术交流平台，连接企业与科院院校，促进科研成果市场化，吸引海内外各专业的人才集聚，获取最新科技动向。再则，通过设立技术研发中心或者设立专门的科研项目部，集中多个企业的力量进行合作研究，并且积极争取政府的资金政策的支持，推动会员企业的技术交流与合作，增强其自主创新能力，提高企业的核心竞争力。例如，广东省行业协会通过科技创新交流服务平台，推动产业园会员企业与相关科研院校合作，为企业产学研项目牵线搭桥，组织行业专家为企业提供相关的技术咨询、项目推介和创业指导，有的还与国外先进技术交流，开展国际合作。最后，在企业制度创新方面，引导企业逐步建立现代企业制度，创新管理方式，鼓励中小企业引入职业经理人、现代营销理念，组织企业出国考察和学习先进的企业管理制度，或者与国内成功的大企业开展企业间的交流合作。

3. 为民营企业提供人才服务

首先，商会可以通过建立专门的人才数据库，在分析企业对人才的专业、技能等各方面的需求后，通过商会之间的联系，商会与商会其他组织之间的联系，建立全面的面向企业需求的人才库，并实时更新，时刻为企业提供人才选择，为企业引进高级技术人才尤其是能够带来新项目的人才。其次，商会可以为企业提供人才培训服务，通过集中的专业培训，为会员企业减少负担和费用。此外，商会还能为企业争取政府的资金和政策补贴，提高民营企业的福利待遇，增强企业对于人才的吸引力保留力。

（四）为民营企业提供国际交往服务

1. 帮助企业解决交流障碍

在国际交往过程中，商会组织可以利用自身广泛的对外渠道，加强信息交流和情况沟通，减少和缓解贸易摩擦，采用单边、双边和多边协调等多种方式并举的方法，帮助企业快速地融入其中，解决交流障碍，化解国际矛盾，学习先进经验，为我国民营企业争取更多的经济利益，帮助企业占领国际市场，做大做强。

2. 建立国际化商会为会议提供海外服务

在全球格局下建立国际化商会是商会组织未来走向和必然趋势。首先，通过建立国际型组织，为企业提供国际化和全球化的服务网络，获取更为广泛和多样的资源要素，推动会员企业开展跨国经营。其次，加强与国外商会的合作，利用发达国家著名商会现有的网络资源，通过资源共享、网络交换、购买服务等方式，为会员企业提供海外服务网络，加快企业“走出去”的步伐。

3. 组织商会活动帮助企业开拓国际市场的

商会通过组织企业外出考察、开展经贸洽谈、举办展览会等活动，拓展国际市场。例如，厦门每年举行的国际投资贸易洽谈会，吸引大量国外企业来华交流，企业间交流技术，投资洽谈，购买服务，每年交易数额巨大，极大地促进了民营企业国际贸易的往来。

4. 妥善处理国际贸易壁垒

民营企业在国际贸易中难免会有冲突，商会应该发挥民间社团的优势，积极为民营企业处理争端。例如，2014 年福建省水暖卫浴阀门行业协会针对欧盟厂家向欧盟委员会申请对中国进口的卫浴洁具、龙头等产品开展反倾销调查的情况，与厦门卫浴行业协会联合召开反倾销调查的情况，与厦门卫浴行业协会联合召开反倾销预警会，中国五矿化工进出口商会也召集全国上百家卫浴洁具、龙头生产企业在北京举行相关预警会，提高国内卫浴企业的预警意识，指导企业做好相关防范工作。

（五）为民营企业提供信息与法律服务

商会作为企业与企业、企业与政府、企业与市场三方交流的平台，一直以来都为三方的联系承担着重要的交流职能。商会如果能够科学合理地发挥平台作用，形成畅通无阻的信息平台，就能上传下达，向企业传递最新的国家政策，整合企业间的资源，协调供给内部矛盾，促进资源优化配置，通过商会的组织网络，促进市场之间、行业之间、国内与国外之间的经济联合，促进经济的协调发展。

1. 打造网络服务平台

信息时代，互联网成为民营企业转型中重要的不可替代的部分。商会组织也应该与时俱进，转变思维和理念，运用“互联网＋”思维去适应新变化新需求，打造网络服务平台。商会通过打造线上线下的综合服务平台，将政府、企业、科研院校、其他社会组织联系起来，为企业提供政策咨询、企业管理、自主创新、法律维权、市场开拓、建言献策等各方面的服务，实现信息共享、功能互补、市场共建。

2. 提供各种信息服务

（1）提供法律服务。在法律服务方面，设立专门的法律服务中心，一方面通过政治参与，向政府争取完善商会立法，健全商会的相关法律法规，保障商会的合法性，逐步解决商会合法性难以保证的问题。另一方面，为会员企业提供法律服务，帮助民营企业防范风险、调解纠纷、化解矛盾。首先，聘请法律专家为企业提供法律知识培训，提高民营企业的基本法律素养。其次，提供民营企业民商事纠纷仲裁服务，为企业提供咨询和维权服务，增加企业市场竞争和抵御风险的能力。

（2）提供经济政策等信息服务。建立市领导联系企业制，邀请政府各个职能部门的主要领导担任特约顾问，加强双方沟通，及时为民营企业发展提供政策、法律和经济等方面的信息，帮助民营企业解决发展中遇到的问题。

（3）提供风险信息服务。建立动态风险防范机制，与公安部门合作建立风险预警平台，及时发布经济犯罪信息，减少企业的经济风险。

结 论

针对民营企业转型升级过程中面临的决策困难、融资困难、创新和人才引进困难以及走出去困难，商会应积极主动地改变职能，为民营企业转型升级提供转型决策服务、融资服务、创新和人才服务、国际交往服务以及信息与法律服务，以助推民营企业积极主动顺利转型升级。商会可以在原有职能的基础上，不断完善新职能和组织结构，比如设立办公室（含党建干工作等）、会员组织部（含非会员端口）、政策研究、管理与法律培训与支持（含主持或参与一些行业标准的制定等）、创新创业指导、国际部（含一带一路、国际会展等）、宣传信息部（含数据中心、民营企业信用评价中心）等部门，更好地适应民营企业转型升级的需要。

课题指导：陈永东
课题成员：杨宗原、李淑钗、吴江秋
课题执笔：杨宗原
完成时间：2019年10月

新生代企业家教育培养工作的厦门实践与思考

在经济发展从高速增长转向高质量发展新常态下，厦门乃至全国的民营企业都在不断开拓创新，加快转型升级的步伐，而新生代企业家这支队伍正是完成这一重要步伐的生力军。厦门民营经济经历了30多年的发展，已逐渐步入了新老交替、代际传承的高峰，特别是伴随着互联网经济的迅猛发展，新生代企业家队伍日渐壮大，日益成熟，正接过历史赋予的接力棒，成为推动厦门继续干在实处、走在前列的重要力量。

新生代企业家的素质和能力直接关系到实现中华民族伟大复兴中国梦的历史进程。习近平总书记在中央统战工作会议上强调，要引导非公有制经济人士，特别是年轻一代致富思源、富而思进，做到爱国敬业、创新守法、诚信贡献。2016 年 3 月 4 日，习近平总书记在参加全国政协会议民建、工商联界委员联组会上强调，要注重对年轻一代非公有制经济人士的教育培养，引导他们继承发扬老一辈企业家的创业精神和听党话跟党走的光荣传统。2017 年 9 月，中共中央、国务院在《关于营造企业家健康成长环境弘扬优秀企业家精神更好发挥企业家作用的意见》中，三次强调要做好年轻一代民营企业家引导工作。因此，做好厦门新生代企业家教育培养的实践探索和理论创新具有重要的现实意义。

一、与时俱进推进教育培养

“新生代”是一个常说常新的概念，每个时代都会出现自己的新生代，而这个时代的新生代终究会成为下个时代的老一代。因此，新生代企业家的教育培养工作必须加强探索，做到与时俱进。

2017 年，厦门市委统战部针对新生代企业家的优势与不足，从“传承、创新、奉献”的主旨出发，为进一步深入了解新生代企业家这一群体，更好地促进民营经济的健康发展，不断充实爱国统一战线的新生力量，夯实和巩固党的执政基础，依托新生代企业家联谊会，探索实施了以“三走进，一对话”活动（即“走进校园、走进机关、走进一带一路，新老厦商对话交流”）为主要载体的新生代企业家教育培养工程。

（一）提高认识加强管理，做好新生代企业家队伍组织建设

一是提高政治站位。厦门市把加强新生代企业家的教育培养作为新时期做好非公经济统战工作的重要举措和抓手，突出政治引领、思想引领、责任引领，在深入调研的基础上，结合新生代企业家的实际情况和需求，认真制定了以“三走进，一对话”活动为主要载体的工作方案，明确职责和目标，把此项工作确定为年度重点攻坚项目。二是加强组织建设。在厦门市委、市政府高度重视及各区统战部牵头组织下，工商联青委会已成为新生代企业家群体中具有广泛性和代表性的一个商会青年机构，目前已发展会员 100 多人。同时，指导区工商联青委会及所属镇街商会积极推进当地青委会组建工作，区镇街道两级共有青委会成员数百人，已实现青委会组织区域全覆盖，形成了一支充满生机的新生代企业家骨干队伍。三是加强制度建设。青委会建立了一套以青联会章程为核心的行之有效的管理模式。在理事确定上，建立了以推荐和自荐相结合的准入机制。

（二）创新形式多管齐下，提升教育培养活动的吸引力

一是加强理想信念教育。根据中共中央统战部、全国工商联及福建省委统战部、省工商联的有关精神，结合厦门实际，出台了《厦门市以“守法诚信、坚定信心”为重点深入开展理想信念教育实践活动工作方案》，并通过各区统战、工商联落实到企业中去。二是夯实理论基础。“走进校园”，组织企业家培训班，利用清华大学、厦门大学、浙江大学优质的教学资源开设企业家高级研修班，以新生代企业家“需要什么提供什么”“关心什么解决什么”为目的，有计划地设计课程，通过课堂教育、拓展训练、交流互动等形式，提高培训的实效性和针对性。不定期组织外出学习考察，开拓视野，夯实新生代

企业家理论知识，培养他们的创新意识。三是培养创业导师。发挥新生代企业家具有国际视野、创新精神和专业知识等特长，推荐赖鹭挺、徐干远等多名高学历的有成功实践经验的新生代企业家“走进校园”，任集美大学、诚毅学院外聘兼职导师，为在校研究生开设“大众创新，万众创业”课程和专题讲座，提供实习（实践）活动的条件和指导，切实培养一批新生代创业导师人才。四是促进新老对话。开展新老企业家对话活动，加强传承创新经验交流分享，先后组织新生代企业家走进海沧、集美区，参观考察海沧的海奥集团以及集美区的涌泉集团、立林集团、吉兴建筑集团、悠度股份等知名企业，与企业掌门互动交流，促进新老企业家互助互学。

（三）以人为本强化服务，构建“亲”“清”新型政商关系。

针对企业找机关常遇“三扇门”和教育培养企业家方法陈旧、创新不够、“自娱自乐”等现象，对新生代企业家教育培养重点设置了主动“走进机关”活动。一是走进机关锻炼。安排新生代企业家骨干 10 余名，到政府职能部门见习锻炼，让新生代企业家树立正确的理想信念，提高统筹协调能力和执行力，让政企骨干成为同事，成为朋友，增进互相了解、互相信任。二是走进机关体验。组织新生代企业家到厦门市、集美区等行政服务中心，通过“现场看”“亲自办”“坐下听”“深入问”等方式深入体验和感受“最多跑一次”改革成果，进一步提高我市新生代企业家对政府工作的了解，提高他们参政议政的意识和热情。三是走进机关培训。组织新生代企业行政人员进行行政事务审批申报培训，帮助企业熟悉行政审批和申报流程，培养一批高素质的审批申报工作人员，提高企业行政审批和申报的效率。四是走进机关交流。每年定期组织新生代企业家走进机关开展创业互动、交流合作等座谈活动，多渠道协作发展。发挥好企业与人才的纽带作用，开展新生代企业家与海外高层次人才对接洽谈会，更好地引导海外人才及项目与本土企业对接合作，同向发展，促进高新技术项目在本土落地生根，促进政企之间的互动交流。

（四）重视引导集中宣传，提高新生代企业家社会影响力。

一是围绕中心，开展工作。围绕省委、市委中心工作，为打造天更蓝、水更清、地更净、山更绿、城更美的生态厦门，引导新生代企业家积极投身剿灭劣Ⅴ类水的行动，推荐周育辉等10多名商会理事参与担任“河长”，开展“公益健走”“骑行宣传”“河道督查”等志愿服务活动。二是加强引导，履行责任。抓住国家“一带一路”建设、精准扶贫和产业对口帮扶甘肃临夏州工作的历史机遇，进一步推动光彩事业的发展。集美区工商联组织曹真、赖鹭挺、陈惠滨等新生代企业家赴和政县等地，与当地企业家举行“民营企业家座谈交流”，进行相关投资考察，引导企业走出去，并向和政县中小学贫困学生捐助25万元助学金和学习用品，充分展示厦门集美新生代企业家致富思源、富而思进的良好品格，牢固树立社会意识和责任意识。三是培育典型，抓好宣传。对接新华网、厦门电视台、《厦门日报》、《海西晨报》、厦门网络电视台、厦门网等媒体，对新生代企业家教育培养工程和新生代企业家先进事例进行深度挖掘和集中报道，营造良好氛围，提高和塑造新生代企业家的知名度和良好形象。

二、新生代企业家培养模式的思考

在总结活动经验和成果的基础上，通过研究和考察市、区青委会委员的基本情况和思想特点，对新生代企业家教育培养工作有了更深的思考，构建以“一个精神”为统领，“两个力量”为依靠，“三个平台”为抓手的“一二三”培养模式，为更高层次更大范围开展这项工作提供了新方法和新路径。

（一）以“一个精神”为统领

习近平总书记在全国政协会议民建、工商联界委员联组会上关于年轻一代民营企业家培养工作的重要讲话以及中共中央、国务院《关于营造企业家健康成长环境弘扬优秀企业家精神更好发挥企业家作用的意见》，充分体现了党和政府对新生代企业家的期望和要求，也为我们开展新生代企业家教育培养工作指明了方向。根据实践和研究，加强新生代企业家教育培养工作的具体目标就是培养他们在传承老一辈企业家精神的同时，塑造具有新时代特点的“新生代企业家精神”。一是要培养忠诚精神。忠诚是新生代企业家精神的根本。民营经济能取得今天的良好局面，离不开党的改革开放的正确指引，离不开强大的综合国力的支撑。要引导新生代企业家服从大局，坚定理想信念，忠于党，忠于国家，在思想上、政治上、行动上始终同以习近平同志为核心的党中央保持高度一致。二是要培养创新精神。创新是新生代企业家精神的灵魂，经济发展就是企业家不断创新的过程。要引导新生代企业家发挥优势，更加注重加大研发投入，加强创新型人才队伍建设，加快科技创新、产品创新、管理创新、商业模式创新，不断提升企业的核心竞争力。三是要培养担当精神。担当是新生代企业家精神的精华，要引导新生代企业家把企业发展和壮大作为自己的责任，把促进国家经济建设作为自己的责任，把投身公益事业作为自己的责任，为国家和人民做出自己的贡献。四是要培养专注精神。专注是新生代企业家精神的本色，要引导新生代企业家守住创新创业的初心，下定做百年企业的决心，树立精益求精的工匠精神，多一点专注、少一点浮躁，力争当各自细分产品的“龙头”，争做“中国制造”的标杆。五是要培养诚信精神。诚信是新生代企业家精神的基石，要让新生代企业家知道诚信是企业安身立命之本，引导他们遵纪守法办企业，光明正大搞经营，依法治企，依法维权，树立企业良好的社会形象，坚持以诚兴业、信誉至上，通过依法经营和诚信经营竖立自己的品牌和商誉。六是要培养学习精神。学习是新生代企业家精神的关键，要引导新生代企业家形成从个人到整个企业持续学习、全员学习、团队学习和终生学习的精神，不断提高自身和企业适应时代、适应市场的能力。

（二）以“两个力量”为依靠

加强新生代企业家教育培养工作，必须紧紧依靠党委政府与老一辈企业家队伍的力量。

首先，要依靠政府，建立新生代企业家教育培养机制。一是组织领导机制。市、区两级党政部门要加强新生代企业家教育培养工作的顶层设计，构建一个“党委统一领导，统战部牵头负责，各部门积极配合，各方面广泛参与”的工作格局，明确分工和职责，出台指导性文件，设计长期规划、短期任务和具体任务，确保教育培养工作能够连续性、持续性开展。二是统筹联动机制。整合各部门资源，在党委、统战部统一领导下建立多部门联席会议制度，定期研究、部署和推进新生代企业家教育培养工作。加强政企联动，统筹管理“留学生联谊会”“新生代企业家联谊会”“青委会联谊会”等相关社会团体，发挥好联谊会、协会的桥梁纽带作用以及“1+1>2”的合力效应。三是考评督促机制。把新生代企业家教育培养工作纳入统战部考评清单，建立高效合理的评价体系和绩效考核体系，并由财政划拨专门经费支持开展新生代企业家教育培训、调研考察、联谊交流等活动，确保工作落到实处。同时，由统战部牵头建立新生代企业家相关社会团体、新生代企业家个人的考评体系，把考评结果作为新生代企业家相关社会团体奖励以及企业家评优表彰、参政议政的重要依据。四是自我完善机制。既要注意收集新生代企业家对教育培养内容和方式的意见反馈，也要将党委政府的意见反馈给新生代企业家相关社会团体。通过双向反馈，及时总结现阶段取得的成绩，发现存在的问题及其原因，以便更好地创新方法、调整方案，并引导新生代企业家相关社会团体进行自我完善。

其次，要依靠老一辈企业家队伍的力量，发挥优势，传承创新。一是传承精神。要弘扬“走遍千山万水、讲尽千言万语、用尽千方百计、历尽千辛万苦”的老一辈企业家的“四千精神”，通过报告会、专题讲座等方式传承给新生代企业家，发扬“千方百计提升品牌，千方百计保持市场，千方百计自主创新，千方百计改善管理”的“新四千精神”。二是传授经验。老一辈企业家要敞开胸怀，把多年来创业奋斗的体会和经验分享给后辈，让他们能站在巨人的肩膀上思考，在发展的道路上少走险路，少绕弯路。三是继承资源。新生代企业家不仅要继承老一辈的资产和实业，更要继承老一辈企业家的人脉资源、客户资源和平台资源，结合自身特点，充分利用这些资源进一步提高能力和阅历，把企业做大做强。

（三）以“三个平台”为抓手

一是政治引导平台。对新生代企业家的政治引导，要特别注重增强他们对中国特色社会主义的信念，对党和政府的信任。要通过党建引导，积极做好新常态下非公有制经济组织党建工作，成立新生代企业家相关社会团体党组织，提高党建工作的科学化水平，充分发挥新生代企业家党员的先进模范作用；要通过培训、讲座、调研等活动加以引导，有计划、有阶段地开展好新生代企业家理想信念教育、党史教育、党员先锋模范教育；要发挥好老一辈企业家的帮带作用，加强新老企业家互动交流，加强传统文化教育，引导新生代企业家牢固树立和贯彻落实“五大发展理念”，增强“四个意识”。在实践中结合新生代企业家特点，做到多样性与一致性相统一，即要保持新生代企业家自身的活力和创新能力，又要在坚持走中国特色社会主义道路这一主题上保持高度一致。

二是能力提升平台。要把新生代企业家培训工作纳入人才工作总体规划中，以个性与共性相结合、理论与实践相结合的原则，根据新生代企业家的类别和年龄段，制订有操作性的计划，分批次、分阶段开展工作。依靠党校、高校等培训机构的师资力量开展量身定制的培训活动，邀请国内外知名学者举办讲座或学术报告；发挥商会、协会、联谊会的桥梁纽带作用，协调企业与企业之间互学帮扶；搭建新生代企业家与高新技术人才的桥梁，加强互相交流和学习，吸纳优秀大学生毕业人才和海外高层次人才加入新生代企业家创业队伍；加强新生代企业家与政府部门之间的交流沟通，常态化开展“联系交友”活动，经常性开展挂职、见习锻炼活动，全方位帮助新生代企业家提升管理能力、决策能力、沟通能力和创新能力。

三是激励展示平台。对于能力突出、积极进取、热心公益、责任意识强的新生代企业家，要加强政治上和荣誉上的激励，统筹考虑推荐他们担任人大代表、政协委员。在共青团、妇联等组织的各类荣誉和其他社会荣誉中突出新生代企业家的地位；充分利用党政宣传手段，对接主流媒体和新闻机构，制定舆论宣传方案，策划宣传活动，展现新生代企业家在社会公益事业、技术创新、产业转型等方面的先进事迹，塑造新生代企业家良好的社会形象。

课题指导：李实全

课题执笔：王进法

完成时间：2019年10月

强化使命 搭建平台
共享机遇 共创未来
——厦门市商协会发展报告

厦门商会组织已有百年历史。厦门自古是通商裕国的口岸，作为中国东南沿海重要口岸的厦门，因商兴港，继而以港立市，成为“海洋中国城市发展之起点”。16 世纪起，凭借“浪路交通转输利便”的天然良港，逐渐成为我国对外贸易重要口岸、国内物资交流重要转运站和华侨出入祖国门户。厦门商人之道，传承中华文化中“重诚信、崇谦毅、求仁和、讲勤俭、乐善义”的品德，还交融海洋、华侨、闽南等文化的特质。他们闯荡海洋，经由海上丝绸之路创业异国，汇入欧美新兴资本主义市场，更早接触近代法律和先进科学。清政府商部于光绪三十年（1904 年）将厦门列入“商务繁荣之区”，定为“应设（商务）总会之处”。同年，厦门商务总会成立，厦门商人开始拥有自己的组织，是福建省最早成立的商务总会。

在上世纪二三十年代厦门大规模市政建设中，厦门的商界领袖、厦门商会历任会长林尔嘉、洪鸿儒、黄奕住、黄世金等带领厦门工商界人士，参与推动了厦门市区马路、公共汽车、电报、电灯、自来水等市政设施和公共事业的建设，奠定了近代厦门城市框架基础。

历经百年的厦门商会组织，特别是改革开放后，伴随着厦门经济特区建设的快速发展和民营企业从破土萌芽成长为参天大树，民营经济从“必要补充”成长为经济主力，商会组织也极具活力，行业涵盖不断扩大，会员数量不断增加，广大会员发扬“爱国爱乡、开拓创新、诚实守信”的商道精神和闽商“敢为天下先，爱拼才会赢”的闯劲和拼劲，为时代发展谱写华章。

一、工商联所属商协会发展现状及特点

近年来，随着改革开放的全面深化和非公有制经济的蓬勃发展，包括行业协会、商会在内的各类社会组织发展迅速，已成为参与社会管理的重要力量。厦门市工商联所属商协会是以非公有制企业和非公有制经济人士为主体，由市、区工商联作为业务主管单位，依照《社会团体登记管理条例》和《中国工商业联合会章程》制定章程并开展活动的社会组织。市工商联坚持“管理与服务并重”的方针，着力抓好商会组织建设，积极搭建有效平台，引导各类商会发挥优势，有所作为。所属商协会在工商联的业务指导和政治引领下，逐步形成了覆盖全厦门的商协会组织网络，在发挥服务企业会员、助推经济发展、促进和谐社会等方面起着十分重要的作用，得到了长足、健康、蓬勃的发展。

（一）数量

2015 年之前，厦门市工商联（总商会）所属商协会的数量仅仅16家，而且大部分为行业协会。为解决工商联覆盖面小、代表性不强的问题，厦门市工商联（总商会）通过搭建全市经济类商协会会长联席会、秘书长联席会等平台，举办民营企业骨干培训班、经营管理（总裁）高级研修班、商协会会长培训班、青年民营企业家理想信念学习班等形式，广泛吸纳全市经济类商协会和民营企业骨干参与工商联（总商会）的各项活动，努力增强工商联的凝聚力和影响力。从 2014 年年初开始，厦门总商会开始大力在全市经济类社团中吸纳团体会员；2015 年 8 月，厦门市政府专题研究并发布《关于异地商会管理工作的纪要》（〔2015〕249 号），将 2013 年 7 月 1 日之前登记成立的 72 家在厦异地商会的主管部门由经信局转到了工商联，并明确由市工商联作为异地商会业务主管部门，负责异地商会的业务指导和监督管理。由此厦门市工商联（总商会）所属商协会数量达到 88 家，商协会组织有了一个量的突破。详见图1。

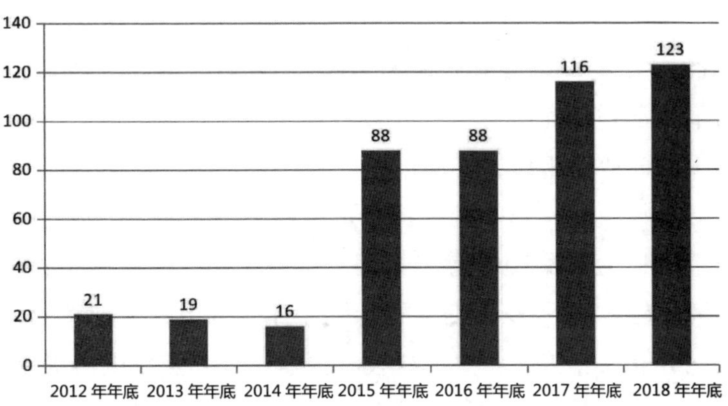

图1　近五年厦门市工商联直属商（协）会数量

与此同时，厦门市工商联不断加强所属商协会、团体会员的管理和发展步伐，多管齐下，成效显著。截至 2018 年 12 月 31 日，厦门市工商联（总商会）共有商协会组织（含团体会员和区工商联所属）250 家，其中：工商联为主管单位的 156 家，团体会员 94 家（含 7 家省级商会、秘书处常设厦门）。按属性分类：异地商会 118 个，行业商（协）会 77 个，综合类商会 16 个，镇（街）商会 37 个，园区商会 2 个。市工商联所属行业商协会占全市经济类行业商会总数 55.8%，异地商会占全市异地商会总数 100%，镇（街）商会占全市镇（街）总数 92.6%，园区商会占全市园区总数 14.3%，工商联商会组织覆盖全市经济类社团的70% 以上。详见图2。

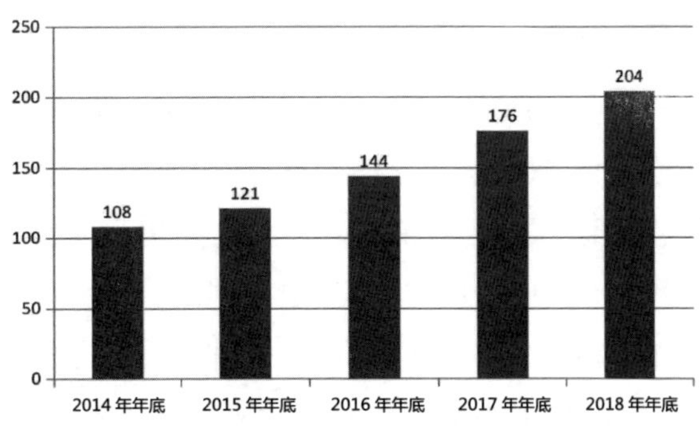

图2　近五年厦门总商会团体会员数量

（二）规模（会员数量）

从所属商协会基本情况问卷调查的统计结果看，各商协会组织近年吸纳会员的能力不断加强，商协会组织的会员规模不断扩大（详见图3），其中不乏会员数逾千的商协会组织，如厦门国际商会等；工商联所属商协会、团体会员企业会员总数超过 47000 家，且会员企业中不断涌现出国内知名、行业龙头民营企业，以恒兴集团、海澳集团、中绿食品、金牌橱柜、松霖卫浴、万里石、银鹭、银祥食品等为代表的传统实体企业以及美亚柏科、奥佳华、科华恒盛、三五互联、美图、盈趣科技、大博医疗、宏发电声等新兴企业为代表的会员企业成为各自领域的行业龙头，他们坚守实体经济、拥抱新兴产业的创业实践，不仅成为新时代经济社会持续发展的蓬勃动力，也给商协会发展提供了活力和源泉；会员企业以商协会为依托，发挥行业或地区优势，抱团发展、合作共赢，为厦门市民营经济带来了强劲的发展力量。

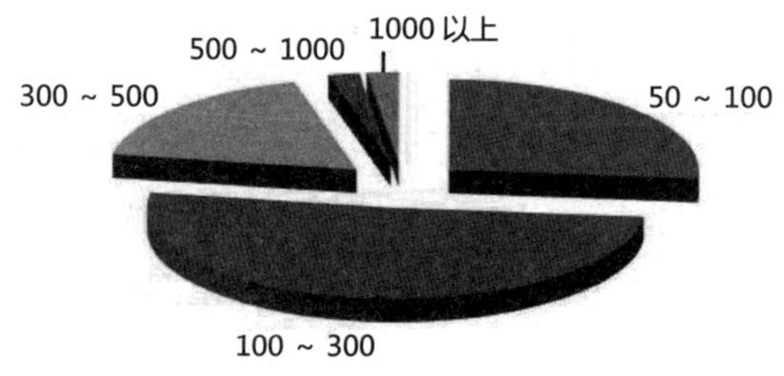

图3　厦门总商会商协会组织会员分布

（三）涵盖行业

厦门市工商联的行业商协会数量由 2011 年年底的 12 个增加到现在的 77 个，行业覆盖涉及纺织服装、百货、美容美发、房地产、电脑、广告、喷绘、果品、畜牧、消防、五金、古玩、拍卖、茶业、家庭服务业、文化娱乐以及软件与信息、物联网、光电、现代物流、旅游会展、跨境电商、智能制造、新能源、新材料、无人机、文化创意等行业，基本涵盖了主要的传统行业和以电子信息为主导的高新技术制造业以及现代服务业等新兴产业。

（四）发展特点

近年来，厦门商协会组织在发展过程中，主要呈现以下特点：

1. *覆盖范围越来越广泛*

一方面着力抓组建，积极引导条件成熟的行业、区域或市场、园区组建商协会组织，尤其是新兴行业、厦门“双千亿”产业，比如刚成立不久的厦门市新能源汽车行业协会、信息系统集成行业协会、跨境电子商务协会、两岸青年创客联合会等。另一方面着力抓吸纳，利用行业商协会与政府及职能部门脱钩的机会，将其吸纳为团体会员，厦门市粮食行业协会、市广告协会、市消防协会、厦门自贸区商会、市众创空间产业协会、市房地产业协会等都是脱钩后成为总商会团体会员的。

2. *管理越来越规范*

市工商联先后出台了《厦门总商会（工商联）关于加强对所属行业商会（协会）及直属组织管理工作的意见》《厦门总商会（工商联）行业商（协）会财务管理制度》《关于履行工商联职能、加强行业组织建设的实施意见》《厦门市工商联基层组织成立程序》《厦门市工商联基层组织换届程序》《厦门市工商联组建所属异地商会组织须具备的原则及条件》《厦门市工商联基层组织理事会成员届中增补（变更）程序》等一系列管理举措。2015 年，根据团体会员数量剧增的现状，制定《厦门市工商联（总商会）团体会员运行规则》交厦门市商协会秘书长联席会多次讨论，形成“试行稿”进行使用。调查问卷结果显示，近年来工商联所属商协会组织都具备完善的组织制度及规范的运作程序，在服务会员、会议召开、重大事务决策、财务管理、商协会活动等方面均表现良好，其中有 199 家商协会承担经济服务任务、228 家承担会员企业诉求反映任务、170 家承担协同参与社会治理任务、210 家参与精准扶贫承担帮扶任务、219 家参与招商引资、179 家参与“一带一路”建设，等等。2017 年 4 月市工商联出台了《厦门市工商联关于开展“四好”商会建设工作实施方案》，同时率先在国内推出了“四好”商会量化考评标准《关于开展2017 年度“四好”商会评选活动的通知》（厦总〔2017〕72 号），分 5 个考评组对 40 家入围商协会进行考评，通过对照“四好”标准查找问题，从更严要求、更高水平上探索商协会建设。在组委会的严格评审下，最终评选出了厦门市南安商会等 10 家“四好”商会和厦门市山东商会等 10 家“四好”商会，评选结果在 2017 中国（厦门）商人节开幕式上盛大公布并表彰。此次评选进一步激发了商协会加强管理、提升服务的意识和水平，既总结典型经验，发挥示范引路作用，也对存在不足的商协会要求及时制定有效措施补齐短板，尽快达到“四好”商会标准。2018 年市工商联推荐了厦门市南安商会、厦门市浙江商会等 16 家商协会参评全国、省级“四好”商会，组织开展“四好”商会建设经验交流会，达到示范带动、交流学习的成效。与此同时，有 60 多家商协会通过 5A 及 4A 社会组织评估，包括厦门市物流协会、厦门市物联网行业协会、厦门市美发美容化妆品行业协会、厦门市江西商会、厦门市泉州商会、厦门市南安商会、厦门市山东商会等。

3. 党建工作不断加强

工商联组织非公经济人士广泛参与到理想信念教育实践活动中来，引导非公经济人士树立“四个意识”，增强“四信”。指导商协会着力构建“亲”“清”新型政商关系。推动所属商协会建立党组织，实现党的工作全面覆盖。至 2018 年 12 月市工商联所属的 124 家商协会中，已有 85 家建立了党组织，对未建立党组织的商协会每年年检都要求填写承诺书，将党建工作纳入商会章程，定期召开党建会议，并形成会议纪要。通过探索建立党建工作有效机制和载体，扩大党的工作覆盖，力争三年内实现 100% 覆盖。2018 年市工商联联合市委组织部举办全市商协会党建研修班，培训基层党组织负责人 60 多人。配合市委组织部、市非公党建办开展“强党建促发展”联合行动、互联网企业党建“百日攻坚”活动，引导非公企业和商协会以党建统领工作，为“两个健康”发展置入“红色引擎”。

二、充分发挥商协会的作用

（一）成为区域合作的重要资源

厦门市异地商会是促进区域经济合作的重要桥梁与纽带，无形中拉近了厦门与其他省、市的友好关系，积极推动厦门与异地企业的经济合作意向，带动多地经济齐步发展。一是多措并举，吸引商协会组织向工商联靠拢聚集。近年来，市工商联连续组织开展“甘当店小二，服务好民企”系列活动，以政银企互动、税企对接、政策宣讲等形式，构建政府职能部门、中介服务机构与民营企业、商协会的对接平台，帮助会员企业充分了解优惠政策，努力扩大服务面。探索分类金融服务模式，与金融机构建立战略合作伙伴关系，针对重点企业、小微企业、行业潜力企业、商协会定制金融服务方案。有效落实“最多跑一次”，自2015 年开始每年都联合市民政局集中开展商协会“一站式年检服务”。依托已搭建的会长、秘书长联席会机制、团体会员（所属商协会）活动平台，每季度召开一次秘书长联席会，加强各商协会之间的沟通与交流。二是搭建对外交流合作平台，助力会员企业开拓市场。2018 年 11 月市工商联牵头联合 18 个国家（地区）21 家海外商会组织成立“海丝”城市商会联盟，共同探寻“一带一路”倡议带来的合作机遇，构建增进“海丝”沿线国家和城市经贸投资、交流合作的桥梁。积极开展政策宣讲、信息咨询、培训交流、金融和经贸合作等服务，帮助企业了解掌握有关政策和信息，防范“走出去”的金融、法律、政策等风险。组织企业参加印尼、希腊、南非、德国、俄罗斯等国家城市在厦举办的投资推介会，为企业“走出去”寻找商机。充分发挥厦门对台优势，组织所属商协会、团体会员积极开展对台商务交流活动，取得了很好的“双赢”效果。积极响应国家“走出去”的号召，先后组织商协会与法国、泰国、新加坡、柬埔寨、缅甸、中国香港等举办多场经贸投资推介会，有力推动厦门与境外的经贸合作关系。三是利用厦门会展业的发展优势，鼓励支持各商协会举办展会，为会员提供对外展示交流平台，进一步协助会员企业拓展商机。几年来共举办了中国（厦门）石材展、中国厦门国际门窗木业展览会、中国国际橱柜展、橡塑工业展会、新能源产业博览会、厦门果蔬展等。尤其是已举办十一届的厦门国际佛事用品展，同时举办“素食展”“茶叶展”，呈现三展联办的景象，成为全球规模最大的佛事用品盛会。

（二）成为招商引资的重要抓手

招商引资是一项系统工程，市工商联充分发挥各商协会优势，“以商引商”引导会员企业来厦考察投资，举办针对所属商协会、团体会员的专场招商会，为招商引资牵线搭桥，得到了当地闽商的热烈欢迎和积极响应，引发了一轮在京闽商返厦投资的小热潮。每年春节期间，厦门市工商联都举办“市政府领导与返乡闽籍企业家座谈会”“厦门市海内外闽商新春茶话会”等面对面交流活动，通过所属商协会（特别是在厦闽籍异地商会）邀请返乡企业家踊跃参与并同市领导亲切交流，以实际行动展现亲商尊商、安商富商的努力，为海内外企业家们提供全链条、全周期、全天候的服务，倾情、倾智、倾力服务企业，以优势资源与大企业大集团合资合作，为项目落地厦门提供土地、资金、人才等全要素服务保障。

（三）成为凝聚商人的重要平台

每年的11月1日由厦门总商会和台北市商业会共同举办的“中国（厦门）商人节”已成为在厦商人专属的节日、两岸民间商业交往的重要渠道、全世界华商之间互动合作的重要平台。“中国（厦门）商人节”缘起大陆，发展于台湾，根植于两岸，是一年一度海峡两岸商人之间互动交流的盛会，至今已经成功举办了四届，每一年的主题都在升华，内涵逐步丰富，影响渐广。2018年恰逢改革开放40周年，40年民营企业风雨兼程、高歌猛进，本届商人节盛况空前，全国政协副主席、全国工商联主席高云龙专门发来贺电，各界人士、海内外华商600多人参加了盛会，知名企业家和重量级嘉宾围绕“改革开放40年·弘扬企业家精神”的主题发表主旨演讲，以“忆往昔、论当下、望未来”三个篇章作为论坛主线，回顾改革开放民营企业发展历程，展示当下民营企业“不忘创业初心，接力改革伟业”的担当作为；利用这个平台，呼应改革开放新要求，进一步弘扬和传承企业家精神、闽商精神和嘉庚精神，共同营造了尊商重商的社会氛围。

（四）成为促进和谐的重要力量

厦门市工商联每年组织和参与指导基层商协会开展的学习培训和教育实践活动逾百场次，极大地增进非公有制经济人士对新思想的认知认同，引导他们心无旁骛创新创造，踏踏实实办好企业，为促进非公有制经济和工商联事业发展夯实思想政治基础。工商联发出“守法诚信、共创文明树新风”的倡议书，号召所属商协会、广大非公有制经济人士积极投身理想信念教育实践活动，重礼守信、文明经营，推动形成诚信为本、操守为重、守信光荣、失信可耻的市场环境。引导会员致富思源、回报社会，积极参与光彩事业和公益慈善事业。通过调查问卷结果显示，80% 以上的商协会组织会员企业开展理想信念教育实践活动，举办会员企业交流参与理想信念教育实践活动的体会；90% 以上的商协会组织参与精准扶贫行动；40% 多的商协会成立商会调解组织，帮助企业化解纠纷、调解息讼、司法援助，有效地促进了企业和谐发展。市工商联制定并下发《厦门市落实福建省“千企帮千村”计划实施方案》，发挥在厦异地商会力量，如期超额完成 2018 年新承接的 80 个贫困村帮扶任务，几年来共有 210 家商协会与 180 多个贫困村建立了结对帮扶关系。认真落实东西部扶贫协作任务，通过倡导缴交精准扶贫特殊会费的方式筹措扶贫资金，企业家、商协会主动捐资，筹得 1469.6 万元帮扶资金，其中 900 万元已于 2017 年和 2018 年分两次汇往甘肃临夏州和政县、永靖县扶贫办，厦门市工商联承诺 2019 年再向临夏州捐赠 1000 万款物，用实际行动带头履行社会责任。同时工商联还积极动员引导企业、商协会组织赴西部考察、投资，引导企业家站在讲政治的高度，主动承担东西部扶贫协作工作暨“千企帮千村”行动任务。由全国政协委员、厦门市工商联主席、恒兴集团董事长柯希平倡议的“百商万人献血公益行”活动，得到全市商协会及广大民营企业的积极响应和踊跃参与，2013 年以来有厦门市美容美发化妆品协会、女企业家协会、厦门市三明商会、厦门市广西商会等 70 多家商协会、几百家民营企业共计 25000 余人次参加爱心献血行动，13000 余人成功献血，累计献血量超过 320 万毫升，使数千名患者重获新生，充分展现了厦门市工商联（总商会）、各商协会及爱心企业的社会责任感和博爱向善的社会形象。2017 年，厦门市工商联（总商会）被国家卫计委等联合表彰为全国无偿献血先进单位，柯希平主席获得“全国无偿献血促进奖特别奖”。

三、制约商协会发展的瓶颈

（一）管理体制不明确，缺乏监督管理职责

据厦门市民政局统计数据显示，至2018 年年底厦门市有经济类社团 289 个，已加入厦门市工商联（总商会）的团体会员共 204 个，占比 70.90%，仍有 80 多家经济类社团在厦门市工商联的指导之外。另外，脱钩后的部分商协会组织将从双重管理体制中走出来，处于“无主管”状态。应该说这是我国

商协会发展过程中迈出的重要一步，但是与商协会自治相匹配的监督管理法规却没有随之出台，缺少了政府部门的支持，既不利于培养脱钩后的商协会组织的自律意识，亦不利于促进其健康发展。

（二）商协会秘书长、专职工作人员素质有待进一步提高

秘书长是商协会管理的执行者，秘书处专职人员是商协会工作的实施者，两者是商协会组织运营的关键性人才，应给予重视。调查问卷结果显示，现有商协会秘书处平均拥有 1.9 位专职工作人员，平均年龄在 33岁，34.7% 的秘书具有大学以上的学历，55.1% 的秘书具有专科以上学历，59.2% 的秘书每年会参加专门培训，且每年培训的次数也仅在1 ~ 3次，总体而言，秘书处专职工作人员的学历偏低，定期培训力度不够，平均数量太少，有些商协会秘书处甚至没有专职工作人员。秘书长中 49% 的具有大学以上学历，年龄集中在 40 ~ 60 岁，且专职秘书长仅有 28.6% ；仅 63.3% 的秘书长每年会参加专门培训，且每年培训的次数也仅 1 ~ 3次而已，总体而言，秘书长的年龄结构偏大，兼职过多，定期培训力度不够。

（三）商协会组织的党建工作机制有待进一步理顺

通过问卷调查，在厦门市工商联所属商协会中设立党组织的占68.6%，设立党组织的商会60% 配有专职党建工作人员。党建工作与统战工作同根同源，做好商协会组织的党建工作是引领团结非公有制经济人士的重要途径，但目前市工商联还没有专门设立基层组织党委，大部分商协会党组织属于所在街道的社会组织党委，小部分属于工信局党委和民政局非公党委管理，商协会党组织的领导机构有待进一步理顺。

（四）商协会组织在自身发展、服务会员方面有待进一步完善

所属商协会整体运行良莠不齐，存在商会制度不健全、落实不到位、活动开展少等问题。有的一年只有中秋联欢和年会一起举行一次，很少开展会员交流、服务会员活动；有的财务管理制度不落实，财务管理不规范，经费使用问题比较突出；大多数商协会仍以收取会员会费作为主要资金来源，资金来源渠道单一，且在服务会员不到位的情况下，会费也难以收取。这些问

题的发生，导致了商协会的职能不清，功能缺失，公信力下降。

就所属商协会基本情况调查问卷结果显示，商协会发展中面临的主要问题及困难如图 4 所示。

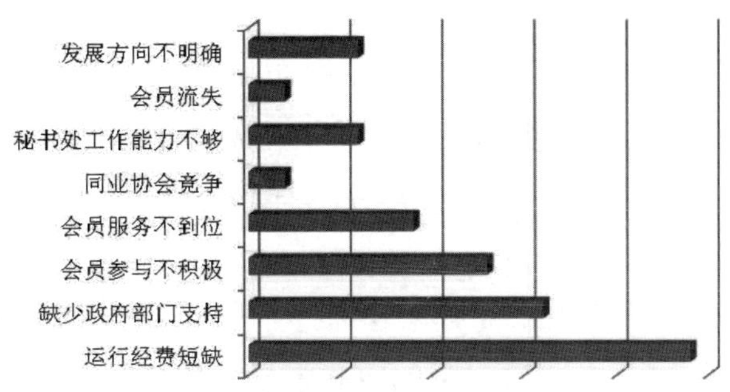

图4 商协会发展中面临的主要问题及困难（多选项）

四、促进工商联所属商协会发展的建议

（一）营造良好的法制环境

首先，加快商协会立法建设。目前，工商联所属商协会运作的主要法律依据是《中国工商业联合会章程》《社会团体登记管理条例》和《中共中央办公厅、国务院办公厅印发〈关于促进工商联所属商会改革和发展的实施意见〉的通知》（厅字〔2018〕30 号）精神。新形势下很多商协会组织难以有效地反映会员企业的利益，不能为会员企业提供相应的服务，因而得不到会员的承认和支持，公信力低，也就无法真正成为政府和企业之间的桥梁和纽带。政府没有从法律上给予商协会以职能和生存发展的足够空间，使其地位和职能缺少法律的保证，商协会在实施管理职能时只有号召力却没有法律依据和保障，这是绝大部分商协会面临的共同问题，也是制约商协会发展的主要问题。因此，制定《商会法》，用法律手段确立商会组织的法律地位和性质，明确相应的职责、权益和义务，才可保证商会组织健康有序地发展。当然，一部法律的制定不可能是一蹴而就的，而应该是一个动态的过程，需要不断地进行修改和调整，以便更好地适应实际情况；在学习西方商协会的先进管理理念的同时，应充分考虑适合我国国情的法律制定。

其次，在呼吁立法建设的同时，不能忽略与法律制度框架相应的商协会组织的管理机构的建设，从而健全完善对商协会组织的监管机制。

（二）理顺商协会管理体制

一方面，切实加快政会分开步伐。依据 2015 年 7 月中共中央办公厅、国务院办公厅印发的《行业协会商会与行政机关脱钩总体方案》的要求，积极推进各级行政机关与其主办、主管、联系、挂靠的行业商协会在职能、资产、财务、人员等方面的全面脱钩。

另一方面，切实推行以工商联来管理行业商协会的机制。助推各商协会以团体会员的身份加入工商联，由工商联指导商协会加强行业协作和自律，制定行业标准与行业规划，实现工商联对“脱钩”商协会的业务指导和政治引导。

（三）加强工商联指导作用

政会分开、全面脱钩以后，工商联所属的商协会组织成为其基层组织和工作依托，工商联有责任和义务对所属商协会组织进行指导、引导和服务，对所属商会会员开展思想政治工作、教育培训，对主要负责人进行考核。

工商联要积极搭建服务平台，充分发挥职能作用。要搭建好法律服务平台，优化非公企业发展环境；搭建好经贸服务平台，加强企业之间的交流；搭建好融资服务平台，拓宽非公企业融资渠道；搭建好政策落实平台，帮助非公企业解决实际问题。

重视教育培训、提升管理水平。首先，要重视会长、秘书长的选任工作，对会长人选及秘书长人选进行考核，确保让思想政治性强、行业代表性强、参政议政能力强、社会信誉好、会员认可度高、热心商会工作、企业具备一定规模的人士作为会长人选；让理想信念坚定、组织协调能力好、执行力强的人士作为秘书长人选。其次，分层次、分类别定期对商协会会长、副会长以及秘书长等专职工作人员开展理论政策培训和办会能力培训，切实提高商协会组织专职人员的管理水平。

加强所属商协会党组织组建工作。要完善商协会组织党建工作，探索商协会党建工作归口管理。完善商协会党组织设置形式，扩大党组织在商协会组织的覆盖面。探索商协会组织中党组织负责人选拔培养方式，充分发挥商协会组织中党组织和党员的积极作用。

（四）加强商协会能力建设

首先，要明确自身的定位。商协会组织是本地区或本行业会员企业的协会，其主要功能是代表和维护本地区或本行业的利益，主要职责是为会员提供服务，在自律的基础上对企业形成管理与约束。商协会组织要清晰地认识其自身是在沟通政府和会员间连接的过程中充当政府与企业间的桥梁和纽带。

其次，重视人才的引进与培养。人才是新形势下商协会组织发展的关键。前面的调查问卷结果显示，商协会组织内的管理人员兼职偏多、年龄偏大、文化水平不高，部分商协会甚至没有专职工作人员，也不重视专职人员的培训工作。人才数量及其能力不足自然会导致办会能力减弱，这是多数商协会组织中存在的问题，需要引起重视。

再次，拓宽资金来源渠道。资金不足是影响和制约商协会发展的重要原因之一。从国外的情况看，政府采购或政府委托方式为商协会组织提供了60%左右的资金，如开展行业统计、行业调研、行业报告等为政府制定政策提供有利的依据。目前有些商协会组织因自身能力有限，还无法承担这样的职能，但承接政府职能转移是商协会发展壮大的方向，政府应加强引导。除此之外，以商养会也是拓展资金来源的方式之一，有条件的商协会可以试行。

最后，加强自律管理。自律管理能力的高低直接影响着组织发展的一系列问题。自律能力强，则会员企业认同，公信力提升，影响面扩大，从而可以吸引更多会员企业加入。

课题指导：陈永东
课题负责：叶正辉
课题执笔：陈德起 郑晋培
完成时间：2019年9月

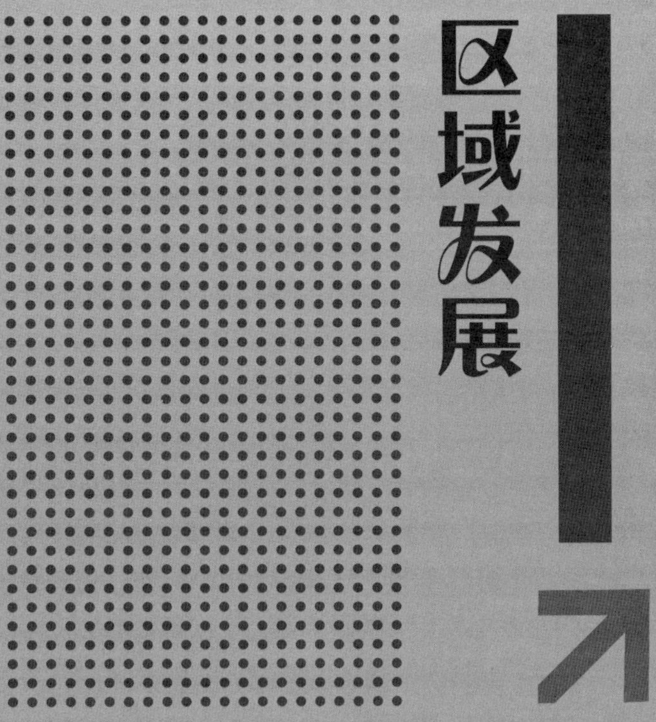

区域发展

QU YU
FA ZHAN

思明区民营经济发展报告（2018—2019）

近年来，思明区突出“稳中求进、改革创新”的发展总基调，积极应对民营企业发展中遇到的新情况、新问题，适应经济“新常态”，鼓励和引导民营企业制度创新、技术创新和管理创新，激发全社会的创业、创新热情，全区民营经济保持了平稳健康的发展态势。

一、思明区民营经济发展基本情况

（一）民营经济稳定增长实力增强

从数量规模看，思明区民营经济增长稳定（见表1）。根据厦门市市场监督管理局统计汇编公布的数据，截至 2018 年，在思明区登记注册的私营企业数为 86642 户，注册资本总额 3111.48 亿元。与 2017 年相比，2018 年在思明区登记注册的私营企业数和注册资本分别增加 18.80% 和 13.81%，两个指标增速明显高于思明区内资企业的增幅。个体工商户 54974 户，资金数额 40.71 亿元，分别比 2017 年增长 17.64% 和 31.26%。

表1　思明区登记注册的私营企业、个体工商户基本情况

年份	私营企业		个体工商户	
	户数（户）	注册资本（万元）	户数（户）	资金数额（万元）
2015	60538	16549023	40765	181162
2016	68978	20325016	45098	239222
2017	76432	26190001	46730	310116
2018	86642	31114804	54974	407060

注：（1）数据来源于厦门市市场监督管理局 2015—2018 年统计汇编；

（2）因机构改革 2019 年数据未对外公开。

从效益规模看，思明区规模以上工业、限额以上批发零售住宿餐饮业、有资质的建筑业企业（以下简称“三上”）私营企业效益显著提升。2018年规模以上工业、限额以上批发零售住宿餐饮业、有资质的建筑业企业资产负债率分别为47.27%、68.43%、56.55%，2019年则分别为47%、51.15%和54.75%，特别是限额以上批发零售住宿餐饮业，其资产负债率下降17个百分点。与2018年相比，2019年规模以上工业企业利润增长7.78%。

表2　思明区“三上”私营企业基本情况表

企业类型	2018年				2019年			
	企业数（户）	资产（亿元）	负债（亿元）	利润总额（亿元）	企业数（户）	资产（亿元）	负债（亿元）	利润总额（亿元）
规模以上工业	19	82.5	39	9	31	120	56.4	9.7
限额以上批发零售住宿餐饮业	594	605	414	15.1	1069	823	421	14.1
有资质的建筑业企业	227	165	92.3	3.9	177	162	88.7	3.79

注：（1）数据来源于思明区统计局；

（2）有资质建筑业仅包含总承包和专业承包。

（二）民营经济发展领域持续拓宽

从思明区统计局 2018—2019 年“三上”及房地产开发经营业私营企业行业基本情况上看，思明区“三上”私营企业主要集中在批发零售业、住宿餐饮业和建筑业上，房地产开发经营业和制造业企业数量较少。从资产获利能力上看，制造业私营企业实力较强。与 2018 年比较，2019 年批发零售业、住宿餐饮业和制造业私营企业数分别增长 86.85%、55.38% 和 63.16%，制造业私营企业资产总额由 2018 年的 8.3 亿元增长到 2019 年的 120 亿元。民营经济结构不断优化，成为思明区经济发展的主要助力。

表3　思明区“三上”及房地产开发经营业中私营企业基本情况表

行业	2018年			2019年		
	企业数（户）	资产（亿元）	利润总额（亿元）	企业数（户）	资产（亿元）	利润总额（亿元）
制造业	19	8.3	7.1	31	120	9.7
建筑业	227	165.1	3.9	177	162	3.789
批发和零售业	464	571.7	14.2	867	784	14.96
住宿和餐饮业	130	33.5	0.8	202	39.7	−0.88
房地产开发经营业	40	404.1	5.0		343	−0.34

数据来源：思明区统计局。

在产业板块上，2018—2019 年，围绕主导产业和战略性新兴产业的上下游服务需求和市场供应情况重点，民营企业不断融入主导产业，深入细分领域，逐渐成为全产业链的重要一环：一批拥有自主知识产权和科研实力的民营企业不断发展，并逐渐参与到软件和信息服务发展中；中科招商集团总部落地，打造通航产业、国际科创、资本管理三大板块；人工智能独角兽企业优必选设立区域总部，建设人工智能教育实验室；影视、文化传播民营企业投资落户思明区，带动思明区文化产业的整体提升。民营经济发展领域不断拓宽，由原来的传统制造业和服务业向软件和信息服务、批发行业、现代服务业、高端装备制造业等先进制造业和现代服务业领域转变。

（三）民营企业自身素质全面增强

科技创新方面，2018 年，思明区国家高新技术企业达 462 家，新增省级科技小巨人领军企业 35 家、市级 29 家，数量均居全市第一。2019 年，新增科技小巨人领军企业 64 家。企业上市方面，2018 年，思明区民营企业新三板上市企业占全市 45%。2019 年，三安光电入围 2019 年中国公司市值500强榜单。服务体系方面，2018 年，嘉禾良库、赛伯乐众创大厦等创新平台投入运营，孵化区级以上众创平台6家。龙山文创园获评“海峡两岸青年就业创业基地”。专精特新方面，2018 年，思明区新增专精特新企业 22 家，2019 年，新增专精特新企业 20 家。详见图 1。

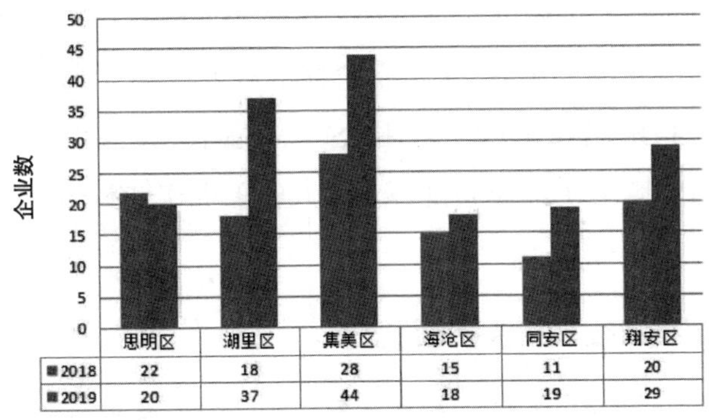

图1　2018—2019年厦门市各区新增专精特新企业情况

（单位：家）

（四）民营龙头骨干企业地位凸显

2019 年思明区重点企业 93 家，其中民营企业 41 家，占重点企业总数的 44.09%。华特集团有限公司、厦门安踏实业有限公司、厦门市三安光电科技有限公司、厦门源昌城建集团有限公司、厦门市临家社区餐饮服务有限公司、厦门市美亚柏科信息股份有限公司、厦门亿力吉奥信息科技有限公司、厦门华睿晟智能科技有限责任公司、厦门雷霆互动网络有限公司等 41 家民营企业均在重点企业名录上。从行业情况看，建筑业重点民营企业13家，占建筑业重点企业总数 68.42%。服务业重点民营企业 10 家，占服务业重点企业总数的 47.62%。详见表 4。

表4　2019年思明区重点企业数量及行业分布

行　业	企业总数（家）	民营企业数（家）	占比（%）
工业（产值超5亿元）	14	3	21.43
建筑业（产值超10亿元）	19	13	68.42
交通运输（营收超5亿元）	4	1	25.00
批发和零售业（销售额超50亿元）	21	9	42.86
住宿和餐饮业（营业额超1亿元）	14	5	35.71
营利性＋非营利性服务业（营收超5亿元）	21	10	47.62
合计	93	41	44.09

数据来源：思明区统计局。

在厦门市 2018—2019 年度龙头骨干民营企业评选中，思明区奥佳华智能健康科技集团股份有限公司等 28 家企业榜上有名，占据了榜单将近半壁江山。其中，厦门吉比特网络技术股份有限公司、厦门市美亚柏科信息股份有限公司两家企业入围中国电子信息行业联合会 2019 年软件和信息技术服务综合竞争力百强企业。

（五）民营经济社会效益不断提升

思明区民营企业以中小微企业为主，占全区企业总数的 92.9%，财政收入占全区的 84.22%。① 民营企业特别是中小微企业已成为吸纳劳动力就业的主要渠道。2018 年，思明区登记注册的私营企业有 86642 户，雇工人数 379626 人，比增 19.64%。其中：独资企业 960 户，雇工人数 4934 人；合伙企业 1160 户，雇工人数 14214 人；有限责任公司 84428 户，雇工人数 359805 人。个体工商户有 54974 户，从业人员 114287 人。

表5　思明区私营企业、个体工商户雇工人数情况表

企业类型	2017年		2018年	
	企业数（户）	雇工人数（人）	企业数（户）	雇工人数（人）
私营	76432	317295	86642	379626
独资	1012	4979	960	4934
合伙	888	12754	1160	14214
有限	74457	299046	84428	359805
股份	75	516	94	673
个体工商户	46730	102187	54974	114287

数据来源：厦门市市场监督管理局 2017、2018 年统计汇编。

2018 年思明区民间投资 38.14 亿元，2019 年增加到 51.10 亿元，比增 58.8%。一批民间资本陆续投入教育、文化、卫生等社会事业，有力地推动了思明区社会公益事业的健康发展。尤其在社会服务领域，民间资本积极参与支持智慧城市、智慧交通、智慧社区、智慧医疗等建设，在创造出大量新的市场需求的同时，提升了社会管理和民生服务效率。民营企业和企业家积极参与东西部扶贫协作工作、精准扶贫和公益慈善事业，社会荣誉感日益增强，

① 思明民营企业中中小微企业占比超九成［EB/OL］. 厦门网，2019-08-27.

创业氛围日益浓厚。

二、思明区民营经济发展的主要做法

为深入贯彻落实习近平总书记关于支持民营经济健康发展的系列重要讲话精神，进一步激发民间有效投资活力，充分发挥民营企业在稳定增长、促进创新、增加就业、改善民生等方面的重要作用，推动政策举措落细落实，2018 年以来，思明区委区政府及相关部门做了大量的工作，突出党建引领工作，体现在如下方面。

（一）强化服务指导，不断加大组织推进力度

为加快招大引强选优的招商步伐，区重点办负责日常跟踪协调重点项目，区政府每月召开项目调度会，研究协调相关事项，并采取五项措施推进重点项目：一是开辟绿色通道，省市重大重点项目确定后，第一时间启动项目审批和要素保障等办理程序，简化优化流程，为项目早日落地见效创造条件；二是实施问题清单管理，对项目实施过程中出现的问题建立问题清单台账，各责任单位通过现场调研、专题协调和定期召开项目调度会等方式，逐项协调解决；三是挂牌跟踪督办，对工作滞后、存在久拖未决问题的项目，下发《问题整改抄告单》，实行挂牌督办；四是倒查效能问题，对未按《问题整改抄告单》要求完成整改的项目开展责任追查；五是强化结果运用，相关单位履职尽责、任务落实等情况纳入年度绩效考评和代建单位年终考核。

（二）注重转型发展，全面加强供给侧结构改革

近年来，思明区在积极贯彻落实省市各项产业发展扶持政策的基础上，结合区域实际，配套出台了一批相应扶持政策（见表 6），如总部经济、企业上市、电子商务、商贸流通业、文化产业、软件和互联网产业、会展业、建筑业、影视产业、科技创新等经济发展政策。2016—2018 年全区累计兑现各类扶持资金 57.5 亿元，其中依据《厦门市关于促进民营经济健康发展的若干意见》兑现补贴和奖励 1.02 亿元，依据《思明区促进互联网经济发展办法》兑现补贴和奖励 1.01 亿元，依据《思明区鼓励总部经济发展办法》兑现补贴和奖励 0.90 亿元，依据《思明区推进电子商务发展若干规定》兑现补贴和奖

表6　思明区关于支持民营经济发展政策汇总表

时间	政　　策	具 体 内 容
2018. 03	《思明区扶持专业服务业平台发展办法的通知》	对思明区中小微企业购买平台入驻单位的专业服务产品按一定比例进行资助
2018. 07	《关于落实高新技术企业所得税地方留成部分奖励的通知》和《关于落实高新技术企业成果转化项目奖励的通知》	对区内高新技术企业按其应缴已缴企业所得税地方留成部分100% 给予扶持，其后三年减半扶持
2018.09	《思明区鼓励工业企业增产增资奖励办法的通知》	对企业2018—2020年度完成工业产值的累计同比增量部分给予5‰的奖励，封顶100万元
2018.11	《思明区鼓励科技创新发展办法的通知》	促进了企业转科技化的发展
2019.01	《关于开展2018年度软件信息业增产增速奖兑现的通知》	对思明区规模以上的软件信息企业开展增产增速奖兑现工作
2019.04	思明区财政局开展了2019年思明区上市企业扶持政策兑现工作	推动了企业上市改制
2019.05	《厦门市关于促进民营经济健康发展的若干意见》	对思明区的小微企业以成立当年起3年内产生的地方级税收收入作为全额奖励给企业；认定扶持了2018年度厦门市总部企业、成长型企业。
	《厦门市市级高新企业备案管理方法》	对区内2019年市级高新技术企业进行备案工作。
	《关于开展2019年度思明区质量技术专项奖有关奖励申报工作的通知》	进一步推进了质量强区工作，对2018年1月1日起新增的规模以上民营工业企业、限额以上民营批发和零售企业且产值和批发零售业销售额不低于上年度水平的，按增量部分的50% 奖励给企业扩大再生产，奖励3年。
2019.08	《厦门市思明区人民政府关于印发思明区引进和培育优秀软件信息企业六条措施的通知》	促进软件信息产业和人才的有效聚集，对纳税在思明区的科技型企业开展市级高企备案奖的兑现
2019.09	正式推行商事主体设立登记全程电子化 《思明区鼓励高成长型企业发展暂行办法》	实现了设立登记业务“一趟不用跑” 对认定的2019年1月1日起设立的高成长型企业提供经营贡献、研发费用增量、人才等奖励
2019.10	《思明区鼓励总部经济发展办法》	明确规定了总部企业的申请方法

资料来源：根据相关资料整理而得。

励 0.79 亿元，依据《思明区促进商贸业转型发展若干措施》兑现补贴和奖励 0.78 亿元。受补贴奖励企业绝大多数为民营企业，与重点扶持民营中小微企业的初衷契合。

（三）加大金融支持，不断优化金融生态环境

一是增强金融服务实体经济能力。区领导带队走访了工商银行、建设银行、瑞达期货、平安养老保险、招商证券、金美信消费金融、双润小贷、金圆集团、炎汉九鼎等金融机构，了解行业发展趋势，为企业协调解决问题，推动金融机构加大对中小微企业的支持力度。二是加强政策性融资担保扶持力度。思明区先试先行，在市级政策性融资担保政策出台前，已连续多年开展政策性融资担保工作。2018 年以来，联合厦门银行和兴业银行，累计向积硕科技、泰普生物等11家企业提供了 6550 万元政策性担保金，仅向企业收取 1% 担保费，远低于 3% 以上的市场化担保费率。三是积极推动股权投资行业融资对接。搭建对接平台，促进智明星通等区产业引导基金合作机构与厦门银行、农业银行等金融机构合作对接；充分利用思明基金空间，联合投资家网等专业招商机构，邀请赛领资本、梧桐树资本等京沪深知名投资机构，举办项目对接会，开展新材料、战略性新兴产业等行业项目路演活动，促进资本与项目对接。

（四）强化人才服务，帮助民营企业增强管理水平

为帮助民营企业增强管理水平，思明区加快推进人才强区战略。2019 年，引进国家、省、市高层次人才 60 人，20 人入选市拔尖人才序列，13 人入选台湾特聘专家专才。聘请 15 名企业家作为首批区级招商顾问。首次举办海峡两岸文创人才对接会，持续优化台湾人才服务中心等引才引智平台，8 家省级台湾青年就业创业基地吸引 463 个台青团队“登鹭”创业。引进北航科技园厦门孵化器、西安交大国家技术转移中心等创新平台。新认定 2 个国家级、2 个省级、1 个市级企业技术中心。安排科技创新与研发资金 2 亿元，惠及企业 540 家。中国互联网百强、软件百强企业数达8家，数量领跑全省。新认定国家高新技术企业 199 家，数量全市第一。新增 30 家省级、36 家市级科技小巨人领军企业。“三高”企业数达 566 家，占全市近三成，其中 246 家入选重点

培育库。[①]

（五）积极营造氛围，持续优化民营企业营商环境

一是法制护航建设公平公正的营商环境。区工商联与区司法局、区检察院、区法院联手共建公平公正的营商环境，开展法律进企业服务活动。重点帮助民营企业建立健全规章制度，提高企业抵御防范法律风险能力，为企业提供优质精准的法律服务保障；完善企业法律援助机制。建立电话和网上法律咨询服务平台，开通民营企业权益保护法律服务事务，为民营企业提供法规政策信息和法律释疑咨询；帮助企业化解矛盾纠纷。借鉴“枫桥经验”，拓展涉企矛盾纠纷多元化调解渠道，协助民营企业疏导和化解工伤纠纷、劳务纠纷、合同纠纷、债务纠纷等矛盾纠纷和涉法问题；保护企业合法权益。依法快速准确打击侵害企业权益、破坏产业投资环境的各类违法犯罪。加强中小股东保护，推动完善公司治理结构，增强社会投资的积极性。精准打击知识产权领域的侵权行为，切实消除企业创新创造的后顾之忧。

二是深入推进降低实体经济成本改革，降低民营企业负担。区政府高度重视减税降费工作，在全市范围内率先成立减税降费工作领导小组，持续推动增值税小规模纳税人免税标准放宽、中小微企业所得税减免政策扩围、“六税两费”减免等一系列减税降费举措一一落实，坚持惠普性减税和结构性减税并举，给辖区内民营中小微企业带来实实在在的实惠。

三是全力营造良好市场环境。深化“互联网＋政务服务”，打破政府与企业、企业与企业间的信息壁垒，实现企业与政府实时互动，有效提高政企协作效率，大力营造良好政务服务环境。健全完善主要负责同志定期听取企业意见机制，涉及经济发展的重大决策出台前充分听取企业家建议。加快推进社会信用体系建设，规范实施行政执法公共信用信息归集，对主动纠正失信行为、消除不良影响的企业，给予补救措施。深入开展信用承诺及公示工作，实现信用承诺的社会监督。重点在资金安排、评奖评优、招标投标、公共资源交易等领域，全面施行信用审查，开展查询服务。

四是推动产业空间布局持续优化。（1）观音山商务营运中心环境进一步优化，才子汇等 3 栋商务楼宇竣工，新增楼宇空间 13 万平方米，楼宇云平台

① 2020 年思明区人民政府工作报告。

正式上线。（2）地处岛内核心区，建筑面积逾 15 万平方米，福建省最具示范效应的大型城市综合体的厦门华润万象城以及高端城市综合体宝龙一城开业、对外开放，汇聚国际国内一二线品牌，吸引全国首家“十点书店”、福建首家新式茶饮品牌“喜茶”入驻华润万象城，为推进十大重点领域产业提升，推动服务业新兴领域发展，提供了载体条件。（3）引进企业落户安溪思明园，增强安溪思明园实力。

三、思明区民营经济发展面临的困难和问题

民营企业在经营发展中仍有不少困难和问题，市场的问题、融资的问题、转型的问题最为突出，习近平总书记在 2018 年民营企业座谈会上指出的“三座大山”：市场的冰山、融资的高山、转型的火山，就是民营企业在经营发展中遇到困难和问题的真实体现。

（一）宏观环境影响加大

思明区经济发展受各种因素影响，下行压力较大。从国内情况看，全国 2018 年四个季度 GDP 累计增速分别为：一季度 6.8%，二季度 6.7%，三季度 6.5%，四季度 6.6%，2019 年四个季度 GDP 同比增长速度为：一季度 6.4%，二季度 6.2%，三季度 6.0%，四季度 6.0%，连续两年呈现在一个合理区间内稳中微降的走势。而厦门 2018 年四个季度 GDP 累计增速（一季度 7.5%，二季度 8.0%，三季度为 7.6%，四季度为 7.7%）和 2019 年四个季度 GDP 累计增速（一季度 8.0%，二季度 8.0%，三季度 8.1%，四季度 7.9%）也基本呈现类似的情况。从国际情况看，中美贸易摩擦对部分商品增加关税，已对部分外向型企业造成冲击，带来成本增加、订单下降等问题，企业面临减产歇业、调整重组的挑战。高关税后出口必然受阻。受国际经济环境影响，出口企业下行压力较大，为出口企业配套的思明区民营企业也受到影响和冲击。

（二）企业梯度辐射效应不足

作为国内较早开展企业培育工作的地区，思明区通过予以政策、资金、税收等方面的扶持，使企业的发展活力和创新能力得到明显提升，促进了企业快速成长壮大。但总体看，对标国内先进城市地区，不论是体系建设还是

服务措施都显滞后。在备受关注的新经济企业培育方面，成都、杭州、苏州、武汉等地正不遗余力吸引和培育“瞪羚”“独角兽”企业，建立起覆盖企业发展全生命周期的梯度培育体系，如成都，对首次被认定为一年爆发式增长、三年复合高增长、五年连续增长的“瞪羚”企业，分别给予企业管理团队 10 万元、20 万元、30 万元一次性奖励；连续被认定为“瞪羚”企业的，给予企业最高500万元奖励。对首次认定的潜在“独角兽”、“独角兽”企业，分别给予企业管理团队 30 万元、100 万元一次性奖励；对符合条件的潜在“独角兽”企业、独角兽企业，对企业管理团队或企业给予补贴。[①] 而思明区尚未明确实施方案和推进表，整体产业向价值链中高端迈进步伐较慢。

（三）自主创新能力弱

思明区民营企业自主创新意愿有待加强的原因主要有以下几个方面：一是互联网的信息共享打破了企业的市场边界，许多小微企业倾向于“拿来主义”，利用现成的创意和技术开发产品，注重一时的利益而忽视了长远的发展。导致区域内同质化竞争激烈，相互碾轧，影响收益；二是民营企业在成长中面临包括政府政策的约束，由于制度建设的不健全，企业往往面临行政审批等政府干预，造成企业的经营效率低、不确定性高，进而产生高额的交易成本，过高的自主创新的制度成本降低了民营企业的自主创新意愿；三是市场法治环境在市场中介、保护生产者合法权益、保护知识产权等方面有待完善，民营企业在投入大量的研发资金进行自主创新探索时，其创新成果易遭窃取或新产品在市场上的垄断时间较短，自主创新的投入不能有效地转化为企业创新收益，进而降低了企业的自主创新意愿；四是市场竞争公平性也影响民营企业的自主创新意愿，所有制的歧视和偏见使民营企业处于竞争不利地位，挫伤了民营企业家的创新精神。

（四）融资渠道有限

长期以来民营企业融资难问题一直困扰并阻碍着民营企业发展。有资料显示，企业自我融资占民营企业融资总额的 90%，银行贷款不到 5%，非金融性 2.6%，其他渠道 2.9%。经济进入新常态下，民营企业融资受到多重因素的

① 成都高新创新创业网。

制约，融资压力较大。一是直接融资渠道窄。对于民营小微企业贷款“小、急、频”的特点，商业银行的经营管理机制仍有待进一步改善，审查流程冗长严苛、担心小微及初创企业抗风险能力弱、可抵押资产少、信用记录不足或不良等因素影响各大银行向中小民营企业投放贷款。新兴产业如电商、动漫和信息服务业，无形资产是其主要的资产构成，而厦门无形资产评估、抵押、交易平台尚未建立健全，无形资产尚不能作为抵押融资标的；高新技术企业前期投入研发资金大、研发周期长，急需政府、金融部门有针对性地创新融资办法。二是非正规金融和非法金融渠道发展混乱。以小贷公司、担保公司、典当行等为代表的非正规金融和民间高利贷等非法金融普遍存在着风险高、收费高、合规差甚至违法涉黑等行为，法律风险巨大，抗风险冲击能力薄弱。既扰乱了金融市场秩序，又通过企业造成对正规金融渠道的风险传染。三是上市扶持补助不足。民营企业上市成本高，从上千万到上亿元不等；需缴纳评估、审计等成本费及不可预测费用，如可能需缴纳由资产评估增值而补缴的企业所得税；民营企业上市具有不确定性，除企业自身决策外，严格的上市审核制度和较长的上市等待期也加大了企业上市的不确定性。这些都无形当中加大了企业的成本。

（五）服务型人才缺乏

思明区民营企业以影视、体育、养老、大健康、高端专业服务业等新兴产业为发展突破口，而这一系列产业对企业中高层服务人才、学科带头人的需求是极其迫切的。但思明区的房价高，产业集聚度不高，产业链相对较短，总部数量也不多，人才引进政策适用面偏窄，软件信息、工业设计、品牌运营、市场拓展、高层管理等方面的服务型人才引进难，留下更难。由于体制的问题，一些民营医院在人才引进方面，尤其是学科带头人的引进存在非常大的困难。高端服务型人才的缺乏制约了影视、体育、养老、大健康、高端专业服务产业在思明区的发展，限制了其业务辐射范围的扩大，进一步限制了专业服务业人才在思明区的集聚。

此外，尽管思明区政府已经出台了若干激励人才的政策，但是针对拟上市及上市企业人才激励的政策有待完善，对拟上市及上市企业核心人员和管理人员税赋方面没有相关的政策。民营企业上市，也依赖于核心人员和管理人员。企业为留住人员支付的薪酬，与人员实际获得的薪酬有较大差额（主要原因出自税赋），导致经营团队中具有上市经验的专业人才外流，以致民营企业与中介机构沟通过程中，不能及时准确地提供符合相关要求的应披露资料，影响上市时间和进度。

四、推进思明区民营经济发展的对策建议

（一）加大组织推进力度

一是加强经济运行监测分析。紧盯重点指标和关键环节，开展经济运行监测预警，增强经济运行监测的及时性、前瞻性和有效性。同时做好经济运行分析，强化部门之间、上下级之间的联动作用，层层压实责任、传导压力，形成推进工作的强大合力，补缺口、赶进度。

二是狠抓重大项目落实。全面推进重大项目质量和绩效提升。注重强化项目产业方向、投资强度、亩均产出等关键性指标，把土地、资金、人才等有限资源落实到重点项目。完善落实重点企业、重点项目挂钩联系制度和“六必访”制度，问需问计于企，强化政策宣传。

三是强化高质量发展导向。立足自身优势和产业发展方向，推动优势产业和战略性新兴产业协同发展。大力发展数字经济、平台经济、智能经济，加快布局区块链、人工智能等前沿产业，抢占发展先机。推动法律、会计、人力资源、建筑设计等高端专业服务业集聚发展。加快发展新零售，积极培育品质消费、绿色消费、智能消费、夜间消费、旅游消费市场。持续释放“金鸡”效应，争取重量级“金蛋”项目落地，加快后期制作、宣传发行、影视培训、短视频等重点版块布局。

四是有序盘活低效用地，加快空间再造。加快推动金融科技集聚区建设，持续改善观音山、会展片区环境和商务配套，力促老旧商务楼宇提质增效。推动滨北超级总部基地建设，着力打造国际一流高端中央商务区。推动原开元工业园及泥窟石村片区改造，着力打造生态科技创新城。推动中国（厦门）海峡两岸数字经济产业园建设，加快黄厝茂后片区、沙坡尾片区改造，全力满足产业项目用地需求。

五是推进招商发展。围绕“大招商、招大商，抓落地、强服务”，瞄准世

界500强、中国500强、民营500强、台湾百大以及各行业细分领域龙头机构，吸引一批具有技术优势、资源优势的高能级项目落户思明。加强市、区、街三级联动，最大化共享招商资讯，更高效协调解决问题。健全“一把手招商”工作机制，完善招商顾问配套制度，精准制定个性化招商政策和服务举措。提升目标企业库、招商地图、产业政策的匹配性和协同性，为项目提供全要素、全链条、全过程服务保障，有效缩短项目签约转落地、投产见效益周期。

（二）推动政策精准落地

一是抓好政策落实。

推动各项促进民营经济发展的政策高效落地，公布涉企政策清单，拓宽宣传申报渠道，提高政策透明度和知晓度。在全面落实已出台政策的基础上，进一步研究制定独具思明特色的优惠政策，建立企业家参与涉企政策制定机制，充分了解和听取企业家实际需求，让涉企政策更接“地气”。

二是降低运行成本。在减税降费方面，放大财税政策“四两拨千金”的效应，继续削减涉企行政事业性收费，减少涉企经营性收费，确保涉企收费只减不增、能减尽减。在土地方面，对重大项目实行“点供”，把“好钢用在刀刃上”，降低企业用地成本。

三是解决融资难题。引导金融机构突出主业、重心下沉，加大金融产品创新力度。支持发展创业投资和天使投资，促进更多的金融活水流向实体经济。着力为金融机构发展创造良好环境，对支持企业发展的金融机构予以表彰鼓励，努力构建“政银企”命运共同体，打造“政银企”良性互动、持续合作共赢的新格局。积极探索建立“财税银联动”新模式，为信用良好的民营企业开辟“绿色通道”。支持民营企业上市，鼓励企业发行企业债、公司债等债券，更好地满足企业发展需求。继续落实国家减税降费政策，安排本级企业扶持资金，让企业轻装前行、安心发展。

（三）全面激发创新活力

一是充分发挥科技带动效应。把提高民营企业科技创新能力作为核心环节，完善协同创新网络，打造优良创新生态，从整体上提升企业的技术创新水平。大力实施“三高”企业倍增计划，完善全周期梯次培育体系。鼓励企业加大重大技术领域研发投入，强化知识产权保护。倡导企业家精神和工匠精神，大力支持民营企业创新发展。梯度培育一批具有带动力竞争力的龙头企业，不断做大实体经济总量。扶持企业建立工程技术研究中心等载体，加大新技术、新工艺、新产品研发力度，掌握自主知识产权。着力打通成果转化的“最后一公里”，加快构建产学研金介政“六位一体”协同创新模式，鼓励民营企业向国内外高校、科研院所预订科技成果。

二是充分发挥人才雁阵效应。引进一批善于组织科研团队、能够统筹要素配置、掌握核心技术成果的“高精尖缺”人才，促进企业发展从“投资扩张型”向“创新驱动型”转变，畅通企业引进人才的落户渠道，落实好人才安居政策，让更多人才扎根思明。深入实施企业管理人才培育工程，创新企业人才培育方式，更积极、更开放、更有效地开展企业经营管理人才培育工作，不断提高企业管理人员综合素质。支持高校院所企业设立新型研发机构，用好中国创新创业大赛、中国人工智能大赛等平台载体，让更多创新项目和创新人才在思明落地、生根、壮大。

三是充分发挥平台集聚效应。依托企业研发中心等创新平台，加快建立以企业为主体、市场为导向、产学研深度融合的技术创新体系，进一步集聚高端创新资源要素，不断提升创新浓度。围绕增强企业资源要素获取能力，着力打造产业链精准对接、大型仪器设备共享、专利交易等服务平台，助推企业实现科技创新、管理创新、产品创新、品牌创新，最大限度地增强民营经济发展的动力和活力。

（四）强化服务平台建设

一是培育小微企业创业创新平台。通过政府购买服务、委托专业机构运营等方式，建设小微企业“双创”服务中心。推进小微企业成长计划，加快工业企业“规下转规上”、服务业企业“个转企”培育，对小微企业上云、数字化改造加强支持引导，推动小微企业“专精特新”发展。

二是健全完善常态化政企联系服务制度。健全党政领导与民营企业结对联系制度，建立常态化、制度化政企沟通机制。组织思明区各级干部深入企业，通过实地联系走访企业，面对面了解企业经营情况，认真落实降低企业发展成本的各项政策措施，切实解决企业实际困难，指导企业转型升级发展。

三是充分发挥行业协会、商会的桥梁纽带作用。强化行业协会、商会在联系政府和企业工作上的枢纽地位，积极营造有利于商协会生存和发展的宽松环境，制定商协会扶持政策，通过购买服务等方式对商协会开展工作予以支持，促使商协会工作人员职业化。

（五）构建亲清政商关系

一是打造平等规范的市场环境。规范企业经营行为和市场经营秩序，坚决制止各种不正当竞争和侵犯消费者权益的行为，严厉打击假冒伪劣、偷税漏税等违法经营活动。加大对诚信经营、履行社会责任先进企业和优秀企业家的表彰力度，在工程招标、重点项目、融资服务等方面给予倾斜。

二是打造高效透明的政务环境。准确把握和落实好构建亲清政商关系的要求，把支持民营企业发展作为份内之事、重要任务，秉持一颗“公心”，理直气壮地帮助企业解决困难，做到“亲”而有度、“清”而有为。

三是打造公平公正的法治环境。保护民营企业合法权益，坚决打击侵犯民营企业产权的行为，建立更有效率的知识产权侵权查出和纠纷解决机制，让民营企业放心投资、放手发展。严格规范涉企执法检查行为，推行“双随机、一公开”监管，深化“一支队伍管执法”，切实杜绝“一事多罚”，全面优化执法环境。

课题指导：林金宗

课题成员：林金宗、许天津、李昇谦、洪薇、陈玉慧、
李珏、陈琦瑛、王蔚、林琳、苏颜、何颖

课题执笔：陈玉慧、李珏、王蔚、林琳

完成时间：2020年10月

湖里区民营经济发展报告（2018—2019）

2018 年，在我国改革开放 40 周年之际，国际政治经济环境更加严峻，中美贸易摩擦升级给以外向型经济为主导的厦门经济带来很大压力。国内经济不确定性也在加剧，坊间民营经济退场论时有提及，严重影响民营企业及投资者对经济发展的信心。11 月 1 日，习近平主持召开民营企业座谈会，指出民营经济是我国经济制度的内在要素，民营企业和民营企业家是我们自己人，再次强调“两个毫不动摇，三个没有变”，从中央层面释放出发展民营经济的强烈决心。在此契机下，厦门出台了《关于促进民营经济健康发展的若干意见》，从六个方面提出了极具针对性、可操作、切实有效的扶持措施，内容涵盖民营经济当下及未来发展所面临的各项难题。这些政策口惠而实至，为湖里区民营企业的发展带来强大的支撑动力，使其得以在复杂、艰苛的市场环境下生存、发展，并逐步壮大起来。

一、民营经济发展的成就

民营企业是我国市场经济中最富潜力、活力，最有创造力的力量，它在促进经济发展，创造税收、就业机会等方面发挥了重要作用。近几年，关于民营经济“56789”的说法已为大家所熟悉，即在整个经济体系中，我国民营经济贡献了 50% 以上的税收、60% 以上的国内生产总值、70% 以上的技术创新成果、80% 以上的城镇劳动就业、90% 以上的企业数量。以此作为衡量标准，可以直观地了解湖里区民营经济的发展，以及其为地方经济做出的贡献。

（一）民营企业是地方财政贡献的主力军

税收收入作为地区财政收入的主要来源，占比越大，意味着该地经济发展越繁荣。我国民营企业经过四十多年的发展，国民经济中 50% 以上的税收是由民营企业贡献的。从湖里区税务局提供的入库企业税收收入情况来看，湖里区民营企业的纳税人税收总额在 2018 年与 2019 年分别达到了 80.4 亿元、90.3 亿元，占入库企业税收总额的 72%、70%，远超过民营企业税收贡献 50% 的这一说法。此外，2018 年湖里区的 266 家纳税大户企业中，有 16 家企业税收过亿元，其中民营企业有 10家，从表 1 可以看到纳税大户排名前 10 的企业中有 5 家为民营企业。2019 年，纳税大户企业增加到 280 户，有 18 家企业税收过亿元，其中民营企业有 8 家，纳税大户排名前 10的民营企业有 4 家。无论是从纳税大户数量，还是纳税额来看，民营企业数量都足以与其他类型企业抗衡，甚至处于优势一方。

表1　湖里区纳税大户前十名排位情况表

排位	2018年	2019年
1	厦门兆裕房地产开发有限公司	厦门新景地集团有限公司
2	厦门银鹭集团有限公司	华泰证券股份有限公司厦门厦禾路证券营业部
3	联发集团有限公司	厦门银鹭集团有限公司
4	厦门市万科湖心岛房地产有限公司	恒禾置地（厦门）股份有限公司
5	厦门市中铁源昌置业有限公司	中信证券股份有限公司厦门莲岳路证券营业部
6	国信证券股份有限公司厦门金钟路证券营业部	平安证券股份有限公司厦门国际金融中心营业部
7	厦门港务地产有限公司	国信证券股份有限公司厦门金钟路证券营业部
8	恒禾置地（厦门）股份有限公司	厦门骏佑房地产开发有限公司
9	厦门国贸金融中心开发有限公司	厦门兆琮隆房地产开发有限公司
10	欣贺股份有限公司	海通证券股份有限公司厦门展鸿路证券营业部

（二）弱小的民营企业有着快速发展的速度

2018 年年底的第四次经济普查数据显示，湖里区有企业法人单位数 37100 家，其中私营企业数 34476 家，占总体的 92.9%。与之相对的是，2019 年，统计局在统的“四上”（规模以上工业、规模以上服务业、限额以上批改零售住宿餐饮业、有资质的建筑业企业）及房地产开发经营业中民营企业数只有 1038 家，不到民营企业总体的 5%，可以说，绝大多数民营企业都属于规模小、实力弱的小微企业阶段。即便是这些上规模的民营企业，在经济效益上也无法与其他企业相抗衡。从表2可以看到，2019 年，“四上”及房地产开发经营业的民营企业共完成营业收入 1704.2 亿元，在全区占比只有 24.4%，具体到行业上，也只有有资质的民营建筑业企业实力突出，其营业收入在全区占比达到了 70.7%，其他几个行业，除限额以上住宿餐饮业外，民营企业的营业收入比重都不大，在10%～20% 徘徊。民营企业的弱小，并没有成为其发展的桎梏。以规模以上工业企业为例，2019年，规模以上民营工业企业完成的总产值为 111.8 亿元，比 2018 年增长了 17.31%，远高于全区 0.4% 的增速水平。可以说，相对弱小的湖里区民营企业在未来仍有很大的成长空间。

表2　2019年湖里区在统民营企业情况表

	企业数（家）	营业收入（亿元）	占全区企业比重（%）
全区	1038	1704.20	24.4
规上工业企业	70	43.52	13.4
资质建筑业	308	403.05	70.7
限额批发零售业	380	1104.09	20.5
限额住宿餐饮业	66	9.42	44.4
规上服务业	188	130.05	21.7
房地产企业	26	14.06	18.1

（三）以创新为本的民营企业是湖里科技立身的依仗

湖里区以“2＋4＋N”战略发展布局，辖区内两个国家级片区创新优势明显。自贸区仅 2018 年就推出 14 项全国首创制度创新举措，占福建自贸试验区全国首创举措的 93.3%，区内的云创智谷创新创业园以创新、创业为主，是“厦门市中小企业公共服务示范平台”和“厦门市小微企业创业创新示范基地”；火炬高新区是国家知识产权示范园区，其中的软件园是全国软件和信息服务领域 4 个“五星级”园区之一，园区内有国家高新技术企业近800家，占厦门近五成，近百家“专精特新”中小企业基本以民营企业为主，高新技术产业营收占园区工业总营收比重达 85% 以上。此外，湖里区还建有“特区 · 1980”湖里创意产业园，区内有创意设计与文化休闲旅游两大主导产业及新媒体、影视、动漫游戏等行业，是文创与科技融合的典范；湖里创新园作为全区创新经济发展的重要载体，园内除个别提供基本保障的企业外，都是民营企业，其中包括了 38 家国家级高新技术企业、47 家总部企业、17 家已上市企业和 2158 家移动互联企业。有了这些企业作支撑，2019 年湖里区规上工业高新技术产业实现增加值 353.41 亿元，同比增长 11.7%，占规模以上工业增加值比重达到了 86.4%。

（四）民营企业是湖里区城镇就业的最大保障

从第四次经济普查资料来看，2018 年年末，湖里区第二、三产业法人单位的从业人员有 82.15 万人，位居前三位的行业是建筑业、工业、批发和零售业，私营企业从业人员分布前三的则是建筑业、批发和零售业、租赁和商务服务业。个体经营户从业人员 8.12 万人，主要集中在第三产业，人数达 76598 人，占总体的94.4%。仅从表3给定的行业数据来看，私营企业从业人数已经占到 61.1%，若把所有行业中的全部民营企业加入，该比例达到公众所认可的 80% 并没有多大问题。表 3 中所列 9 个行业中，建筑业，批发和零售业，信息传输、软件和信息技术服务业，租赁和商务服务业，科学研究和技术服务业，居民服务、修理和其他服务业这6个行业单单私营企业从业人数在行业中的占比就已经超过了 80%，建筑业与居民服务、修理和其他服务业2个行业的私营企业从业人数占比更是超过了 90%，这些都充分说明了民营企业在保障就业、改善民生方面的巨大贡献。

表3　第四次经济普查湖里区部分行业从业人员分布情况表

单位：人

企业类型	工业	建筑业	批发和零售业	交通运输、仓储和邮政业	住宿和餐饮业	信息传输、软件和信息技术服务业	租赁和商务服务业	科学研究和技术服务业	居民服务、修理和其他服务业
内资企业	53425	300233	106412	67253	11137	20863	62166	15130	14549
国有企业	—	—	9	—	124	—	3552	124	—
集体企业	—	—	46	30	—	—	—	—	—
股份合作企业	—	—	—	—	—	—	—	—	—

续表

企业类型	工业	建筑业	批发和零售业	交通运输、仓储和邮政业	住宿和餐饮业	信息传输、软件和信息技术服务业	租赁和商务服务业	科学研究和技术服务业	居民服务、修理和其他服务业
联营企业	—	—	—	—	—	—	—	—	—
有限责任公司	6241	23121	8010	29639	2370	1647	7985	1081	411
股份有限公司	4277	211	992	5614	403	334	330	765	55
私营企业	42873	276897	97355	31970	8234	18882	50190	13160	14053
其他企业	—	—	—	—	—	—	109	—	—
港、澳、台商投资企业	38165	372	3296	1640	1548	1303	176	209	63
外商投资企业	43911	21	2904	985	965	465	297	466	—
合计	135501	300626	112612	69878	13650	22631	62639	15805	14616

（五）民营企业是湖里区国民经济的最大主体

民营企业作为湖里区国民经济的最大主体，其数量在全区超过了 90%。从第四次经济普查数据来看：2018 年年末，湖里区的个体经济户有3.26万户，其中 95.6% 分布在第三产业。在第二产业和第三产业活动的法人单位数为 37100 家，与 2013 年第三次经济普查相比增长了 108%，其中的私营企业数有 34476 家，占总体 92.9%。具体到主要行业分布上，由表 4 可以看到，私营企业主要集聚在批发和零售业与租赁和商务服务业，批发和零售业的私营企业数高达 15340 家。其次是工业，建筑业，交通运输、仓储和邮政业，信息传输、软件和信息技术服务业，这 4 个行业私营企业数量分布较为相近，都超过了2000 家。从私营企业占比来看，表 4 中 9 个行业的私营企业数占比都超过了 90%，其中，建筑业，批发和零售业，居民服务、修理和其他服务业 3 个行业的私营企业占比更是超过了 95%。民营企业无疑是湖里区稳经济、促发展的关键所在。

表4 第四次经济普查湖里区部分行业法人单位分布情况表

单位：家

企业类型	工业	建筑业	批发和零售业	交通运输、仓储和邮政业	住宿和餐饮业	信息传输、软件和信息技术服务业	租赁和商务服务业	科学研究和技术服务业	居民服务、修理和其他服务业
内资企业	2927	2369	15877	2238	619	2510	4501	1302	1258
国有企业	1	—	2	—	2	—	5	4	—
集体企业	1	—	3	2	—	—	—	—	—
股份合作企业	1	—	—	—	—	—	—	—	—
联营企业	—	—	—	—	—	—	—	—	—
有限责任公司	88	96	499	106	32	154	336	58	30
股份有限公司	11	7	33	9	2	12	13	3	4
私营企业	2826	2264	15340	2121	582	2344	4139	1237	1224
其他企业	—	—	—	—	—	—	8	—	—
港、澳、台商投资企业	103	7	166	18	12	25	38	36	7
外商投资企业	107	4	95	14	7	10	48	13	—
合　计	3137	2380	16138	2270	638	2545	4587	1351	1266

二、民营经济的集聚式发展范例——湖里区创新园

湖里区创新园是一个以研发结算、移动互联、创新设计为主导的大型产业园区，园区总规划面积 1.8 平方公里，按“一心、三区”布局，即商务配套中心、商务运营区、技术研发区、生活配套区。园区秉持着生态、绿色、环保的理念，重点发展企业总部、营运中心、产品展示中心、结算中心、企业科技研发基地以及科技、创意服务业等。2018 年，区内共有各类企业 6869 家，民营企业占到了 99% 以上，可以说，湖里区创新园既是湖里区高新产业发展的缩影，也是民营经济发展的展示平台。

（一）创新经济持续向好

湖里区创新园顾名思义以创新发展为宗旨，以政府与企业联动发展为手段，着力打造创新驱动、宜居宜家的绿色生态产业经济园区。园区各方面都

处于快速发展中，2019 年园区已建成及在建项目 72 个，建筑面积总计 261.4 万平方米。近几年，园区内的企业与从业人员基本稳定，主营收入 2018 年为 517.8 亿元，同比增长 7.2%；2019 年 536.6 亿元，同比增长 3.6%；税收方面，2018 年完成 21.2 亿元，同比增长 13.8%，2019 年 22.3 亿元，同比增长 5.2%。2019 年，从表 5 可以看到，园区在企业数与从业人员数有所回落的情况下，主营收入与税收都保持了稳定的增长，园区创新经济处于上升态势。

表5　湖里创新园主要经济指标

年份	企业数（家）	从业人员数（万人）	主营收入（亿元）	税收（亿元）
2018年	6869	6.6	517.8	21.2
2019年	6236	6.2	536.6	22.3

（二）产业集聚发展成效显著

湖里创新园在十多年间，已经呈现拥有完整创新产业链，各具特色的企业集聚发展的状态。2019 年，园内有三大主导产业稳步发展，即：以乔丹、361 度、厦钨等为代表的研发结算产业；以亿联网络、哥们网、科技谷等为代表的移动互联产业；以合立道、万科云设计公社、合诚工程设计为代表的创意设计产业。这些企业都是行业内的佼佼者：厦钨在 2019 年中国制造业企业500 强中位列 351 位，在中国战略性新兴产业领军企业 100 强中排第 68 位，该企业以 IPD 模式，通过产业基础再造工程，促产业高级化、产业链现代化；亿联网络是 2019 年胡润中国 500 强民营企业的第 166 位，入选 2020 年福建省工业和信息化省级龙头企业名单，是全球领先的统一通信解决方案提供商，在 SIP 话机细分领域中排名全国第一、全球第二；作为“中国十大民营建筑设计企业”“福建省建筑业龙头企业”，厦门的地标性建筑，诸如海沧体育中心、世贸海峡大厦、杏林湾营运中心等都有合立道工程设计师们的辛勤付出……。

（三）创新社区建设试点成绩斐然

湖里创新园的开发建设、管理服务等工作主要由湖里区工业园区管委会负责。近年来，园区创新打造互联网＋平安社区，实施交通改善工程，加大绿化环保投入，新增创新驿站、创享天地、党群活动中心等多项公共服务平台，开发线上智慧服务平台、实施热点区域免费 wifi 覆盖，形成线上线下联动服务，以提升服务品质为核心，不断改善内外部环境，着力打造创新驱动、宜居宜业的典范园区，从根本上解决民营企业的各种难题。以企业迫切的人才问题为例，早在 2016 年，湖里区就出台了相关政策吸引人才到园区创业，通过各种方式实现人才与企业需求无缝对接，同时，推出人才公寓，设置九年一贯制学校，配套司法、医疗等相关服务措施，为人才提供全周期、全链条的一站式服务，彻底解决人才的后顾之忧。多措并举带来最直观的成效，2018 年园区内的 6.6 万从业人员平均年龄 30.2岁，本科以上学历占 78%，其中“双百”人才 18 名、高层次人才 41 名，湖里区创新园成为名符其实的人才高地。

三、民营经济发展存在的困难

（一）中美贸易摩擦让企业真正感受到了外部市场的严酷

全球经济在低迷中徘徊了近十年后，于 2017 年呈现出较快的增长，东亚和南亚是世界上最具经济活力的区域，特别是中国 2017 年对全球的经济贡献约占三分之一。在此背景下，2018 年 3 月，美国宣布对中国商品大规模征收关税，并限制中国企业对美投资并购；4 月，美国商务部发布公告称在未来 7 年内禁止中兴通讯向美国企业购买敏感产品。接下来的两年内，中美贸易摩擦愈演愈烈，美方不但对中国高新技术为主的产品加征关税，还开始有针对性地对中国企业进行打压、围剿。厦门民营企业也首当其冲，2019 年，美亚柏科被美国列入制裁清单；三安光电被列入危险名单，还有数不清的民营企业因为中美贸易摩擦导致成本增加、订单下降，甚至减产、停产，调整重组。

（二）互联网经济的快速发展关系到每一家企业

互联网经济对供需双方都是一种挑战。从供给方一侧来看，互联网经济带来的新产业、新商业、新业态的发展给企业带来极大的冲突，增加了市场的不确定性；从需求方来看，居民消费加快升级，多样化、个性化需求不断增长，线上消费在数量和品类上出现了突破性的进展。在互联网经济发展的初期，很多人保守地认为它影响的只是部分行业，更多的是为消费者带来便利。经过了短短两三年的经营，在所有人看到天猫国际带动跨境电商暴发、拼多多成为中国第二大电商平台、抖音推动网红经济新模式快速成长的当下，“互联网＋”已经关系到市场经济的各个细分领域，它不再是高新技术企业的专项，而是所有企业，特别是小微企业必须重视起来的未来。

（三）厦门外向型经济特点对企业的影响加大

2018 年，厦门外贸依存度高达 135.3%，位居全国各重点城市第一；2019 年，外贸综合竞争力居全国百强城市第6位。这意味着国际市场变化对厦门经济的影响要远大于其他地区。始于 2007 年的美国次贷危机及全球金融危机给厦门外贸企业带来巨大冲击，贸易结构、市场、贸易方式等都发生了改变。十三五期间，进出口增速的变化也与国际市场相呼应，呈现出起伏波动态势，可以说，国际市场的变化决定了厦门对外贸易的荣衰。具体到国家层面，美国是厦门最重要的贸易伙伴，在厦门主要进出口国家中排列第一位，对美出口额是排名第二的香港的 3 倍。抛开前文提到的中美贸易摩擦问题，单单汇率的变化已经是企业不堪承受之重，2018 年全年人民币对美元下跌约 6.01%，振幅约为 11.79%；2019 年人民币对美元平均汇率比上年贬值 4.1%，很多企业完成订单之日即是企业亏损之时，这无疑增加了企业经营上的变数，特别是抗风险能力较弱的中小微民营企业更是雪上加霜。

（四）厦门特有的一些现象制约民营经济发展

一是厦门经济存在“国资、外资企业强，民营企业相对弱”的特点，在投资方面，民间投资意愿强烈，但受限于自身实力，民间投资的热情与规模都有限，民间投资在全市固定资产投资中的比重也较低，且主要依赖于房地产民间投资的增长，项目民间投资比例较小。2019 年，湖里区民间投资在同比增速 121.7%，呈现暴发式增长的情况下，在全区投资占比也只有 37.3%。二是厦门地域空间有限，经济体量小，2019 年居民人均可支配收入在全国排在第8 位，而房价在全国排名第 4 位，加之物价、供需等因素的影响，使得民营企业，特别是小微企业在高额的生存成本下单纯依靠本地市场很难维持。

此外，从民营企业自身来看，近年来比较突出的土地、人才、资金等要素稀缺、成本过高问题；企业转型升级向高质量发展问题；科技投入与创新等问题仍未得到根本性的解决，再加上更为动荡的外部市场环境，这些都要求从政府到企业到个人，从大局出发，从长远利益出发，立足根本，为地区经济及国家发展贡献一份力量。

四、民营经济发展的建议

（一）政府层面

惠企政策上：各部门目前应该关注的重点是如何让政策落地：（1）政策宣传内容要具体到执行部门的操作流程上；（2）对现有政策的实施情况进行调研，做好前后政策衔接，注意跨部门政策整合；（3）对现有政策执行情况进行评估，分析政策实效，确保政策有的放矢；（4）结合市场及企业现状，预判未来惠企政策方向，并做足准备。

企业保护上：这里的保护不是指市场主体的差别化待遇，而是指各部门应尽力避免企业受到不必要的干扰，为企业创造优良的经营环境；针对目前国内复杂的市场环境，各部门可根据自己的专长或借助外力，以平台发布、专刊、讲座等方式定期为企业传递信息，帮助企业及时了解外部形势，做出正确判断。

要素供应上：要素供应上，当前的着重点应放在资金与人才上。解决融资难、融资贵，降低汇率风险是民营企业主要资金问题，相关部门应充分发挥两岸金融中心和自贸区的优势，加速金融创新，通过金融机构、资金平台、企业帮扶等为民营企业实现资金对接，同时，政府部门还可以通过融资辅导等方式为民营企业融资解惑。

人才方面：人才方面，应加大湖里区及区内企业的宣传力度，为企业做好后勤帮扶工作，与企业形成捆绑效应，帮助企业解决人才落户的后顾之忧。

研发上：研发上。应构建政、产、学、研、用一体的区块链生态体系，从政策上引导，全要素整合产学研用各方力量，实现优势互补、互利共赢。

（二）协会层面

目前可以考虑从以下三个方面入手：（1）建立行业发展信息库。协会应该建立起长期、有效的信息搜集渠道，紧跟产业技术、企业、市场发展前沿，形成成员单位甚至扩展到社会的信息交流和交换平台，还应建立起具有行业或市场针对性的统计信息库，为政府与企业提供行业市场发展动态。（2）建立专家与人才信息库。协会要整合会员单位的企业家资源与技术专家形成智囊团，还应该扩大人才信息的搜集范围，将外围的专家资源以聘任、合作等方式纳入到自己的专家储备库中，为企业提供技术咨询服务；要加大专业人才的培育与储备，一方面借用自身优势，通过企业挂职、兼职以及专业培训等方式提升现有工作人员的综合素质，另一方面，收集、储备业内人才的基本信息，与相关部门联合，定时提供培训、评级、资格认定等专业服务，为企业做好人才信息储备工作。（3）做强、做大企业联盟或协会联盟。通过联合，集聚企业或协会组织的集体优势与力量，储备民间力量加大企业或行业在商业谈判上的筹码，形成对企业或行业的保护机制。

（三）企业层面

企业要从上到下树立起危机意识，居安思危，以学习保将来，以创新搏未来。（1）企业首先要夯实自己的软实力，培育鼓励创新的企业文化，借助企业文化提升企业凝聚力，树立终身学习理念规避未来不确定性风险。（2）企业要加大研发投入，特别是技术与制度上的研发投入，中小企业可以更多地借助外力帮助，以提升效率、加大顾客忠诚度构筑起企业在复杂市场环境下的安全岛。（3）企业应秉持审慎的投资原则及资金使用原则，关注长期利益，摒弃盲目多元化，降低财务风险以减少企业经营风险。（4）企业要加大人才储备与培育上的投入，在人才培养上要有全局观与长远观，少计较眼前得失，要从行业或地区整体角度出发，寻求全体共赢局面。同时，企业也应健全人才管理制度，规范人才在合理的区间内流动。（5）企业还应关注区域市场的变化，注意区域市场间的平衡，及时根据市场变化调整企业经营方向，避免单一市场取向给企业的未来带来隐忧。

最后，我们也应看到作为市场主体中的所有消费者的力量。消费者的数量、需求与购买欲望等是支撑企业发展的根本动力。每一位消费者都应重视民营企业在我国国民经济中的重要作用，支持国货、理性消费，以公平的眼光看待民营企业，这也是从下而上保障市场经济良性运行的根本举措。

课题指导：胡金藤
课题执笔：王立凤
完成时间：2020年10月

集美区民营经济发展报告（2018—2019）

2018 年 11 月 1 日，习近平总书记主持召开民营企业座谈会并发表重要讲话，强调要毫不动摇鼓励支持引导非公有制经济发展，支持民营企业发展并走向更加广阔舞台。2019 年两会期间，习近平总书记参加福建代表团审议时强调："要坚持'两个毫不动摇'，落实鼓励引导支持民营经济发展的各项政策措施，为各类所有制企业营造公平、透明、法治的发展环境，营造有利于企业家健康成长的良好氛围，帮助民营企业实现创新发展，在市场竞争中打造一支有开拓精神、前瞻眼光、国际视野的企业家队伍。"习近平总书记的系列讲话在社会各界引发热烈反响，中央和地方密集释放出促进民营经济发展的强烈信号和政策措施。2018 年 11 月和 2019 年 1 月，厦门相继出台《关于促进民营经济健康发展的若干意见》和《厦门市聚焦企业关切进一步落实优化营商环境政策的若干措施》，将优化营商环境、减轻企业负担、解决企业反映的突出问题作为推动厦门民营经济发展的重要举措。

一、优化营商环境

2019 年年初，集美区委将"优化营商环境，推动民营经济健康发展"确定为2019 年的重点课题，由区工商联牵头，发改局、工信局、财政局、商务局、人社局、统计局、行政审批管理局、组织部、法院、检察院等单位协调配合开展调研，通过深入辖区民营企业调研，摸清全区营商环境现状、存在问题以及影响民营企业发展的难点痛点，提出对策建议。为此，集美区委区政府研究出台了《促进集美区民营经济健康发展的若干意见》，成为集美区民营经济发展史上具有里程碑意义的重大政策意见，对集美区民营经济发展具有重要的现实意义。

集美区委、区政府坚持把优化营商环境作为推动经济发展的突破口和切入点，积极转变政府职能，切实改进干部作风，以推进“放管服”改革为抓手，努力提升政府行政能力和服务水平，着力营造良好的发展环境，不断激发市场活力，有力促进了全区经济稳中有进、进中趋优的发展态势。2018 年，全国营商环境调查报告出炉（非官方评价），厦门排名全国营商环境第二，集美区营商环境位居全市第一；空气质量位居全市各区首位；全年批发零售贸易业和住宿餐饮业营业额增速居全市第一；荣获全国综合实力百强区、全国科技创新百强区、全国新型城镇化质量百强区等称号……集美的营商环境取得了可喜成效。

（一）转变政府职能服务提速提效

2018—2019 年，区委、区政府持续推进政府职能转变、行政审批制度改革、政策服务体系建设和综合服务效能提升，良好的政策政务环境正在形成。一是转变政府职能“放管服”提速。2018 年梳理并公布区级企业投资项目管理专项权责清单 39 项，调整部门清单 26 批次；应对上级取消行政审批事项 22 项，承接下放行政审批 69 项。开展“减证便民”专项清理，全年按照程序取消18项证明材料。二是“电子化”提效。2018 年部署涉及企业审批事项网上办理 1500 余项，实现全程网办。进一步简化办事流程，将企业开办时间压缩至 3 个工作日。全面推进市场主体全程电子化、多证合一、简易注销等工商登记制度改革，2018 年完成电子化登记企业 462 家，完成企业营业执照换照 16720 家。三是“一站式”服务。全面梳理“一趟不用跑”和“最多跑一趟”办事清单 1535项，占比达 95%。设立全市首个惠企“一站式”服务窗口，首批 7 个单位进驻，涉及 79个惠企事项，2018 年全年办结 18274 件，惠及企业 1.71 万家次，38.19 万人次，获省、市效能办通报表扬。

（二）落实减税降费推动惠企服务

区委区政府出台一系列政策措施，多途径降低企业经营成本，不断优化企业的发展环境。一是落实税收优惠。2018 年落实增值税小微企业优惠政策，累计减免税额 0.55 亿元。落实所得税优惠政策，为 431 户企业办理研发加计扣除，加计扣除金额 9.62 亿元。严格执行出口退税管理规范，累计办理退税额 19.3 亿元。二是抓好惠企政策服务。先后修订出台《工业稳增长促转型六条措施》《促进商贸业加快发展扶持办法》《集美区鼓励信息化和工业化融合发展暂行办法》等惠企政策措施 96 条，全年累计为企业减负超 30 亿元，兑现各类扶持资金近 5 亿元。

（三）注重创新驱动加快转型发展

区委区政府出台科技创新战略，通过实施创新驱动、转型升级战略，促进供给侧结构性改革，传统产业改造提升，新兴产业占比大幅提高，民营企业创新能力和竞争力持续增强。一是实施创新驱动。主动融入厦门自创片区、自贸片区“双自联动”，推动产学研深度融合。大力引导路达、宏发电声、立林科技、华懋等龙头企业设立技术研发中心，与辖区中科院城环所、华侨大学、厦门理工学院合作建立技术研究和创新基地，提升企业核心技术创新能力。2018 年新增高新技术企业超过 40 家、科技小巨人企业 33 家，全区规上高新技术产业工业产值 692.28 亿元，占规上工业产值 69.92%。二是强化智能制造。支持企业实施智能化改造提升，2018 年实施技改核准备案项目 115 个，总投资 42.36 亿元。实施老工业厂房提升改造行动，目前共有 7 家工业企业的老工业厂房进入审批流程。继续深化与台湾生产力中心合作开展企业转型升级辅导，2018 年共 13 家企业完成全面诊断，21 家企业进入深度辅导，其中 6 家完成深度辅导企业年增营收 6405 万元，年节省成本 1235.2 万元。2018 年辖区 9 家企业列为“中国制造隐形冠军”。三是实施“聚贤集美”人才计划。围绕重点产业、重大项目培养引进一批“高精尖缺”人才，加强企业人才保障。2018 年新增落户国家、省、市各级人才计划人才 55 名，建成人才公寓 4422 套，兑现 3529 名企业人才房租补贴 2941 万元。

（四）优化管理服务激发市场活力

不断强化政府社会管理职能，积极营造鼓励和支持民营经济发展的社会氛围，优化公平竞争的市场秩序，公平正义的法制环境，有效地激发了市场活力。一是落实挂钩联系制度。区领导挂钩联系 48 家重点非公有制企业，深入企业倾听诉求、调研恳谈，积极帮助民营企业梳理解决困难和问题 130 余条。区工商联牵头开展“民营经济发展现状及对策建议”专题调研，先后完成重点课题调研 7 篇，并由区委召开调研成果协商对接会，推动意见建议有效落实。二是强化金融服务。建立“政府＋银行＋企业”“政策＋金融”联动模式，引导辖区银行、金融机构落实民营企业融资政策，2018 年区担保公司累计为民营企业提供融资担保 6.6 亿。率先全市设立区产业引导基金，2018年年底基金规模达 130 亿元，居全市各区首位，形成“直接投资＋引导子基金”模式，实现金融产品服务民营企业全方位覆盖。三是构建“亲清”新型政商关系。建立“政策通”机制，印发 5000 份“惠企政策 e 通码”分发企业，有效解决惠企政策落地“最后一公里”难题。开展“亲清政商关系”“亲清润闽商 · 促进两健康”等系列宣传活动。2018 年全区民营企业突破 62800 家，占全区 94%，注册资本达 1524.6 亿元，成为集美区经济发展的重要力量。

二、发展概况

改革开放以来，至 2003 年集美、杏林两区合并，之后集美、杏林两个台商投资区形成的工业产业体系更加完善。2018 年、2019 年，集美辖区的工业企业几乎都是外资、台资、中外合资和私营企业，极少数的国企工业也基本完成股份制改革，国有成分持续减少。而商贸、物流业等产业也几乎是民营企业的成分。

（一）2018年、2019年集美区工业发展概况

2018 年，集美区有规模以上工业企业468家，实现规模以上工业总产值 958.99 亿元，与 2017 年相比增长 9.78%；规模以上工业增加值 237.90 亿元，增长 8.1%。其中，年产值超亿元工业企业 151 家，实现工业总产值 849.95 亿元，增长 10.89%，占全区规模以上工业总产值的 85.84%；年产值超 10 亿元企业 17 家，实现工业总产值 496.08 亿元，增长 12.19%，占全区规模以上工业总产值的 50.1%。年度纳税亿元以上工业企业 3 家，纳税 5000 万元至 1 亿元工业企业 5 家，纳税 1000 万元至 5000 万元企业 50 家。详见表1。

表1　2018年集美区主营业务收入2000万元以上工业企业主要经济指标

单位：万元

项目		企业数（个）	工业总产值	工业销售产值	资产总计	营业收入	年均从业人员（人）	工业增加值
总计		468	9589888	9005950	10317984	9210894	133771	2378967
按企业类型统计	有限责任公司	57	854588	782618	960119	772518	11531	202731
	股份有限公司	7	542401	499648	1539710	715815	4513	152351
	私营企业	229	1761631	1689410	1414700	1680935	29147	372979
	港澳台商投资企业	92	2383965	2218952	2451445	2228297	39085	674128
	外商投资企业	83	4047303	3815322	3952010	3813329	49495	976777
按行业统计	农副食品加工业	7	147464	140560	56208	139655	610	11680
	食品制造业	4	20022	20054	17658	23962	181	2263
	酒、饮料和精制茶制造业	1	1859	1970	3268	2788	46	757
	纺织业	21	613176	565380	607339	555260	6579	168411
	纺织服装、服饰业	31	444533	351101	411164	368913	9570	164974
	皮革、毛皮、羽毛及其制品和制鞋业	8	44172	44190	32509	44776	1679	13747
	木材加工和木、竹、藤、棕、草制品业	1	1852	1848	2691	2163	61	359
	家具制造业	8	112000	108432	89348	108350	1653	23600
	造纸和纸制品业	9	88388	83490	56989	78116	1319	11052
	印刷和记录媒介复制业	10	68129	66159	78862	63647	1261	12260
	文教、工美、体育和娱乐用品制造业	21	309732	301338	273730	305904	9059	107221
	化学原料和化学制品制造业	15	176995	173293	124798	180946	2030	40036
	医药制造业	1	9101	9686	12660	10024	127	3015
	化学纤维制造业	2	11062	10732	12650	10837	246	2221
	橡胶和塑料制品业	51	900644	916060	1208722	922289	15147	241301
	非金属矿物制品业	8	153757	153733	110713	133076	1115	24594
	黑色金属冶炼和压延加工业	5	53959	53337	32640	53398	231	3154
	有色金属冶炼和压延加工业	8	765593	699643	651812	644489	6562	171282

续表

项目		企业数（个）	工业总产值	工业销售产值	资产总计	营业收入	年均从业人员（人）	工业增加值
按行业统计	金属制品业	57	1038624	989776	1042120	1034955	12928	210319
	通用设备制造业	30	288751	275524	320747	266511	3944	76767
	专用设备制造业	33	567147	525350	1004509	596075	6591	128217
	汽车制造业	28	1114128	1099052	1458072	1196064	12696	235286
	铁路、船舶、航空航天和其他运输设备制造业	8	139876	142584	226435	146920	1614	34034
	电气机械和器材制造业	46	1020204	891734	624950	861480	12604	239705
	计算机、通信和其他电子设备制造业	38	1360340	1244352	1664826	1330394	23621	428627
	仪器仪表制造业	5	56110	55455	68041	50888	579	10857
	其他制造业	9	42795	41640	45612	43214	1397	9055
	电力、热力生产和供应业	3	39477	39477	78910	35801	321	4173
	燃气生产和供应业	—						

资料来源：集美区统计局。

2019 年，集美区有规模以上工业企业 476 家，实现规模以上工业总产值 1072.59 亿元，比 2018 年增长 6.98%；规模以上工业增加值 277.73 亿元，同比增长 6.8%。其中，年产值超亿元工业企业 148 家，实现工业总产值 918.52 亿元，同比增长 9.06%，占全区规模以上工业总产值的 85.64%；年产值超 10 亿元企业 18 家，实现工业总产值 554.36 亿元，同比增长 14.53%，占全区规模以上工业总产值的 51.68%。主导产业持续壮大，先进制造业发展稳中向好，金龙、宏发等 4 家企业跻身 2019 年福建省制造业企业百强，立林科技、中汽客等获评福建省单项冠军。年度纳税亿元以上工业企业 3 家，纳税 5000 万元至 1 亿元工业企业 12 家，纳税 1000 万元至 5000 万元企业 90 家。详见表 2。

2019 年，集美区继续增加全社会科技投入，完善科技和创新体系建设，发展高新技术产业，提升自主创新能力。至当年底，全区有市级企业技术中心 31 家、市级重点实验室 25 家、市级工程技术研究中心 32 家、市级科技企业孵化器 6 家；省级重点实验室 9 家、省级工程研究中心 13 家；国家级企业技术中心 6 家；国家级高新技术企业 372 家。获厦门市科技进步奖 17 项，其中一等奖 1 项、二等奖 5 项、三等奖 11 项。2019 年，集美区规模以上高新技术产业工业产值 761.54 亿元，占全区规模以上工业产值 71%；高新技术产业规模以上工业增加值 187.9 亿元，占全区规模以上工业增加值 67.66%，工业增加值累计增速 11%。科技创新成为集美区民营经济高质量发展的引擎动力。

表2　2019年集美区主营业务收入2000万以上工业企业主要经济指标

单位：万元

项目		企业单位数（个）	工业总产值（当年价）	资产总计	营业收入	平均用工人数（人）
总　计		520	9933407	10837046	9107429	131826
按企业类型统计	有限责任公司	64	1485263	1766843	1449788	16748
	股份有限公司	8	711318	1575369	613639	4389
	私营企业	275	2168653	1835383	2064844	32719
	其他企业					
	港、澳、台商投资企业	92	2512122	2583175	2253127	38064
	外商投资企业	81	3056051	3076276	2726032	39906
按行业统计	农副食品加工业	8	144709	60877	141665	633
	食品制造业	6	29051	36823	36404	268
	酒、饮料和精制茶制造业	1	1787	3448	2702	41
	纺织业	21	458808	569525	388210	6301
	纺织服装、服饰业	36	504140	485147	389548	10062
按行业统计	皮革、毛皮、羽毛及其制品和制鞋业	8	39651	26665	39833	1274
	木材加工和木、竹、藤、棕、草制品业	1	1755	2726	2125	64
	家具制造业	7	121314	48758	96286	1428
	造纸和纸制品业	9	83386	58565	73536	1386
	印刷和记录媒介复制业	9	62875	85250	65578	1097
	文教、工美、体育和娱乐用品制造业	21	297947	294582	290919	9022
	化学原料和化学制品制造业	17	174881	141486	170646	2093
	医药制造业	1	8752	19396	8554	114
	化学纤维制造业	2	12863	13026	11523	288
	橡胶和塑料制品业	54	906002	1192656	946709	15048

续表

项目		企业单位数（个）	工业总产值（当年价）	资产总计	营业收入	平均用工人数（人）
按行业统计	非金属矿物制品业	10	292023	235587	255834	1517
	黑色金属冶炼和压延加工业	5	46008	26526	45278	227
	有色金属冶炼和压延加工业	10	657007	650613	540695	6035
	金属制品业	63	1053962	1210971	937333	13004
	通用设备制造业	39	327884	354774	300763	4567
	专用设备制造业	38	634224	759385	487949	6228
	汽车制造业	28	987957	1486738	1049695	11835
	铁路、船舶、航空航天和其他运输设备制造业	8	159011	221327	167966	1686
	电气机械和器材制造业	55	1205484	744628	1031661	13492
	计算机、通信和其他电子设备制造业	44	1599999	1918530	1504514	21786
	仪器仪表制造业	5	38089	65963	35605	597
	其他制造业	10	42549	49425	43354	1339
	金属制品、机械和设备修理业	1	262	1769	4617	76
	电力、热力生产和供应业	3	41027	71880	37929	318
	电气机械和器材制造业	55	1205484	744628	1031661	13492
	计算机、通信和其他电子设备制造业	44	1599999	1918530	1504514	21786
按行业统计	仪器仪表制造业	5	38089	65963	35605	597
	其他制造业	10	42549	49425	43354	1339
	金属制品、机械和设备修理业	1	262	1769	4617	76
	电力、热力生产和供应业	3	41027	71880	37929	318

资料来源：集美区统计局。

2019 年，集美区继续推进“大众创业、万众创新”。一是众创空间发展迅速。2019 年，集美区经认定的众创空间 49 家，众创空间总面积约 11 万平方米，主要集中在软件园三期、创新创业大厦、杏林湾商务营运中心及高等院校。其中厦门北站创业大街、大学生创新创业园区等 8 家被认定为国家级众创空间；华厦众创空间、百度（集美）创新中心等 23 家被认定为省级众创空间；厦门游戏创新中心、华侨大学大学生创业园等 18 家被认定为市级众创空间。我区众创空间累计入驻创新创业团队 4000 多个，创新创业青年 16000 多名，现有创新创业团队 1400 多个，创新创业青年 6000 多名。二是积极落实各项创新创业补贴。2019 年拨付认定奖励、中介机构服务补助、创业启动扶持资金等各类奖励、补助 4548 万元。三是依托创新创业大赛、集美区创新创业项目评审会等创新创业活动为创新创业项目提供展示平台。2019 年，共举办 2 场创新创业大赛及 2 场创新创业项目评审会。

（二）集美区商贸业发展概况

2019年，集美区国内贸易流通实现平稳增长，消费市场运行总体平稳。全区完成批发零售贸易业销售总额577.8亿元，比上年增长12.5%，高于全市平均增速。其中，限额以上批发零售贸易企业销售额418.5亿元，同比增长15.8%，高于全省平均增速。全区住宿餐饮业营业额31.3亿元，同比增长11.1%，增幅居全市第二位；社会消费品零售总额179.3亿元，同比增长12%，增幅居全市第四位，高于全省平均增速。见表3。

表3　2019年集美区重点批发零售企业主营业务收入情况表

单位：亿元

企业名称	主营业务收入	企业名称	主营业务收入
厦门宏发电声科技有限公司	33.17	厦门闽亿源工贸有限公司	10.59
住重中骏（厦门）建机有限公司	31.84	厦门顶斌实业有限公司	8.92
厦门信息集团商贸有限公司	27.38	厦门石头城信息服务有限公司	8.73
厦门市锋荣达贸易有限责任公司	22.05	厦门广芯信息科技有限公司	8.35
永兴东润（中国）服饰有限公司	18.06	厦门利星汽车销售服务有限公司	7.05
宝驰实业发展有限公司	13.06	厦门远达雷克萨斯汽车销售服务有限公司	6.66
厦门森那美信昌机器工程有限公司	11.69	厦门路达贸易有限公司	6.44

1. 商圈布局逐步展开

2019 年，集美区城市建设加快，城市功能布局更加完善，片区功能更加优化，规模化、信息化的商圈逐步发展壮大，同集路商业带、集美新城核心商圈、北站商圈三大商圈初具雏形，人气商气进一步集聚，居民消费环境、消费质量明显提高。截至 2019 年年底，全区投入运营的大型商场、百货、购物中心等载体面积 41 余万平方米，引入包括万达广场、喜盈门、万科里、银泰百货、尚柏奥特莱斯、红星美凯龙等多形式、多业态的现代化商业服务综合体，其余在建的 IOI 棕榈城、世茂璀璨天城等地产配套综合体加快建设步伐。2019 年，新开业尚柏奥特莱斯和宝象红星美凯龙全球家居艺术博览中心，其中尚柏奥特莱斯为厦门首家奥特莱斯购物广场，总建筑面积约 10万 平方米，经营面积约6万平方米，项目于 2018 年开工建设，2019 年 11 月 8 日正式开业运营，采用联营模式（除个别餐饮、品牌门店）。入驻品牌 180 个以上，包括蔻驰、迈克高仕、凯特 · 丝蓓等国际名品，开业率在 80% 以上，开业活动期间实现日均客流超万人次；宝象红星美凯龙全球家居艺术博览中心由厦门宝象国际贸易有限公司和红星美凯龙家居集团股份有限公司联合打造，项目于 2019 年 10 月 1 日开业，经营面积约 10 万平方米，入驻 120 多个品牌建材家具、电器、软装，包括席梦思、卡萨帝等品牌家居生活用品店，开业率 75%。

2. 新兴业态不断创新发展

2019 年，集美区以供给侧结构性改革为主线，贯彻新发展理念，努力适应数字经济发展新要求，积极鼓励辖区民营企业运用电子商务拓展线上线下融合，扎实推进各项工作落实，推动电子商务高质量发展取得新进展。2019 年，全区限额以上批发零售企业实现网络零售额 14.49 亿元，占社会消费品零售总额的比重约为 8%，主要包括家具家装、母婴用品、运动户外、服装鞋包等实物商品为主，其中服装鞋包网络零售额约 5.21 亿元，汽车网络零售额约 5.26 亿元。持续推动互联网信息技术和贸易流通业、生活服务业的融合发展。支持本地儿童服饰零售龙头企业永兴东润信息化建设，鼓励企业发展电商业务及引进新业态；引入汽车综合服务平台“宜买车”运营宜车时代总部项目，“宜买车”以“互联网＋汽车”为理念，通过全移动化流程管理技术，搭建高效可信赖的汽车交易服务体系；鼓励本地家政服务企业好慷在家发展壮大。目前，好慷在家已成为国家发改委指定的家政服务业服务标准制定企业之一，通过服务创新，引领行业的龙头民营企业；持续推动服务外包产业发展，挖掘软件信息服务业、供应链管理、影视传媒等行业潜力。截至 2019 年年底，集美区纳入商务部业务系统统一平台服务外包管理的企业 57 家，共签订服务外包合同金额 3.37 亿美元，执行金额 1.89 亿美元，分别同比增长 140.6% 和 110.8%。其中，在岸服务外包合同金额 3.25 亿美元，同比增长 141.6%，执行额 1.81 万美元，同比增长 109.6%；离岸服务外包合同额 1214.1 万美元，同比增长 116.6%，执行额 869.9 万美元，同比增长 139.8%。

三、未来举措

未来，集美要从几个方面推动和促进民营经济发展。

（一）盘活低效资产资源，加快产业转型发展

1. 积极争取政策支持

在市级盘活存量土地实施办法以及“工改工”相关政策制订滞后的情况下，能否向市政府申请将集美作为节约集约用地试点示范区建设，下放权限，实施制度创新“工改工”政策试点工作，探索包含更新规划、改造策划、用地处理、资金筹措、利益调节、监督管理在内的全流程政策框架。

2. 探索破解土地溢价收益分成

之前的相关政策，未能有效解决政府与企业之间工业用地土地溢价收益分成，造成闲置厂房、用地所有者收储意愿低，难以进行成片开发。建议借鉴广州和东莞的做法，合理分享土地溢价的收益。旧厂区改造，实行公开出让收益分成和补交地价两种途径，激励原用地单位按照城市整体规划转变原工业用地功能，腾出土地用于现代产业发展。公开出让收益返还的，以土地出让收入60% 返还补偿原土地使用权人。

3. 坚持试点推进一片一策

以杏林老工业片区作为“工改工”的先行试点片区，借鉴深圳、上海等地经验尽早推进旧工业区连片改造升级，盘活低效用地资源，积极融入马銮湾产业体系，对接马銮湾起步区的高端服务业区、滨海休闲旅游功能，打造产业研发区，完善商业服务配套，促进现代服务业集聚发展。在此基础上，制订适合辖区实情的重点工业企业用地扶持政策，鼓励保留型工业用地实施“工改工”，探索规范盘活存量工业用地活动，建立规范、有序的长效工作机制，促进创新产业发展、经济转型升级。

4. 兼顾多种改造渠道

统筹村集体建设用地建租赁房政策、村集体建设用地使用权流转政策，探索镇政府主导、村集体参与的村级经济发展新模式，管好各村建设用地、

厂房和仓库的出租出借工作，强化安全、环保、能耗等指标约束，提高行业准入门槛，做大做强镇村级经济发展。回购旧项目加强区域统筹，提高集建区范围内的土地利用率，建立土地二次开发工作机制，对建成后的项目闲置或者“烂尾”、效益低下的小散旧项目，鼓励公司、村各经济实体采取产权回购、厂房改造、产业方向调整等加以盘活。引入 PPP 模式，结合汽车小镇、动漫小镇、智慧小镇、生态小镇等特色小镇建设，引导优质项目落地。利用本地生态资源发展休闲农业和乡村旅游，促进农业与旅游、文化产业的深度融合，进一步延长产业链和拓展农业新功能。

5. 鼓励企业转型升级

利用现有厂房改扩建，大力支持工业企业进行自行改造，探索取消办产权证大小的限制，建设单位有权根据自身业态需要，自主选择办公空间大小；允许建设单位自主销售，取消销售对象特定企业法人的限定；减少办公房产的持有量，持有量从 50% 调整到 30% 以下；持有办公房产部分，允许先交基准地价，待可办理出售或转让时，再补交剩余30% 的基准地价款，降低改造企业资金压力；拆迁部分成本，允许按房地产前期费用抵扣；分批开发的，允许分批缴交土地出让金。

通过盘活、整理、优化等方式，最大限度挖掘现有土地资源潜力，为产业发展提供更多空间资源。

（二）加大科技创新平台建设，强化智能制造助推转型发展

集美区要主动融入海峡两岸协同创新示范区、自贸试验区、自主创新范区、综合配套改革试验区等“多区联动”，发挥科技创新与制度创新叠加优势，有效促进科技创新资源要素的高效流动和优化配置。

1. 狠抓科技创新平台建设，引领民营企业走向世界

（1）加大创新平台建设与科技补助力度。要在“集美区机器人及数控技术应用研发平台”、教育部“蓝火计划”中国高校（厦门）科技成果转化中心、快速制造国家工程研究中心、中科院协同创新等四大创新平台的基础上，继续加大对企业的研发支持与补助力度。建议加大产学研深度融合，充分发挥创新平台作用，引进聚集高端研发机构和高水平科技服务机构，完善科技孵化链条和创新创业生态，力争新增几家科技企业孵化器、几家国家级研发平

台、几家专业化众创空间。

（2）深化台湾生产力中心的辅导培训机制。借助台湾产业转型的成功经验，通过企业组织参观台湾标杆企业、开展培训课程、与企业“一对一”进行诊断、辅导等方式，协助集美的制造企业更好地实现转型升级、实现精益生产，通过兑现科技奖励以及技改奖补政策，加大企业科技创新步伐。

（3）为创新企业发展谋划新动力。继续深化与火炬高新区、厦门稀土材料研究所、中科国际协同创新中心共建“厦门国际协同创新中心”，为企业发展谋划新动力。

（4）引进高端智能“云技术”服务辖区企业。引进华为智能智造云、软件开发云及中软国际云上软件产业园，积极推广路达“机器人及数控技术应用研发平台”服务辖区企业。

（5）精准精细服务外贸企业。加强对手中美贸易摩擦影响较大企业的辅导工作，精准制定龙头企业特殊时期的针对性措施，深化与中国信用保险公司的合作，密切跟踪经贸摩擦的最新动态，为辖区企业提供出口风险咨询和保险服务，引领民营企业开拓“一带一路”国际新市场。

2. 鼓励打造特色自主品牌，提高民企竞争力影响力

集美区的先进制造业快速发展，汽车、机械、水暖厨卫等众多自主品牌的产业链等产值超百亿，成为海西重要机械产业制造基地。宏发（全球第一大继电器生产商）、路达（亚洲最大卫浴五金专业制造商）、正新（全球轮胎行业排名第九）、华懋（汽车安全气囊国内市场占有率 35%）、厦晖（轮胎气门嘴亚洲市场占有率第一）等等众多品牌企业成长为行业龙头。集美软件信息服务业发展势头迅猛，软件园三期已入驻企业 1921 家，员工 3 万人，2019 年实现营收 242 亿元。要积极推动企业自主品牌建设，努力提高民企的竞争力影响力。一方面要有效促进科技创新资源要素的高效流动和优化配置，激发民营企业的创新活力，进一步强化企业创新主体地位，打造“科技创新小微企业—科技创新小巨人企业—高新技术企业”梯次培育体系，大力培育“单项冠军”“隐形冠军”和“专精特新”企业。另一方面要狠抓龙头引进和培育，引进一批“双高龙头”“隐形冠军”“瞪羚”“独角兽”等企业，提升产业基地集聚能力。围绕高科技产业支柱领域，开展前瞻性布局，加快引进新型材料、软件及汽车电子、文创企业等区域总部和研发中心。优化联动招商机制，高效配置招商资源，强化招商队伍建设，做大产业引导基金，擦亮一大批集美民营企业的自主创新品牌！

3. 发挥集聚效应，推动产业发展

要围绕集美六大产业链群精准发力，推动云知声、永兴东润、石秀才等新兴龙头企业加快发展，力促厦钨永磁电机、橙联物流、奥佳华科技等产业龙头做大做强；加快推进吉比特、罗普特软件信息中心等项目投产集聚一批发展新动能；加速集美电子城、富春通讯等项目建设，推动形成新的经济增长点；加大嘉航实业、海峡出版物流中心等项目尽快实现挂牌，集聚发展空间；精准对接包括世界 500 强企业的雅马哈、太平洋保险，中国 500 强企业的邦德物流等等大项目、好项目，为集美的后续发展提供强有力支撑。

（三）落实“聚贤集美”人才措施，促进人才“引得进，留得住”

2018 年 12 月，集美区修订出台《关于进一步实施“聚贤集美”人才计划全面打造高素质区域创新中心的意见》。新政策从扶持创新创业人才、加大重点产业引才聚才、集聚社会事业人才、促进两岸人才交流合作等七个方面提出 35 项具体措施。通过落实各类技能人才的全要素保障、打造品牌工程、深化两岸交流合作等各种人才政策方式，集美区人才工作取得了较好的成效，但还存在引进人才落户发展成效不够凸显、优秀标杆人才企业不够拔尖、引进人才如何“留得住”“用得好”等问题。为此建议从四个方面推进引才聚才工作：

1. 加强制度建设

构建稳定的招才留才用才制度体系，进一步完善人才政策，提升政策可操作性，保障人才政策的持续性；强化人才政策落实制度，把人才政策作为年度绩效考核的重要内容，督促工作落实，同时，进一步明确人才管理责任，科学设计人才考核和评估体系，强化人才权利与义务对等，用好人才；深化人才柔引体制机制改革，用好辖区高校科研院所集中优势吸引人才落户；完善人才流动管理机制，为高层次人才提供可持续发展的科研环境，实现“以事业留人、以待遇留人、以感情留人”。

2. 加大精准引进力度

加大领军型人才引进力度，主动向人才介绍集美创新创业环境和政策措施，组织人才微电影大赛、人才项目成果展等活动，积极宣介集美优质人才发展环境，吸进高层次人才落户；围绕“6+7”重点工作，集中走访一批重大招商项目、重点企业和高新技术企业，摸底排查一批行业类领军型人才，推荐参评市“双百”计划；立足集美文教区，高校、科研院所资源丰富的优势，鼓励高校、科研院所的人才到辖区企业担任首席技术顾问，积极对接教育部“蓝火计划”博士派驻企业。

3. 建立人才分类评价体系

在重点产业人才、台湾专业技术人才认定上，赋予企业人才自主评定的权利，政府通过人才的薪酬和岗位评判人才。开展区级拔尖人才评选工作，打破学历、学位、职务、职称、身份等限制，将品德、能力和业绩作为评价标准，推进区级拔尖人才评选工作。

4. 提升人才成就获得感

围绕爱国奉献主题，组织人才开展专题国情研修，在“天下集美”“聚贤集美”等公众号上开展“爱国奉献”人才事迹宣传；畅通专家咨政渠道，组织人才咨政、人才专题调研等活动，发动专家人才到镇街一线开展科技特派员服务。

（四）优化营商司法环境，促进民营经济健康发展

营商法制环境的好坏，影响地方政府的形象和招商引资。要积极发挥司法职能作用，妥善审理相关案件，推动进一步降低实体经济成本，降低制度交易成本，维护公平有序的市场竞争秩序，营造更加稳定、公平、透明、可预期的营商环境，护航民营经济健康发展。

1. 提高思想站位，充分认识优化营商环境的重要意义

营造稳定公平透明、可预期的营商环境是建设现代化经济体系、促进高质量发展的重要基础。区法院、检察院要进一步深入学习贯彻习近平新时代中国特色社会主义思想，树牢“四个意识”，坚定“四个自信”，做到“两个维护”，全面贯彻落实党委、上级法院关于促进护航民营企业发展的决策部署，充分发挥司法职能作用，保障司法营商环境建设。

2. 积极推进社会治理，促进营商环境共建共治的现代化格局

要强化多元化纠纷解决主体建设，健全镇街、村（居）委会包括商事行

业调解组织、人民调解组织等等基层调解机构；推动建立公安、司法、市场监督、法院等社会治理单位一体化纠纷分流化解中心，建立各类商事纠纷分流化解、联动衔接的规则；配套建设纠纷分流化解信息数据库和信息系统；完善对各综治单位（包括社区网格员）民商事纠纷分流化解工作的考核机制，以促进多元化纠纷化解机制的建设。提升依法行政的水平，加强府院联动机制建设，统一裁判规则和执法尺度，促进政府职能转变，服务保障营商环境。

3. 提升审执质效，为法治市场经济提供有力的司法保障

政府部门要主动回应企业关切，将联系走访服务企业作为一项经常性工作来抓，了解企业司法需求，加强政策解读，减少诉讼风险。加速诉讼服务中心改造升级，持续推进网上诉讼服务中心、律师服务平台、12368 诉讼服务热线等建设和运用。加强商事案件诉调衔接，推行送达地址确认书及推定送达地址机制，加快商事案件诉前调解、保全、审判速度，提升商事案件办结效率。推进公司制度化建设，提高企业破产申请意识；加强预重整、预和解机制建设，救助危困企业；推行破产简易审理程序，推动破产审判配套机制建设。

4. 积极共建诚信社会，加快推进社会信用体系建设

依法审理商事案件，严格依法追究恶意违约、串通欺诈、虚假诉讼等不诚信行为人的法律责任，加强宣传力度，促进诚实守信的社会氛围。深入推进执行工作，强化执行联动惩戒机制建设，加大查人找物力度，扩大财产查控覆盖面，严厉打击拒执罪，形成持续执行高压震慑，同时注重执行规范化建设。建立健全社会信用平台信息共享机制，促进经济犯罪、企业破产、执行信息等平台数据共享，推动“一处失信、处处受限”的信用惩戒大格局，促进社会诚信建设。

课题负责：吴萱萱
课题执笔：王进法
课题成员：吴萱萱、郑伟强、王进法、
张燕红、纪敦敦、宁永韬
完成时间：2020年10月

同安区民营经济发展报告（2018—2019）

2020 年，党中央明确提出要扎实做好“六稳”工作，落实“六保”任务。习近平总书记在 2020 年召开的企业家座谈会上提出要“打造市场化、法治化、国际化营商环境。对在中国注册的企业要一视同仁，完善公平竞争环境”。如何帮助民营经济解决发展中的困难，不断为民营经济营造更好发展环境，提供更多发展动力，已成为目前助推民企发展的聚焦点。

一、同安区扶持民企发展的重要举措

（一）缓解民企融资难融资贵问题

一是出台应急还贷管理办法，设立融资的安保、增信基金。2018 年，同安区财政局拨付区资产公司人民币1亿元，并由区资产公司作为出资代表向市担保公司增资参股 10%，以共同设立分公司模式承接同安区的融资担保业务，服务辖区企业；2020 年 3 月，同安区发布《厦门市同安区人民政府关于印发厦门市同安区企业应急还贷资金管理办法的通知》（厦同政规〔2020〕1号），进一步缓解同安区企业银行贷款到期还款资金周转压力，提振企业信心，打击民间非法集资和高利贷行为，维护金融秩序，促进同安区金融与经济平稳健康发展；根据厦门市人民政府关于应对新冠肺炎疫情促进企业复工复产八条措施的通知要求，同安区从区级产业引导基金母基金沉淀资金中出资 4000 万元参与设立总规模为 16 亿元的厦门市中小微企业融资增信基金，并提供企业白名单，鼓励担保公司以服务民营和小微企业和“三农”为主业，创新融资担保业务，优化融资担保服务，降低融资担保服务门槛，提供低费率担保，增加企业融资服务可得性。

二是完善可持续的“政银企”合作模式。同安区金融办建立“同安区企业融资服务平台”微信群，辖区银行、保险、证券、小贷典当行等全部纳入，通过定期收集整理并更新各家银行业金融机构的惠企信贷政策，并与区企业发展服务中心、工业园区管委会等单位共同向辖内企业推送信息，每季度定期开展一次线下政银企座谈会，引导辖内金融机构与有需求企业的有效对接，积极联合相关部门或金融机构深入社区、园区、重点企业，开展多场次面对面的税收、法律及普惠金融知识等宣传，并召开同安区企业融资需求政银企专题对接会与专题协调会，为企业提供高质量的金融融资服务，促进区域实体经济平稳发展。

（二）多举措帮助解决民企用地难题

一是做好土地规划编制，创新供地模式。2018 年，厦门市自然资源与规划局同安分局已编制完成工业用地控制线划定规划，在工业用地控制线划定规划中供给民营企业发展，积极创新供地模式，实施差别化供地政策满足企业用地需求，鼓励培育民营企业发展，推行租赁、先租后让、缩短出让年限等政策。

二是鼓励企业增资扩产、提容增效。根据《厦门市人民政府关于印发工业企业用地增资扩产提容增效管理办法的通知》（厦府办〔2019〕284 号），厦门市自然资源与规划局同安分局积极支持工业企业在用地控制线范围内通过申请新建、改扩建、拆除重建等方式实现增资扩产、提容增效，企业发展服务中心牵头受理“零增地”增资扩产企业的申请。

三是出台扶持措施，提供工业厂房利用效率。2019 年，出台《同安区工业企业入驻工业园区厂房租金扶持办法》，对于符合环保要求，原位于工业园区外，租赁同安区工业园区内闲置厂房用于生产的规模以上工业企业，给予租赁企业适当扶持，进一步引导规模以上工业企业入驻工业园区，提高同安区工业厂房的利用效率和经济效益。

（三）把握转型重点助推民企发展

一是优化区域产业结构，助力区域产业集聚发展。同安区相继出台了同安区双千亿工作实施意见（厦同委〔2018〕61号）、同安区“双千亿”工作协调推进机制（厦同委〔2019〕6 号）、同安区对标先进争先进位行动方案、新经济产业园发展政策、现代服务业基地产业扶持政策等文件，充分发挥惠企政策的导向作用，优化区域产业结构，助力区域产业集聚发展，有效推动同安区形成新一代信息技术产业集群、旅游文化产业集群、机械装备产业集群，生物医药与健康产业链群、现代物流产业链群、都市现代农业产业链群等“3＋3”产业集群链群发展，切实增加区域经济综合实力，进一步推进同安区高质量赶超发展。

二是统筹协调用好财政扶持中小企业发展资金，支持中小企业进行技术改造、转型升级。2019 年度，同安区共兑现扶持企业科技创新、技术研发及精准帮扶资金 83135 万元，惠及 3000 余家企业，主要包括高新技术企业扶持、工业企业技术改造、工业固投、民营小微企业扶持等。通过对企业的帮扶，有力促进产业转型升级、提质增效，不断增强我区经济创新力和竞争力。

（四）优化“三高”企业服务工作

一是强化对“三高”企业的服务。截至 2020 年上半年，同安区有三高企业 347 家，除市领导、市工信局、科技局等部门挂钩联系 84 家“三高”企业之外，同安区四套班子领导、部门领导挂钩服务“三高”企业共 263 家，做到“三高”企业领导挂钩服务全覆盖，同时落实“六必访”制度，切实解决企业生产经营遇到的问题；同安区建立“同安三高企业法人代表群”和“同安三高企业联络人群”两个微信群，为“三高”企业提供产业、科技、人才等相关政策以及法律、时事、热点等宣传服务，鼓励并指导企业开展申报工作，同时通过微信平台专人收集汇总并认真解答“三高”企业在政策兑现、项目申报等过程中遇到的各类问题，目前已协助多家企业解决关于“三高”企业认定标准、市重点企业入选条件等政策疑问。2019 年，同安区在各区服务“三高”企业考评中排名第一。

二是加大对“三高”企业的扶持。同安区先后出台了《同安区科学技术创新与研发资金使用管理办法》《同安区进一步推进创新驱动发展若干措施》《同安区应对新冠疫情推动工业稳增长若干措施》等惠企政策，并采用一企一策的方式对重点企业给予重点扶持；根据《关于进一步加强高技术高成长高附加值企业骨干员工住房保障若干意见》（厦府办〔2019〕9 号）规定，组织辖区的“三高”企业申报骨干人才保障性商品房，在第一批全市“三高”企业骨干人才保障性商品房申报中，同安区有32家企业获得92套的保障性商品房切块分配。

（五）加强惠企政策调研

一是出台相关惠企政策，扶持企业发展。同安区制定出台了《中共同安区委办公室 同安区人民政府办公室关于印发同安区贯彻落实应对新冠病毒肺炎疫情扎实做好“六稳”工作的若干措施的通知》（厦同委办〔2020〕4号）、《厦门市同安区工业和信息化局 厦门市同安区财政局关于印发同安区应对新冠肺炎疫情推动工业稳增长若干措施的通知》（同工信〔2020〕7 号）、《厦门市同安区工业和信息化局 厦门市同安区财政局关于印发同安区工业产值、工业增加值大户奖励办法的通知》（同工信〔2019〕21 号）、《厦门市同安区工业和信息化局 厦门市同安区财政局关于印发同安区应对新冠肺炎疫情推动商贸流通稳增长措施的通知》（同工信〔2020〕8 号）等惠企政策，鼓励企业增资扩产、鼓励企业加大固定资产投资、支持企业实施技术改造、支持企业节能降耗减排、加大我区限上批零、限上餐饮扶持力度等等，相关政策正在陆续地受理和兑现中。

二是及时落实各项惠企政策的兑现。贯彻落实《厦门市关于促进民营经济健康发展的若干意见》（厦委发〔2014〕9 号）、《中共厦门市委 厦门市人民政府关于促进民营经济健康发展的若干意见》（厦委发〔2018〕26 号）文件精神，区财政部门牵头开展民营小微企业税收扶持奖励政策、民营企业股权转让收益税收奖励政策、新增规模以上民营企业税收奖励政策以及民营企业税后利润转增资、再投资奖励政策的申请和兑现工作。2019 年度共计收取 1800 余份申请材料，符合条件民营小微企业税收扶持奖励约 5180 万元，新增规模以上民营企业税收奖励约 1493 万元，民营企业税后利润转增资、再投资奖励约 522 万元。

三是扎实做好上市企业服务引导工作。区财政部门根据《厦门市同安区人民政府关于印发加快推进企业改制上市若干意见的通知》（厦同政〔2020〕85 号）文件精神，积极配合区发改做好各项政策审批及资金保障工作，做好同安区上市企业跟踪、对接与服务。截至 2020 年上半年，同安区境内上市和挂牌企业共有 11 家，其中主板上市 2 家、新三板挂牌 8 家、新四板挂牌 1 家；

拟上市企业 16 家。近年来，落实市、区上市企业扶持政策，共兑现上市企业奖励 20 家累计金额 2953.53 万元。

二、同安区民营企业发展的难题

改革开放以来，同安区的民营经济可以说是蓬勃壮大，特别是近几年更是高速发展。然而制约民营企业高质量发展的一些问题依然存在。

（一）民企融资既贵且难

银行实行股份制改革后，逐步加大对大项目、大企业的扶持，对中小企业选择退出市场及严格的授权授信管理，贷款审批权限上收，申贷程序复杂，致使中小企业贷款门槛偏高，再加上企业自身资金不足，导致企业资金周转不灵，严重影响了企业的经营与发展，也加剧了企业之间三角债矛盾，使多家企业一起陷入债务漩涡中，容易产生企业倒闭的“多米诺”骨牌效应。目前虽然政府尽力帮助协调融资，银行也根据现状推出了一系列面向小微企业的贷款产品，但仍不能满足民营企业发展的需求，严重制约民营企业发展。另外，由于部分企业存在集体建设用地未转为国有用地，无法办理土地产权，也是融资难的原因之一。

（二）民企用地难相对突出

由于民营企业发展迅速，急需增资扩产等需求，但部分企业拟向周边增资扩建也常受用地条件限制。政府虽然尽量制定并落实有关政策措施，但未能从根本上解决民营企业用地难问题。一方面随着我国工业化和城镇化进程的加快，土地资源供应不足的问题日益突出；另一方面，随着国家土地调控政策的实施，企业用地门槛也越来越高，中小微企业普遍面临“一地难求”的窘境。

（三）受新冠疫情及全球经济形势影响大

2020 年年初，受新冠疫情影响，部分民生服务企业在春节及疫情期间连续开工生产，存在职工法定假期加班工资成倍增加的问题，部分企业在停业期间仍然计发员工工资，加上疫情防控需要，企业增加了各项防疫支出，这些在无形中都增加了企业经营成本。截至目前，全球经济因新冠疫情影响受创，以欧洲为代表的经济疲软导致当地内外需同时减弱，受海外疫情影响，后续出口仍有下行压力，国外企业经营风险正通过贸易链条逐步向我国外贸出口企业转嫁，外贸类企业面临供应链和需求萎缩的双重冲击，部分企业出现国外客户陆续取消订单或者延期出货的问题，由于外贸企业一般只收取客户少量定金，因此损失极大。

（四）企业成本高，利润薄

近年来，资源不足的瓶颈日益显现，严重影响民营经济的发展。首先，能源价格一路攀升，严重影响了企业的正常生产和经营，紧接着化工原料、金属原料的价格也一路猛涨，面对原、辅料涨价所带来的成本增加，企业根本没有能力消化：企业既不能通过提高产品售价来消化新增的成本，也不能通过延长劳动时间、增加劳动强度这种压榨式的方法来消化新增的成本。其次，因为劳动薪资的逐年提升等因素，企业用工成本也在逐年增加中。这些经营成本的叠加，让不少企业陷入了经营难以维持的困境。

（五）企业自身存在的问题仍然比较突出

企业自身存在的主要问题，一是品牌意识不强，产品科技含量低。在同安区民营企业中，除极少数企业具有品牌、技术、市场优势外，大多数企业仍停留在粗加工层次，技术更新的少，转型升级的积极性不高，生产的产品在市场上的影响力和竞争力都相对较弱。一些商业零售企业规模较小，经营活动中常常受到大企业的排挤和制约，缺乏竞争力。有些生产型企业受质次价低商品的冲击，逐渐失去销售市场，加之产品成本高，利润空间小，无法在市场竞争中占据优势，使一些原本有一定基础的企业经济效益滑坡，企业发展举步维艰。二是企业经营者队伍整体素质不高，尤其是高科技人才和科学管理人才短缺，加上企业培养出的素质较高的管理人员频繁“跳槽”，企业难留人才，造成企业发展缺乏后劲。

三、促进同安区民营企业发展的建议

（一）帮助打造金融支撑，解决民企发展资金瓶颈

一是建议成立民间小额信贷组织，进一步规范引导民间借贷行为，缓解小企业贷款难问题。二是制定完善区级融资担保扶持管理办法，完善可持续“政银企”合作模式，进一步提升小微企业的融资增信能力，切实缓解企业“融资难、融资贵”问题，有效降低企业融资等交易成本。三是借助“信用厦门”和“信用同安”平台，成立信用评价委员会，实行定期和不定期联席会制度，对申请担保贷款的企业进行综合评定，为金融部门提供企业守信程度“黑红名单”。四是进一步加大基金公司招商力度，帮助企业解决融资难问题，引导基金公司与我区新三板挂牌企业对接，促进股权交易，加快兑现奖励扶持资金，在关税、技改及销售市场实施更大规模的减税降费，努力营造更好的营商环境。

（二）坚持多管齐下，切实帮助民企解决用地难题

一是积极探索外地盘活土地的先进做法和典型经验。如广东的“腾笼换鸟”做法，用足用活土地的经营权和使用权，每年的农转用指标及对回收的闲置用地的处理，应优先考虑解决本地优质非公企业的用地需求。对本地有发展前途的中小非公企业的用地问题，要列入建设规划、土地利用总体规划和土地利用的年度计划，作为优先解决对象。

二是理顺部分企业集体土地转为国有用地问题。根据实际调查情况，积极向省、市级有关部门争取政策，将拥有集体土地使用证、房屋所有权证两证齐全的部分企业作为试点单位先行办理，在自愿补齐出让差价的基础上，向市、省政府申报，将集体建设用地转为国有用地。按照相关规定，协助已办理集体土地使用证但没有办理房屋所有权证的企业，及没有办理两证但具有红线图的企业先办理好土地使用证和房屋所有权证，再按有关规定向市、省政府申报，让这些企业逐步将集体建设用地转为国有用地。

三是盘活工业园区内的闲置厂房。摸清同安工业集中区及轻工食品园区内通用厂房使用情况，将急需用地的本地中小非公企业根据行业性质进行整

合规划，鼓励其入驻现有的闲置厂房。

四是科学规划，指导部分非公企业充分利用现有周边的闲置用地。在规划、土地使用等许可前提下，允许部分有条件的非公企业就近向周边适宜用地扩建。

五是加大工业用地供给。进一步加强征拆力度，提高征拆效率，全力保障企业扩容需要，力促项目尽快开工。

六是充分利用已具雏形的村集体用地性质的工业园区，如五显四林台商工业区，优化调整片区规划，引凤筑巢，有效提升片区用地的工业发展效率。

（三）把握转型重点，推动民企突破发展瓶颈

一是加强对中小企业转型发展的扶持力度。统筹协调用好财政扶持中小企业发展专项资金，支持中小企业采用新技术、新工艺、新设备、新材料进行技术改造；拓宽投资融资机制，完善民营企业信用担保体系，鼓励支持小额贷款、村镇银行等民间金融组织加快发展；集中建设一批公共技术服务平台，为其发展奠定坚实的技术基础。

二是充分发挥大中企业的示范带动作用。引导大中企业围绕支柱优势特色产业延伸产业链，延长产品链，带动中小配套企业集约发展，形成地域化集聚、专业化分工、社会化协作的民营中小企业集群。

三是鼓励和引导民营企业围绕现有主业寻找发展突破点，充分发挥其在竞争性领域的机制优势，发展具有市场潜力和比较优势的战略性新兴产业，确保先发优势。

四是深挖潜力，加大培育力度。引进券商等专业机构对我区企业进行详细摸排，进一步挖掘有潜力的高质量科创企业纳入后备库进行引导和培育，适时推动一批高质量高新企业在科创板上市，举办针对性强的上市培训活动，提升企业对上市政策规则的理解和认识，强化企业在上市过程中的规范意识，帮助企业尽快实现上市。

五是引导民企采取多种方式规避国际贸易风险。积极引导相关企业把注意力转向争取管理利润，向管理要效益、要利润，通过培训、技改来提高自身的素质，引导企业走强身健体的道路，增强实力去搏击国际市场的狂风恶浪。加强指导，帮助一些有条件的企业采取一些经济手段，例如运期结记、

易货贸易或采用欧元结算等方式规避汇率风险，努力拓展生存空间。

（四）做大做强“三高”企业，提高企业核心竞争力

一是加快落实区定加码扶持“三高”企业发展的五个方面的22项措施。落实全市“三高”大会会议精神，在市扶持基础上加码加力，从企业增产增效、固定资产投资、流动资金贷款、技术改造、市场开拓、节能降耗减排、企业上云等方面给予更大力度扶持奖补。

二是健全区领导挂钩服务“三高”企业机制，充分发挥“三高企业法人代表群”和“联络人群”等沟通平台作用，及时解决企业存在的困难问题。

三是强化“三高”企业人才支撑，进一步加大人才住房、高管个税优惠、子女就学等政策保障力度，提高“三高”企业家政治待遇和人文关怀。

（五）实施“四项对接”，助推民企健康发展

一是银企对接，破解企业资金制约。通过政府牵线、银企联姻，定期组织企业家和银行部门负责人开展对接活动，破解企业发展资金制约难题。

二是政企对接，提高行政服务水平。定期组织各涉企职能部门与企业家开展交流对接活动，共同商榷企业发展之策，解决影响企业发展的各种问题，为企业营造良好的发展环境。

三是企业对接，促进企业共同发展。建立企业发展研究论坛，定期组织企业家开展经验交流和产业对接活动，营造出竞相发展、互促互进的良好氛围。

四是校企对接，提高企业家素质。与部分重点院校建立联系合作关系，定期邀请大专院校专家教授到企业所在地讲学，为企业发展把脉会诊，并分期分批输送企业家到大专院校进修学习，提高企业家素质。

（六）加强惠企政策调研，健全完善激励机制

一是加大宣传和督查有关民营经济政策的落实。继续拓宽民企了解政策的渠道，将出台的政策及实施部门、运作流程及时全面公布，具体细化到让企业知道该找哪些相关部门或机构帮助办理，使企业更好地掌握政策、应用政策。

二是要制定配套的实施细则。在制定过程中，要广泛听取非公经济代表人士的声音，征求工商联等社会团体的意见和建议，咨询有关专家学者，做到科学决策、民主决策，提高政策的可操作性。

三是加强督促检查落实。调研评估相关政策的执行和落实情况，全面梳理修订惠企政策，深化“一业一策、一企一策”精准帮扶机制，出台一批企业入统、增资扩产等更具针对性、更有操作性的政策措施。

四是加大上市企业及后备上市企业的支持服务力度。在全面了解我区上市企业融资情况、资金投向情况等信息的基础上，相关部门进一步做好企业上市情况的跟踪与对接，特别是重点关注境外上市企业、注册地不在同安但生产基地在同安的上市企业等，及时协调解决困难问题，及时兑现各项扶持政策，主动上门服务，扎实做好上市企业服务引导工作。

课题负责：彭明赞

课题执笔：柯雅莲

完成时间：2020年10月

推进闽西南经济协作
促进民营企业跨区域联合
——民企参与闽西南经济协作问题研究

一、闽西南经济协作区的现状

厦门、漳州、泉州、龙岩、三明五市同属闽西南，资源丰富，山海相联，承东启西，具有较强的互补性。厦门作为经济特区，在交通、金融、创新、公共事业等方面实力突出；厦漳泉同城化建设多年，三地在诸多领域合作共赢，取得了较好的成效；龙岩、三明两市地处内陆，辖区内各地特色鲜明，不但有着丰富的自然资源，交通枢纽地位亦日益显现。五城协同发展可有效带动区域发展，提高整体竞争力。但从目前来看尚存在一些问题，诸如：厦门作为牵头城市，与国内一线城市相比，城市辐射带动作用有限；五地经济发展程度不一，认识不一，协同发展难度较大；区域内重复建设较多，产业分工不合理，存在同质化竞争；五地的协同机制尚不完善，未形成工作合力；已出台的协同发展项目有限，协作结合不紧密，无法完全发挥五地的优势。基于此，本议题从民营经济入手探讨五地协同发展的思路与措施。

二、发展民营经济促进闽西南协同发展的思路

（一）借助民间资本力量促进闽西南公共资源上的协同

厦门是闽西南公共资源凸地，可以通过技术输出、援建等方式帮助其他地区基础设施建设以及公共资源的积累。所需要的大量资金可通过进一步开

放民间投资领域融入，通过探讨民间资本介入模式，尝试利用 PPP、TOT 等模式让民间资本进入到交通、水利、机场与港口的建设中，加快基础设施建设与完善的速度。针对其他地区在医疗、教育等领域的短板，应在土地、税负等方面制定优惠政策，鼓励相关领域的民营企业到当地办学校、医院，特别是技能型培训学校与健康养老机构，发挥当地的劳动力优势与生态优势。

（二）以民营企业跨区域联合促进闽西南地区协同

1. 政策驱动民营企业西进，牵引千亿产业链纵深发展

厦门有限的土地、劳动力等资源是产业集聚发展的制约因素。在部署闽西南经济协作区发展战略的当下，厦门应以闽西南地区为棋盘，重新规划千亿产业链的布局，应着重发挥厦门在人才、资金、技术、创新等方面的优势，在辖区内侧重技术研发中心、设计中心、市场开发与品牌发布、宣传等部门的设置与运营，借助已有的条件重点培育创新氛围与能力，以厦门为平台营造区域品牌效应，扩大闽西南地区的影响力。厦门应以现有的自贸区、自主创新示范区为基地，以政策引导相关企业、创新团队或个人的进入；对产业的生产、制造环节，特别是与资源和原材料供应以及零部分制造有关的产业上游，应匹配各地资源优势，出台产业发展名录，制定优惠政策，引导民营企业入驻设场。

2. 借助厦门网络、互联优势，打造闽西南企业品牌展示平台

厦门应重视互联网经济对本地经济的影响，一方面应尽快出台政策扶持制造业特别是小微企业，加强网络监管，减弱互联网对这些企业的冲击；另一方面，应加大网络营销力度，在监管到位的前提下，利用政策鼓励企业或个人借用当代年轻人喜闻乐见的直播营销、网红营销、名人代言等方式加大对闽西南地区企业的推广。例如，可以利用网络营销推荐泉州地区的服贸品牌与设计师；利用网络营销推荐漳州、龙岩、三明地区的绿色生态产品与旅游资源等。厦门在为网络营销提供平台支撑的同时，还应充分利用本地会展资源，定期举办各类科学研讨会，技术、品牌发布会，企业展销会等，加大会议发布的频率与宣传力度，线上与线下形成共识，聚焦闽西南经济社会发展。

3. 以厦门邮轮母港带动闽西南旅游纵深发展，打造闽西南地区品牌效应

厦门应以邮轮母港为中心，以闽西南旅游资源为主体，借助邮轮旅游路线规划，带动旅游业跨区合作，实现品质升级。漳州、泉州、龙岩与三明地区应在原有的旅游资源基础上，突出闽南文化、海洋文化、客家文化、红色文化和朱子文化优势，融入到邮轮旅游路线的开发中。各地应在旅游资源开发上给予政策支持，鼓励企业或个人进入该领域；加快田园综合体、特色小镇的开发力度，鼓励农户以个人或农村专业合作社等方式参与到建设中；促进厦门企业与当地农户或企业联合，共同开发，减少旅游产品供需不对等现象。

4. 政府搭台，加大民营企业与台资企业的合作力度，形成优势互补

台海形势的缓和势必为闽西南企业的发展带来有益助力。政府与行业协会应在现阶段担当起宣导与桥梁作用，促进民营企业与台资企业的合作交流，加大民营企业与台资企业间的贸易合作，引进台资企业的优势项目，开发闽西南地区的休闲农业、生态农业、特色旅游资源等，促进台海东西的交融与繁荣。

最后，政府还应注意到闽西南地区的协同，尤其是企业的发展离不开资金等要素资源的注入，政府应在五市搭建融资等要素平台，促进资金、信息等要素的流动，为民营企业特别是小微企业的生存发展提供实质性的帮助。

课题指导：陈永东
课题执笔：王立凤
完成时间：2019年03月

推动高标准建设环东海域新城
打造跨岛发展新高地
——发挥资源优势，建设现代化“湾区”

推动高标准建设环东海域新城、打造跨岛发展新高地，是厦门市政协2019年重点协商议题。高标准建设环东海域新城、打造跨岛发展新高地是指建设质量的提高，包括城市功能的完善、民生保障的改善、环境质量的提高，以及发展理念和管理的创新等，是关系环东海域新城持续健康发展的基础。打造跨岛发展新高地就是要实现岛内发展空间有序拓展，使空间结构更加优化，发展环境更加优秀。故此，应发挥资源优势，建设现代化“湾区”。

本课题将通过调研和访谈，深入了解环东海域的资源优势，分析建设现代化湾区应具备的条件，提出建设现代化湾区的途径及对策。立足湾区现有产业、用地、人口发展情况，合理安排建设顺序和优先建设重点，提高针对性和实效性。根据环东海域湾区一带六组团的发展格局，着力“三公先行”、产业支撑，促进人才要素流动、科技要素流动，疏通资本流动渠道，加强基础设施建设，打造产城融合的现代化滨海湾区。

一、环东海域湾区建设概况

环东海域湾区位于厦门地理中部，厦门岛以北，横跨环抱同安湾的同安、翔安和集美三个区，陆域规划面积约113平方公里，海域面积约90平方公里。厦门岛北部最大内湾——同安湾沿岸，核心区面积17平方公里，岸线15公里，拥有立体化的现代化交通网络，距离厦门高崎国际机场仅7公里，距东渡港区27公里，更有沈海高速、国道324线、滨海大道、海翔大道，BRT快速公交横贯片区。新城规划为一心一带五组团，包括丙洲中心文化环、运河商业带和丙洲东组团、丙洲西组团、丙洲组团、中洲岛组团、西柯南组团。新城周围配套有教育、医疗、文体和旅游设施，有水上舞台、人造沙滩、红树林、观光塔等重要景观景点。

（一）投资任务完成情况

2018 年，环东海域新城安排建设项目 334 个，计划完成固投500亿元。全年完成固投 506 亿元，完成年度计划的 101.2%，其中：省重点工程完成投资 15.5 亿元，完成年度计划（12.7亿元）的122%；市重点项目完成投资302.8 亿元，完成年度计划（283 亿元）的 107%。新开工项目 63 个，其中亿元以上产业项目 18 个；竣工 35 个项目。

2018 年，环东海域新城两个千亿投资工程安排建设项目 114个，计划投资 139 亿元。全年完成投资 142亿元，完成年度计划的 102.1%

（二）基础设施快速推进

以新城“四横四纵”为骨干路网的市政道路交通体系基本形成，轨道 3 号、4 号、6 号线加快推进，水、电、气、污、管廊等市政基础配套设施建设快速推进。在建道路 84 条 121 公里，总投资 63 亿元，其中 2019 年新开工道路 36 条 55 公里，新贯通 21 条 46.9 公里，新通车里程 38.1 公里，其中总长 17.4 公里的滨海东大道即将全线通车。变电站已建成 5 座、在建 1 座、前期 5 座，电网建设亦同步推进。污水处理项目已建成 3 个、在建 5 个、前期 4 个；供水项目已建成 1 个、在建 1 个、前期 1 个。综合管廊已建成 15 公里，在建 10.5 公里。美山路（乐海—潘涂段）已完成 65%；美山路综合管廊正进行管廊敷设和现浇施工；后田 110kV 输变电工程正在进行设备安装。

（三）产业招商成效明显

紧盯现代服务业和高端制造业发展方向，快速推动清华紫光产业园、火炬科技创新研发中心、丙洲服务业基地等产业项目建设，引入趣店金融科技园、泰康之家医养综合体、红树林度假世界、信和达供应链等一批具有产业带动效应的新项目落户新城，已成为我市实现高质量发展的新高地。一是已招商项目加快建设。现代服务业基地丙洲统建区一期工程已封顶13栋并开始预售，二期工程已全面启动，办公和商业招商工作全面展开。美亚柏科、中船重工 725 研究所、清华紫光产业园、火炬科技创新研发中心等一批知名企业（园区）已入驻美峰服务业基地。滨海酒店群已粗具规模，其中万豪酒店已营业，特房波特曼酒店一期、万丽酒店已基本建成。方特旅游区（三个主题公园）已全部建成开业。方特酒店正加紧主体施工。二是新招商项目纷纷落地。趣店科技金融创新园区、泰康医养健康综合体已开工建设，今典红树林度假世界项目计划 3 月份开工，信和达供应链项目、公安部一所等正加快前期工作。截至 2018 年年底，服务业基地丙洲统建区办公物业累计已有 1385 家签署意向，意向面积达 27.08 万平方米，主要包括金牌橱柜、联想之星星云加速器、厦门集成电路设计公共服务平台和产业孵化基地、模具工程公共服务平台等。三是在谈项目有望落地。现代服务业基地丙洲统建区金牌智能家居大厦、翔安南部新城苏宁广场大型商业综合体等在谈项目有望近期落地。

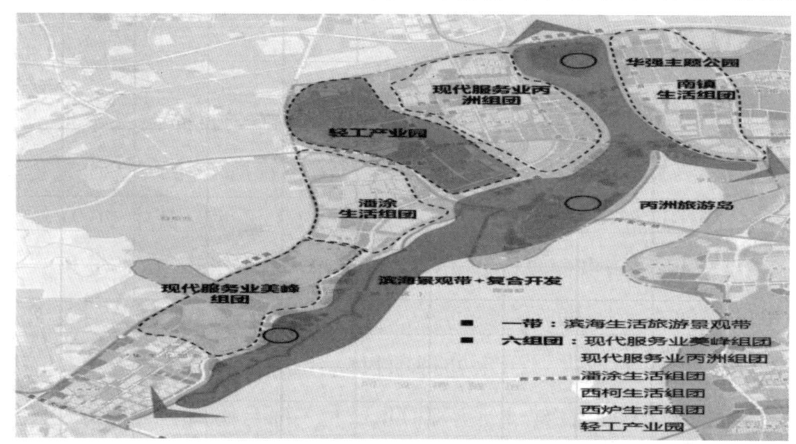

二、环东海域的资源优势

（一）优越的海域资源

环东海域，既占据着厦门最大的内湾与超长的海岸线，又连接着同安、翔安与集美的腹地，使得这里拥有着极大的发展空间。

纵观整个厦门，坐拥 91 平方公里超大海面和 60 公里超长海岸线的环东海域，是其他新城所难以比拟的。如此优越的海域资源，为打造海上旅游经济提供了绝佳条件。

环东海域正式动工建设总长46.6公里的滨海旅游浪漫线。项目将打造一条红蓝并列且是全球首条马拉松专用全程赛道，共分三期实施。一期7.9公里滨海浪漫线彩色沥青预计已经全部铺设完毕，并面向市民开放。跑道两侧还计划打造黄金沙滩与翠绿椰树草坪搭配的景观带，供市民游玩观赏。除了浪漫醉人的滨海线外，政府还整合美峰生态公园、乌石盘公园、滨海生态湿地公园等大型绿色项目，最大限度发挥湾区的资源优势，为环东海域提供更优质的居住环境。

（二）基础建设优势

新城“四横四纵”为骨干路网的市政道路交通体系基本形成，同集城市快速道和轨道3号、4号、6号线加快推进，滨海大道把同安和厦门半岛连为一体。水、电、气、污、管廊等市政基础配套设施建设快速推进，能满足生活、建设开发和工业生产的需要。拥有“宜居生态的社区模式、安全健康的生态环境、方便快捷的绿色交通体系、完善优质的配套设施”的“中国梦厦门样板新城展示区”。

除此之外，同安一中滨海校区初中部和小学已计划今年对外招生，同安一中高中部，双十中学翔安校区高中部、初中部及实验小学也将于今年内开工建设，备受关注的环东海域医院也已开工。

（三）产业基地建设优势

环东海域湾区是连接同翔高新技术产业基地、翔安火炬高新产业区、同安工业集中区和环东海域工业园等岛外产业园区的互动承接点。把视野放大到厦漳泉都市区和闽西南经济协作区的范畴，环东海域湾区还将和南安、石狮、晋江、泉州连体成线，产生更大的“财富牵引力”，制造更多共同发展机会，成为区域经济互动互补、高端产业和服务业集聚的新热点。

厦门现代服务业基地丙洲统建区一期正式投入使用。2011年，厦门规划局公布了13块用于打造厦门自己的“迈阿密酒店群”的酒店用地，并引进十多家比肩美国迈阿密海滩的休闲度假酒店，在5公里的范围内一字排开。这一举措不仅会在将来带来丰富的旅游经济，而且拉动产业的升级和城市的发展，将整个厦门地位全面拔高。

三、认识建设湾区的战略性意义

（一）“湾区”是厦门未来的重要经济增长极

由于自然和历史的原因，厦门市历来注重岛内发展，思明区、湖里区成了厦门的经济文化中心，随着发展空间环境日趋饱和，在跨岛发展战略的指引下，环东海域湾区因其位于厦门的几何中心，因其规模接近厦门岛，未来必将成为厦门东部的城市新中心、厦门实践新发展理念的新城区、厦门未来的重要经济增长极。

随着环东海域湾区建设步伐加快，各项基础设施日益完善，区位优势日益显现。为更好发挥环东海域湾区的作用，高起点规划建设环东海域湾区，拓展厦门发展空间，优化厦门发展布局，显得尤为迫切。可以说，环东海域湾区建设承担着传承过去、展望未来的重要使命，是厦门城市建设发展的希望所在。全市要统一思想认识，深刻领会市委市政府重大战略意图，寻找突破口，打好主动仗，全力加快环东海域湾区建设各项工作，着力把她打造成区域经济增长极和高品质的精致湾区，形成厦门振兴发展的战略支撑。

（二）“湾区”经济的本质是服务21世纪海上丝绸之路

发展湾区经济，既是发挥厦门对外开放先行先试作用，也是抢抓机遇深化与内陆地区合作，在更大范围内配置资源和实现更好发展的内在需要。积极推进湾区的建设，对更好建设 21 世纪海上丝绸之路有着重大意义。海上丝绸之路和湾区经济在本质特征上有着一些联系，准确把握好它们发展之间的联系与区别，对于厦门在新起点上抢抓新机遇和参与全球竞争合作具有重要意义。海上丝绸之路的实质是海洋文化。中央决定建设海上丝绸之路，具有承传我国和平友谊的海洋文化传统和海洋观，并以此作为和平外交政策与睦邻友好基石。而厦门凭海而立，因海而兴，海洋生产总值约占全国的五分之一，湾区经济的发展是基于丝绸之路的本质，依托厦门市的港口优势、产业基础和经济实力而发展，朝着像世界级旧金山湾区的方向迈进。21 世纪海上丝绸之路和湾区经济相辅相成，聚焦湾区经济就是要在更大范围整合资源，打造一个辐射带动能力强大的支点发展海上丝绸之路。

四、建设现代化“湾区”的建议

（一）科学规划，明晰湾区建设的思路和路径

环东海域湾区的建设事关基础、事关全局、事关长远，建设任务繁重，工作不可能“胡子眉毛一起抓”同时铺开。要根据厦门市的实际科学谋划，遵循城市发展规律，结合自然禀赋、历史资源、现实基础和发展条件，明确主攻方向和开发时序，扎实推动环东海域湾区建设，使环东海域湾区建设符合“天人合一、万物相生”的法则，经得起历史的考验。

（二）打造湾区高端服务业

国际一流品质的度假酒店群建成后，将成为同安滨海新城乃至厦门的重要特色和亮点，并对厦门旅游业产生重大的提升作用。

1. 发展湾区高端酒店业

第一，政府应明确各部门职责，确保酒店经营者、消费者出现任何问题以及发生利益冲突时能够得到相关部门的帮助和处理。

第二，政府相关部门应根据国内外酒店行业的发展趋势和市场需求变化，适时地编制、调整酒店行业的总体发展规划，利用宏观调控引导酒店业实现更合理的空间布局，以达到优化产业结构、行业有序发展的目的。

第三，政府应给发展方向不明确的中小酒店企业提供一定的支持与指引，在环东海域高端酒店群附近规范民宿的建立。同时，一方面要完善酒店行业

统计信息平台，提供更全面、更详细的官方统计信息以供酒店企业参考；另一方面还要创建酒店企业间学习与交流的平台，通过举办专题会议或交流论坛等多样化的活动促进酒店企业之间的合作，实现经验互鉴、信息共享。

第五，进一步创造国际高端酒店企业发展的良好环境。政府主管部门要加大政策扶持力度，根据国家产业的发展规划要求，不对内外资进行区分，对国内酒店企业与国外酒店企业执行相同的政策，给予同等的待遇，吸引国际酒店管理集团进入国内高端酒店业，积极引进国外先进的酒店管理经验，做好用地与税收等各方面政策保障和服务工作，努力为高端酒店业营造良好的发展环境和条件。

第六，进一步加大国际高端酒店品牌的推广宣传力度。国际高端酒店要进一步重视和加强企业品牌推广工作，加强对酒店形象的规划和设计，利用多种渠道加大宣传力度，向客户展示和宣传酒店的服务管理理念，广泛宣传酒店社会责任履行情况，广泛宣传酒店参加环保活动和社会公益等方面的情况，提升品牌的价值；加强与当地政府部门的协作配合，强化与原材料供应商等合作伙伴的交流沟通，树立酒店良好的对外形象。

2. 发展湾区海上休闲娱乐产业

随着网络的普及和物质生活水平的提高，人们的生活方式发生了很大变化，越来越重视业余生活的丰富性和体验感，发展海上休闲娱乐产业尤其必要性。

第一，打造充满活力的文化体育产业链。在这条以滨海旅游浪漫线为主体的滨海旅游文化体育产业带上，借助各方力量举办高水平的体育赛事，着力打造充满活力的文化体育产业链。

第二，建设海上旅游设施。得天独厚的自然条件，使环东湾区可以从功能和视线两方面入手深入挖掘。沿海岸线可以做滨海人行步道，使游客充分享受海风和海景；宽阔的海域上，可以开展钓鱼潜水、摩托艇、滑水、空中拖伞、帆船、香蕉船、海底漫步、玻璃船底观光等游乐项目。

第三，建设环东海水浴场。海水浴场不仅是弄潮人的乐园，也是冲浪、滑水、独木舟、拖曳伞、帆船、风浪板等新潮活动的天堂。应建设场内游憩设施，配套停车场、露营区、餐厅、贩卖处等设置，打造厦门设备最完善的海水浴场之一，成为最佳的休闲去处。

第四，在环东湾区打造一场“印象厦门”的演出。以水为舞台，打造一场类似“印象刘三姐”“印象大红袍”的节目。

（三）促进湾区建设中的要素流动

第一，促进人才要素流动。环东湾区推动技术创新要注重加强人才建设。要以人才引进和人才培养为基础，充分利用台湾、香港和澳门国际化专业人才培训的资源优势，加强四地的科技合作与交流，并建立以高端专业人才、技术人才培训和普通高等教育为主的教育培训园区，开展全方位、宽领域、多形式的智力引进和人才培养合作，优化人才培养结构。同时，还应建立人才储备库，制定重点人才引进计划和人才培养计划，推动人才信息资源共享，促进人才市场互补。

第二，促进科技要素流动。建立产学研跨区域合作体系。一是鼓励科技和专业人才跨区域流动，研究实施更便利的出入境政策、居住政策和更优惠的税收政策。二是鼓励新兴产业关键技术跨地合作创新，推动创新中心与创新基地联动合作。

第三，疏通资本流动渠道。一方面，可以通过设立若干产业发展专项基金等方式，重点扶持金融服务业、现代旅游业、信息服务业、文化创意产业等，增强环东招商引资能力，培植相关产业做大做强，进而带动信息服务业、现代物流业等其他产业发展。另一方面，可以利用自贸区先试先行的政策优势，制定与产业发展相配套的财税优惠或者减免政策；要积极创新财税管理和服务方式，不断优化湾区的投资环境，创造更加良好的营商环境，刺激市场需求。

第四，加强产业跨域合作。例如可以学习香港和广东在现代旅游业方面的做法，与多个国家和地区签订多种区域性合作协议、专项合作协议和旅游合作备忘录。政府方面还要为环东发展高端服务业提供完善的制度保障体系，例如为文化创意产业、科技研发服务业等提供专项政策支持和以知识产权保护为核心的法律体系。

（四）培育湾区总部经济，营造企业聚集发展环境

发展总部经济，能够比较有效地克服区域之间资源上的重叠，避免同质化竞争，通过发挥各自的优势，形成区域之间合理的产业分工与有效合作。

环东湾区要进一步推进企业总部聚集，应采取以下几种措施。

第一，出台《厦门新区促进总部经济发展办法》，通过政策优惠吸引跨国公司地区总部企业、国内大企业总部企业、创新金融总部企业和成长型总部企业等进驻环东湾区。

第二，由于当前基础设施建设还不够完善，建设总部聚集园区时要科学合理规划，政府要对总部经济聚集区的空间布局、产业选择、功能定位及商务配套进行合理引导，避免无序竞争。

第三，积极培育发展总部经济的软环境。法制环境方面，厦门在制定法制法规时，要加强同国际标准和惯例接轨，有利于吸引跨国企业总部进驻环东湾区。要加大知识产权的保护力度，为企业总部创造公开公正的法制环境，加快企业总的技术创新和成果转化。招商引资方面，要降低商务成本，优化投资环境。要主动进行招商，积极宣传发展总部经济的优势和政策措施，积极与有投资意向的总部企业进行交流。

第四，根据自身条件，积极创新，发展具有特色的总部经济，加快建设总部经济集聚园区。

第五，完善总部经济政策体系。要充分利用自贸区先试先行优势，充分借鉴发达地区的立法经验，创新总部经济在行业准入、企业治理结构、股权收益方案、收入制度、法律制度、人才使用、资金融通等方面的政策，从而推出一系列有利于促进总部经济集聚的政策法规。

（五）制定激励政策，扶持优先发展的产业

第一，刺激需求，培育市场。环东湾区要重点扶持一批龙头骨干企业。现阶段重点扶持金融服务业、现代旅游业、信息服务业、文化创意产业等，一方面可以通过设立若干产业发展专项基金等方式，增强环东湾区招商引资能力，培植相关产业做大做强，进而带动信息服务业、现代物流业等其他产业发展；另一方面，环东湾区可以利用自贸区先试先行的政策优势，制定与产业发展相配套的财税优惠或者减免政策。要积极创新财税管理和服务方式，不断优化环东湾区的投资环境，创造更加良好的营商环境，刺激市场需求。

第二，合理引导外部投资，促进市场化。一方面，政府部门要积极吸引民间投资和外商投资建设环东湾区，设立专项资金，促进产业聚集，促进环

东快速发展；另一方面，要利用现有的投资热点地位聚集国内外资金，通过成熟的宣传和融资机制加强对资金的定向引导。加大环东湾区发展的优势宣传，吸引更多知名企业进驻，加快形成产业聚集效应。加强招商投资引导，积极引进符合优惠政策的企业，对于符合优惠政策条件的企业，要认真落实产业政策，对于仍在观望但有意愿进驻湾区的企业要加强行业引导，引导企业的重大项目向优惠目录范围靠拢，提升优惠政策实施力度，促进产业健康发展。

课题指导：陈永东
课题执笔：林媛媛
完成时间：2019年06月

产业布局

CHAN YE
BU JU

以“放管服”为契机营造良好营商环境推动高端制造业提质增效长期健康发展

引言

随着人口红利的逐步消退，软环境建设成为一个地区经济社会发展最重要驱动要素，利用政府的资源为市场主体，创造更为宽松的条件，努力降低市场主体的运营成本，让企业创新活力得到充分释放，应是服务型政府工作的重点。从 2015 年中央提出了“放管服”工作思路后，全国各地都在减少行政审批、减少市场干预，降低市场运行成本方面不断探寻，城市群、大湾区等区域一体化经济明显加快，这对厦门产业发展产生极大的压力，多年来我市的第二产业，尤其是制造业长期处于增量萎缩状态，在 GDP 中的占比逐年下降（见表1）。

表1　厦门二三产业近年来发展对比

年份	2017	2016	2015	2014	2013
GDP 总量（亿元）	4351.18	3784.25	3466.01	3273.54	3018.16
二产产值（亿元）	1815.92	1558.62	1508.99	1499.27	1434.79
占比（%）	41.73	41.18	43.54	45.80	47.54
三产产值（亿元）	2512.03	2202.18	1933.08	1750.53	1557.38
占比（%）	57.73	58.19	55.77	53.48	51.60

资料来源：根据市统计局原始数据加工处理。

第二产业的萎缩，加上厦门经济在海西的区域一体化方面步伐有限，区域金融中心、文化创意中心对厦漳泉龙的辐射作用没有充分发挥，客观上造成了厦门经济总量多年增幅不高，与深圳的差距逐步被拉大，与邻近的泉州，其差距也正逐步被拉大（见表2）。

表2　2013—2017年厦门泉州福建 GDP 比较表

年份		2017	2016	2015	2014	2013
厦门	总量（亿元）	4351	3784	3466	3273	3018
	增幅（%）	7.6	9.18	5.9	9.2	7.1
泉州	总量（亿元）	7548	6646	6137	5733	5218
	增幅（%）	8.4	8.3	7.0	10.1	10.4
福建	总量（亿元）	32298	28519	25980	24056	21868
	增幅（%）	8.1	8.4	9	9.9	11

从表 2 可以看出，除了 2016 年外，我市的 GDP 增幅都低于全省的平均值，也低于邻近的泉州市。

虽然厦门的制造业相对出于萎缩状态，但厦门的高端制造业依然是海西的重要基地。根据福建省全省经济和信息化工作资料，全省新兴产业加快发展，实现工业增加值 3600 亿元，占 GDP 比重 12% 左右，比上年提高 1 个百分点。1—11 月，全省高技术产业增加值同比增长 11.7%，高于规上工业 3.6 个百分点；同期厦门全市规模以上高新技术产业完成工业总产值 3844.45 亿元，实现工业增加值 886.14 亿元，附加值占 GDP 的比重为 22.45%，其中以电子、机械两大支柱为主。

一、厦门高端制造业存在的问题

1. 土地劳动力要素资源的约束，高端制造业产业基地外迁严重

近年来，由于土地资源的匮乏，厦门的房价一路飙升，制造业的工业用地严重不足，加上房租价格的一路上扬，劳动力生活成本不断增加。为了消除这些影响，不少高端制造业的制造基地只好外迁到漳州等地，从早期的灿坤迁移角美龙池开始，不少企业都将漳州作为制造基地，特别是近期在资本市场获得更多资金募集的企业，如科华恒盛、蒙发利（奥佳华智能健康）。2017 年刚上市的弘信电子，更是在上市仅仅数月的时间内，与荆门市政府签订了《弘信柔性电子智能制造产业园项目投资协议书》，拟在荆门市东宝区投资柔性电子智能制造产业园，项目总规划占地 250 亩，一期投资超过 5 亿元。

2. 厦门的多层次、多形式融资渠道匮乏，高端制造业资金压力大

高端制造业属于严重依靠资金的产业，无论是智能化工厂的建设、高端自动换装备的采购或者是产品销售的资金回收，都需要大量的资金支持，即

使是上市公司、能从资本市场融资的企业，依然需要更多的低成本资金，更不用说那些还不能上市融资的企业。

从表3可以看出，大部分企业的应收款项都比较高，科华恒盛、厦工达到销售额的60%～70%，最小的厦门钨业也有营业额的20%，其财务费用与净利润占比也比较大，除了前年（2016）刚从资本市场融资16.58亿元的科华恒盛外，其他企业的财务费用占比在25% 以上。

表3　部分制造业上市企业财务状况

单位：亿元

企　业	营业额	应收款	财务费用	净利润
蒙发利	28.88	7.13	0.524	2.1
弘信电子	12.5	6.27	0.273	0.477
科华恒盛	14.8	10.5	0.27	3.51
厦门钨业	101	20	2.13	5.88
厦工	33.3	26	1.28	1.09

注：数据为2017公司三季报数据。

3. 智能制造生态链未能形成

“机器换人是制造业转型升级的必然，高端制造业更需要采用智能制造，才能保证产品品质，提升企业效率。但由于大量的制造业企业本身是中小规模企业，依靠自身力量进行智能化改造力不从心，因此必须通过智能化产业的生态链来实现。在整个智能化产业生态链中，厦门除了软件与信息服务业有较好的基础外，系统方案解决供应商、高端装备提供商、智能技术研发创新能力，都有很大的差距。在智能化开发应用人才方面，差距尤其明显。位于海沧的阳光恩耐照明，2016 年上半年就开始招聘资深结构高级工程师，至今依然未能得到满足的人选，大博医疗开出月薪万元的结构工程师的招聘要求，一年半后还在继续寻找。

4. 厦漳泉基础设施一体化进展缓慢，区域高端制造业资源要素作用难以充分发挥

由于厦门的土地资源约束，制造业拓展空间受到限制，迫使不少制造业往外地发展，甚至将制造业基地主要设立在外地，如乾照光电，到 2017 年合计募集 13 亿资金，大部分投资在外地，包括投资扬州乾照光电 6.19 亿，投资江西乾照光电 5 亿，原本计划投在厦门的“高效三结砷化镓太阳能电池外延

片项目”主体变更为公司的全资子公司扬州乾照光电，厦门上市的非国有制造企业，如奥佳华、科华恒盛日上集团、安井食品、金牌橱柜，制造业的中心都不在我市。随着制造业的远离，技术中心与研发中心等也可能逐步离开，这对未来厦门服务业的发展，也是不利的。

厦门上市公司制造业的离开，本应该有类似深圳与东莞的关系，转移到临近的漳州泉州地区。东莞依靠与深圳基础设施一体化便利，仅在轨道交通方面，就有深圳六条地铁与东莞衔接，与深圳形成了互为融合的产业一体化，如华为模式。而厦漳泉地区，除了高速公路国道外，目前仅有厦漳同城大道基本完成，漳州地区的各类开发区，包括规划面积一百多平方米的漳州高新区，在同城化的基础设施建设方面，都没有实质进展，反而是厦漳大桥的高收费，造成厦漳往来的高成本。泉厦之间，也是如此，厦门翔安南路与泉州贤林大道沿海大通道的形成也需要漫长等待。

二、推动我市高端制造业提质增效长期健康发展的建议

1. 用供应链金融方式，化解制造业企业融资难融资贵困局

融资难、融资贵是当前企业反映最普遍、最突出问题，2018 年 3 月 5 日李克强总理的工作报告也提出要“加快金融体制改革，改革完善金融服务体系，支持金融机构扩展普惠金融业务，规范发展地方性中小金融机构，着力解决小微企业融资难、融资贵问题”。

现代商业系统中，中小企业大多处在一条完整的供应链上。供应商、制造商、分销商、零售商、消费者等组成一个整体的功能网链结，在贸易中，赊销已经成为普遍的交易方式，庞大的交易规模和越来越高的信用交易比例，也催生了巨量的应收账款。以工业企业为例，2016 年年末，全国规模以上工业企业应收账款净额 12.6 万亿元，同比增长 9.6%；截至 2017 年 8 月末，规模以上工业企业应收账款 13 万亿元，同比增长 9%。巨大的应收款数额为供应链金融提供潜在的市场

建议政府采用措施鼓励发展供应链金融：（1）参照深圳前海大力发展商业保理的优惠政策，鼓励厦门国贸深圳国贸恒润商业保理有限公司、象屿深圳商业保理有限公司等企业将主要经营业务转向海西区域；（2）鼓励担保公司更多采用大数据人工智能的尽职调查与征信等科技金融手段，降低其担保费的收费标准（目前收费标准一般是年化 3%，约为企业年化融资利息 6% 的

一半），落实兑现2016年《厦门市中小企业融资担保机构专项扶持资金管理办法》，以促使担保企业降低高端制造业的融资成本；（3）是根据李克强总理2018 年 3 月 5 日政府工作报告的精神，利用好规范发展地方性中小金融机构的契机，鼓励金园集团加大力气发展应收账款资产支持证券业务（供应链金融 ABS）。

2. 发展服务型制造公共服务平台，降低企业的经营成本

2017 年 10 月 13 日，国务院办公厅印发《关于积极推进供应链创新与应用的指导意见》，在国家层面第一次对供应链发展做出重大战略部署，它向全社会发出一个明确而强烈的信息：中国产业发展将进入“供应链＋”的新阶段。供应链把供应商、生产商、分销商、零售商紧密联结在一起，近年来，由于买方市场的形成，产品生命周期不断缩短，市场竞争日益激烈，互联网、大数据区块链技术的快速发展等因素的变化，供应链呈现越来越重要的趋势。

建议：（1）政府认识供应链服务对未来城市转型发展的作用，制定扶持供应链服务产业政策，给予供应链总部落户厦门场地支持，从而形成早发优势。（2）对供应链企业按发展速度、投入状况给予经营支持，包括财政奖励补贴研发、场地租金支持，以鼓励供应链企业正向性成 长，拉动我市经济正向发展。（3）协作发起成立供应链产业发展基金，引导更多的社会资金参与供应链金融服务，将供应链金融服务作为完善金融服务体系、拓展普惠金融业务的首要方式，给予最大限度的试错机制。

3. 发展智能制造生态链，降低人力成本

厦门作为一个以服务业为主的海西重要中心城市，由于土地等要素的制约，在制造业方面不存在比较优势，但金融服务业、软件信息服务业具有明显优势，建议利用好厦门的优势资源，将其建设成智能制造生态链。

建议：（1）在软件园三期重点培育智能制造系统方案供应商。无论是泉州的服装鞋帽还是漳州的食品制造，海西的制造业大多数是中小企业，依靠自身的力量实现从半机械化，到自动化，再转向智能制造，都是难以实现的。大多数中小企业，其智能制造的战略咨询、系统设计、项目实施乃至后续支持，都需要系统供应商提供帮助。从地理区位看，随着高速铁路网络的快速完善，厦门未来 3 小时高速铁路交通网就能覆盖大部分海西经济圈，软件园三期贴近厦门高铁站的优势，将会更加突出，建议政府在开发利用与招商方面，将其作为智能制造系统方案供应商的重点。（2）大力发展融资租赁服务，将其

作为金融服务与智能制造结合的重要节点。服务实体是金融今后一段时期的主要任务，银行信贷由于区域监管问题，在政策上难以有较大突破。由于智能制造的投入大，早期方案存在着一定的风险，大多数中小企业必然存在着极大的资金缺口，因此，对于智能化改造的企业而言，融资租赁是一条捷径，一方面可以让企业快速享受智能制造改造的成果，另一方面，由于融资租赁的资金是分批投入的，企业早期自身不用投入太多，融资租赁业与智能制造服务业的结合，可以更充分发挥厦门区域金融中心的作用。（3）鼓励高等院校要素资源参与智能制造技术研发创新。厦门是海西高等教育资源比较集中的地方，建议政府通过出台政策，采用财政补贴、职称评定优先等鼓励政策，发挥华侨大学、厦门理工、集美大学等院校理工科专业研究机构在智能制造技术攻关和研发创新中的作用，让高校与企业共同成立相关的实体，共同进行智能化改造。

4. 加快区域融合，拓展发展空间

厦漳泉区域文化同源，产业互补强，你中有我我中有你，如：厦门的会展、航运，漳泉的客户占比就相当高；泉州的建材、纺织服装的海运与展销，主要是利用厦门这个窗口；厦工、厦门金龙的配套厂商，不少也是漳泉企业；而漳州的台商区，早已是厦门上市公司制造业的基地。厦漳泉的深度融合，更有利于降低厦门高端制造的物流费用，利用好不同区域在土地、劳动力等方面的要素资源，形成产业集群。

建议：（1）借鉴深圳、东莞、惠州一体化的模式，利用好厦门翔安机场的交通配套需要和厦门轨道交通发展的进程，主动与泉州、漳州等地一起规划建设高规格的交通路网，形成跨区域交通规划、建设、运营和管理体系；（2）用好自贸区金融创新的政策，设立在厦门自贸片区的金融机构，对主要业务在漳州、泉州的企业，应给予在厦门同等的优惠待遇，以促使资金在厦漳泉之间合理流动。

课题指导：陈永东

课题执笔：张锦辉

完成时间：2018年8月

依托自贸区优势发展厦门高端制造业

过去，经济增长靠要素投入、规模扩张，造成产能过剩、产品积压，杠杆增加、风险加大，效益低下。现在，经济增长已经从 9% 下降到 6% 左右，因此必须向追求高质量和高效益转变。厦门高端制造业的优势并不十分突出，但可复制上海自贸试验区扩大开放的措施，依托厦门自贸试验区政策优势和区位优势，发展高端制造业及其配套产业。上海自贸试验区进一步扩大开放的“新 31 条”措施中，服务业领域开放 14 条，制造业领域开放 14 条，采矿业领域开放2条，建筑业领域开放 1 条。厦门可复制上海进一步扩大开放“新 31 条”措施中的制造业领域开放 14 条，作为厦门自贸试验区聚集制造业的优势。本课题将对制造业领域开放 14 条进行认真、深入的研究，加强招商引资的针对性，提出依托自贸试验区发展厦门高端制造及其配套产业的对策建议。

一、厦门高端制造业发展现状

（一）平板显示产业

平板显示产业是厦门首条千亿产业链，且规模居于全国前六。2017 年完成产值达 1223 亿元，同比增长 5.12%。目前，厦门市已形成平板显示全产业链，涵盖上游玻璃基板、中游面板和模组及下游整机应用。主要代表企业有电气硝子、天马、友达光电、宸鸿科技、冠捷、戴尔等。

上游玻璃基板是光电显示产业最核心的部分，其代表企业为电气硝子（世界三大液晶基板玻璃制造厂商之一），2017 年完成产值 7.6 亿元，同比增长 40%。目前已经在火炬高新区投资建设 8.5 代 TFT 液晶玻璃基板，产品主要供应给电气硝子集团内部位于上海、南京以及广州的后段切割工厂。

中游面板和模组的代表企业为天马微电子、友达光电及宸鸿科技。天马微电子主要从事 5.5 代及 6 代 LTPS TFT-LCD 面板及彩色滤光片项目，2017 年实现营业收入 140.13 亿元，同比增长 30.51%，实现净利润 8.07 亿元，同比增长 41.82%。作为 TFT-LCD 模组的龙头，友达光电在该领域已掌握大量关键技术，在 OLED 柔性显示技术上也有所突破。触控板的代表企业为宸鸿科技，主要从事触控显示器、触控系统、触控组件、触控屏幕、触控技术、应用软件、硬件等的研发和生产。目前，宸鸿集团在厦门已开设了 12 家工厂，包括宸美、祥达、宸正、瑞士达等。

下游整机应用的代表企业为冠捷、戴尔和联想。平板显示整机厂商的代表企业为冠捷，主要从事液晶显示类产品的研发、生产与销售。作为中小尺寸显示器后端应用厂商的代表，戴尔主要从事计算机等 IT 产品的生产，目前戴尔在厦门拥有 2 个生产工厂和 1 个全球指挥中心。联想主要从事联想品牌手机和平板电脑的研发、生产和销售。

（二）集成电路产业

集成电路产业 2017 年完成产值近 150 亿元，增长近40%，其中规模以上企业产值居全国前六。至 2018 年 2 月，共有 170 家企业，其中包括联芯、三安、紫光、通富微电、士兰微等一批行业龙头企业，且基本形成了涵盖 IC 设计、制造、封测、装备与材料，以及上下游配套应用在内的全产业链。

联芯主要从事 12 英寸晶圆及相关产品的生产研发、集成电路制造等，于 2018 年 2 月采用28纳米 High-K/Metal Gate 工艺制程技术成功量产，能同时提供 Poly/Sion 和 High-K/Metal Gate 工艺技术。三安光电主要从事 LED 外延片、芯片、化合物太阳能电池及Ⅲ-V 族化合物半导体等的研发、生产与销售，2017 年实现总营收达 83.9 亿元，同比增长 33.82%。厦门紫光展锐主要从事芯片的研发设计，产品涵盖2G/3G/4G 移动通信基带芯片、射频芯片、无线连接芯片、图像传感器芯片等。士兰微主要从事集成电路芯片设计以及半导体产品的生产，且与厦门半导体投资集团有限公司共同建设两条 12吋特色工艺晶圆生产线及一条先进化合物半导体器件生产线。通富微电主要从事 Bumping、WLCSP、CP、FC、SIP 及三族和五族化合物等产品的封装、测试，拥有行业内先进的封测技术，且与海沧区政府签订共建集成电路先进封测生产线的战略合作协议，作为厦门集成电路产业链的关键环节，与厦门联芯、三安光电等实现了区域性的产业链垂直整合。

目前厦门市已经建成集成电路研发设计试验中心、国家集成电路深圳产业化基地厦门（海沧）基地 EDA 平台、IC 平台3个公共技术支撑平台，还专门设立了集成电路产业基金来扶持集成电路产业的发展。

（三）新材料产业

2017 年规模以上新材料工业产值 556 亿元，同比增长 23.3%，占全市规模以上工业总产值的 9.4%。目前，我市新材料产业已形成以钨材料、碳纤维复合材料、先进涂料、铝电池材料、特种玻璃、功能橡胶及高性能高分子等品种为主导的新材料产业集群。主要代表企业有厦门钨业、厦门烯成、福纳新材等。

厦门钨产业主要集中于厦门钨业股份有限公司，而厦门钨业主要经营钨、钼、稀土、能源新材料和房地产等产业，目前拥有1个国家钨材料工程技术研究中心、1 个稀土及能源新材料研究中心，设有 2 个博士后工作站。此外，计划在灌口建设永磁电机产业园，助力新材料产业的发展。

同时，厦门也拥有一批在国内具有竞争优势的石墨烯骨干企业。厦门凯纳石墨烯股份有限公司是国内第一家专业从事石墨烯研发生产的企业，与华侨大学开展产学研合作，采用物理剥离机械法制备技术。厦门烯成石墨烯科技有限公司首创化学气相沉积 G-CVD 石墨烯生长系统，且在厦门建有 2 条石墨烯空气净化生产线、1 条仪器设备组装线，已实现年产值 2000 万以上。福纳新材年产富勒烯 100 公斤。

我市新材料产业也具备一定的技术创新能力。近五年来，新材料龙头企业共申请专利 1157 件，其中，发明专利占 57%、实用新型专利占 24%、外观设计专利占 19%；申请 PCT 专利 2 件。此外，我市新材料企业已与厦门大学、中船重工 725 所厦门材料研究院、中科院海西研究院稀土研究所等科研院所建立 20 个企业技术中心、13 个工程技术研究中心、7 个重点实验室。

（四）人工智能

目前，我市大约有 150 家人工智能企业，包括美图公司、云脉技术有限公司、中控智慧等，主要经营大数据、云平台等人工智能基础技术和图像、语音等专项人工智能技术，其中人脸检测、生物识别、反诈骗系统等专项技术在国内外具有一定领先优势。应用领域涉及智能医疗、智能教育、智能医疗、智能交通等。

其中，美图公司产品的核心是人脸识别技术，这一技术甚至已达到国际行业领先水平；云脉技术在文字识别、名片识别、手机信息网络 /PC 同步及管理技术方面处于领先地位，其中文字符 OCR 识别技术全球第一；中控智慧专注于生物识别技术研究，还在厦门设立了应用软件基地及数据运营中心；纵目科技研发推出无人驾驶自动泊车项目。

（五）生物医药

2017 年生物医药完成产值 106.13 亿元。直至 2018 年 3 月，我市规模以上生物医药与健康产业企业有 253 家，其中，销售收入上亿元的企业 73 家，高新技术企业 194 家，科技小巨人企业 99 家，上市企业 16 家（其中包括艾德生物、大博医疗、万泰凯瑞等）。

艾德生物主要进行肿瘤个体化分子诊断产品研发，已申请国内外发明专利 20 多项，获授权 5 项，公司所掌握的 ADx-ARMS 技术是目前国际上肿瘤个体化分子诊断领域最先进的技术之一。大博医疗主要进行二类 6826 物理治疗设备、二类 6865 医用缝合材料和三类 6810 矫形外科（骨科）手术器械的研发、生产。作为创伤、脊柱、关节、神经外科及微创外科等多个领域各类产品的大型供应商，其骨科创伤类及神经外科植入耗材的市场占有率在国产品牌中排名第一，脊柱产品排名第二。万泰凯瑞专注于全自动管式化学发光免疫诊断试剂和生物活性原料的研发、生产，已取得医疗器械注册证书 123 项，多项已实现产业化，2017 年销售收入达 8377 万元。

在专利方面，截至 2017 年 12 月，累计申请专利 696 项，授权专利 285 项，其中申请发明专利 146 项，授权发明专利 201 项。

近几年，我市还支持建立了 9 个国家级中试及产业化基地、10 个国家级研发创新平台、25 个市级科技创新与公共服务平台、药用植物开发公共服务中试平台以及生物等效性 BE/I 期临床实验研究平台。

二、厦门市高端制造业存在的问题

（一）产业链条缺失

不少产业链的关键环节存在缺失，或者，有的产业已形成较为完整产业链，但本地配套程度很低，没有形成上、下游的有效配套。某些产业已有一批龙头企业，但龙头企业原材料采购、零部件服务的本土化水平不高，关键零部件对外依赖程度很高。

厦门平板显示产业虽已形成覆盖上、中、下游的全产业链，但并没有形成上、下游的配套关系。比如：上游电气硝子的产品主要供应给电气硝子集团内部的后段切割工厂，而这些工厂位于南京、上海以及广州等地；中游天马微的上游配套企业主要分布于日本、韩国、长三角、珠三角等地，本地配套率仅为 5%～10%，其产品主要供应给各大面板商及手机厂商，但主要位于珠三角、长三角、北京等地，本地供货率为 3% 左右；宸鸿集团的上游配套企业主要分布于珠三角、长三角、美国、日本等地，本地配套率不足 5%，其产品主要供应给苹果公司，本地供货率几乎为 0；下游戴尔的核心零部件多为进口。

由于没有形成有效的本地产业链配套，限制了厦门本土中小型配套企业的做大做强，难以形成完整的产业配套集群。

（二）高端制造业企业规模不大

通过引进项目企业或是扶持本土型企业，厦门高端制造业也拥有了一批具有竞争力的骨干企业，但除此之外，多为中小型企业，企业规模较小。

我市石墨烯产业虽已取得一定进展，产业基础粗具规模，引进了一批具有竞争力的企业，但仍处于培育阶段，生产技术的成熟度不高，骨干企业数量较少，且企业规模偏小，大多处于孵化期。而不少中小型企业缺乏面向市场的战略意识，导致企业技术创新与市场需求脱节，企业技术创新乏力。而且这些中小型企业各自为政，也没有形成有效的产业联盟。

（三）人才缺乏问题

一方面，高端制造业的中小型企业普遍缺乏创新、管理和营销人才；另一方面，某些高端制造业的生产环节末端仍需要大量的低端工人，但由于厦门生活成本较高，本身工资水平又不高，导致低端工人流失，要么选择去其他城市工作，要么选择从事服务业。

（四）发展空间受限

其一，可供成片开发的建设用地少；其二，受产业发展状况或是企业本身的发展规划影响，已开发工业园区的土地空间利用率并不高，导致制造业发展空间受限。而某些高端制造业需要占用较多的土地空间，土地受限限制了企业经营规模的扩大，而且使得一些高端制造业招商的项目难以落地。

（五）环保问题

受限于环保审批指标，一些高端制造业引进项目落地难。某些高端制造业，尤其是光电行业、集成电路行业引进项目受到上位环评限制，难以落地。例如，高端制造业中部分先进制程工艺涉及局部的电镀、喷涂工艺，以及砷、铜、镍等重金属的排放，在环保审批上就比较难过关。

（六）基础设施供应问题

某些高端制造业对用水、用电的要求较高，用水求量，用电求质；即便偶尔出现电的闪断，都会造成巨大的损失，而靠企业自身投资解决这一问题，成本太大，企业负担不起。针对这一点有必要协调好这一地区水、电的供应。

（七）融资渠道单一

目前，高端制造业的融资渠道仍较为单一，并没有实施针对高端制造业的专门的融资政策，而高端制造业企业又需要大量研发投入，当企业自身资金积累不足时，就限制了企业的创新活动。

（八）研发问题

高端制造业的一些骨干企业已经掌握了一定的专利及技术，但中小型企业受限于资金、人才和技术门槛，其研发能力普遍不强。另外，虽然与一些高校科研院所建立合作，但科研成果转化率仍有待提高。

三、厦门自贸区的政策优势

（一）深化产业合作

（1）符合自贸试验区产业发展要求的台资企业与内资企业享受同等待遇。允许符合条件的台商自由转移其投资收益。

（2）实行准入前国民待遇＋负面清单管理模式。

（3）放宽台商投资新兴产业和现代服务市场准入限制。

（二）扩大服务贸易与货物贸易开放

（1）进一步优化从台湾进口部分保健食品、化妆品、医疗器械、中药材的审评审批程序。

（2）允许台湾投资者在自贸试验区内试点设立合资或独资企业，提供大陆境内多方通信服务业务、存储转发类业务、呼叫中心业务、因特网接入服务业务（为上网用户提供因特网接入服务）、信息服务业务（应用商店）、在线数据处理与交易处理业务（经营类电子商务）。申请可参照内资企业同等条件。

（3）允许试点海运快件国际和台港澳中转集拼业务（物流）。

（4）允许在自贸试验区内设立中外合资人才中介机构，外方合资者可以拥有不超过 70% 的股权；允许在自贸试验区内设立台资独资职业介绍所和人才中介机构（人才引进方面）。

（5）降低台湾地区专业人员职业准入门槛，允许在台湾取得或在大陆通过考试取得的护士、建筑师、医师的台湾专业人士注册执业。简化台湾专业从业人员在厦门申请从业人员资格和取得执业资格的相关程序（人才引进）。

（6）允许在自贸试验区内举办中外合作经营性教育培训机构和职业技能培训机构。

（7）在自贸试验区设立知识产权快速确权、维权中心。发展知识产权服务业，扩大对台知识产权的服务，开展两岸知识产权经济发展试点，建立专利导航产业发展工作机制（知识产权维护与运用）。

（三）自贸区出台的一系列政策

1. 人才引进方面

（1）《中国自由贸易试验区厦门片区关于进一步激励自贸区人才创新创业的若干措施》

（2）《中国（福建）自由贸易试验区厦门片区管理委员会柔性引才引智暂行办法》；

（3）《中国（福建）自由贸易试验区厦门片区关于扶持人才中介服务机构实施办法》。

2. 支持产业发展方面

（4）设立中国（福建）自由贸易试验区厦门片区产业引导基金（引导基金让利政策、自贸区对股权投资企业扶持政策）；

（5）中国（福建）自由贸易试验区厦门片区管理委员与厦门市海沧区人民政府印发《厦门两岸青年创业创新创客基地扶持办法实施细则》；

（6）《关于福建自贸试验区厦门片区大型医疗器械融资租赁监管改革的若干意见》；

（7）中国（福建）自由贸易试验区厦门片区工程建设项目审批制度改革总体方案（减少审批事项、审批环节）。

3. 知识产权方面

（8）《中国（福建）自由贸易试验区厦门片区知识产权扶持与奖励办法》，鼓励知识产权创造、质押融资、创业投资、涉外维权、知识产权服务和海外布局；

（9）根据《福建省人民政府关于同意中国（福建）自由贸易试验区厦门片区开展相对集中行政处罚权工作的批复》，在厦门自贸片区范围内相对集中行使知识产权管理（含商标、专利、版权）和文化（文物）、广播影视、新闻出版管理等方面法律、法规、规章规定的行政处罚权，并由自贸委综合监管和执法局承担相应的法律责任）。

（四）自贸区对高端制造业的优惠措施

（1）自贸试验区的高端制造业可根据自身运营特点设立在海关特殊监管区域，享受保税政策，也可设立在非海关特殊监管区域，享受自贸试验区政策的同时，通过联动享受特殊监管区域保税仓储物流服务。

（2）在原有的开放措施基础上，允许外商在自贸试验区内独资开展高速铁路、铁路客运专线、城际铁路及城市轨道交通乘客服务设施和设备的研发、设计与制造，高速铁路、铁路客运专线、城际铁路的轨道和桥梁设备的研发、设计与制造，电气化铁路设备和器材的制造，铁路客车排污设备的制造。

（3）探索闽台产业合作新模式，在产业扶持、科研补助、品牌建设、市场开拓等方面，支持台资企业加快发展。推动台湾先进制造业、战略性新兴产业、现代服务业等产业在区内集聚发展，重点承接台湾地区产业转移。

四、依托厦门自贸区政策优势，发展高端制造业

（一）复制上海“新31条”措施中的制造业领域开放14条

2014 年 6 月 28 日，国务院批准了《中国(上海)自由贸易试验区进一步扩大开放的措施》，共计 31 条开放措施。其中服务业领域开放 14 条，制造业领域开放 14 条，采矿业领域开放 2 条，建筑业领域开放 1 条。

上海自贸区制造业开放突出“研发”，在制造业领域的14条开放措施中，有5条注重于产品的研发、设计，如：允许外商以独资的形式从事汽车电子总线网络技术、电动助力转向系统电子控制器的制造与研发；允许外商以独资形式从事豪华邮轮、游艇的设计；允许外商以独资形式从事船舶舱室机械的设计；允许外商以独资的形式从事航空发动机零部件的设计、制造和维修；允许外商以独资的形式投资于高速铁路、铁路客运专线、城际铁路及城市轨道交通配套的乘客服务设施和设备的研发、设计与制造等，有利于产业能级的持续提升。

和以往依靠劳动力优势为主的引进策略不一样的是，在设计和研发的开放方面，也体现了我们国家在引进制造业等方面的思路是往高端引导。对于企业而言，这些政策都是实实在在的优惠，必将带动更多制造业领域的外资

企业入驻自贸区。如今上海加强高端制造业开放，对全国具有示范意义。

厦门可复制上海自贸试验区扩大开放的措施，依托厦门自贸试验区政策区位优势，发展高端制造业及其领域的配套产业。认真研究制造业领域开放14条，加强招商引资的针对性，做好自贸试验区高端制造业项目的引进。

（二）借助厦门自贸区开放创新，成为福厦泉产业协同发展的高端制造业聚集区

借助厦门自贸区开放创新，与福州、泉州开展金融、教育、研发中心、电子商务、生产型服务业和高新技术产业深度合作。在厦门自贸区探索“创新中心＋ 研发转化＋高端制造＋高端服务＋高品位宜居生活”的分工合作新型城市带，打造厦门自贸区科技创新中心，推动厦门自贸区高端制造业的聚集发展。

（三）产业链上、下游形成有效配套

针对平板显示产业链条中上、下游没有形成合理配套的问题，应该加强区域内平板显示企业的对话与交流。由政府牵头举办讲座或座谈会，企业、高校研究院所和相关政府部门共同参与，上、下游企业可以在会上提出今后的发展规划及目前的产品需求，有助于厦门区域内企业的供需对接。同时高校、科研院所也能了解企业的技术需求，进而提高科研成果转化率。

（四）发挥横向集聚作用

厦门新材料产业主要以钨产业和石墨烯产业为主，已基本形成各自的垂直产业链。但是，由于区域内各新材料企业专注于不同的区域（有的企业专注于钨的研发生产，有的则专注于石墨烯的研发生产），同时，新材料产业的技术具有保密性，使得横向集聚不明显。因此，在大多数企业规模不大的情况下，彼此之间形成产业联盟，利用横向集聚的作用，可以实现专利的共享，有利于中小企业的技术创新。在此过程中，政府可以起到搭桥作用，由相关部门充当产业联盟的提议者。

（五）改进人才引进方式

可借鉴厦门自贸区柔性引才引智的方式，通过购买专业咨询服务、课题项目委托等方式来引进高端制造业紧缺人才。同时，自贸区也支持人才中介服务机构在厦门自贸片区聚集、发展，重点引进一批著名国际猎头公司、国际人才中介服务机构和台湾人力资源机构在厦门自贸片区设立合资、独资机构，借助区内人才中介服务机构向外引进高端人才。

鉴于所引进高端人才较为重视孩子教育问题，条件允许情况下，可以考虑创立国际社区学校。

（六）拓宽融资渠道

利用融资租赁助力高端制造业的发展。厦门自贸片区充分发挥“保税＋”政策功能优势，积极吸引融资租赁企业落户，已经打造了区域性融资租赁集聚区。因此，可以通过贴息奖励等方式，鼓励高端制造业企业与自贸区的融资租赁企业合作，采用融资租赁方式购置急需的高端生产设备，开展技术改造、转型升级和技术创新。

（七）处理污染问题

对于高端制造业中部分先进制程工艺涉及重金属排放的问题，可以考虑集中处理，对外引进专门的污染物处理公司。除了必要的基础设施保障、资金奖励及税收优惠政策，政府还可以鼓励即将引进的项目企业与污染物处理公司提前沟通，以便后期合作。

课题指导：陈永东
课题执笔：林媛媛
完成时间：2018年6月

市场导向与创新发展双轮驱动
做大做强做优厦门实体经济

近期工商联围绕“两个健康”主题，紧密结合市委市政府中心工作，开展“四走”大调研活动，不断提高服务非公经济的能力；由市民营办和工商联牵头组织对促进民营经济发展的“44条”进行修订，目前修订稿已呈报市里；评选的厦门市民营经济60家龙头骨干企业已进入社会公示阶段。根据调研目的要求，结合厦门民营实体经济的发展现状，工商联从以下几个方面对我市做大做强做优实体经济给予汇报与建议。

一、民营实体经济高质量发展的特点

（一）民间投资增速较快，出现了一批高质量项目

2017年，我市民间固定资产投资增速达到20.4%，比全市固定资产增速超了10.1%。投资内生动力增强，出现了厦门光电产业化项目、华强文化创意产业园、三安集成通讯微电子器件（一期）等一批高质量民营项目，民营企业优化升级、布局步伐加快。

（二）规模以上民营服务业快速发展

2017年，规上服务业中的民营经济高速增长，成为我市服务业不可或缺的发展力量。从分行业看，主要分布在交通业、软件业、租赁和商务服务业，发展最快的行业是居民服务、文化娱乐和体育业、交通业。

（三）民营经济多领域布局互联网，成就软件信息服务业

游戏领域，雷霆信息、青瓷数码、极致互动表现优异，2017年上半年的

营业收入增量破亿；动漫设计领域，咪咕动漫保持稳定增长，翔通动漫、倍视文化项目增加，营业收入均实现翻倍增长；网络社交领域，美图网、美图之家也通过美颜、美拍等软件加快拓展网络社区版图。

（四）民营企业成“双创”主体

2017 以年来，我市创新创业孵化成果明显，现有众创空间的运营主体 90% 都是民营企业，呈现出专业化、精细化和多元化的发展态势。美亚柏科网络安全国家专业化众创空间和金旸高分子新材料国家专业化众创空间入选第二批 33 家国家专业化众创空间示范名单，亿力软件、四三九九、趣游等民营企业成长为各自领域的国内百强企业。

（五）民营企业成上市公司主力

2017 年，我市上市公司呈爆发式增长，新增上市公司 11 家全部为民营企业，民企已成为进军资本市场当之无愧的主力。至此，我市已有上市公司 48 家，在福建省九地市排名第一，其中 38 家为民营企业，占比达 79.2%。

二、正视厦门民营实体经济发展中的主要困难

（一）市场歧视没有完全消除，隐形门槛仍存在

政府项目的对接上国有企业占尽优势。以我市轨道交通建设为例，因各种原因，参与规划设计过程的六家企业都是国有企业。相关部门在操作过程中经常“求稳”，在进行资源分配、项目招标上更倾向于国有控股企业，而国有企业承接项目后，往往又将项目再转包给民营企业。在融资上同样存在类似问题：金融机构为求稳，往往在融资门槛、条件以及利率上设置了严苛的条件，将民营企业阻于门外。

（二）民营企业运营成本居高，传统经营利润难以支持未来的发展需要

以三大生产要素成本为例，（1）企业用地问题影响企业优化升级和发展。由于市场的不确定性以及企业发展周期等原因，一部分企业在优化升级过程中无地可用。土地申请建设周期长，租金逐年高涨，企业用地成本问题加剧。

（2）融资难、融资贵问题依然突出。相当数量民营企业的主要资金来源为自有资金和内部集资，而直接向金融机构融资环节冗长复杂，融资条件严苛，融资成本过高，抵押担保难度大，扶持政策落实不力。（3）引人难、留人难、用工难等问题严重影响民企发展。一方面是厦门的高房价、紧缺的教育资源、较高的生活成本与不具优势的薪酬水平阻碍了人才的进入；另一方面，高社保及一刀切的职工保护政策提高了企业的用工成本。这些不利因素造成厦门多数民营企业正面临人才缺失和用工紧缺的难题，且各种层次的人才都出现短缺，一些基础企业甚至出现人才空洞化。这也是部分企业外迁、人才流出的主要原因。

（三）营商环境尚需比肩发达地区

近期出台的多项民营经济发展政策与发达地区相比优势不明显，针对性不够，扶持力度和落实力度还不够，多为“锦上添花”，尚未“雪中送炭”；往往过多强调招商引资，忽视了本土企业的扶持壮大，例如在人才引进政策中的退税问题限制条件过多，导致人才实际得到的优惠力度很少；大量企业迁往岛外，却没有足够的教育资源配套；目前中美贸易战和市场外部环境的变化对实体经济的发展带来了不小的影响，需要政府给予更多的扶持与鼓励。

三、对策建设

发展民营实体经济，需要市场导向与政策激励相结合，突出创新发展，实施双轮驱动，推动新一轮企业发展。对此，建议着重从以下几个方面加以解决：

（一）以产业政策促进实体经济发展

顺应目前我市“双千亿”产业战略，考虑制定“一链一策”，通过完善产业链条，加强产业集聚效应。政府在培育产业过程中，可考虑建立产业研究院，摸清产业链条的优势与短板；在支持龙头企业的同时，也要考虑整个产业链上各层级企业的培植；可考虑成立产业联盟，设置产业引导基金，聚集各方力量；鼓励民间资本参与企业孵化器的建设，尝试不同方式培育和发展厦门实体经济。

（二）通过扶持民营企业增强企业实力

要重视本地企业，特别是本地民营企业对厦门经济的贡献。在出台各项政策及项目推荐上更多地考虑本地企业的发展诉求，在扶持本地企业的同时，还要为他们保驾护航，引领本地企业走出去，成为彰显厦门实体经济水平的主要代表。政府要鼓励民营企业参与国有企业混合所有制改革，通过优势互补，提升厦门企业实力。政府应就企业反映较多的《劳动合同法》及税费负担问题提请相关部门审议，切实解决企业的实际问题。

（三）多管齐下降低企业成本

惠企政策出台前应测算政策对企业影响效力的大小，通过政策制定前后效力比较来调整政策，确保惠企落到实处。具体到企业普遍的难题来看：企业用地方面，政府应加大土地供给，对有发展潜能、优化升级中遇到土地瓶颈的企业，尽快解决用地问题，简化用地审批手续，可以考虑实施“级差地价”来解决企业土地使用过程中的效率问题。人才引进方面，政府除加大保障性住房和公共租赁住房建设外，还应放开民营企业参与廉租房建设，推动各区在人才集聚区周边建设人才公寓，帮助企业完善产业园区周边的教育、商业等配套设施。政府要继续加大力度引进、培育人才，特别是中低端人才的培育与引进要提上日程，可以结合本地高校资源，促成高校与政府、企业合作，建立教育培训和岗位实践相结合的人才培养机制，加大对地方输送人才的力度。应急机制方面，政府要建立、完善针对企业应对外界环境突发事件的应急反应机制，在诸如“莫兰蒂”台风灾害、中美贸易战等这些外界不可抗力冲击企业时能够快速反应，协助企业共渡难关。

（四）金融创新化解民营企业融资难问题

政府要鼓励符合条件的民营企业参与或申办银行等金融机构，通过小额贷款公司、民间融资机构、要素交易市场等地方金融机构解决民营企业融资渠道单一的问题。政府可以考虑以产业扶持为目的加大金融服务平台的筹建力度，鼓励、吸引社会资本积极参与，通过互联网技术为产业链上下游客户提供高效、便捷、安全的金融服务。金融机构方面，政府应引导银行业创新产品，可考虑普遍设立中小微企业贷款绿色通道，提升服务水平。考虑到小微企业的资信水平，政府应健全市、区两级政策性融资担保体系，或者考虑由协会牵头，组织民营企业以团体的方式与金融机构对接，针对会员单位订制战略授信额度，在降低金融机构风险的同时，也让小微企业有款可用。

（五）创新是发展实体经济的永恒主题

发展实体经济需要在全社会培育务实、勤奋、敢于突破、勇为天下先的使命精神，重塑普通劳动者的职业认同感，鼓励创新、创业，在全社会构建创新型文化氛围。在当前资源有限的条件下，可以考虑进一步解放高校科研力量与企业合作，设立合伙制科研共享平台，最大限度地发挥现有的科研力量。在鼓励创新方面，应改变现有的一次性科研奖励方式，探索奖励与税费减免等多重手段相结合的可行性。在成果应用上，可以考虑设立知识产权银行，在明晰知识产权的前提下，加快知识产权市场化流通进程。

课题指导：陈永东
课题负责：刘海星
课题执笔：叶红莲
完成时间：2018年8月

厦门市滨海旅游产业发展问题研究

随着中国经济的迅速发展，国内人均收入水平不断提高，旅游日益成为人们必不可少的一种生活方式。由于人们越来越追求休闲舒适的旅游方式，在推进供给侧结构性改革的过程中，旅游产业作为中国经济的第三产业迅速发展。滨海旅游产业日益蓬勃发展，为我国经济增长做出了重大的贡献。厦门作为我国东南沿海重要的滨海旅游城市和港口贸易城市，具有良好的地理优势、政策优势、自然资源和独特的风俗文化。但是从近年来的发展情况来看，厦门的滨海旅游产业发展存在着旅游资源利用程度低、交通体系发展不均衡、旅游产品单一等问题，发展潜力有待进一步挖掘。

一、绪论

（一）研究背景

纵观全世界，滨海旅游业是旅游业不可替代的一个重要部分。从较早期著名的关岛、夏威夷群岛等，到如今流行的圣托里尼、济州岛、普吉岛等，都是蜚声中外的滨海旅游胜地。滨海旅游业促进了当地海洋资源的开发，吸引了全国各地的游客前来游玩，经济得以迅速发展，这些海岸线所在的国家也因此而闻名世界。

我国是一个海域宽广、海洋资源富饶的海洋大国。沿海地区的经济发展飞速，处于全国前列，一直是促进我国经济全面发展的主要推动力。2017 年，我国国内旅游总收入为 54000 亿元，而滨海旅游总收入占国内旅游总收入的 27%，达到了 14636 亿元。[①] 即便如此，我国滨海旅游业与其他滨海旅游发达

① 国家旅游数据中心 .2017 年全年旅游市场及综合贡献数据报告［R］.（2017-1-1）［2017-12-31］.https://www.mct.gov.cn/.

的国家仍然有不小的差距，主要表现在开发水平、产品种类等方面。

厦门市是我国沿海地区最重要的滨海城市之一，不仅有辽阔的海域、丰富的滨海旅游资源，还有源远流长的传统文化、多姿多彩的文物古迹和文化遗产，造就了厦门独具风情的滨海旅游特色，为厦门市滨海旅游业的蓬勃发展奠下了基石。但是如何挖掘厦门市的旅游发展潜力，充分利用自然地理资源，推动旅游产业转型发展和岛内外旅游发展一体化，是我们当前需要思考和解决的问题。

（二）概念界定

滨海地区为陆地与海洋相接的地域，而滨海旅游则为在滨海区域所发生的旅游活动，国内外学者虽然对于滨海旅游开展了大量的研究，但目前尚未形成权威的概念界定。根据《中国海洋经济统计公报》界定，滨海旅游业包括以海岸带、海岛及海洋各种自然景观、人文景观为依托的旅游经营、服务活动，主要包括海洋观光游览、休闲娱乐、度假住宿、体育运动等活动。[①]

研究中也有很多学者对海洋旅游进行研究，虽然滨海旅游与海洋旅游有很多基础理论共同的特点、共有的资源，但滨海旅游范围更为狭窄。区别于活动空间的大小上，就国内滨海旅游研究来看多是基于沿海城市，即多指滨海城市旅游，沿海城市在城市的发展规划中具有一定的区位优势，在发展经济的同时，可以凭借其优越的资源优势发展滨海观光、游憩、娱乐等各项活动。因此，综合考虑，可以把滨海旅游理解为借助一定的社会经济条件，以海洋为依托而开展的滨海观光、休闲、疗养度假、水上体育、娱乐、探险等活动所产生的现象和关系的总和，从而满足人们精神与物质上的需要。

（三）国内滨海旅游业简况

我国是海陆兼备、共同发展的海洋大国，拥有 18000 公里的大陆海岸线、6500 多个岛屿和 1400 公里的海岛海岸线。我国滨海地区不仅面积广而且有众多知名度高的海滨旅游胜地，如青岛、三亚、舟山等。沿岸的辽宁、浙江、福建、广东和海南等11省市具有显而易见的优势，不仅滨海陆地总面积大，

① 国家海洋局.2017 年中国海洋经济统计公报［R］.（2018-3-1）［2008-04-15］. http://www.soa.gov.cn/.

覆盖范围大，约有 109.32 万平方公里，而且地理位置优越，处于中国经济最发达区域的核心地区，腹地辽阔，港阔水深，有富饶的滨海旅游资源和大量的人力资源、市场资源。

根据国家海洋局公布的不完全统计，我国滨海旅游行业持续呈上升趋势，新业态旅游的市场有新的突破，其中邮轮游艇保持稳定增长的态势。从2012年以来我国滨海旅游业保持年均11.85% 的增长率，且2017年我国海洋旅游业同比增长 16.50%，发展稳定、前景大好，整个旅游业态较为乐观。[①] 详见图1。

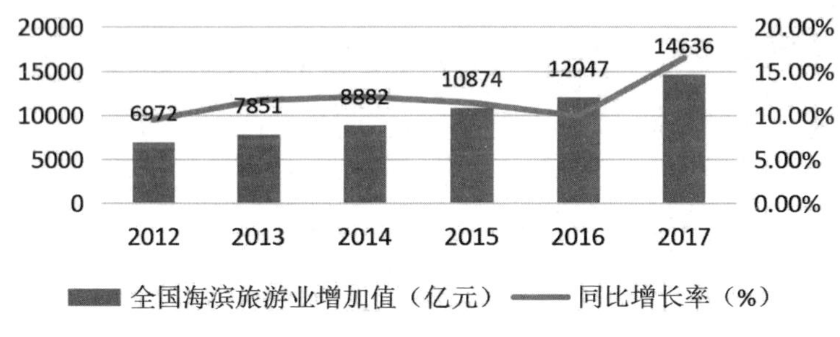

图1　2012—2017年中国海滨旅游业增加值变化情况

从我国滨海旅游业对我国海洋经济的贡献来看，我国滨海旅游业增加值占海洋生产总值的比重逐年上升，从 2012 年的 11.6% 上升至 2017 年的 17.1%。

二、厦门市滨海旅游业发展现状

（一）厦门市滨海旅游资源概况

厦门东靠太平洋海，与台湾一衣带水、遥遥相望，有着优越的地理区位条件。厦门拥有约 1699.39 平方公里的陆地面积，约390平方公里的海域面积。厦门属于亚热带季风气候，气候温和风景宜人，交通便利，市场广阔，距经济发达地区近。不仅有秀丽多姿的自然景观，也有着浓厚悠久的历史文化，具有极高的美学价值、历史文化价值。厦门拥有第一批国家级 5A 级旅游景区——鼓浪屿，旅游景点品牌化强，知名度高，每年都吸引超过四百万的海内外游客慕名前来观光游览。全市现共有4A 级景区11个，包括园林植物园、

① 国家海洋局.2017 年中国海洋经济统计公报［R］.（2018-3-1）［2008-04-15］. http://www.soa.gov.cn/.

集美鳌园、方特梦幻王国等；遗产古迹 19 个，包括郑成功演武场遗址、日光岩、南普陀寺等。厦门秀丽多姿的风景、浓厚悠久的传统文化和文化遗产、完善的旅游基础设施吸引了全国各地的游客前来观光旅游、休闲度假。

（二）厦门市滨海旅游业的发展现状

据统计，2017 年1—12 月，厦门市共接待国内外游客 7830.52 万人次，同比增长 5.66%；旅游总收入达 1168.52 亿元人民币，同比增长 20.68%。2018 年厦门市全年共接待境内外游客 8900.32 万人次，比上年增长 13.7%，旅游总收入 1402.12 亿元，增长 20.0%，其中接待入境游客 430.43 万人次，增长 11.4%，占接待总人数的 4.9%；厦门港接待国际邮轮 96 航次，旅客吞吐量 32.48万人 次，增长 100.7%；全年举办会议展览 9145 场。入境游客人数、国际外汇收入等主要旅游经济指标继续保持全国重点旅游城市和副省级城市前列。详见图2。

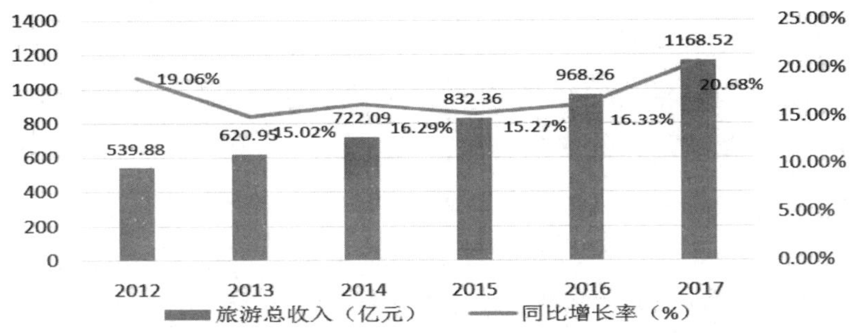

图2　2012—2017厦门市旅游业收入情况

2012 年至 2017 年五年内，厦门市旅游业总收入从 2012 年的 539.88 亿元增长至 2017 年的 1168.52 亿元，呈现持续增长趋势且增长速度较快，旅游产业迈向新台阶。[①] 厦门市旅游经济收入虽然取得显著增长，但从全域旅游发展来看，旅游产品单一，人均消费和境外游客比例均偏低；旅游资源开发和有效利用程度较低；岛内岛外的旅游产业发展差异显著，以鼓浪屿、南普陀寺、厦大白城、曾厝垵、植物园等著名旅游景点为主，集美、同安、海沧、翔安等区域旅游产业发展程度较低，竞争优势不显著，没有形成特色旅游产品，游客稀少，市场开拓程度低。

① 厦门市旅游发展委员会 .2017 年厦门市旅游总收入突破千亿，同比增长 20.68%［N］.（2017-1-1）［2017-12-31］.http://travel.xm.gov.cn/

（三）基于波特“钻石模型”的厦门市滨海旅游业分析

钻石模型理论是在 20 世纪 80 年代由迈克尔·波特提出的，又称“竞争优势理论”。它包括四种本国的决定因素和两种外部力量。四种本国的决定因素为：要素条件，需求条件，相关及支持产业，公司的战略、组织及竞争。两种外部力量为：机会，政府。该理论对于分析某种产业的国际竞争力具有极强的指导作用，可以用来分析厦门市滨海旅游产业的竞争力现状。

1. 生产要素分析

生产要素可分为初级生产要素和高级生产要素。一般来说，初级生产要素是指地理位置、气候、自然资源等，而高级生产要素则更加复杂一些，指的是人力资源以及交通和通信等基础设施。

厦门市是福建省第四大岛屿，属于亚热带海洋性气候，全年平均气温在 21℃左右，一年四季如春，气候宜人，有 9 个月以上的时间适合滨海旅游。陆地与漳州、泉州接壤，并与金门岛、台湾岛隔海相望。厦门港外有大金门、小金门、大担、小担等岛屿横列，内有厦门岛、鼓浪屿等岛屿屏障，是天然的避风良港，适宜建港的深水岸线约 27 公里，是中国对外贸易的重要港口。厦门素有“中国最美海岸线”的美称，全岛海岸线约为 234 公里。随着 1 号地铁线开通，也有了“中国第一条海景地铁”。厦门环岛路沿海而建，呈带状分布，全程 43 公里，其中厦门大学到会展中心的一段海岸，被称为“黄金海岸线”。环岛路沿途经过白鹭洲、胡里山炮台、椰风寨、国际会展中心、五缘湾等众多景点。厦门市第一大屿是鼓浪屿，乃国家 5A 级旅游景区、全国重点文物保护单位。2017 年 7 月 8 日“鼓浪屿：国际历史社区”被列入世界遗产名录，成为中国第 52 项世界遗产项目。厦门市有丰富的海洋资源，各种类海洋生物将近 2000 种。厦门市地形以低丘、台地为主，土地资源丰富，淡水资源较匮乏，但是已经发现的温泉或者异热地点有 14 处，具有良好的开发利用价值。厦门最主要的非金属矿产资源是花岗岩和砂料，花岗岩地貌和沙滩形成了厦门市的重要旅游资源。厦门市有着厦门大学、集美大学等高等院校，人才资源丰富。高崎机场、BRT 快速公交、地铁等基础设施完善，为出游提供了便利的交通。

2. 需求条件分析

根据波特的理论，如果一个地方对某产业的需求条件要求比较高，则该产业的竞争优势会比较强。厦门市滨海旅游产业市场需求广泛，福建省内游客是厦门市客源市场的重要构成基础，除此之外，珠江三角洲、长江三角洲、福建省相邻省份也是厦门市的主要游客来源，西南市场也占据一定比例。厦门市与台湾隔海相望，台湾也是重要的客源市场。见表1。

表1　厦门客源市场旅游需求值比重排名前十位

2014年		2015年		2016年		2017年	
省份	比重（%）	省份	比重（%）	省份	比重（%）	省份	比重（%）
福建	12.57	福建	14.02	福建	14.16	福建	12.07
广东	10.81	广东	9.50	广东	8.82	广东	8.96
浙江	8.32	浙江	7.38	浙江	6.97	浙江	6.31
江苏	6.21	江苏	6.34	江苏	5.93	江苏	5.66
北京	5.50	上海	5.06	北京	5.18	北京	4.96
上海	4.52	北京	4.58	上海	4.60	上海	4.16
湖北	3.78	湖北	3.66	四川	4.21	河南	3.67
江西	3.78	江西	3.48	湖北	3.42	湖北	3.57
湖南	2.88	河南	3.26	江西	3.16	江西	3.46
河南	2.80	山东	3.22	河南	3.07	四川	3.45
总比重	62.21	总比重	60.74	总比重	59.87	总比重	56.27

据厦门旅游局统计，厦门一日游的游客比例占国内游客比例的45%左右，说明短程旅游是厦门市旅游业的一大热点。由表1可知，我国华中地区和东部沿海地区是2014—2017年厦门客源市场旅游需求比重排名前十位的省份所在地。这些地区距离厦门较近，旅游出行的交通费用较低，旅游需求总比重达到50%以上，是厦门旅游需求主要的客源市场。2014—2017年福建省的旅游需求比重排名第一，广东省第二。由此可知，福建省是厦门滨海旅游的第一大客源市场，广东省为第二大客源市场。

厦门市每年接待的国内游客数量和入境旅游人数呈现逐年递增的趋势，旅游经济收入也随之增长。福建省及周边省份对于厦门市滨海旅游有较大的的旅游需求，但是，远程旅游需求较低，入境旅游人数与国内旅游人数相比，比例较低，消费水平偏低，说明国际旅游市场潜力较大。

3. 相关产业和支持产业的表现

作为著名的旅游城市，厦门具有多种多样的旅游服务产业，截至2018年，厦门市客栈民宿数量已达2400家左右，酒店数量达660家左右，酒店民宿的环境、装修、地理位置优越，档次齐全。酒店民宿分布区域相对集中，大多分布在鼓浪屿、曾厝垵等著名旅游景点周边。

近年来，厦门的基础交通设施得到了较大的改善。除了厦门高崎国际机场外，厦门翔安国际机场于2018年建成，2020年投入使用。火车站、铁路线、高速公路和国道众多，为人们出行提供了极大的便利。厦门地铁一号线于2017年12月31日开通使用，地铁二号至六号线在今后几年内将陆续开通使用，城际铁路正处于规划建设中，海沧海底隧道以及翔安大桥在建中。厦门市快速公交系统包含7条BRT快线，是中国首个采取高架桥模式的BRT系统。厦门港形成“环两湾辖十区”的格局，集装箱吞吐量位居世界第15位。随着地铁一号线的开通，厦门市的基础设施得到了改善，但是投入使用比例较低，还有待进一步改善。厦门市滨海旅游服务产业快速发展，酒店民宿数量快速增长，“一带一路”建设使厦门市场业务规模稳步扩大，但是仍然存在产业制度不规范、定价不合理、产业基础支撑力不足、整体规模仍然较小等问题。

4. 企业的战略、结构，竞争对手的表现

据厦门统计局统计，从2012年至2017年，全市国家A级旅游景区从12家增至21家，旅行社（不含外地在厦分社）由173家 增至318家，其中出境组团社（不含外地在厦分社）从20家增至46家。厦门有372家旅行社承接入境旅游，47家提供出境旅游服务。但是厦门的旅行社很少在境外设立分支机构，通常依赖于国外旅行社吸引客源，推广力度较小，推广机会较少。而且由于文化差异等原因，推广效果也较为一般，造成客源较易流失。尽管旅行社数量增加，但是所推出的旅游产品相对单一，主要服务于消费者，旅行产品的相似程度非常高，竞争价格差距不大，市场竞争激烈。旅行社所提供的服务质量水平参差不齐，旅游结构单一，消费者体验感有待提升。厦门市滨海旅游企业需要提升自身能力和服务质量水平，才能吸引更多的游客。

三、厦门市滨海旅游产业 SWOT 分析

（一）优势分析

1. 自然资源优势

厦门市是福建省第二大城市，是著名的滨海旅游城市。自然资源丰富，全市现共有4A 级景区 11 个，包括园林植物园、集美鳌园、方特梦幻王国等；遗产古迹 19个，包括郑成功演武场遗址、日光岩、南普陀寺等；主题乐园 6 个，包括厦门科技馆、灵玲马戏城等；5A 级旅游区、国家级风景名胜区一个，也是厦门最为出名的景点——鼓浪屿。鼓浪屿素有“海上花园”之誉，景色秀丽多姿，岛上主要观光景点有日光岩、菽庄花园、环岛路、鼓浪石、天然海滨浴场等。随着厦门经济特区的腾飞，鼓浪屿各种旅游配套服务设施日臻完善，每年都吸引四百万以上的海内外游客慕名前来观光游览。

2. 区位优势

厦门位于闽南三角区的中心地带，上连长三角，下接珠三角，坐落在两大中国经济发达区之中，处于 21 世纪海上丝绸之路核心区，被确立为国家四大国际航运中心之一，开辟了海港航线 143 条，通达 50 多个国家和地区，是我国东南沿海的重要中心城市之一。厦门的地理位置赋予了其对台旅游的区位优势，是两岸同胞往来最近的一个重要商贸旅游城市和口岸，也是促进两岸交流的重要纽带。

3. 经济优势

厦门经济特区于 1980 年由国务院批准设立，是中国最早开放的4个经济特区、首批 14 个沿海开放城市和 5 个沿海副省级城市之一。2017 年，全市地区生产总值增长 7.6%，财政总收入增长 9.6%，地方级财政收入增长 11.0%，全社会固定资产投资增长 10.3%，实现了质量效益同步提升。经过 40 年的改革开放过程，厦门的经济发展保持稳定，综合竞争力位居中国大中城市前列，居民可支配收入增长较快，文化需求和旅游消费需求也随之提高。

（二）劣势分析

1. 岛内外发展不平衡

据最新统计数据显示，厦门全市国土总面积 1569.3 平方公里，厦门岛内面积 158 平方公里。厦门常住人口数为 401 万人，岛内人数共 204 万人，岛外人数为 197 万。占厦门全市 1/10 面积的岛内却承载了厦门市一半的人口，岛内压力可想而知。岛内不管是在基础设施的建设上还是旅游景点知名度和游客访问量上都与岛外拉开了很大的差距，岛内的旅游服务设施基本上都比较完善，相比之下岛外旅游基础设施完善程度较低。

厦门市旅游热点大部分都集中在岛内地区，如鼓浪屿、曾厝垵等比较出名的旅游胜地，鼓浪屿作为厦门旅游业金牌，是游览厦门的首选景点，因此具有超高的人气。而岛外的一些景区，如杏林观光游览区、集美鳌园等风景点则稍显冷清。

从表 2 可以看出，国庆期间鼓浪屿接待游客数量是集美鳌园的 5 倍、同安影视城的 4 倍，差距显著。对于鼓浪屿来说，这种“火爆”确实给景区带来了巨大的经济效益和知名度，但同时也给景区增加了不小的压力。庞大的客流量对景区的自然环境、服务设施、餐馆旅店、安保系统来说是一个严峻的挑战。特别是现如今的鼓浪屿已被列入世界文化遗产，对其的保护上升到了更为严格的世界级标准。如何在世遗保护和旅游发展之间达到平衡，为鼓浪屿“减负增质”，是鼓浪屿最为值得关注的问题之一。反观岛外各景区，尤其是集美区，旅游资源丰盛，人文气息浓厚，但旅游业却一直不温不火。如何推进滨海旅游业的发展，让人们记住厦门不仅有鼓浪屿，还有岛外各旅游景点，是今后厦门滨海旅游产业发展进程中必须解决的问题。

表2　2018年国庆黄金周期间厦门四景区接待游客情况

（单位：万人）

指标	鼓浪屿	胡里山炮台	集美鳌园	同安影视城
接待游客人次（万人）	33.90	7.62	6.25	8.06

2. 旅游产品种类少

随着经济的发展，全球的旅游业都在快速发展和进步，游客也不再满足于简单、单调的观光旅游，开始追求高品质、多层次、有内涵的旅游项目和产品。但厦门的大部分旅游项目仍停留在观光旅游阶段，尚未打造出具有特色的休闲旅游、修学旅游和富有创新性的亲子游、养生游等旅游产品（崔峥嵘，2017）。如何开发出创新化、个性化、多样化的旅游项目和产品，推进厦门市滨海旅游业更上一层楼，在国际上获得更高的知名度，是个值得关注的问题。

3. 旅游资源缺乏深度开发

虽然厦门具有众多各具特色的滨海旅游资源，但是有些景点缺乏有内涵的开发，没能与游客建立更加深层次的联系。例如被誉为“海上花园”“音乐之岛”之称的鼓浪屿，这些年由于过度的商业化开发和高素质人口的流失，以及没能对景区众多自然风光和传统文化遗产进行有效的创新性整合和开发，人文底蕴越发淡薄，文化、艺术气息也随之减弱。游客在游玩的过程中往往走马观花，相比于沿街热闹非凡的美食商贩，岛上各类博物馆、展览馆、文化古迹门可罗雀，与这些特色文化相结合的活动、项目也难觅踪影。

（三）机遇分析

1. 旅游产业发展迅速

旅游业近年来呈现出蓬勃发展的态势，一直以超过世界经济增速一倍多的趋势增长。随着我国经济社会文化的全面发展，人民生活水平的逐渐提升，在未来我国旅游业一定会迈上更高的台阶。

图3　2015—2017年我国旅游业收入情况

2017 年，国内旅游市场呈现出高速增长的态势，国内旅游人数50.01亿人次，全年全国旅游业对 GDP 的综合贡献为 9.13 万亿元，占 GDP 总量的 11.04%。旅游直接就业 2825 万人，旅游直接和间接就业 7990 万人，占全国就业总人口的 10.28%。

2.“双千亿”项目推动旅游产业和岛外经济的发展

为了全面提升产业的发展进程，厦门将打造 12 条千亿规模的产业链群，投资 10 个千亿级工程。其中提出，旅游方面要推动产业转型进程，推动一点游向全域游发展、一日游向过夜游发展、观光游向休闲游发展，提高游客人均消费水平，触发厦门新一轮经济增长，促进厦门旅游业的发展。

环东海域新城的建设吸引着全厦门甚至福建省的热切关注，是此次项目非常关键的一部分。它的建设不仅带动了岛外的发展速度，缓解了岛内发展的压力，改善了岛内外发展不平衡问题，还推动了厦门整体经济实力的发展。其中，滨海旅游浪漫线、下潭尾湿地公园将于明年年底全面建成，届时会成为环东海域新城区滨岸优美的沿岸美景和重要的滨海旅游资源，也将提升城市景观美感与旅游产业的发展。

3. 鼓浪屿申遗成功

2018 年 7 月，鼓浪屿成功入选《世界遗产名录》，成为我国第52个世界遗产。九年的申遗过程和四年多全面合理的整治，使鼓浪屿定下了“文化景区＋文化社区”的目标。为了更好地保护和利用文化遗产，鼓浪屿优化了保护措施，加强了对岛上居民以及工作人员的遗产保护意识的宣传，合理科学地制定了环境容量，赢得了社会各界的肯定和支持。

（四）威胁分析

1. 滨海旅游城市竞争激烈

中国是一个旅游大国，沿海不少城市滨海旅游业发展突出，其持续创新的旅游项目和产品，逐渐升级的旅游服务和设施，日渐提升的知名度，使旅游业成为当地重要的支柱产业之一。

从表2 可以看出厦门市旅游业整体实力与青岛市差距较小，但两市滨海旅游业都处于发展阶段，想追赶上青岛的步伐并不轻松。与舟山市相比，厦门市在滨海旅游业效益方面有着不小的优势，但是舟山市滨海旅游业发展较快，2017 年舟山市的接待游客量和旅游总收入分别比上年增长了 19.45% 和 21.92%，发展迅速，对厦门市来说是不可忽视的强劲竞争对手。

表2　2017年厦门、青岛、舟山三市旅游情况

指标	厦门	青岛	舟山
旅游人数（万人次）	7830.52	8816.5	5507.16
旅游总收入（亿元）	1168.52	1640.1	806.65

2. 灾害天气

因为厦门地处北纬附近，又是东南沿海城市，几乎每年都会受到灾害天气的影响。灾害天气主要有：热带风暴、台风。台风不仅会对植物建筑造成严重的破坏，有时还会导致洪涝灾害。例如 2016 年在厦门翔安登陆的 15 级超强台风“莫兰蒂”，给厦门市旅游业造成了极其严重的损失，全市 21 家 A 级景区也因此全部关闭，258 个旅行团取消行程。台风过后，厦门大部分景区损失惨重，满目疮痍，且不能短时间内恢复，导致后面的国庆假期损失了大量游客，厦门旅游业也因此受到重创。

（五）SWOT 分析矩阵

结合以上内容，建立一个 SWOT 分析矩阵来对厦门市滨海旅游产业发展所面临的机遇与挑战、优势与劣势进行分析，并得出四点对策。由表 3 中可以看出，厦门市发展滨海旅游优劣势皆有，机遇与挑战并存，且优势多于劣势，机遇多于挑战。只要能充分认识到这一点，化劣势为优势，抓住机遇迎接挑战，实现滨海旅游业飞速发展指日可待。

表3　厦门市滨海旅游业 SWOT 分析矩阵

内部因素／战略选择／外部因素	优势（Strengths） 1. 自然资源优势 2. 区位优势 3. 经济优势	劣势（Weaknesses） 1. 岛内外发展不平衡 2. 旅游产品种类少 3. 旅游资源缺乏深度开发
机会（Opportunities） 1. 旅游产业发展迅速 2. “双千亿”项目推动旅游产业和岛外经济的发展 3. 鼓浪屿申遗成功	S + O 深层度开发热门景点	W + O 突出文化内涵与特色
威胁（Threats） 1. 滨海旅游城市竞争激烈 2. 灾害天气	S + T 与周边城市协作发展	W + T 发展多层次旅游项目

四、厦门市滨海旅游产业发展策略

结合波特钻石模型以及 SWOT 分析矩阵的研究结果，课题组认为，为促进厦门市旅游业的快速发展，使其能以最快的发展速度满足市场的巨大需求，厦门应从以下几个方面努力。

（一）加强基础设施建设

从生产要素分析看来，厦门市旅游景区的交通路线拥挤，游客数量庞大并且密集，公共交通设施不够完善。曾厝垵、植物园、厦大白城等旅游景点公交系统不够完善，无法及时分散游客数量；通往鼓浪屿的游轮班次不足，无法满足节假日游客需求；旅游资源开发和有效利用程度较低，存在破坏生态环境、扰乱旅游市场、侵害游客合法权益等现象。

对此，政府部门要加大对旅游景区基础设施建设的投入，可以通过政府投资、招商引资、PPP 方式，加大景区道路、停车场、休息场所等的建设，彻底解决节假日景区交通堵塞问题。滨海旅游产业是一个融合了港口、文化、交通等多个产业的复合性行业。从相关产业和支持产业的表现看来，要加强产业的信息化，引入知名旅游品牌，加强与国际旅游组织的合作，建立起国内外旅游信息服务交流平台，为国内外游客提供及时的旅游信息，促进滨海旅游相关产业协调发展。

要健全滨海旅游产业发展的相关法律法规，加大对旅游企业的市场约束，规范市场秩序，对旅游产品、酒店民宿等强化监督引导，维护消费者权益。加强景区环境保护意识的宣传，提高游客旅游素质，健全相关法律法规处罚力度，减少及避免景区生态环境的破坏，提高游客旅游舒适度。

（二）突出文化内涵与特色

厦门想在国内外众多的滨海城市中脱颖而出，必须深度整合厦门丰富的旅游资源，挖掘独具一格的旅游特色，突出文化内涵与特色，积极打造具有闽南文化特色的文化旅游产品。可由文旅办、旅游局牵头引导，把各个旅游景点和产品串联起来，规划设计形成特色的旅游线路，进行统一的宣传，把厦门滨海旅游品牌推广出去。

除了在旅游项目上要突出文化内涵外，也可以设计出创新性的文创产品。文创产品是文化的载体，它加强了传统文化的宣传普及，是文化与游客之间的桥梁。故宫博物院近年来开始走创新路线，设计的一系列文创产品深受年轻人的追捧，例如古代传统图案的胶带、印有清明上河图的蓝牙音箱等，这些打破了人们对传统文化的印象，拉近了与人们的距离，使传统文化走进大众。就厦门而言，应由政府出面引导相关旅游企业与厦门大学、集美大学、福州大学工艺美术学院、厦门理工学院等高校的设计、美术和旅游管理院系进行合作，挖掘厦门滨海旅游特色资源和文化内涵，优化设计旅游线路、旅游产品设计、旅游纪念品设计。比如可以设计一本鼓浪屿专属日历，不光设计精美，而且每页都有一个二维码，扫描二维码便可打开小程序。小程序里有鼓浪屿的美景以及资讯，并且每天推送一首钢琴曲，以此宣传岛上的钢琴文化。

（三）与周边城市协同发展

面对国内各个滨海旅游城市的快速发展，厦门市应加快开拓客源市场，扩大滨海旅游产业规模。加强区域经济合作，与周边城市相互协作、相互宣传，打造区域旅游协作联盟，提高整体竞争优势。打造厦漳泉滨海旅游联盟，充分发挥对台区位优势，共同挖掘东南亚旅游市场，吸引入境游客，提高入境游比例，以提升厦门现有的和潜在的旅游竞争实力。进一步加强山海合作，与武夷山、三明、龙岩等地展开合作，相互推介、宣传，互利共赢、共同发展，为福建省旅游业做出贡献。

（四）深度开发热门景点

鼓浪屿申遗成功，成为厦门真正意义上的文化坐标，为世界文化版图添加了一抹新色。趁此契机，利用鼓浪屿这块“金字招牌”，深度挖掘音乐文化，把厦门的文化旅游推上一个新的台阶。可以利用世界文化遗产，结合鼓浪屿的自然风光，打造鼓浪屿独特的“观光＋修学”旅游产品。让游客在领略美景、学习音乐知识的同时接受传统文化和世界遗产的熏陶。同时可以在鼓浪屿定期举办国际钢琴博览会，邀请国内外知名钢琴家前来演出，提升国际知名度。创造性地引导旅游消费，吸引更多的国内外游客来厦门旅游，实现我市旅游高质量增长，满足人民美好生活需求。

（五）发展多层次旅游项目

为适应游客越来越高的旅游需求，仍以传统观光旅游为主的厦门旅游业应立足国际、国内不同客源地市场，丰富旅游产品结构，开展如闽南风俗文化游、节庆游、都市夜景游等更具当地文化特色的旅游产品。重视游轮旅游产业，满足不同游客的消费需求，拓宽旅游产业宣传促销渠道，塑造新的城市旅游形象。挖掘厦门全域旅游资源要素，开发一系列多层次的旅游项目，如乡村旅游、修学旅游、亲子游。如针对集美秀丽多姿的自然美景、积淀深厚的历史文化遗迹，可开展亲子游项目：父母可以带领孩子在诚毅科技探索中心体验宇航员的生活，学习有趣的科学知识，激发孩子探索未知世界的兴趣；在钟灵毓秀的集美学村里欣赏韵味十足的闽南侨乡建筑、观赏鼓乐齐鸣的龙舟赛，享受文化的熏陶；在园博苑感受大自然的魅力；等等。

课题指导：陈永东
课题执笔：吴江秋
完成时间：2019年9月

厦门推进民营众创空间的对策研究

自 2015 年国务院确定支持发展“众创空间”以来，我国的众创空间呈现快速增长趋势。众创空间作为专业的创业服务平台，为众多创业者提供了众多的专业服务，提升创新创业成功机会。同时它增加了就业岗位，加快科技创新，加快了资金流动。但由于众创空间是新兴产物，民营众创空间在技术服务能力、资金、创新能力等方面面临问题。

近年来厦门诞生了一个又一个众创空间，不仅有非盈利的众创空间，还诞生了不少新的民营众创空间，它们相互促进、相互竞争，共同发展厦门经济。但我们应该看到，厦门“众创空间”的发展仍存在较多的问题，比如场地用不起、融资困难、人才匮乏等问题。为了更好地促进厦门民营众创空间的发展，本课题组首先解释了“众创空间”的具体内涵，其次分析我国目前“众创空间”的发展现状，并借鉴了几个一线城市的发展经验以及典型案例的经验，剖析厦门发展“众创空间”的优劣势，最后为厦门“众创空间”的发展提供了相应的建议。

一、众创空间的内涵

（一）众创空间的定义

根据科技部火炬中心发布的《众创空间服务标准》，众创空间被定义为为大众创新创业提供工作空间，网络科技，人才、资金和融资的后端服务平台，以众筹等股权投资分配为手段，以社会化、市场化、低成本、网络化的方式来帮助众多想要创新创业的人们。亦有学者将众创空间定义为指新型创业服务平台的统称，认为其主要通过市场机制、专业化服务和资本化途径构建，具有低成本、便利化、全要素、开放式的特征。

（二）众创空间的特点和功能

1. 众创空间的特点

众创空间的特点具体表现为：创新范式为开放、创新主体大众化、创新理念趋向于需求导向、创新推动力是市场。

开放式创新。不同于资源独享的创业，众创空间强调共享资源和互助协调，这加强了创业主体之间的相互合作交流，互帮互助。

大众化。众创空间不单单面向小微型企业，还支持个人创新创业，这使得拥有创新创业想法的个人拥有了更多实现个人价值的机会。

需求导向。众创空间不再是依托于创业者的技术，创新的动力更多来源于需求的导向，而需求导向则更有利于创新的发展。

市场驱动。对于众创空间的发展，政府起到的是支持作用，如政策扶持、提供公共服务或产品、组织协调等。真正决定众创空间创新内容、方向、方式的，是市场需求。面对变化多端的市场环境，创新主体需要认真思考市场的态势。

2. 众创空间的功能

众创空间作为现阶段发展创新创业的新型平台，对于推动创业有无法替代的作用，主要表现在社会、企业、高校三方面。

社会方面。发展众创空间，对于传播创新创业文化、营造“创客”文化氛围有很大的作用。在弘扬“大众创业，万众创新”的年代，众创空间的出现无疑是快速推动了这样一种文化的传播，使得创新创业文化深入社会，深入的不只是企业和组织，还有每一个对创业有爱好和兴趣的个体。同时，在实现创新创业时，有很多资源会出现，不仅包括技术、资金、人才，还包括知识、专利这样的资源要素，而众创空间通过把这些资源集合起来，并将其整合，既帮助需要资源的初创者克服资源匮乏的难题，又为拥有资源的人筛选了其需要的投资项目，使得资源得到充分利用，产生一举两得的效果。

企业方面。提升创新创业效率和成功率，加快企业获得收益的速度。创新创业从开始到实施的过程极其复杂，在实施时不仅需要大量的资源投入，而且需要处理与政府部门、媒体、合作伙伴、竞争对手、社会公众之间的关系，但是创业者此时却是分身乏术，因此需要有更为专业化的服务出现。众创空间提供了这样的服务，并且在服务上遵循着低成本、自助式、效率性的原则，让创业者更专注于自身的创业创新，创业的成功率也大大提升，对投资于创业者的企业来说，应得的收益也会随创业的情况而变得好起来。

高校方面。对大学生进行创新创业培养，使大学生的创业更易成功。众创空间为大学生提供了一个创新创业实践平台。众创空间的核心是创新型人才，培养大学生创新创业能力是高校创业教育的目标。众创空间的设立实现了高校教育理论和实践的结合。

（三）众创空间与传统孵化器的区别

孵化器是众创空间的起源，最初的孵化器多为国有的平台，目标是帮助企业成长，国有孵化器可以提供财务支持、政策支持和空间支持。其后民营孵化器也进入市场，为初创企业提供更多更需要的功能：战略制定，资源整合，公司架构建设，融资宣传。最后又演变为众创空间进入市场，除了提供基础服务，还提供更多人才培养等高级服务，弥补孵化器的不足。

众创空间是科技部在南北调研之后发出的新名词，其意思是一个具有创新性的，符合市场需求的，集合市场化机制和专业化服务、低成本、便利、全要素、开放性的综合性创新创业服务平台。众创空间不仅包含了传统孵化器绝大部分的功能，而且降低了门槛，给草根创业者实现梦想提供了平台。众创空间的核心价值在于人才、理念、技术的相互启发，资源共享产生的聚变效应。

众创空间和传统孵化器的区别大致有三个方面。一是目标客户群体的不同：众创空间的目标客户群是有创意点子的创业团队等，门槛较低；而传统孵化器的目标客户群体是缺乏资金和经验的团队，其创业计划正在实施中。二是服务内容不同：传统孵化器提供资源整合，引入投资等服务；众创空间不仅提供资源整合和融资服务，而且提供对创业团队和投资者的培训指导、项目落地服务。三是盈利模式不同：传统孵化器以租金和投资收益为主；众创空间盈利模式组合多种多样，包含了团队培训、投资者培训、投资者会员制、项目运营、投资收益、租金、路演等，组合成盈利模式。

二、我国民营众创空间的现状

（一）我国民营众创空间实践现状

在互联网被高度利用的现代社会，众创空间自然而然地与互联网联系起来，在发展创新创业时，“互联网＋”也被带到了其中，网络与创业越来越紧密。在这样的影响下，创业主体范围不断扩大，创业门槛日益降低，创业工具和手段更加多样，创业过程也变得更加透明。拥有创业兴趣的主体，有更大可能获得创业的机会，同时为实现自身的价值，实现自己的梦想提供了更多保障。

自网络与创业结合以来，我国众创空间不断发展着，虽然“众创”在我国的发展还处于初步阶段，但是物理空间众创平台仍在持续增长，并演化出多样化形态，促进着创新创业的发展。《中国众创空间发展蓝皮书》指出，我国众创空间可分为三个层次，其中包括大型城市的众创空间，如上海、深圳、北京等发达城市，它们有强大的科研能力，信息传递速度快，国家支持力度大；还有稍落后于一线城市但科技基础雄厚的城市，如西安、杭州、厦门；依靠高校和科技园的众创空间，这个层次因为能发挥科研资源，所以也能被划分为一个层次。

众创空间的需求也不断变化。首先是对中介机构专业服务的要求不断提高，创业团队需要更加专业的财务、知识产权、法务、人资等服务，让自己能投入最大的精力到创新方面，提高自身的效率；其次，初创科研企业要求更加专业的数据、设备、资源，而这些资源要根据自身研发需要来确定；最后，创业者更希望众创空间的产业链能可视化，且非常关注自身在产业链中所处的位置，以便在这样一个生态系统中寻找新的合作机会。

我国众创空间数量增长快，但同时也存在诸多问题，表现在：一味强调“量”，甚至把数量当作指标，这样发展下来的众创空间不过是虚有其表；在空间分布上形成规模的众创空间十分稀少，力量也薄，大多数是单打独斗，没有办法承担较大的风险，倒闭的可能性很大；多数中西部城市创业能力不足，众创空间分布在沿海创业氛围浓厚的地区，空间分布上呈现出明显分化；众创空间以租金来作为大部分收入的做法会让空间缺乏入驻来源时难以支撑下去，而一线发达城市的租金昂贵，也让很多创业者望而却步；资金匮乏也是我国众创空间发展的一个难题；大多数的创业者是偏向于技术层面的人才，缺乏运营管理能力，使得初创企业的治理较为混乱。

（二）特大型城市众创空间发展现状

1. 北京民营众创空间的发展情况

北京市作为我国经济政治高度发达的首都，其众创空间主要分布在一直以来有着“中国硅谷”称号的中关村创业大街。中关村是中国智力和人才最为密集的区域，有北大、清华、人大等众多优质大学，有留学人员创业园三十多家。创新创业所需的人才和技术人员在中关村这样高素质人才聚集地正好能得到更大的发展。为发展众创空间，北京还推进“先照后证”改革，对众多创业团体提供创新券资助。

2. 上海市众创空间发展情况

上海市在扶持众创空间的开展上，发布了众多政策，在创业初期时，政策工具使用频数达到49.4%，几乎接近一半，其中奖励激励和资金投入使用频次较高。众创空间作为一个服务平台，在政策方面应该是对应服务型政策，对于财政政策的扶持不宜过多投入。

3. 深圳市众创空间发展情况

深圳的众创空间投资主体大致包括政府、企业、大学研究所和其他较为复杂的投资主体，民间资本成为主力军，投资主体多元化。深圳作为一个发达城市，常常能吸引众多优秀人才聚集在此，通过高素质人才的技术知识和政府政策的扶植相结合，其孵化服务逐渐专业化，因此对于降低创业成本，提升创业的性价比来说起到了极大的作用。而在提升专业化服务的同时，积极打造特色的服务，提升自己的核心竞争力也被深圳实现。在各个方面，深圳市积极打造增值服务，并逐步形成了自身的竞争优势。

（三）典型案例——以杭州梦想小镇为例

1. 基本情况

规划面积3万平方公里的梦想小镇，位于杭州市余杭区，由互联网、天使小镇构成。互联网小镇重点引进创业项目，天使小镇重点聚集天使投资基金、股权投资机构、财富管理机构，培育科技金融和互联网金融，着力构建全链条的金融服务体系。

2. 入驻流程

在梦想小镇的办事厅，可以办理入驻手续，想加入这个众创空间需参加众创空间开展的创业大赛，通过网上报名、大赛初步筛选，从创业大赛中脱颖而出后，办理正式入驻，拿到三证，成为小镇中的一员。当然还可以找平台大佬单聊。

在办事大厅的政府政策窗口，可以了解到政府关于创新创业方面的政策，比如政府的经费补助政策、鼓励出国留学人员来杭创业的若干意见、创业人员居住证等，都可以在这个窗口看到。此外还能详细了解到梦想小镇众创空间自己的政策汇编。

3. 服务分类

梦想小镇拥有齐全的中介机构，其中财务中介机构有 8 家，主要为中小微企业提供工商注册、代理记账、税务咨询等服务。1987 年成立的中智集团在梦想小镇充当着人力资源中介的角色。法务服务机构共有 4 家，专为小微型企业充当法律顾问。在创业过程中十分重要的科技申报和知识产权型服务在这也能被实现，这样的中介企业共有 3 家，为创业企业提供咨询。广告媒体企业有 4 家，可以为创业企业提供宣传服务。办公用品和设施企业有 1 家。还可以在办事大厅内申请会议场所来举办活动，

面对资金不足的大学生创业群体，杭州未来科技城（海创园）管委会与杭州余杭科技担保有限公司合作成立浙江杭州未来科技城（海创园）大学生创业贷风险池，为在梦想小镇创业的大学生提供帮助。

梦想小镇还会经常举办创业就业培训活动（创业营销管理培训）、技术培训活动（与 apple 高级工程师面对面）、投资峰会活动，此类活动报名皆可参与，不仅给需要的人深入交流的机会，还能让创业者得到辅导培训、学习充实的机会。

小镇的官方网站还为需要人才的创业企业发布招聘公告，人手匮乏的初创企业的压力，可被分担一部分。

杭州网这样评价梦想小镇：在这里有三种角色存在——创业人、天使投资人和私募。的确，自2015 年阿里百川创业大赛上获奖的 20 个投资项目入

驻梦想小镇，阿里巴巴顺利上市以来，小镇成为天使投资者日益青睐的热土。在梦想小镇不缺少提供资金的投资者，时刻欢迎拥有创新能力的人。

三、厦门市民营众创空间发展存在的问题

（一）厦门市民营众创空间发展概况

厦门的众创空间集中在厦门市岛内的软件园二期，少部分在湖里区和岛外的其他地方，在岛外的集美区增长最快。在 75 家众创空间里，民营投资的有 50 家，国企投资的有 8 家，大学投资的有 4 家，投资机构投资的有 3 家，其余为外企等投资的。可见有一半是民营企业投资的，大部分还处于初创阶段。厦门市众创空间的主要收入来源有服务、投资、租金、政府补贴等。据《2016 厦门市众创空间发展白皮书》调查显示，2016 年厦门市八成以上的众创空间处于亏损态势，盈利的众创空间少之又少，厦门的大学生团队成为创新创业的主体。

厦门市众创空间发展大部分位于岛内，其经营场地扩展难，初创期风险大，仍需要大量资金，且相对于一线城市来说，并不具备竞争力，因此缺乏对高素质人才的吸引力。大部分众创空间位于岛内，大致是由于岛内交通、医疗更加便利，但是与厦门市岛外相比，岛内租金更高，创新创业团队没法找到经济实惠的办公场所。而创业并非只需支付租金这么简单，准备、研发、进入市场，营业的整个过程都要投入大批资金，仅仅依靠国家的财政补贴完全不够支撑创业的过程，自身融资又很困难。在创业初期，缺乏资金很可能导致创业进行不下去，更别说创业初期本身要承担不稳定带来的风险了。在创业的过程中，技术、管理、知识等一系列高素质人才也是不可缺少的，而由于厦门市的经济情况，当地政策以及其他原因的限制，厦门并不像北上深那样容易吸引人才、留住人才。

（二）厦门市民营众创空间主要运营模式

经济发展瞬息万变，随着经济发展的变化，众创空间的运营模式也在变化，所以众创空间中没有一个适用于所有平台的商业模式。众创空间经过近年来的发展，运营模式可以大致分为 8 种，而厦门民营众创空间常用的盈利

模式有以下4种：早期投资结合全方位服务；开放办公建立交流社区；创业培训＋投资型；线上线下路演融资模式。

1. 早期投资结合全方位服务

“投资＋孵化”是厦门民营众创空间基本的盈利模式。众创空间自设投资基金，为创新创业团队提供办公场所、早期创业培训、产品完善、线上线下推广等服务，提供开拓市场的方案等。

有实力的民营众创空间一般会吸引多名知名投资人，如厦门 ×× 科技众创空间与美图的投资者——英诺天使基金李竹有合作关系，他们会帮助众创空间将投资基金划分等级，按需求对入驻的项目进行早期股权投资，而后众创空间对投资的项目进行全方位服务，使其增值，项目的增值率就是他们股权投资的回报率。其核心竞争力在于合作的天使投资人的专业性。厦门民营众创空间多处于初创期，能有资本与李竹等天使投资人合作的空间实乃少数。选择这一模式应认清自身实力，否则会陷入同质化。

2. 开放办公建立交流社区

开放办公场所，建立交流社区，通过各种联系手段和科技手段，聚集优秀的企业家、投资人和管理人员以及项目创始人等精英人士来社区交流，如3W 咖啡针对职业经理人开放场所。

3. 创业培训加投资型

此类创业空间邀请著名的、实力派的金融投资精英人士和企业家为企业家进行辅导培训，并在培训过程中引荐一些有市场价值的创新创业项目，企业家投资和会费的部分收入归众创空间所有，一部分参与投资，剩余的用于大学生创业辅导等储备人才。对于有投资意愿的投资人而言，每期 1 万多元的会费是可以承受的，众创空间从而实现盈利。实施这一运营模式，要求该民营众创空间有强大的资源整合能力，其整合的资源足够构成壁垒，达成差异化服务。

4. 线上线下路演融资模式

即线上媒体推广，并搭建线上交流平台，通过数据分析技术筛选出有经济价值的、并能通过当前技术和经济条件的项目，将它们进行孵化获利。融资＋孵化，收取服务费，是厦门多数民营众创空间选择的运营模式。核心竞争力在于运营团队的专业性，同时也是众创空间的难题。寻找高质量运营人才是当前的重点难点，厦门众创空间起步晚，本身运营人才就稀缺，运营人才的参差不齐，使得厦门民营众创空间难以获利。

（三）厦门市发展民营众创空间的优势

1. 人力成本低

厦门相对于北上广深来说，劳动者工资较低，对于创新创业团队来说，初期的运营需要大量的技术和知识人才，而低成本的人才费用支出，不会给小微型企业造成过大的压力，不需要过多的资金投入，使得创业主体有更大的空间来研发产品，而不是将资金花费在人力成本上。这对于厦门的创业发展来说，是一个优势。

2. 旅游城市环境好

厦门曾多次获得国家级卫生、环境保护、低碳等模范城市的称号，气候宜人，不受“雾霾”影响，每年都吸引着来自全球各地的游客，在 2017 年还获得举办“金砖会议”的机会，并取得圆满成功。在这样一个宜人的城市工作生活，是很多年轻人都乐意的。

3. 创业氛围浓厚

自古以来，闽南人都拥有冒险主义的精神，在历史上还有“闽商”的说法，且与晋、徽、粤商齐名。闽南人敢冒风险，并且有着希望对他人付出帮助的愿望，爱拼会赢的精神也一直延续着，即便是外来人口居多的厦门，也被这种思想感染着，并且依靠这种拼搏而取得成功。

4. 政府支持

据厦门市人民政府《关于全面推进大众创业万众创新创建小微企业创业创新基地示范城市的实施意见》，政府将从以下几点对众创空间提供补助：运营经费补助、场地租金补贴、公共设备补贴、宽带补贴、支持众创空间举办创新创业大赛等。厦门市对于众创空间的发展发布了很多扶植政策，给创业的人们许多支持。

5. 独特的对台优势

随着厦门开放型经济的迅速发展，厦门正在不断发挥着对台湾的独特优势：厦门拥有国际招商口岸和对台贸易口岸，是国际和台商投资的重要聚集地，不仅对于促进两岸交流有重要的作用，而且有利于吸引台商来厦门发展，甚至扎根厦门。2017 年 7 月，在厦门召开的第四期创友会，吸引了众多台湾企业家参访厦门众创空间，一品创客孵化器还为台湾团队提供了一系列免费政策，通过与厦门众创空间的深度交流，希望能帮助台商在厦门的的发展。

（四）厦门市发展民营众创空间的问题

1. 创业融资难

在创业的过程中，众创空间面对的是小微型企业，资金十分重要，企业要发展，没有资金来源连生存都是问题。初创企业一般没有利润，所以外在的资金支持成了企业支撑下去的动力。但是厦门在金融支持调查专题中得分为 2.71，低于全国平均水平（2.73），是厦门创业环境中最差的环节，这样的融资环境势必给创新创业带来难题。

2. 留住人才难

虽然厦门市人力成本较低，减轻了创业人员的负担，但是却无法满足求职者的愿望，与一线城市比较，厦门物价一样，房价偏高，求职人员为了寻求更高的收入，只有去往工资更高的城市，由此厦门便落在了下风。并且在社会生活的各个方面厦门都无法满足外来人才的需求。据统计，在 2017 年春季求职期平均薪资城市排名中，上海、北京、深圳分别以 8825 元、8717 元、8141 元排到前三名，而厦门的薪酬仅有 6737 元。

3. 供过于求，管理粗糙

厦门的众创空间良莠不齐，许多连众创空间的定义、众创空间该做些什么都没搞清楚的人盲目进入市场，想要在市场上分一杯羹。由于众创空间的进入门槛低，加上政府对于众创空间有补贴，导致很多人都盲目跟风，急迫地想追上这股热潮，运营者对众创空间的内涵和特点缺乏了解，使得众创空间量多而质差。很多运营者只是单纯地开个咖啡馆，或者是提供场地和工位，并没有对入驻的初创团队提供太大的帮助，而且专业化服务也不过关。这样的众创空间“培养”出来的创业团队得不到发展，甚至很快会被淘汰，因此创业团队容易流失。

4. 场地限制

厦门的众创空间大多分布在岛内的工业聚集区，但是岛内的场地租金昂贵，虽然有场地补助金，可仍旧存在着很大的压力，而岛外由于在各方面都不如岛内，所以众创空间的数量没有岛内多。场地限制是厦门市众创空间发展的劣势。

5. 盈利模式问题

《2016 年厦门众创空间发展白皮书》指出，在 2016 年的众创空间中只有两成实现盈利，其收入中物业收入占 22%，服务收入占 43%，补贴收入占 19%，投资收入仅占 16%。剩余八成亏损的众创空间收入中服务收入占 14%，补贴占 12%，物业收入占 8%，投资占 66%。

众创空间的盈利模式选择决定了要为客户提供的服务，而服务的质量和内容又决定了空间入驻率，从而决定补贴和物业收入。对比盈利众创空间和亏损众创空间的收入比，可以看出亏损的众创空间，其盈利模式选择不到位，导致服务收入占比只有 14%，且风投的收益率是不稳定的，风险又极高，却占了收入占的 66%，必然给众创空间带来更大的结构性风险。

四、优化厦门市民营众创空间发展的对策

（一）改善融资方式

厦门作为自贸区，国家鼓励发展创新型企业。为发展创新创业，可鼓励金融机构在厦门设立企业服务中心和产品研发中心，为创新型企业开创知识产权质押贷款这样的创新型金融服务。为降低小型企业的融资成本，可设立可合法安全开展贷款业务的小额贷款公司，将其与现代社会的互联网结合起来，充分发挥二者的优势。为进一步降低融资成本，可加快股权众筹平台的建设，鼓励发展相对完善的银行机构、创业投资、股权投资企业进行合作。利用厦门的优势，还可充分用好跨境筹融资，鼓励创新型企业组团出境投资，或可直接采用并购的方式，将全球创新的资源为我们所用。

（二）优化商业模式

在众创空间的帮助下，创新企业从初创团队的形成到产品的推广需要经历三个阶段：种子阶段、成长阶段、成熟阶段。在相互磨合的种子阶段，创业者刚入驻空间，并没有什么资金能够支付工位租金，创意的产生和产品开发才刚刚起步，上海爱酷众创空间是这样做的：为其提供 6 个月免费空间，

并且提供免费辅导、培训和资金链的对接，这为缺乏资金的初创团队提供了创业的可能。而在产品研发完成，推进市场试行的成长阶段，众创空间为创业团队的产品寻找市场，并且要对产品适应市场的情况做好总结，反馈给创业团队，辅导其改善产品。在成熟阶段，需要众创空间运营者加大媒体推广力度，并加强对创业团队的资金支持，众创空间可与媒体联合发布创业项目，获得个人投资，让创业团队获得融资机会。飞马旅众创空间通过微股份置换的形式，让空间和团队成为利益共同体，不仅加强了众创空间的责任感，还避免了创业团队因缺乏现金而失去服务的可能性。众创空间通过对创业团队提供工作场地、辅导服务和一部分的资金支持，来获得服务回报和股权回报。为获得持续发展下去的动力，众创空间的商业模式要不断优化。

（三）提升空间吸引力

厦门作为旅游名城，常年吸引着来自全国各地的旅客，这不仅是厦门本身的文化底蕴和自然风光带来的效益，还是厦门的宣传做得好带来的结果。在宣传厦门的同时，可以强调本市的众创空间实力，以吸引有兴趣创业的人过来了解。而宣传众创空间还有一个好方法，就是举办创业大赛。举办创业大赛既能将世界各地的创业人才聚集起来，又能打造众创空间品牌，类似于发展很好的中关村创业大街这样的品牌。而创业大赛还可以被赋予城市特色，例如厦门的旅游、闽南、海港文化等，可将这样的特色与创业大赛结合起来。像在 2017 年举办的金砖会议，也起到了很好的宣传作用。身为与台湾经济交流的重要城市，厦门更要发挥对台的优势，在众创空间的问题上，对台湾同胞实施优惠政策，提高对台湾企业家的吸引力，加强城市宣传。

如果吸引到了人才，留不住人才也是白费。所以在面对外来人才，特别是外籍人才时要非常注意。要放宽对外籍高层居留权的限制，对其家人宽容对待，让其感受到厦门对他们真实的照顾，在创办创新型企业的过程中，应赋予外籍人员同等的权利。而为了留住外籍人才，在生活方面要为其提供充分的保障，在医疗保障上要提供便利服务，确保他们与国人拥有同样的医疗保障。

（四）提供专业化服务

在尽可能地做好融资，也能留住人才后，应该重点提升众创空间本身的能力，既能为创新创业的主体提供更加专业化的服务，也能为创新创业保驾护航。

1. 辅导培训专业化

（1）高校。当大学生还在校园里接受教育时，可开设创业辅导课，由众创空间举办创业大赛，在比赛的过程中，给予其专业的建议。由于大学生创业不像社会人士一样拥有好的经验，他们创业不易成功，因而要加强对大学生的辅导，让这个群体的人获得信心，提高个体对新信息的接受能力，促进其更具有创新性和灵活性的认知过程，引发更大的兴趣，提升他们的创业技能，从而在创业时更有勇气和安全感。鼓励大学生群体与高校合作，对于创业失败宽容对待，对于他们在进行科研后取得的成果争取收益。要紧紧抓住高校的人才、项目、技术等优势因素，充分提升众创空间在高校方面的专业化。

（2）企业。针对小微型企业运用众创空间创业的现状，众创空间要加强对企业人员的培训辅导，比如经常举办创业讲座、沙龙以及项目讨论，积极为创业人员答疑解惑，为企业提供良好的印象。

（3）社会。拥有创业兴趣的主体有很多，但是他们往往对创业的过程缺乏深入的了解，这时众创空间就应该进行专业的辅导，深化创业者对创业的认识，争取将他们塑造成合格的创业人。

2. 计划咨询专业化

在创新创业主体确定之后，就是对创业项目的规划。众创空间应做好对整个项目的规划，包括项目的生命周期，项目的方案设计，方案的实施运营，即众创空间要提供完整的一套计划。同时在方案从设计到运营的整个过程中，众创空间都要在一旁随时提供帮助，在方案的运行过程中要予以监督，提供指导。

3. 集成服务专业化

首先是要为创业主体提供场地和良好的设施，其次要为其引进资金和人才，最后要争取把创业规模做大。在这三个方面，众创空间要提供专业化的服务。

（五）构建创新生态系统

创新创业的各个部分其实是相互影响、相互制约的，要促进众创的顺利进行，就要协调好各部分之间的关系，在各个方面确保创业的顺利，这就和生态学物种之间的交互一样。首先要保护创新创业者的权益，才能给创业者继续下去的动力，这其中包括创新者的创新权，因此应该设立创新权，以维护创新者。其次生态物种之间只有互动足够频繁才能产生新的创意和产品，所以应该重视开发移动创客空间，即通过互联网技术和移动通信技术加强交流，使得创业主体能够在任何地点取得联络，互相交流，分享知识，让创业不再局限于一个特定的场所，这样做增加了物种之间的交互频率。

结　论

众创空间在中国可以说是新兴事物，是时代的产物，是在中国经济转型期应运而生的。中国经济转型，需要新的发展动力，而众创空间恰逢其时满足了这一需求。众创空间为大众创新创业提供了平台和资金、技术、人才等条件，使得一些仅仅只是创意的想法落地为实际企业，提升了当地的就业率，也促进了经济的发展，让沉寂的资金流动起来，为中国经济发展提供了新的动力。作为众创空间的一部分，民营众创空间不可或缺，其经营方式更灵活，项目孵化深入各个领域。但民营众创空间由于自身资金、资源、技术等局限性，在发展中存在许多困难。这就需要其加大对自身的投入，灵活改变经营方式以适应环境，还需要政府、高校的鼎力支持，建立行业生态圈，相互扶持，才能使民营众创空间有效有序发展。和其他一线城市一样，当前厦门在发展众创空间方面既有优势，也存在问题。为了更好地促进厦门民营众创空间的发展，厦门可借鉴其他地区的经验，发展蕴含自身特色的众创空间。

课题指导：陈永东
课题执笔：傅　丽
完成时间：2018年9月

厦门推进“民营普惠幼儿园”建设的对策研究

一、厦门推进“民营普惠幼儿园”的基本情况

（一）“民营普惠幼儿园”的建设现状

通过对思明、海沧、集美、同安、湖里等几个区的基础调研发现，各区出台了各种激励政策，通过国企办园、集体办园、小区配套园等方式，使得普惠幼儿园近几年得到快速发展，数量快速增长，一定程度上缓解了公办园学位不足的现状，促进学前教育稳定发展。但是也存在如下问题：学前师资队伍总体状况不容乐观，园区环境设施有待提升，办学经费不足。

（二）“民营普惠幼儿园”存在的问题

1. 民营普惠幼儿园师资方面存在的问题

（1）教师学前教育专业持证率较低。许多民办园招聘教师时，规定有师范类教师资格证即可入职，因此有相当数量的教师并未受过学前教育的专门系统训练。

（2）教师队伍学历层次偏低，基本为专科毕业且学科背景复杂，有很多教师不是学前教育专业毕业，甚至有很多非师范生。原因：许多本科毕业生均考入公立园，个别未通过公立园考试的毕业生也被公立园签入编外教师。以集美大学为例，近五年学前教育专业的本科毕业生基本无人入职民办园。

（3）教师职称结构不合理。除园长等高级管理人员外，初级职称教师较多，甚至无职称。有职称或有教学经验者极少。

（4）教师队伍不稳定，人员流动性大，每年 6—7 月份会出现离职高峰。原因：民办园教师待遇偏低，培训研修、职业晋升的机会较少。

（5）安保人员配备不足，且缺少相关资质。许多民办园的安保人员一身多职，只在入园和出园时临时值班，其他时间无专职安保人员。

（6）医护人员配备不足。许多园缺少有医护资质的专职医护人员，应对幼儿身心健康突发状况的能力不足。

（7）保育员专业素养较低。许多保育员是一些下岗职工或者外来务工人员，缺少食品安全和营养搭配等常识。

2. 民营普惠幼儿园资金筹措存在的问题

（1）部分高端民营幼儿园收费高，追求利润，不愿意加入普惠幼儿园；条件差的民营幼儿园不符合国家建设普惠幼儿园的标准，甚至无证办园。

（2）民办普惠园的财政补贴不足，利润空间降低，办园压力较大，积极性不高。

（3）民办园经费不足，教师薪酬较低，人员流动较大，师资队伍不稳定。

（4）民办园资金不足，导致园所环境、教学设备设施等难以达到国家规定的标准，制约发展，办学质量难以保障。

3. 高校创办普惠幼儿园存在的问题

（1）办园体制问题。高校附属幼儿园首先面临的问题是幼儿园办园体制问题。只有明确隶属和办园体制，才能明确政府职能和高校与幼儿园的行政关系及各自的管理职责，才能拓宽经费来源渠道，借力政府办园的力量，获得财政支持，又兼收其他办园体制的优势。

（2）幼儿园选址及规模问题。在明确办园体制的基础上，才能按照全国幼儿园标准建设，既能够减轻教师员工后顾之忧，又能够服务附近社区居民。

（3）师资与经费问题。早期高校附属幼儿园办园经费和教师薪资基本由高校负责，在经费和编制紧张的情况下，高校对附属幼儿园的管理和投入会显得力不从心。个别高校幼儿园例外。

三、 厦门推进“民营普惠幼儿园”的对策

根据调研情况，对民营普惠幼儿园的建设现状进行分析，厦门市应积极采取各项措施，努力推进“民营普惠幼儿园”的健康发展。以下从师资队伍、办园资金政策支持、办学质量等多个角度提出建设措施。

1. 民营普惠幼儿园师资队伍建设的措施

民营普惠幼儿园师资队伍建设至关重要，是提升民办园办学质量的核心。民办园办学品质提升了，才能有效缓解公办园的压力，促进学前教育健康发展。因此，民办园师资队伍建设需多方协助，共同努力。

（1）各区教育局、进修校免费对民办园教师进行任职资格培训，提升持证率。为破解民办园教师持证率不高、学历层次较低、流动性较大等问题，每年组织民办园教师免费参加教育学、心理学、普通话等级考试、专业技能训练等教师资格证前期培训，逐年提高民办园教师持证上岗比例。

（2）与高校开展深度合作，提升民办园教师学历层次。尝试与集美大学等开设学前教育本科专业的高校联合开办学前教育成人教育班、研究生课程班等，提升教师学历层次。学费由各区财政或者教育公益基金承担，或设立奖励基金鼓励民办园教师通过自考提高学历，毕业后为民办园服务一定年限。

（3）民办园师资定向培养，缓解师资流失。教育行政部门出台相关政策，支持高校为民办幼儿园定向培养师资。入学时签署民办园定向服务协议，确保民办园师资的稳定和质量。

（4）建立学前教育专业大学生与民办园教师互助成长制度。高校学前教育师范生定期到民办幼儿园教育见习、实习、助教、支教，参与幼儿园教学。

（5）建立民办园师资的培训研修制度。教育局、进修校对普惠园提供一定的培训研修机会，在专业成长、课题申报、评先评优等方面实行公立与民办幼儿园教师相对同等待遇，打破体制差别，营造公平环境，扩大个人发展空间。

（6）建立公立示范园与民办园牵手帮扶机制。公立园定期到民办园进行师资的教学科研培训与指导，以及课程教学示范，定期对民办园教师开放观摩等，民办园教师到公立园跟岗观摩学习等，促进民办园师资快速成长。

（7）建立民办园职称晋升制度，激励民办园教师提升自身素质。财政可

适度补贴民办园建立职称晋升基金。

（8）保障民办园教师权益，稳定师资队伍。制定民办园工资最低标准，缩小公办、民办教师待遇差距，缴纳“三金”，提供体检、节日等福利，是稳定民办学校教师队伍的重要措施。

（9）规范民办园人事管理。采用合适的人事管理制度，如人事代理，使师资流动更加规范合理。

2. 民营普惠幼儿园办学资金筹措的措施

办学资金要多渠道筹措：

（1）完善教育投融资平台，成立教育发展投资集团有限公司，探索组建由国资引导、民资参与的教育担保公司，为民办幼儿园提供贷款担保等服务。

（2）鼓励民办教育协会或者教育公益基金组织组建担保公司，积极开展业务，服务民办幼儿园。

（3）鼓励金融机构为民办幼儿园提供用于扩大和改善办学条件为目的的低息信贷支持。

（4）鼓励民办普惠幼儿园将幼儿园非教学设施作抵押，或将幼儿园学费收费权和知识产权作质押向银行申请低息贷款。

（5）在风险可控的前提下，制定民办普惠幼儿园低息或免息贷款政策，支持民办幼儿园融资。对于办学规范、信誉良好的民办幼儿园，政府可建立贴息贷款机制。

（6）鼓励充分利用国有废弃厂房、闲置公共空间、高校或行政机关等办园；设立奖补资金等，分建设类、补贴类和资助类。

3. 高校创办民营普惠幼儿园助力学前教育发展的措施

（1）经费方面：由政府和学校各承担一部分，以便高校附属园既能解决高校员工后顾之忧，也更便于服务周边社区。

（2）园址用地：可以充分利用高校自身的闲置教室或场馆或旧校区进行改造；可以在校区内划拨区域进行建设；可以收管学校周边小区配套幼儿园进行升级改造；可以改造大学周边闲置厂房；或者划拨用地新建。

（3）师资方面：师资方面主要涉及薪酬问题，弄清隶属关系，则可有效解决师资问题。师范院校可自行培养师资，也可为其他高校代培师资，也面向社会招聘。薪酬部分高校独自承担的话，压力较大，可由政府财政承担一部分，高校自筹一部分。

4. 支持民营普惠幼儿园发展的政策措施

各项政策支持的力度需要加强：

（1）对普惠幼儿园要按标准管理：对普惠幼儿园的准入标准、师资要求、保育以及校医的配备需要加强管理，出台明确的标准。

（2）对普惠幼儿园提供各项优惠政策，包括建设用地、投融资、各项税、费减免等方面。

（3）对民办普惠园教师培训研修、职称晋升、人事管理等提供政策支持。

5. 民营普惠幼儿园办学质量的监测措施

将民办普惠幼儿园纳入全市统一考核，统一督查，及时检测，以确保办学质量。

课题指导：陈永东

课题执笔：李彦敏

完成时间：2019年6月

大健康理念下创新“养医结合+精致康养”养老模式的对策研究

随着人口老龄化的到来，“夕阳红”队伍将越来越庞大。长江以北的老年群体对养老品质的“追求”会产生“孔雀东南飞”。北方老年群体期盼到厦门等南方亚热带海洋性气候的地方“养老”“养医”，此方面的刚需，会在未来一二十年呈爆发式增长，与厦门市未来一二十年数十万老人自身养老需求形成叠加效应。

一、厦门优美的人居环境成为“养老”“养医”的好去处

2004 年 10 月 4 日，在肯尼亚首都内罗毕召开的世界人居日全球庆祝大会上，厦门荣获“联合国人居奖”，成为当年全球唯一获得该奖的城市，这是全球人居领域规格最高的奖项，被称作人居奖中的“奥斯卡”。当年联合国人居署对厦门的评价是：“让居民在健康的环境中拥有体面的家”。2017 年 9 月 3 日至 5 日，金砖国家领导人厦门会晤成功举行，习近平主席深情点赞厦门是“一座高素质的创新创业之城”“一座高颜值的生态花园之城”“一城春色半城花，万顷波涛拥海来”。青山、碧海、红花、白鹭，海岛之城的厦门成为世界聚焦的中心，厦门也因此成为医养结合最好的去处。

厦门未来若干年将有数十万退休老年人口有“养老”或“养医”需求，加上外来务工、商务或企业所引进的各类急需人才以及高等教育毕业后就业等新生代来我市安家立业，随子随女而来的“老漂族”，加上长江以北离退休老人结伴南下，到厦门来“候鸟式”地养老或养医，这是不容忽视的庞大群体！

二、人口老龄化趋势和厦门养老床位的巨大需求

据全国老龄工作委员会公布的数据，截至 2017 年年末全国 60 岁以上老年人口达 2.14 亿，占总人口的 17.3%，65 岁以上老年人口 1.43 亿，占总人口的 10.5%，预计到 2050 年前后，老年人口数量将达到 4.87 亿的峰值，占总人口的 34.9%。这意味着 30 多年后每 3 个人就有 1 位是老年人，年轻面孔会越来越少，未来满大街到处可见老年人。

根据国际惯例，当一个国家（地区）60 岁以上老年人口占总人口达到 10%，或 65 岁以上老年人口占人口达到 7% 时，这个国家（地区）已处于人口老龄化社会。中国老龄化程度已超国际标准的 1 倍多，随着生活水平逐年改善和提升，老年人口的长寿率也逐年提高，老年人口还会加速增长。

根据厦门公安局公布的数据，截至 2018 年 12 月，厦门市常住人口已达 411 万，受厦门物理空间限制等因素影响，厦门常住人口还将逐年递增，老年人口按照占总人口的 15% 的"低位数"来预估，在未来厦门除具备"居家养老"或"居家养医"的退休老人外，其他需要社会养老支助的常住人口中的"空巢老人"或以上所列外各类需求"养老"或"养医"的老人，对养老床位的刚需巨大，与我市现有的各类养老机构的床位等有巨大差距。

三、厦门养老产业的现状与发展趋势

1. 养老产业的属性及功能

养老产业是为老年人提供集中居住、生活照料、康复护理、精神慰藉、文化娱乐等，其属性具有公益性和福利性。养老产业主要职能和功能是服务失能、半失能及儿女无法照顾等而出现的"空巢老人"。过去公立养老院主要是安置"五老"人员，随着老龄化社会到来以及社会发展，仅靠政府投入养老事业已不太现实。未来若干年人口老龄化的趋势越来越明显，而养老床位的需求"短板"也越来越明显，需要借助市场力量来加强养老机构，促成养老产业适应市场需求。

养老产业的本质属性决定了其发展呈现投资大、见效慢、利润低、市场经营风险大等特性，需要地方政府将其作为补"短板"事项认真抓，体现养老的公益性、福利性，通过落实养老产业的政策扶持和正确的引导，确保老

有所养、老有所依的社会主义和谐社会生态的形成。

2. 厦门老年化现状与养老模式

根据厦门市老龄办的统计，截至 201 8年 6 月底全市户籍 60 周岁以上老年人口有 33.98 万人，占全市当年户籍总人口的 14.35%。其中，80 周岁以上的老年人口有 4.68 万人，占老年人口的 13.78%。80 ~ 89 周岁的老年人有 4.10 万，90 ~ 99 周岁的老年人有 5695 人，百岁以上的老年人有 119 人。市统计局公布最新数据显示，截至 2018 年 12 月全市常住人口达 411 万人，比 2017 年增加 10 万人，同比增长 2.5%，按此比例计算，厦门居家医养养老的老人数大约 59 万人，再考虑“孔雀东南飞”的长江以北 60 岁以上的老人来我市养老或季节性养老的市场刚需，则我市医养养老的老人数估计在 65 万以上，这对厦门市来说是一个很大的挑战，也是民生事业市场化的需求和机会。

目前厦门老人的养老模式大部分以“居家养老”为主。“居家养老”主要是厦门的传统民俗民情，但因居家老人存在子女工作繁忙或子女工作地与家庭较远难以孝敬伺候老人等困惑，或者因目前的“家庭医生”的操作模式不成熟等现况，导致我市常住老人对社会、对市场化照护的需求越来越强烈，再加上今后若干年各类外来的养老需求的老年人数对我市的养老机构、床位、设施等硬件的要求，厦门的养老面临“一床难求”或严重的供不应求。

随着医养结合需求的增加，我市现有的各类养老机构有的借助部分医院的力量附设收费商业化“养老院”，有的私营企业设立“托老院”，但养老的品质不高。近年来，随着人们生活水平的提高，我市也出现了一些中高端的民营养老机构，但收费昂贵，有的一个月所有养医照护费用就需万元甚至更高，养老成本居高不下。养老院存在性价比高低不平等困惑，中端、高端等丰富多彩的个性化的养老模式依然“短缺”。

3. 厦门养老分类与现状

厦门公立或民营养老院并存，养老有几种分类：一类是自理型养老，以健康状况较理想且生活能自理的老人为服务对象；二类是助养型养老，以健康状况较差的半失能老年人为服务对象，主要须提供生活照料、精神慰藉、文化娱乐服务，对此类老人尤其要增加康复护理工作；三类是养护型养老，以健康状况差且生活自理完全失能的老年人为服务对象，主要以提供全程生活照料、精神安抚及面对自然规律做临终关怀等细心周到的服务。

我市的养老产业还处于初级阶段，缺乏成熟的市场经验和优质的养老产业“商业模式”来面对今后逐年递增的本区和外来的养老需求。

4. 厦门养老产业的发展趋势

厦门未来养老产业的目标是建立低端有保障、中端有市场、高端有选择的多层次养老服务体系和层次。中高端养老需要有严格的准入门槛，有专业化设施设备，有国际化照护理念，还需要培养一批经验丰富的照护专业人士，建成代表国内东南区域对失能、半失能等老年人的养老照护水平的模范示范区。

（1）从“居家养老”逐步向“专业养老”过渡。社区中各类老人的养老需求，存在需求方与帮扶方即社区和各类养老机构之间的信息不对称；“居家养老”“日间照料”成为当前社区老年人的主要养老模式，“医养结合”等民生保障的推进，吸引着越来越多的老年人，使得近年来养老床位严重不足，目前稍好一些水准的养老机构的床位出现好几位老人争一张床位，有的还要托熟人去抢好的养老机构床位的现象。“专业养老”“康养”机构等中高端养老成为越来越多追求生活品质的老人养老的“迫切需求”。厦门中高端养老产业存在短板，已经难以适应未来老龄群体在养老和养医上的要求。

（2）厦门养老产业的发展趋势。随着全社会产业结构的变革，国人的工作、生活节奏加快，现在还处于求生存谋发展的不同年龄段的上班族，在未来二三十年也将进入老龄族，年轻时为工作为生活所积累下的病疾在年老时对“养医结合”的照护需求会更普遍，即“养医照护”是未来养老机构的主要方向，进入老年期后80%问题不是医疗能解决的，即便其他年龄段，很多慢性病、功能残障、癌症晚期等也不是医疗能解决的，而是“照护”和“维持”的问题，即“康养护”问题。因此无论哪类企业或社会组织做养老事业，都要深刻认识到不要在“医”上太下功夫，真正要做的是前端的“健康管理”和后端的“康复护理或维持护理”，而中端的事由各类医院去处理，即养医养老产业不是圈地建二甲或三甲医院，而是需要满足老年人长期的慢性病调理、服药打针、康复等基本的医疗定位需求。同时在机构养老、居家养老上门服务、社区养老中，养老机构只有更趋亲情化、人性化，树立行业服务品牌，才会有连锁经营、跨区域经营的可能，有规模才会有从事养老产业的企业经营利润并体现社会价值。

（3）构建“养医照护”的产业生态工作链。按照目前国际上倡导的“整合照护”的理念，“养医照护”须整合三个层面：一是涉及医疗、健康、卫生、保健等多部门政策的顶层设计和调配；二是中层的执行主体包括医疗、养老、康复、护理等机构在医院、康复机构、社区、家庭四个层面上整合照护的工作链；三是底层服务链即专业的护士、康复治疗师、心理咨询师、专业社工、志愿者义工等形成围绕“养医照护”的产业生态工作链。

四、厦门养老产业面临的挑战

（一）厦门养老产业理念、机构、设施面临的挑战

1. 养老产业的文化理念与认识盲区

养老本质是完整人生中的一部分，是一种生活方式，也是一种文化。（1）养老是“以人为本”的关爱照护文化。不论长者身体处于什么状况，不论是需要医疗还是照护，都是“以人为本”的关爱照护文化，而不是为谋取政府补贴，通过一定的外在装饰、配套设施、鼓舌吹嘘华而不实的“养生理念”过度拔高至“贵族化养老机构”收取高昂“养生费”。养老产业的过度商业化会导致普通百姓养老的需求难以满足，难以让老年人安度晚年。（2）居家养老、社区养老存在认识上的误区和政策施政盲点。许多基层工作者认为养老工作还未到“老龄化时期”，时下还处于不温不火的初级阶段，与先进国家的养老体系还有差距是正常的。时下过度看重“居家养老”的功效，但从过去几十年来独生子女既成事实的情况看，现在的 60 后、70 后、部分 80 后这批现职人员，再过一二十年就陆续进入养老或养医的序列，加上文化结构缺失的部分 50 后构成进入“老龄社会”的主力军，由于单独孩子忙于求生存谋发展几乎没有精力照护父母，及自身这么几十年的职场拼搏积累下的病疾，会出现大批量的“空巢老人”，随着年龄增长和精神层面的亲人关怀欠缺及自然规律的制约，其“居家养老”几乎是不可能的。因此不能用“居家养老”或未成体系的“社区养老”一推了事。（3）“医养结合”应该转变为“养医结合”。进入老年期后的问题80% 以上不是医疗能解决的，如慢性病、功能残障、癌症晚期都需要“照护”和“维持”即“康养护”问题，也就是说做养老产业不要在“医”上下太多功夫，应从前端健康管理和后端的康复护理方面重点

提供对应的“照护”养老。各类养老机构最重要的功能是“养”而不是“医”。养老中的“医”着重延续性长期护理行为和健康管理及失能康复层面，而医院的“医”是以治愈为最终目的的，二者定位不同。依据自然规律和各自体质，年老后身体健康、生活能治理的老人毕竟是少数，大部分老人从医院治疗后转入“养医阶段”，其在医院治疗的信息与社区、养老机构之间的患病治疗情况形成“医患信息孤岛”，使得需要“养医”的老人无法得到完整的康养服务。

2. 部分养老机构存在“碎片化照护”

一些养老院或养老机构都有划分自理区、半自理区、失能区、失智区等，但未按被照护老人内心和实际情况及真正的需求来分类；更多的养老机构甚至仅简单分类或未分类，实质上存在“混养老人”的行为。

被照护老人需要在一个温馨稳定适合自己需求的“养老环境”中体面、自尊、完美地完成生命的最后过程。

3. 养老设施和服务不尽人意

其主要表现是：（1）一般的养老机构基础设施配备不足。重外在形象的投入，但适老化的设计理念滞后，存在内部设施尤其是消防等安全隐患。（2）供需错位。对老人提供生活照护服务，缺失心理慰藉和文化娱乐休闲，呈气氛压抑死气沉沉的氛围。（3）医疗、护理、心理、营养、社会工作的结构不合理，尤其护理养老工作人员太缺乏，同时存在专业程度不高、从业人员流动性大等现象，对需要宁静稳定的“养医”或“养老”的基本需求带来频繁的干扰刺激，不利于养老。（4）高端养老机构和低端养老机构两极分化呈“哑铃形”，而大量中等收入的退休失能、半失能老人，其购买服务的能力有限，所希望匹配的合适的养老机构缺少，无法心满意足。

4. 养老配套政策不足

养老产业发展的配套政策受到制约。如闲置房屋和设施得不到利用，养老机构的土地、融资、连锁经营、风险担保等相关政策不明确，不具备全领域的可操作性，公办民办公平性不足。

（1）利用大型公共或国有企业等闲置房屋设施创办公益性、福利性的养老机构所涉及的所有权、使用权、经营权未能“三权分离”，没有发挥出应有的社会担当和职责，存在过度看重闲置房屋或设施的商业利益诉求等现象。

（2）民营养老机构属非营利、公益的性质，而相关政策对民营非营利机构是有限制的，致使民营养老机构无法正常做担保去银行贷款，只能靠自身去市场融资，让民办养老机构持续经营难以为继，不利于老人安心养老和社会稳定。

（3）鼓励市场化开办养老机构的政策操作性不强，扶持性的操作职责界定较模糊，存在信息不对称。

（4）公办和民办养老院（或机构）双轨并行，存在不公平竞争关系，也弱化了社会养老事业的公益性、福利性。公办享受了政府各类福利等政策扶持，而民办参与养老公益性事业需要自身全投入，缺少政府大比例的扶持。

5. 老年照护保障体系未健全

现有的“养医结合照护养老”和“养老长期照护养老”都涉及医保和长期照护险（简称长照险）的合理对应使用。但实际操作中出现医院拿医疗的床位当养老的床位用，进而花“长期照护险”的钱，及部分养老机构巧立名目唆使老人拿医保的钱当养老照护使用等套保的乱象，造成医院、养老机构同时在花费“医保＋长照险”的双重支付等社会问题，破坏了老人照护体系的公正性、公平性、严肃性。

（二）厦门居家养老模式面临的挑战

随着我市人口老龄化的加剧，城市和乡村“空巢”和弱势老人家庭也呈不断增加的趋势，带来的是老年人的健康保障、日常生活照料、精神慰藉、安全保障等矛盾日益增多，其每日三餐问题首先成为诸多老人面临的最大问题。

1.“社区老年食堂”的日间照料模式

以此工作模式有效解决各类老人无力购买、无力独立煮饭的现实问题，既减轻子女的照料负担，又增加了社会就业，激活社会市场供应的活力，一举多得，是提升民生养老事业和繁荣和谐社会的利好举措。但我市现仅有个别地区少量为老人服务配套食堂，主要配套在日间照料中心，还有一些是在社区内的特约商户。目前此领域存在的主要问题是：

（1）成本收益问题。社区老年食堂采用的是非营利经营模式。由于为老年人提供的菜价非常便宜，人工费、厨卫器材采购和后续维修费、保洁费、燃气水电费昂贵，而目前水、电、气优惠对此领域的措施尚未全面落实，各项支出较大，加上各社区老年人数不均衡，老年食堂收益率普遍较低，甚至存在长期亏本经营的现象，不利于老年食堂健康、稳定、有效、长久地发展。

（2）社会服务市场定位问题。为“空巢”和弱势老年人服务的社区老年食堂本质上应该属于公益性质，其特点为“采取由社区管理的模式，限时提供早、午、晚餐，不向非老年人开放”。但是微薄的利润和较高的人力、水电等成本，使一些老年食堂出现亏损。为求生存，不少食堂把目光投向市场，尝试走市场化与社区管理相结合的新路。根据有关规定，老年食堂如果只对内，属地方政府和街道社区出资的公益性食堂，可以不办工商营业执照、卫生许可证和排污许可证；但如果兼从事对外经营，就必须办理，否则就是无证经营。目前对于“如何界定老年食堂的营利性与公益性”“非纯公益性老年食堂要不要办营业执照”等问题，有待相关职能部门做政策界定。

（3）服务质量问题。现有部分老年食堂由于成本问题，过分强调拓展营业范围，而对老年人群体的就餐环境和就餐质量有所忽视。工作人员的收入不高，流动性较大，在管理上也存在一定的困难。

（4）覆盖率不高，特约商户或合作方持续供应力不强。基于社区老年食堂的公益性以及传统的经营管理模式，商户投入与收入无法成正比，甚至亏损严重，无法吸引长期稳定的商户入驻。

加快建设“社区老年食堂”关系到千家万户的切身利益，也是一项有着巨大社会效益的民生工程，政府及各职能部门应予高度重视和政策扶持。

2. 居家养老、社区养老模式

这是当前普遍的养老模式，即以家庭为核心，以社区为依托，以专业化服务为主要服务形式，积极发挥政府主导作用，广泛动员社会力量，充分利用社区资源，为居住在家的老年人提供以解决日常生活困难为主要内容的养老方式。目前来说，这一模式是一种吸收了机构养老专业化服务和传统家庭养老优点的相对理想的养老模式。

五、创新“养医结合＋精致康养” 养老模式的对策建议

（一）创新“养医结合＋精致康养”模式思维，改变传统的养老理念

创新“养医结合＋精致康养”等养老模式，就是要改变以往传统的养老理念，重新审视养老服务内容之间的关系，将老年人的心理与身体健康放在重要的位置，以区别传统的单纯为老年人提供基本生活需求的养老服务。它既包括传统的生活护理服务、精神心理服务、老年文化服务，更重要的是有个性化的精致康养服务。

1. 分类设置养老类型

从养老和养医的属性总体分为身体健康自理型养老、半失能助养型养老、失能养护型养老三大类。

2. 创新“养医结合＋精致康养”模式

（1）“文化养生型”模式：以宗教文化、南音等历史传承，打造传统文化和国学体验基地，满足需要照护老人的精神需求，也兼顾对历史文化的传播。（2）“亚热带海洋度假养老型”：发挥厦门邮轮资源、海岸线及小岛分布资源，吸引长江以北“空巢老人”来厦门季节性度假养老。（3）“长寿资源型”：以厦门海洋性气候和闽南菜系的地方特色，形成食疗养生模式的养老。（4）“中医药膳康复型”：在东坪山生态区、黄厝等划出一些区域，按药食同源原理，鼓励养医照护机构同市场专业公司和中药供应商合作开发健康种植业、养殖业的生态康复药膳饮食品种，结合生态种养业观光和农事体验丰富老人照护需求。（5）“运动休闲养老型”：依托漫长的海岸线、东坪山森林、植物园、集美园博园、同安北辰山、翔安大嶝岛等现有的自然生态和海洋保护区资源，开发适宜老人的户外山地、海边徒步、康体养生等增强体质的养老或养医模式。（6）“学院式养老”模式：考虑到一二十年后老年人口文化结构较高，建议在现有“老年大学”基础上开设规模合适的“学院式养老型机构”，借鉴清华园、燕园、武大、复旦等校园沉稳、厚重的历史文化沉淀打造老人养老和养医的环境，让老人在人生的晚年能激发对求学时代的美好回忆，充实晚年养老的精神需求。

（二）构建顺畅高效的养老照护体系，提升照护体系国际化水准

1. 构建养医照护信息体系

以“以人为本”“以被照护老人为本”的民生工作原则，结合厦门养医的自然地理环境气候优势和解放军174医院、厦大医院、中山医院、第一医院等知名三甲医院密集的厦门周边区域，就健康、卫生、保健等所涉及的多部门的工作链，制定可连贯可落实的养医照护工作路线图和衔接操作细则，落实政府与医院等签定“厦门市养老照护战略合作框架协议”，构建养医照护信息体系。

2. 整合提升照护体系的执行力

整合包括医疗机构、养老机构、康复机构、护理机构等在院内、院中、院外的服务体系，提升在医院、康复照护机构、社区、家庭这四个层面上的执行力。

3. 整合养医照护一线专才资源

调动一切专业力量如护理师、营养师、康复治疗师、心理咨询师和社会力量如社工、社会组织、志愿者、社区资源等进入照护领域。养老照护机构的“养医结合”重点放在健康管理、长期护理、失能康复三项工作上，这三项是养老照护机构“医”的延伸，更是养老照护机构新的合理的盈利增长点。

通过这三个层面硬软资源整合，形成一个稳定长久的专业照护网格化管理体系，提升照护体系国际化水准。

（三）科学谋划布局，推动养老产业发展

从厦门地理物理空间来考虑，从可持续的经营管理和专业化照护老人着手，我市养老和养医规模的规划不宜贪大和追求过度的“高大上”。建议采用“小型化、专业化、精致化、品牌化、连锁化”操作模式，此五化中尤以“连锁化”是关键，政府等职能部门要加强宏观调控，设置养老照护产业入门的门槛和进入此产业的投资主体数，采用面向全国甚至养老照护水平先进国家的运营主体公开招投标，择优选择信用好、实力强的养老机构或有成熟专业技术操作方案的投资主体进入我市做“养老产业连锁经营”。要从规模上设置限定每家养老机构不得超过300张养老床位数；在养老经营层次上有针对性地

引导和要求错位经营，避免同质化养护经营，因为养老服务业是公益性“微利行业”，用“连锁经营”可以确保投资人应有的规模效益，同时也兼顾社会公益性、福利性同市场效益性的和谐统一。

要防止一哄而上各自抢占市场，无序一味扩大单一养老机构的床位数，导致被照护老人得不到无缝对接的点对点的关怀，造成养老产业市场扎堆同质化经营的恶性竞争，影响我市民生养老工作的正常开展。

（四）完善机构及设施服务，促进养老事业发展

1. 引进多元化投资主体投资养老产业

面对未来二三十年“老龄化社会”对养老需求的爆发式增长，要充分发挥厦门海港城市“四季如春”的地理优势，多元化引进央企如保利招商、华润等，引入保险如“中人寿”“太保”和国外知名保险商等，引进欧美知名的养老机构，国内知名民企如阿里集团、腾讯等投资商多元化参与养老产业的市场布局，完善和弥补现有初级养老产业的不足，增加有品质的养老床位，提升养老产业的活力。

2. 优化完善养老养护设施

优化设置适老化和便利化设施，如：为防止失智老人误开窗户发生安全事故，每间老人住宿窗户设计开到 15 cm 宽；遇到火灾等时窗户能自动沿轨道滑移至最左边（或右边）以帮助老人逃生；安设有缓冲功能的地面防滑地胶和墙面扶手杆及屋内转角的防撞软包墙面体；设计有卡位的洗澡间和马桶软包靠背等人性化的安全保护设计，确保老人安心放心养老。

3. 完善提升养医照护服务水平

（1）培育养老照护专业技术人才。①先行先试引进国内或国际上顶级的养老服务培训机构与地方共同联办“厦门养老照护技术学院”，专门培养养老产业所急需的养老综合管理人才、专业护理师、康复营养师、康复治疗师、健康管理师、心理咨询师、专业社区养老社工，及对社会组织、社会志愿者的培训和教学。借此把厦门打造成全国性养老照护的技术培训示范区和养老产业先进技术支撑的“人才洼地”，输送养老照护所急需的各类专业人才，既增加市财政收入又扩大社会的就业面。②建立养老照护人员的培训机制，一方面通过薪酬制度、晋升渠道、职业补贴、行业职称考核评定、从业资格考

核认证等方面激励照护从业人员安心稳定工作；另一方面借鉴国家多年来的“师范生免费培养机制”的做法，由财政支持加强照护专业培养和从业补贴配套。同时可以创新引进各类社会组织的力量，组建市级“养老照护服务专才培养基金”，制定相应的专才扶持细则。③养老人才政策支持。建议按引进人才的相关政策延伸到普惠民生大计中养老所需各类养老照护专才；争取上级部门的人才政策支持，就初、中、高三级照护职称评定工作先行先试出台评定细则，稳定一线照护专才安心服务民生。

（2）完善提升“居家养老”服务水平。①建议为已开设的专业养老机构实施购买服务，同时就社区的相关养老照护设施、场地、公房房屋及政府建设的公用公寓及国有闲置地产等硬件设施进行协调和统筹安排。②建议在社区开设“日间老人活动中心”或“短期照顾中心”或“能提供24小时照护的特殊老人住宅”，家属可根据老人各阶段需求选择不同类型民生服务，搭配“居家养老”使用。③建议发挥各社区的职能，动员各社会团体或组织、社区社工、志愿者组织与社区协作，常年不间断轮流组织老人户外踏青、社区文娱活动、参访城乡建设等，既可满足老年人的精神需求，又能减少家庭、社区、政府的照护费用的投入，实现双赢。④建议开设“虚拟照护体系”，针对身体健康或半失能但家庭能照顾或不愿接受社会养医照护等拟“居家养老”的老人，不提供床位，只提供部分或全部的照护服务。通过电话、子女家人的移动终端网络等信息管理系统，由社区负责与政府部分购买服务的社会养医照护机构或社会服务机构对接，上门为老人提供洗衣、煮饭、打扫卫生、理发等家政服务，家电、管道疏通等维修服务，代购生活用品服务，代缴水电气通讯费服务，上门康复护理等等照护，所花费用视老人及家庭实际情况，由政府购买服务，老人或家庭按比例各自支付解决。

（3）完善养医照护多种模式。就人老后出现的心脑血管、各类癌症、痛风、风湿类疾病、呼吸系统哮喘等慢性病或重症维持生命等失能、半失能老人的养医照护，建议强制开设养老照护的机构必须有一定比例的“养医结合服务机构”，不能一味追求高端养老收取昂贵的服务费用等过度商业化行为。

采纳博大精深的中华医术养生康复体系，就医疗康复、健康管理、健康干预、慢性病干预、一对一专业护理等不同需求和流程，引进具备“通络、养精、动形、静神”养生八字经为干预指导宗旨，依据老人在医院治疗所传输的相关治疗信息，采用西医无法治愈的中医调理体系，用熏、蒸、泡浴、泡脚等古法医术把中药药性渗透肌体内腑做病疾调理和改善恢复；辅导患病待康复的老人适度介入太极、五禽戏等古老养生手段促进老人康复体质，减缓老人受病痛折磨和伤害的程度。

（4）用互联网＋创新养老工作。养护服务的载体尤其在未来若干年是智能化、信息化的通道畅通运营的时代，但一部分老人使用的仍是传统的方式。居家虚拟养老或在社会养老机构的老人需求和各自情况都需要政府职能部门打通老人、家庭、医院、社区、养老照护机构、社会组织及职能部门的“养老信息传输链”，整合和建立养老民生工作数据库，消除“医疗和养老护理照顾之间的行程的信息孤岛”，出台涉及老人健康医疗数据、个人医保、个人支付、家庭情况等须隐私保护的养老民生信息的网络采集和应用管理条例，从法规条例上予以规范，避免个人信息泄漏给老人和家庭带来无端的伤害。

（五）整合资源促进养老产业发展的对策思路

1. 整合政策资源扶持养老产业

（1）在有限的地理物理空间下，发改、民政、房管、建设等职能部门要加强协作，摸清现有公用地块、公共闲置设施、辖区内各类企业尤其市区两级国企及在厦央企的闲置地块和房屋等基本数据，由市房管、民政等做排查和整理归类建档，鼓励市属区属国企主动担当社会民生养老事业的职责，政府牵头选择合适地段，建议采用“业主所有，照护机构使用和连锁错位经营，相关职能部门监督管理”的运行机制保障各方权益。

（2）相关职能部门在发放审批经营权证时，明确设置中小型养老机构，在新建或翻修建城区时须留足相应的物理空间用于配套建设养老照护机构。

（3）针对公办、民营养老照护双轨并行存在的不公平竞争现象，取消对民办养老惠企政策的不合理前置条件，从政府投入开办和购买养老服务、福利补贴及相应经营税费等方面一致公平施政，促进先行先试，推动养老产业市场化。

（4）建议以常住人口中需“居家”养老和养医老年人为对象，给予其家庭一定的财政补贴，鼓励家庭成员主动做老人“居家养老”的全程伺候照料工作，降低对社会养老机构床位刚性需求紧缺的压力，更有力促使家庭敬老养老观念的和谐传承。如果“空巢老人”不便居家养老，应视其真实的养老金可用情况，采用部分或全部购买社会服务，针对性开展上门护理、急救、康复、用药、交通等照护或临时转入社区老人日托中心等。

2. 加强对养老照护体系的监管

（1）出台各类养老照护服务标准等实施细则。建议按照自理型、助养型、养护型三大类，民政、卫计等相关职能部门尽快健全适合市情的养老照护机构分类标准和各自服务范围，确定不同的监管标准条例及老人入住养老照护机构的评估标准，包括身体状况、收入经济状况、政府购买各类养老照护服务标准等实施细则。

（2）建立养老照护数据采集信息库。向社会公开召投标引进多家信用、技术实力强的审计师事务所等第三方评估机构，通过购买社会服务，建立养老信息传输采集归类数据库，对各类养护机构的日常经营做全程联网审计监控。养老照护机构就“居家养老”“社区养老”“专业养老机构”三个层面，通过互联网医疗服务平台和养老照护体系服务平台，委托第三方机构进行日常数据采集传输，主要录入治疗和康复护理等实时服务过程的图像，对其经营财务数据做不定期抽查核实。

（3）设置“养老收费界定防火墙”。确保养老照护体系的公益性、福利性和市场行为的和谐统一。通过“先行试点逐步扩展，低点起步，逐步过渡”的方式，建立符合“老龄社会”需求的长期照护保障制度。如对各类低、中、高三类照护机构的入住押金、床位费、餐费、康复护理费、文娱健身康养费等等收费标准做出政策界定和限定。其中最关键的是民政、物价、审计等职能部门针对无退休养老保障，但需养老或养医的弱势老人群体，应安排在公立养老机构或社区机构或市场化照护机构，设置政府救济托底机制，确保保障工作。对已出现的各类主题形式的高端“贵族式养老或养医”商业化照护机构的收费名目和收费标准一一加以政策界定和限定，防止昂贵收费行为干扰民生养老大计的公益性。对中等收入的退养群体的市场化照护收费标准，给予严格控制，同时给予一定的购买社会服务资助。

（4）建全市场化养老照护机构准入、退出的审批监管机制。实施市场化养老机构和公立养老机构的行政许可；由民政职能部门和所委托的独立第三方审计师事务所等共同制定等级评定及评估年检的制度，以确保公正性、公平性、透明性。

不定期就各类养老照护机构的从业人员、配套设施、服务项目收费明细、管理水平、社会信用等信息进行数据采集归类综合评定，每年度年初即向全社会公布其上一年度的检查评定情况。

安全监督方面，每季度民政部门牵头，联合卫生、公安、消防等职能部门及中标第三方机构专业人员，分片区交叉深入检查养老机构的食品、康复器械、护理药品、消防器材设施的安全性。

3. 创新精致康养的政策支持与法律法规支持

一是建议市政府出台《厦门市社区老年食堂民生服务工作管理（试行）条例》，将社区老年食堂建设全面列入计划，以街道为一个工作单元，在其社区居委会建立中心食堂，进而辐射辖区内各物业小区。建议在试行条例中明确社区老年食堂以公益性为主，兼市场产业化运作。针对低保人员、低收入人员、失独家庭、残疾人及社区居家养老“空巢”老人，实施免费就餐，对社会其他人员实行市场化有偿服务。社区食堂分为无偿服务、低偿服务、有偿服务三类，针对不同人员制定不同的结算方式。

（1）社区老人食堂由市区两级政府的财政按比例投入，向社会招投标购买服务，标的分为“中央厨房”营运商和日常食材供应商两类。由市区两级政府和街道协调免费提供场地。

由市政府统一招投标引进知名品牌企业，依各社区老人实况，在邻近社区居委会共设统一标准的老年中心食堂，我市在全国率先先行先试向老人供餐全覆盖。

（2）采用公开招投标方式，对于竞标入驻社区老年食堂的经营企业及食材供应商，除了民办企业外，鼓励国有企业有社会担当，积极应标。

（3）设立保证金制度。对于入驻社区老年食堂的经营企业及其食材供应商，应当先预交一定数额的保证金，该保证金由街道代管且存入指定银行专用账户。

（4）实现效益最大化，维系老年食堂经营长久可持续。社区老年食堂在为社区老人提供服务的同时，可扩大服务面，通过设立社区助餐点，购置配送车送餐等形式满足更多行动不便的老年人居家用餐的需求。同时开放其他年龄层次的人群及附近上班族以正常的市场价格享受用餐服务。鼓励和引进各类社会志愿者组织入驻服务。

（5）加强监督管理，保证用餐安全。由市区两级财政向社会购买食品安全检测专业服务，对食堂的食品卫生做日常“飞行检查”的监督管理。一旦发现食品存在安全问题，由有关部门向其责令整改、警告、罚款，造成严重后果的还应当对主要负责人、直接责任人进行行政罚款、拘留，构成犯罪的追究刑事责任。

（6）定期考核，设立评分机制与奖励机制。成立由社区工作者、企退自管小组等组成食堂监督管理小组，定期对社区老年食堂运行情况、环境卫生、食物质量、就餐秩序、服务水准等进行抽查考评。在社区设立匿名投票箱、电子投票系统等，多渠道掌控社区老人对用餐服务的满意度情况，对于评分高的经营者予以奖励，对评分低的实行罚没保证金、予以淘汰的常态化机制。

（7）配套网络大数据分析，建立各社区老年中心食堂和老年人综合服务信息收集渠道，建立以老年食堂服务为中心的对老年人日间照料综合服务的“社区养老体系”。

二是市区两级政府依照试行条例出台切合各自实际情况的专项政策，帮助街道首先解决免费或低价的经营场所，协调利用闲置的国有固定资产作为社区食堂的经营场所。

三是对社区老年食堂所用水、电、气等实施市区两级财政按比例共同帮扶，实施免费或按住宅使用标准收费的财政优惠补贴。

四是在治安、卫生、办证照、经营免税等方面，市区两级政府协调相关职能部门给予中标的老年食堂经营商和食材供应商在经营税收上的优惠以及其他补助等政策支持，降低老年食堂经营供应商和食材供应商的运行成本，提高中标方参与民生建设的积极性。

课题指导：李实全

课题执笔：王进法

完成时间：2019年09月

如何引入民营资本助力居家社区养老

来自全国老龄工作委员会办公室的最新数据显示，全国 60 岁及以上老年人口达 2.41 亿，占总人口的 17.3%。预计到 2050 年前后，老年人口数量将达到 4.87 亿的峰值，占总人口的 34.9%，这意味着 30 年后，中国每 3 个人中就有 1 个老年人。近年来，在完善社会养老保障体系方面，厦门各级政府都进行了积极探索，市、区都出台了一系列养老政策，居家养老服务实现了全覆盖，政府扶持力度不断加大，养老事业发展取得积极成效。目前，厦门市户籍人口 226.7216 万人，其中 60 周岁以上的老年人 32.3490 万人，占老年人口比例为 14.667%。虽然厦门老年人比例略低于全国平均水平，但呈现老年人口基数大，全市人口平均寿命高（全国 76.1 岁，厦门 80.47 岁），老年人口增长快、高龄化，家庭小型化和“空巢”化比例大的特点，这就对养老供给和养老服务提出了更高要求。

一、居家社区养老服务的重要性

我国延续数千年的历史上，养老主要依靠家庭成员，即所谓的家庭养老。尽管在现代社会，家庭养老也仍然是社会化养老的一个重要补充，但是，随着大家族的弱化，家庭养老已越来越不能满足老年人的养老需求，难以承担老年人养老的重任。进入新世纪以来，在政府强有力的政策支持下，各地加大了养老机构建设的力度，养老机构和养老床位大幅度增加。然而，养老机构的建设与老年人的传统思想、家庭文化和消费观念存在一定差距，养老服务也存在与养老需求脱节的现实。在家庭养老能力不断下降、机构养老存在结构性失衡且总体上供不应求的背景下，居家养老的优势和长处突显。同家庭养老相比，居家养老是专业、高效的养老服务方式，具有明显的优势；同机构养老相比，居家养老是一种投入小、经济和社会效益更高的养老方式。当前，以“居家为基础、社区为依托、机构为补充，医养相结合”的“9073”社会养老服务模式已基本形成。居家社区养老是涉及亿万群众福祉的民生事业。

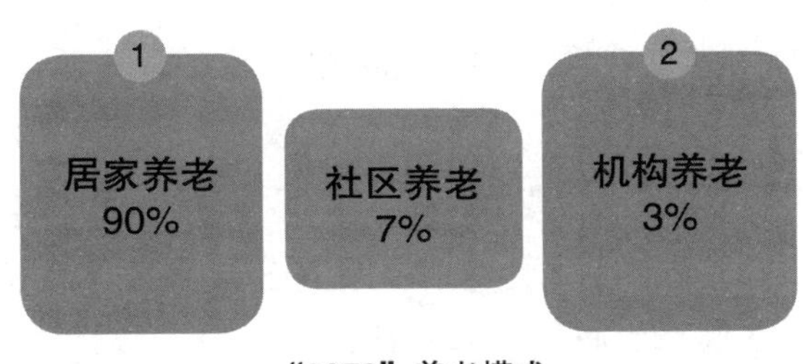

“9073”养老模式

二、发展居家社区养老的必要条件

居家社区养老是指政府和社会力量依托社区，为居家的老年人提供生活照料、家政服务、康复护理和精神慰藉等方面服务的一种服务形式，是对传统家庭养老模式的补充与更新，是发展社区服务，建立养老服务体系的一项重要内容。

（一）发展居家养老服务，必须从老人实际需求入手

居家养老涉及方方面面。我们为老人提供养老需求，要切实掌握了解老人自身的需求后才能很好地为他们提供服务。老人个体情况不同，呈现的个体需求也截然不同，我们一定要摸清老人的需求，汇总出多数老人需求的大数据后，再有针对性地为老人提供服务。居家养老服务必须注重实效，当前，一些社区、养老服务机构以及部分社会组织开展了大量的居家养老服务，但有供给无需求、有需求无供给的问题比较突出。

（二）发展居家养老服务，必须建立健全居家养老支持政策

要支持建立以企业和机构为主体，社区为纽带，满足老年人各种服务需求的居家养老服务网络，积极培育居家养老服务企业和机构，支持社区建立健全居家养老服务网点，利用社区公共服务设施和社会场所组织开展适合老年人的群众性文化体育娱乐活动，支持企业和机构运用互联网、物联网等技

术手段创新居家养老服务模式，等等。

（三）发展居家养老服务，政府要加大财政投入

政府财政投入的方式很多，既包括政府的直接投入，也包括从用于养老服务的公益彩票金中列支合理比例支持居家养老服务，还包括政府为特殊人群的老年人购买居家养老服务。在当前各级政府加大公共服务体系建设，并加大政府购买基本公共服务的背景下，各级政府及相关部门应当将发展居家养老服务列入当地经济社会发展规划，纳入公共服务体系建设的重点领域，强化对发展居家养老服务的政策引导和扶持。

（四）发展居家养老服务，要充分发挥民营资本积极性

我国居家养老服务的提供者，既包括政府、社区、公益性或非营利性组织，也包括志愿者和义工、家庭成员，以及国有企业资本、国内中小企业资本及民间闲置资本等各类社会力量。不同的居家养老服务提供者既有分工，更有合作，引入社会力量尤其是有实力的国有企业资本、国内中小企业资本及民间闲置资本，整合资源，共同为居家的老年人提供生活照料、医疗护理和精神慰藉等养老服务，使专业养老服务机构得以为老年人提供优质的居家养老服务。

三、当前我市居家社区养老现状

近两年来，厦门市政府大力推行的居家养老，主要推选的是“助老员＋助老服务项目＋日间照料”的三位一体模式，取得了一定的成效。三位一体，一是指专业助老员。2017 年起，厦门市在岛内的所有社区、岛外部分试点社区推行专业助老员制度，明确每个社区以 400 名老人向专业助老机构购买 1 名助老员派驻到社区，来社区链接机构、政府等资源直接服务于老人。助老员制度是 2017 年、2018 年为民办实事项目，助老员实行双重管理，业务上接受机构培训指导，工作上由社区负责统筹安排。助老员依托社区网格化、日间照料中心、居家养老服务站、农村幸福院等机构，快速响应老年人服务需要，打造社区“15 分钟为老服务圈”，真正把养老信息化服务根植到社区。他们承担社区居家养老服务站管理工作，也可以弥补居家社区养老工作人员和

专业化不足的问题，得到政府和老人的一致认可。二是助老服务项目。目前，厦门老来俏、智宇、国太亚医、金秋等专业助老机构通过公开招投标、竞争性谈判、竞争性磋商等方式，承接了区、街依托助老员为社区老人提供应急响应、生活照料、精神慰籍、文化养老等服务项目，专业机构招聘的助老员全部是学历大专以上、年龄 40 岁以下的人员，集中进行专业化护理、急救、方案写作等技能培训，考核后为社区老年人提供服务。随着人口老龄化程度不断加深和人民生活水平逐步提高，老年群体多层次、多样化的服务需求持续增长，围绕居家养老提供的深层次的、多样化的服务，使社区居家老人服务的有效供给有了更好的保障。三是日间照料中心。日间照料中心其实就是托老所，为社区内生活不能完全自理、日常生活需要一定照料的半失能老年人提供膳食供应、个人照顾、保健康复、休闲娱乐等日间托养服务，是一种面向社区所有老年人开放的机构。社区老年人可以“白天入托接受照顾和参与活动，晚上回家享受家庭生活”。日间照料中心除托管老人，让他们享受全套的护理康复服务外，还可以辐射家庭，老人在家里有任何困难，一个电话，日间照料中心的工作人员就可上门提供服务。

虽然养老是朝阳产业，但实质上，养老服务投入大、回报周期长、盈利小、风险大已成共识。厦门越来越多的居家养老服务机构在进入社区，满足老年人各种各样服务需求的同时，都面临着融资难、用人难、运营难等突出问题，社会化养老产业经过数年的发展，仍在摸索中，大批资本在喊出进军养老产业的口号后，还处在“拔剑四顾心茫然”的境地，厦门养老社会市场专业化不足、供给不足等问题明显存在，日间照料、机构养老、家庭养老、居家社区养老这些养老保障平台都还处在基础相对薄弱的状态，养老服务业存在诸多短板。

四、希望取得的支持和帮助

养老事业关乎千家万户。从政府层面来说，它是一项重要的惠民工程，任重道远；从企业来说，没有真正的大爱情怀以及正确的价值观和对事业理想持之以恒的追求，是无法完全投身到养老事业中去的。我们渴望为加快推进厦门养老事业发展尽一份绵薄之力，但无论是政府关心的养老事业的推进，还是养老服务机构自身的战略规划，养老产业发展和稳定的任务都十分艰巨，可以讲压力和困难同在，机遇和挑战并存。当前，如何持续发力，如何加快解决老年人最关心、最直接、最现实的养老问题？建议从政府层面和激发民营资本潜力两方面着手。

（一）拓展志愿服务队伍规模

建议参照北京长照险、广州长者厨房等以奖代补的方式，各行各业“真金白银”支持居家养老服务发展，通过爱心企业加大支持专业化机构发展力度，让更多的社会力量参与到居家养老、日间照料中来，提高居家社区养老服务质量和水平。

（二）助力“老年春晚”品牌项

2017 年和 2018 年老来俏机构通过每年自筹 200 万资金，以举办老年春晚形式，深入社区，打造出了一台高质量的老年春晚。他们的活动获得了社会和老人的一致认可，走进了老年人的心中，在倡导积极向上健康心态的同时，让居家老人能真正摆脱孤单，“走出来、动起来、学起来、乐起来”。两届老年春晚，市民政局、市老龄办在筹备、组织策划和业务指导上给予了支持，但经费完全是老来俏自筹解决。因此建议市工商联考虑引入有爱心的的民间资本，采取冠名或赞助的方式，认捐老年春晚部分费用，让这一深受群众喜欢的节目办得更好，持续长久，鼓励老人“动起来，乐起来”，让养老变成享老，真正实现“人人安享晚年”的和谐愿景，弘扬慈孝文化，营造尊老助老氛围。

（三）完善社区居家养老服务设施

社区居家养老服务设施是指建在社区，为居家老年人提供生活照料、医疗保健、文化娱乐等服务的设施。要完善和增加社区居家养老服务中心（站），现有服务设施尤其是深受老人喜欢的健康医疗、理疗设备，更应增加为老人服务的功能，不断拓展服务项目。我们建议民营资本助力和提升居家老人服务设施，包括文化体育设施，为老年人服务，满足老年人“老有所学，老有所乐”的精神生活需求。

（四）支持居家养老助老项目拓展发展

当前，以思明区为例，每年给予机构的助老员人均费用不足六万元，而机构剔除人员流动、培训、签约时间差、助老主管设置、机构管理成本等费用后，单一助老员在不为社区提供服务的前提下，就需垫付 1.5 万元左右的人员成本费用。以全市体量过半的老来俏机构为例，现签约近 200 名助老岗位，这就需要机构每年弥补 300 万元费用缺口，再加上居家养老服务过程中，机构会挖掘和发现众多真实需要帮助的个案支出。因而他们迫切希望更多更强的社会力量一起来助力居家养老服务公益事业，以发挥专业的养老服务机构点对点、面对面精准服务老人的优势。

（五）培育专业助老，护老服务队伍

组织开展养老服务人员培训，提高职业道德、服务意识和业务技能水平。通过奖励养老护理等相关职业技能鉴定工作，积极指导、发展志愿者队伍，探索建立义工服务时间储备制等互助服务制度。鼓励在高等院校和中等职业学校增设养老服务相关专业和课程，为养老服务业发展培养专门人才，不断提高养老服务队伍专业化水平。

课题负责：刘海星

课题执笔：曹莲英

完成时间：2019年11月

金融服务

JIN RONG
FU WU

互联网金融创新背景下厦门民营企业融资策略研究

民营企业贡献了 50% 以上的税收，60% 以上的国内生产总值，70% 以上的技术创新成果，80% 以上的城镇劳动就业，90% 以上的企业数量。由此可知民营企业对我国经济社会发展做出了突出贡献。但随着市场竞争加剧、传统产能过剩、生产要素成本上升等发展制约因素加剧，民营企业发展面临严峻考验，而融资难则是制约民营企业发展的关键因素。因此，习近平总书记在 2018 年民营企业座谈会上强调，要不断为民营企业营造更好的发展环境，帮助民营企业解决发展中的困难，并强调解决民营企业融资难融资贵问题。国家一系列支持民营企业发展的金融支持政策的出台，为民营企业的发展带来了新机遇。因此，研究厦门民营企业如何充分利用国家的各项金融扶持政策采取相应的融资策略，以促进企业健康、持续发展，具有一定的理论和现实意义。

一、互联网金融创新背景下厦门民营企业融资现状

（一）厦门民营企业的融资渠道

2019 年 3 月国家发展改革委产业司对厦门民营企业就《关于民营企业经营发展困难及相关政策建议调查问卷》（以下简称《调查问卷》）中资金来源的调查结果显示：除 16 家企业未填写外，24 家民营企业的资金全部是自有资金，36 家民营企业除了自有资金外全靠银行贷款，另有 4 家企业除了银行贷款外还有部分民间借贷，其中有1家还有 30% 的信托基金资金来源。由此可知，目前厦门的民营企业资金来源主要靠自有资金，外部资金来源主要依靠银行

贷款和民间借贷，股权融资只有少数的上市公司可以采用，新兴的互联网金融没有一家企业采用。虽然这次调查收集到的问卷只有 88 份，而且这些答卷民营企业相对规模也比较大，但也大致反映了厦门民营企业的总体情况。

（二）厦门民营企业融资难的改善情况

自 2018 年习近平总书记在民营企业座谈会上发表讲话后，我国金融监管机构及各地相继出台了多项促进民营企业融资的法律法规及扶持措施，既有通过信用风险缓释为民营企业提供增信支持，也有为民营企业提供债券融资、股权融资支持，还有引导银行调整信贷政策，为民营企业注入流动性。在《调查问卷》中，针对习总书记讲话后政策落实情况，厦门民营企业对缓解融资难融资贵的感受统计如下表。

厦门民营企业对缓解融资难融资贵的感受统计

选　　项	有较大好转	有所好转	与当前持平	有所加重	明显加重	未填写
获得银行贷款	11%	40%	30%	5%	1%	14%
多种渠道融资	7%	34%	33%	3%	1%	22%
降低融资成本	6%	27%	42%	5%	0%	20%
抽贷断贷情况	8%	32%	32%	0%	1%	27%
股权质押平仓风险	6%	27%	39%	0%	0%	28%

从上表可知：依然有 36% 的民营企业认为从银行获得贷款没有很好地改善，在多种渠道融资问题方面有 37% 的民营企业认为没有改善，融资成本问题就更是高达 47% 的民营企业认为没有改善，对于银行的抽贷断贷情况也有 33% 的民营企业认为没有改善，股权质押平仓风险方面也有 39% 的企业认为没有改善。由此可知，民营企业融资难问题依然严峻。

二、目前厦门市民营企业融资难的成因

2018 年习主席在民营企业座谈会讲话后，民营企业融资难问题引起了高度重视，政府各部门通过各种方式来帮助民营企业解决这一困境，但民营企业融资问题依然严峻，这是由多方因素导致的。

（一）民营企业自身问题导致融资难

《调查问卷》中针对“从银行贷款面临的主要问题有哪些”，31% 的民营企业选择缺乏抵、质押资产，29% 的企业选择利率太高，11% 的企业选择存在贷款歧视，8% 企业选择信用评级无法达到标准，剩余的主要是缺乏担保、征信问题和企业经营风险。这主要是因为民营企业自身存在以下问题：

1. 部分大型民营企业体现为高杠杆下的融资难

前些年在市场整体宽松的大环境下，一些大型民营企业非理性扩张，存在激进的加杠杆行为。在当前信用条件下，由于期限错配、资产价格走低和抵押物价值下降，导致民营企业资金流紧张，一旦银行抽贷、断贷，就会导致其资金链断裂，出现流动性问题。

2. 民营企业信息透明度低，信誉不足

民营企业普遍缺乏良好的信用记录和公众形象，企业信息透明度低，缺乏规范化管理。据调查，约 35% 的民营企业没有在人行信贷系统登记，46% 的民营企业根本没有信用等级。这种情况影响了金融机构对民营企业贷款的积极性。

3. 财务制度及管理欠佳

民营企业普遍存在经营管理不规范、内部规章制度不健全、没有建立完善的财务审核制度、财务人员素质较低、财务资料不规范，甚至有些民营企业连财务报表都没有，还有些民营企业存在两本账的问题。这些都导致银行与民营企业之间存在严重的信息不对称，银行很难判断小微企业的经营状况和存在的财务风险。为了规避贷款风险，银行自然就不愿意贷款给民营企业。

4. 民营企业缺乏抵、质押品

目前大部分银行在放贷的时候都要求以固定资产作抵押，无抵押品则需提供相应的担保。而劳动密集型、网络、科研开发、贸易等轻资产民营企业可用以抵、质押的资产不多，难以达到银行信贷审核标准，也就难以获得银行贷款；另外，即使获得银行贷款，也因各种原因导致贷款授信额度低于抵押物的评估价值，如翔安火炬园区企业的土地厂房不管多大只能办理一本产权证，不能分割办证向多个银行进行抵押，因此能拿到的授信额度很少。担保公司一般也都仅倾向于提供短期担保，且操作手续和程序都相对烦琐复杂，

一定程度上为民营企业融资设置了无形障碍。

（二）商业银行的信贷政策问题

银行贷款在民营企业融资中占据重要地位，但民营企业能从银行获得的贷款的数量有限。这是因为：

1. 银行贷款意愿的顺周期性

当经济下行时商业银行为控制贷款风险，惜贷越明显。目前受金融去杠杆、资管新政影响，银行机构惜贷明显。由于信息不对称，银行对资本不足、抵押品不足的民营企业融资收紧更为明显。有的银行对民营企业惜贷、不敢贷甚至直接抽贷断贷，造成民营企业流动性困难。

2. 银行对民营企业贷款的服务成本高

民营企业数量多、地域分散、规模小，单笔融资金额小，资金需求分散、周期短、随机性大。而且民营企业普遍存在经营不规范、财务不透明、信用记录缺失等问题，银行获取和验证相关信息的管理成本较高。这无疑增加了商业银行对民营企业贷款的金融服务成本，从而降低了银行对民营企业贷款的积极性。

3. 部分银行从业人员存在恐贷症

商业银行一些信贷从业人员因为前些年受小微贷款不良问责处罚的比例较大，一定程度上患上了“恐贷症”“惧贷症”，拓展民营企业的动力不足。

（三）其他融资渠道不畅

1. 民营企业上市融资困难

民营企业想要通过资本市场融资，只能到国内主板、中小板、创业板及新三板等市场或海外上市融资。股票市场对多数民营企业而言是个可望而不可即的融资渠道，只有少数符合条件的优质民营企业可通过上市获取资金。而且严苛的准入门槛以及漫长的审批排队使得民营企业上市融资越来越困难。即使是准入门槛比较低的新三板市场，截至 2019 年上半年全市场融资 174.15 亿元，远低于 2018 年全年 600 亿融资额以及 2017 年 1300 亿融资额。由此可知股权融资的难度之大。

2. 债券发行管理严格

目前，国内公司债券发行的各项指标均由国务院统一确定，实行规模管理，债券发行时优先考虑农业、能源、交通及城市公共设施项目。因此，受到规模和行业的限制，民营企业进入债券市场难度很大。2018 年 10 月 22 日，国务院常务会议审议，决定设立民营企业债券融资支持工具。由央行提供部分初始资金，通过专业机构市场化运作，出售信用风险缓释工具和担保增信等方式，为有市场、有前景、有技术、有竞争力，但暂时遇到流动性困难的民营企业发债，提供信用支持。但能得到信用支持的民营企业毕竟是少数的，大多数中小民营企业发行债券的可能性就更是微乎其微。

三、互联网金融创新背景下厦门民营企业融资难的对策

要解决厦门民营企业融资难问题，需要各级政府发挥主导作用，创造良好的金融生态；需要银行加大创新，改进服务；也需要民营企业加强自律，规范经营，增强实力。

（一）提高民营企业自身的融资能力

1. 加强民营企业自身素质建设

首先，民营企业应理性发展，做到量力而行，避免过度融资，将企业经营风险控制在可控范围内。其次，为达到银行贷款要求，民营企业应加强内部管理水平，提升自身形象和社会信誉，积极建立健全现代企业管理制度，完善财务管理制度。最后，积极加强自身诚信体系建设，构建一个良好的融资信用体系；利用互联网平台加强宣传企业亮点，建立长效信誉建设机制，降低企业信用成本、机会成本。

2. 有效利用互联网金融创新平台

随着互联网金融在我国的快速发展，互联网金融通过大数据、云计算等先进技术和方便、快捷的操作流程，打破了信息不对称、信贷配给、逆向选择、道德风险、交易成本高等困境，有效解决民营企业融资难的问题，很大程度上满足了民营企业融资需求。目前，民营企业通过互联网金融进行融资主要有 P2P 网络借贷模式、第三方支付模式、众筹、互联网金融门户、互联网金融租赁五种模式。

厦门民营企业应当结合本企业的实际情况和发展需要制定相关的策略。首先，选择适合的第三方支付平台进行支付结算，在日常支付结算中积累企业信用；其次，挖掘企业资源，有效利用众筹平台融资；再次，根据自身情况，选择信誉度高、风险控制措施好、利率相对能接受的网络借贷平台融资；最后，在积极探索新的融资渠道的同时，应根据企业自身规模特点，积极争取政府相关的扶持政策，加以利用。

3. 规避潜在融资风险

民营企业在融资的过程中也需注意潜在融资风险的防范和规避。首先，企业应保持合理的资本结构，维持适当的负债水平，既要充分利用负债经营获得经济利益，也要防止过度举债使企业陷入财务困境。其次，建立和完善融资风险预警系统，时刻关注出现的新变化，建立有效的风险评估和分析模式，对融资风险程度、结果等进行分析，及时做出正确的融资对策。最后，民营企业还须增强金融法律意识，在法律的框架下进行融资，规避法律风险，防止骗贷。

（二）引导商业银行调整信贷政策

1. 提高商业银行对民营企业的信贷意愿

首先，商业银行应充分认识到民营企业是国民经济的重要组成部分，支持民营企业发展就是支持整个国民经济发展。另外，银行要扩大业务也必须拓展服务对象，民营企业将是一个不错的利润来源客户。

其次，厦门市政府应积极建立多样性、合理化的贷款风险补偿体制，提高民营企业贷款可获得性，如采用风险补偿金给商业银行以支持商业银行主动贷款给民营企业。

最后，完善金融机构监管考核和内部激励约束机制，把业绩考核与支持民营企业挂钩，明确授信尽职免责认定标准，完善容错纠错机制，对民营企业贷款基数大、占比高的金融机构，给予监管正向激励，提高金融机构服务民营企业的内生动力。

2. 采用贷款担保服务来降低银行贷款的风险

厦门市政府可引导民营企业与金融机构共同出资建立民营企业贷款担保机构。该机构主要为本区域民营企业提供贷款担保服务。对于具有良好发展前景，但又缺乏融资担保的民营企业，提供高质量的担保服务，真正发挥再担保企业的积极作用，给这些民营企业相应的增信服务，使其能够顺利地从银行贷款，提升优秀民营企业的融资速度与质量。

（三）创造良好的融资环境

1. 开拓融资渠道和开放资本空间

解决民营企业融资问题时，需要高度重视开拓融资渠道和开放资本空间。在防范系统性风险的前提下，应针对不同风险偏好的融资需求者，提供不同的融资渠道。积极引导民营企业到资本市场上进行直接融资，可从以下几点着手：

首先，建立企业上市的培育服务体系，为企业量身定做个性化、专业化、差异化的综合培育服务。其次，应逐步放松市场准入条件，简化上市审批程序，让更多的民营企业可以通过资本市场来募集资金。但要正确处理好降低准入的同时不能加大担保、信贷、债券、股市等系统性风险。要根据厦门产业和金融工作发展实际，支持民营企业上市融资。最后，积极扶持一批有市场前景和符合国家产业政策的重点民营高科技企业到沪深交易所和海外上市。同时要大力发展地方债券市场，积极培育民营企业发债主体，建立民营企业发债项目库。

2. 改善厦门地区信用环境

首先，政府部门要积极倡导并推进企业诚信文化建设，改善厦门地区信用环境；其次，加大对失信企业的惩处力度，以增加失信企业的失信成本；最后，主导建立民营企业数据库，建立民营企业信用评级体系，使金融机构能及时拿到企业的真实信息，破解银企信息不对称的难题。

3. 建立缓解民营企业融资难的长效机制

解决民营企业融资难不能仅仅满足于解决短期问题，也不能“运动式”地降低融资门槛，而应从长效机制建设上下功夫。

首先，缓解民营企业融资难问题，必须坚持市场在资源配置中的决定性作用，以法治化为前提，市场化为抓手，避免政府过度担保、变相无条件降低准入门槛，以及普惠性扶持形成政策洼地，避免多个部门不同口径的同质化补贴。

其次，针对民营企业的金融服务，不能一刀切，要体现“绿色GDP”“生态发展”的理念，对于高耗能、高污染、低效能的民营企业要慎重对待甚至拒绝融资支持；对于低投入、低耗能、低污染、高效能的民营企业，特别是缺乏质押的创新型企业、填补关键领域空白的企业和后发优势明显且对人民群众生产生活具有基础支撑作用的民营企业，应鼓励和引导金融支持予以倾斜。

最后，解决民营企业融资难问题，要更多地采取市场化的方法，而不是单纯的行政手段、运动式的方法；对于不同民营企业面临的融资问题，应采用“问题导向、分类施策”；同时要处理好支持发展与防范风险的关系，加强政策协调，把握好结构性去杠杆与强监管、稳增长的平衡。

结 论

民营企业是国民经济的重要组成部分，是国民经济发展的重要基础。由于各种原因导致民营企业面临融资困难。破解民营企业融资难题，为民营企业解困，是激发市场活力、促进创新创业、推动高质量发展的重要举措。本研究在调查厦门市民营企业融资现状的基础上，分析了导致民营企业融资困难的因素，包括企业自身问题、商业银行的信贷政策问题和其他融资渠道不畅等。最后，从提高民营企业自身的融资能力、引导商业银行调整信贷政策和创造良好的融资环境三个方面提出缓解民营企业融资难的策略。

课题指导：陈永东

课题执笔：李淑钗

完成时间：2019年10月

厦门推进“瞪羚计划”的对策探讨

瞪羚是一种以群居为主的动物，主要生活在非洲大草原上。它们特别擅长于跳跃和奔跑，能以每小时 80 公里的速度持续奔跑一小时也不觉得累。“瞪羚企业”是银行对成长性好、具有跳跃式发展态势的高新技术企业的一种通称。而业界通常将高成长中小企业形象地称为“瞪羚企业”，一个地区的“瞪羚企业”数量越多，表明这一地区的创新活力越强，发展速度越快。

北京中关村自成立以来入驻了很多的“瞪羚企业”，然而这些企业长期处在一种资金缺乏，融资渠道十分狭窄的情况之下。为了帮助这些企业解决融资问题，从 2003 年开始，中关村管委会开始实施了“瞪羚计划”。数年下来，取得了不错的效果。之后，上海、杭州等地相继开展“瞪羚计划”，使许多中小高新技术企业打破了融资的坚冰，加快了这些企业的又好又快发展。

“瞪羚计划”在北京推行至今已经有十几个年头了，受其影响较深的包括江苏、浙江、湖北、广东等地。厦门作为全国首批开放的经济特区，不乏大批高新技术企业，他们也存在同样的问题，却没有得到很好的解决。 有人说：“科研犹如攀登高山，将要到达顶峰时，缺一瓶氧气，就可能导致登顶失败。”资金对于企业来说相当于生存成长的血液，企业的发展需要资金的支撑，特别是高新技术企业。本文旨在探讨厦门推行“瞪羚计划”的现状及遇到的问题，并提出相关的解决方案。

一、我国关于推进“瞪羚计划”的情况

（一）“瞪羚计划”的内涵

美国硅谷是“瞪羚计划”的起源地。由于芝加哥一系列项目在光谷落地，

政府于 2012 年出台了“黄金十条”，意为帮助这些高成长性的中小型高新技术企业转型，鼓励科研院所人才离岗创业，引发新一轮的科技创业大潮。

“瞪羚计划”的主要目的就是帮助这些“瞪羚企业”寻找融资途径，助力他们成长。其设计原理是：企业的信用制度同银行的担保业务挂钩，再通过政府搭桥，为这些企业营造一个效率高、成本低的融资通道。该计划以企业的信用评估作为基础，不仅为企业解决融资难题，还主动帮助企业承担风险，帮助企业更好更快发展。

（二）“瞪羚计划”在我国的发展

在我国，“瞪羚计划”最早于北京中关村开始。北京中关村成立于 20 世纪 80 年代初，是中国第一个国家级高新技术产业开发区，被大家誉为“中国硅谷”。当中的大部分都是跨过死亡谷进入高成长期，具有成长速度快、创新能力强、专业领域新、发展潜力大等特征的一些高新技术小企业，他们普遍存在“创业难、创新难、发展难”的问题，其中很大的一个原因就是缺少融资的支持。面对这一难题，中关村管委员于 2003 年起实施“瞪羚计划”，主要解决这些企业的融资难题。简单来说，一是对“瞪羚企业”中的高成长性企业进行重点支持；二是综合发展，由原来简单的财政扶持政策到研发、人才、品牌等多方面的政策支持；三是明确政策和整合资源，重在对企业的服务、辅导和培训。

此外，为了深入推广“瞪羚计划”，2017年苏州市颁布政策来支持“瞪羚计划”的推广。其政策主要内容是四个“优先”：一是优先支持瞪羚企业；二是优先举荐瞪羚企业申报省级以上重大科技成果转化、重点研发计划等科技项目；三是科技金融（科贷通、科技贷款贴息、科技保险等产品）优先支持瞪羚计划企业；四是优先推荐符合条件的瞪羚计划企业人才申报各级各类人才计划。针对企业发展的不同阶段提供不同的指导和支持，共同推动“瞪羚企业”做大做强。

2014—2018 年，杭州市重点选取成长性好、竞争力强、发展前景广阔的 1000 家小微企业列入“瞪羚计划”进行培育。其主要政策包括：一是加大财政专项资金的支持；二是强化融资服务支持；三是加强公共基础服务；四是加强对小微企业的人才培养。

十几年来“瞪羚计划”为大大小小的企业担保融资超过500多亿，为以“瞪羚”企业为重点的众多科技企业解决了燃眉之急，帮助许多企业在国内外资本市场挂牌上市，平均年收入获得较大增长。此外，全国其他各省市也相继推出“瞪羚计划”，使更多的中小高新技术企业得到了发展前行的动力，促进他们跳得更高，跑得更远。

（三）“瞪羚计划”带来的影响

可以说“瞪羚计划”的推广取得了很好的效益，是可以作为一项长期推广的计划。其影响如下：

1. 打破“瞪羚企业”的融资坚冰

高新技术企业由于自身发展的局限，很难得到银行等信贷机构的支持，因此研发能力受到很大限制，“瞪羚计划”的出现刚好给了他们很大的机会。中小企业有更多的机会可以获得资金的支持，拓宽了他们的融资渠道，资金来源多元化，不但降低了银行的风险，而且有助于中小企业扩大融资规模，获得资金的支持。

2. 建设良好的信用环境和体系

中小高新技术企业往往存在信息不对称不透明的问题。“瞪羚计划”能够在很大程度上促进这些企业自发地提升自己的信用水平，树立企业信用品牌，为科技企业的发展营造一个良好的氛围和环境。同时也有助于在银行和企业之间建立起一个良好的平台，相互促进发展。

3. 推动产业全面升级和结构优化

“瞪羚计划”的进一步推广，带动了高新技术企业的创新激情，政府主动承担企业的咨询服务，支持企业上市计划的实施，在企业引进先进管理人才方面也起到了重要的作用，有利于这些企业对现有的商业模式进行改革，创造新的适应时代发展的模式，成为市场中的佼佼者。

二、厦门对于推进“瞪羚计划”的现状

（一）瞪羚企业现状

地处东南部沿海的厦门，是中国重要的港口城市和旅游城市。厦门是第一批改革开放的城市，可以说一直走在开放的前沿。近年来，厦门一直致力于产业结构的深入改革，积极响应国家的创新驱动发展战略，成为东南部重要的航运中心和贸易中心。2016 年，厦门市工业经济平稳增长，以平板显示、金融服务、旅游会展、航运物流、软件信息为主的5条产业链产值均突破千亿，更值得一提的是其中的高新技术企业突破 1200 家，全市规模以上工业完成工业总产值 5254.71 亿元，企业利润总额增长 36.7%。仅 2016 年，厦门市承担国家级科技项目380项，新培育国家级高新技术企业 281 家，规上高新技术产业增加值占规上工业增加值的 59.2%。各类专利授权 1.15 万件，新增国家行业标准 82 项。新增重点实验室、工程技术研究中心等 39 家，获批全国首个科技领军人才创新创业基地，引进各类双创团队 3700 多个 3.6 万余人，新培育成长型中小微企业 492 家，成为国家自主创新示范区、海洋经济创新发展示范市。厦门火炬高新区自1990年12月由国家科委和厦门市人民政府共同创办以来取得了良好的成绩，是全国三个以“火炬”冠名的国家高新区之一。据《国家高新区瞪羚企业发展报告2017》显示，厦门火炬高新区瞪羚企业数已达 49 家，比上一年度增长了 53%，占全省高新区瞪羚企业总数的 60.5%，瞪羚企业发展总量在 132 个国家高新区中位居第 11 位。

（二）已出台的措施

近年来，厦门对火炬高新区的扶持力度越来越大，不断加大对瞪羚企业的培育，促进其又好又快发展。火炬高新区在借鉴北京中关村关于“瞪羚企业”的鉴定标准后，结合厦门中小高新企业的特点，形成了有厦门特色的瞪羚企业认定标准。

1. 优选培育对象

厦门火炬高新区参照国家高新区于 2016 年出台的《国家高新区瞪羚企业发展报告（2016）》，有计划有重点地选取了 100 家企业作为瞪羚企业重点培

育对象。要想成为瞪羚企业，必须具备以下条件：一是成长速度快，能根据自身的特点超越发展；二是创新能力强，能够在激烈的市场竞争下，始终占据一席之地；三是专业领域新，抓住市场细分领域，立足于价值链的高端；四是发展潜力大，能够把握住产业和行业发展的正确方向。此外，政府对这些入选的企业进行监督和观察，根据企业发展遇到的问题，为企业提供服务并协助企业解决。

2. 实施精准策略

对企业进行跟踪服务，针对企业不同发展阶段的不同需求，提供有针对性的措施。为刚入驻火炬高新区的瞪羚企业提供免费的办公场所，对他们给予国家创业基金、618 创新基金、科技小巨人等支持。在加大财政支出的基础上，日益重视企业的管理水平，积极开展相关培训。扩大瞪羚企业的后备库，进行一对一服务。同时在企业的融资、研发、人才、招聘、市场拓展等方面帮助企业做好服务。

3. 优化发展环境

目前在建设中的产区有同翔产业基地、厦门软件园三期、科技创新园等，为瞪羚企业发展提供载体支撑。为了更有效地解决瞪羚企业的融资难题，相关部门推出了各式各样的新型金融服务产品供不同需求的企业选择。构建技术交易平台，提供低成本的科技服务，有效地降低瞪羚企业的生产成本。

4. 加大税收优惠

厦门火炬国税局、厦门火炬地税局为瞪羚企业提供税收减免政策，对新认定的瞪羚企业实行两年免征所得税、三年减半征收所得税的优惠。优先考虑高新技术企业和项目，建立多元的投资机制，在安排贷款、股票上市、发行债券时让瞪羚企业拥有优先选择权。不论该企业以前是否享受过所得税减免优惠，在高新技术企业引进技术消化吸收项目投产后，经市科学技术委员会认定，财政部门批准，对该项目所获利润由财政部门返还所征收的三年的所得税。为了让瞪羚企业优先享有这些优惠政策，相关政府定期开展培训和辅导，确保政策落实到企业当中。

（三）遇到的问题

2017 年厦门拥有瞪羚企业 32 家，2018 年为 49 家，比上年新增 17 家，同比增长53%。在 49 家瞪羚企业中，30 多家制造业企业为厦门贡献了 410 亿的工业产值，十几家软件服务业企业也奉献了 50 亿的产值。可以说，瞪羚企业带来的经济效益是丰厚的，如何推动这些企业进一步发展就显得尤为重要。厦门瞪羚企业的发展态势良好，但是相比其他城市还有不足，主要原因如下：

1. 银行信贷支持力度不足

发展中的高新技术企业的经营规模小，成长的稳定性相对较差，容易受到外界经济环境的影响。银行等金融机构秉持着稳定性发展的理念，从长远的利益考虑，为了规避风险，不愿意为这些企业提供担保，更多的资金流向大企业。而瞪羚企业的成长资金来源主要有三个方面：自我积累、股权融资和借贷资金。近年来，股市发展不稳定，向银行贷款成为这些企业的主要融资途径，但中小企业可供抵押的资产不足，银行更愿意接受房产和土地作为贷款抵押物，因此中小企业的融资十分困难，进一步阻碍了瞪羚企业的技术研发和规模扩张。

2. 公共服务平台建设滞后

“瞪羚计划”的推进需要政府的大力支持和监管。企业的信用评估需要政府的监管，只有定期对企业的财务状况等进行信用评级，才能从中挑选出符合条件的企业，促进其发展。许多企业只知道埋头苦干，缺乏对这些优惠政策的关注度，不懂得去了解。在创业初期和成长阶段的高新技术企业都存在融资困难、资金来源单一、渠道狭窄的问题。而公共服务平台的滞后，影响了这些企业的快速成长。

3. 信用担保机构作用甚微

瞪羚企业大多都在成长期，缺乏可供担保的资产，也没有专门的信用担保机构为他们提供担保。此外，这些企业之间并没有建立起完善的信用评估机制，企业的信用没办法得到及时有效的担保，影响了瞪羚企业的发展。

4. 企业自主创新能力薄弱

据有关资料显示，厦门财政科研经费投入低于全省的平均水平，与国外先进水平相差更远。同时厦门对于先进技术，重在引进，而忽略了对所引进技术的消化和吸收。由于投资不足，厦门市高新技术企业的创新力不足，竞争力弱，无法进入国际市场与世界其他国家的产品进行竞争。

厦门市的高新技术企业呈现大中型企业高度集中的态势，九成的高新技术产业产值集中在外商投资和港澳台投资企业。目前来看，大部分高新技术企业创新力不足，这些企业主要还是从事一些劳动生产，自主研发能力有限，与其他地区的瞪羚企业相比缺乏竞争力。

5. 企业科技创新人才短缺

资金、技术和人才是企业创新必不可少的要素，其中技术和人才又是支持瞪羚企业继续成长的关键所在。厦门房价高、工资低，相对于其他城市来说，消费水平较高，生活压力大。厦门综合性人才相对短缺，学科带头人和技术领军人物数量较少，企业的人才结构不完整。

三、厦门推进“瞪羚计划”的对策

据“中国瞪羚”显示的相关数据来看，相比于北京、浙江、广东等省份，福建省的瞪羚企业明显不足。厦门入选的瞪羚企业占到福建省的3/5，发展态势良好。可见，推动“瞪羚计划”还需努力。借鉴其他地方的做法，厦门可以从以下方面入手，推行“瞪羚计划”。

（一）从政府及相关部门的角度

1. 实施全面扶持

对于瞪羚企业不仅要给予资金上的支持，还应当加强技术和人才方面的支持。设立相关的研究所，鼓励企业走出去，在其他城市甚至国外设立自己的研发中心和商业中心。引进先进技术和优秀人才，鼓励企业自主创新，消化吸收国内外优秀科研成果，加强对高能力、高知识人才的重视，为瞪羚企业的发展助力。

2. 创新融资渠道

目前来看，厦门政府对瞪羚企业的资金支持十分可观，除此之外，设立专项激励资金也是十分必要的，对于取得重大突破性成果的企业可以给予一定的资金鼓励。设立股权投资基金，使融资结构更加完善，促进融资平台的发展。创新信贷融资模式，加强对重点瞪羚企业的支持力度。大力发展股权融资，扩大债券融资的规模，运用新型融资工具，创新引入社会资本，创新票据融资机制，降低企业融资成本，加快政府融资平台的资源整合。同时，政府还应当出台措施为融资平台的有序开展保驾护航，完善相关的法律法规，监督监管机制，建立健全地方性的融资责任制度。

3. 跟进公共服务

结合我市瞪羚企业的实际发展状况，定期对企业进行信用评估。健全公共服务平台的基础建设工作，为企业提供全面切实的服务。及时掌握企业的需求，了解企业遇到的困难，将政策扶持落到实处。确保企业对政府的扶持政策了解深入，并积极参与。

（二）从银行信贷机构的角度

1. 重视企业合作

之前中央为了搞活企业，提出了"抓大放小"的方针政策，意在要求银行部门重点支持大企业，在保证大企业信贷稳定的情况下，再去考虑中小企业，中小企业的信贷问题不受重视。银行要加强对信贷人员的管理和培训，鼓励他们多多发展瞪羚企业客户，增强为这些企业服务的意识。并且根据企业不同的发展阶段、不同的生产环节，提供不同的金融产品。

2. 调整评估标准

固有的评估方式和标准已经不能适应"瞪羚企业"，采取新的标准和方式对于现阶段的企业来说显得十分必要。银行应当改革现有的评价标准，针对不同的企业制定恰当的标准。对于那些规模小但发展稳定、发展前景好的企业，为他们积极地创造贷款条件，帮助其成长，同时也为自身带来利益。

3. 拓展资本市场

高新技术产业的发展离不开资本市场作为载体，良好的资本市场可以为企业提供广阔的融资渠道和扩张途径，同时也起到分散、转移和化解瞪羚企业的投资风险的作用。银行要利用现有的产业信息优势，积极开展高新技术产业的风险投资管理工作，为瞪羚企业提供全方位的金融服务。创新贷款形式，在共享高新技术企业带来的高收益高成长的同时，也要为降低高新技术企业的风险做贡献。

（三）从企业自身的角度

1. 提高创新能力

企业想要长久发展下去，必须不断注入新鲜血液，创新是一个企业兴盛不衰的生命之泉。瞪羚企业更要不断地提高自主创新能力，提高自身竞争力，增强企业实力。根据外部环境的变化，建立技术创新能力激活机制和动力机制，加强与先进科研机构和高校之间的科研合作。加强知识产权管理体系建设，提高高新区知识产权的保护意识，搭建知识产权保护的服务体系，加大力度打击知识侵权行为。

2. 健全财务制度

一个良好的财务制度有利于企业合理规划自己有限的资金，把钱用到实处。只有建立好财务制度，才能向社会向金融机构提供真实可靠的财务信息，让政府、银行和社会大众真正认识到企业的发展状况，从而做出正确的判断。企业要改革和完善现有的管理制度，结合本企业的发展状况以及其他大企业的先进管理理念和管理方法，促进企业成长壮大。

3. 强化人才激励

努力创造一个使员工有自我实现感和满足感的工作环境，让他们有不断学习不断进步的空间。积极吸引海外人才，制定有吸引力的激励晋升和福利制度，吸引和留住高素质人才。

结　论

中小高新技术企业具有极大的发展潜力，他们也是金融机构今后重点的发展对象。“瞪羚计划”带来的好处是显而易见的，而厦门的发展潜力也是有目共睹的，但是还存在许多不足。任何一项政策的推广都不是一帆风顺的，只有结合厦门当地企业的发展状况，借鉴其他地方的优秀做法，政府、银行、企业共同携起手来，才能更好地促进瞪羚企业的成长。

课题指导：陈永东
课题执笔：吴江秋
完成时间：2018年9月

新三板市场厦门民营企业融资影响因素分析

2013 年年底全国中小企业股份转让系统扩容至全国范围后，加上各地方政策补贴推波助澜，三板市场挂牌企业数量迅速增大。近年来厦门市持续推进多层次资本市场的建设步伐，助力企业上市挂牌融资，更好更快地促进新经济、新产业的发展。截至 2017 年 12 月 31 日，厦门市共有 174 家中小企业在新三板挂牌融资，占据了全省的半壁江山。本文就厦门新三板企业的融资现状、问题与影响因素进行分析，从企业和政府两个方面提出相应的建议。

一、目前新三板市场发展概况

（一）新三板企业挂牌情况

新三板是指全国中小企业股份转让系统，是经国务院批准设立，由中国证监会监管的我国第一家公司制场外证券交易市场。新三板所肩负的使命是作为多层次资本市场的重要一环，实现创新型、创业型、成长型中小微企业的规范融资和交易。在 2012 年下半年 IPO 停滞后，三板市场一度被很多公司作为拟上市公司规范过渡、被并购重组展示、高估值融资的平台；2013 年底扩容至全国范围后，加上各地方政策补贴推波助澜，三板市场挂牌企业数量迅速增大。截至 2018 年 5 月 25 日，新三板挂牌公司 11325 家，高新技术企业占比 61%，战略性新兴产业企业占比 25%，涉及新一代信息技术、集成电路、医药健康、智能装备、节能环保、新能源智能汽车、新材料、人工智能、软件和信息服务以及科技服务业等国家重点发展的高精尖产业占比 44%。5年多来，5836 家挂牌公司完成 9237 次股票发行，融资 4342.44 亿元，其中，高精尖产业挂牌公司融资超 4000 次，融资金额达 1600 余亿元，1208 家尚未盈利的公司成功实现股票融资。由此可见新三板市场对中小微企业融资起到了一定的作用。

（二）新三板企业行业分布

新三板挂牌企业行业分布广泛而又相对集中，多位于行业的细分领域，其中制造业和信息技术类企业占的比重最大，分别为49.91% 和19.64%。制造业、信息传输软件和信息技术服务业、租赁和商务服务业、批发和零售业、科学研究和技术服务业、建筑业合计占比86.98%。详见表1。

表1　挂牌公司行业分布情况

行业分类	2017年年末		2016年年末	
	公司家数（家）	占比（%）	公司家数（家）	占比（%）
制造业	5804	49.91	5153	50.70
信息传输、软件和信息技术服务业	2284	19.64	2003	19.71
租赁和商务服务业	607	5.22	507	4.99
批发和零售业	531	4.57	436	4.29
科学研究和技术服务业	509	4.38	459	4.52
建筑业	379	3.26	330	3.25
文化、体育和娱乐业	261	2.24	228	2.24
农、林、牧、渔业	223	1.92	173	1.70
水利、环境和公共设施管理业	198	1.70	199	1.96
交通运输、仓储和邮政业	197	1.69	163	1.60
金融业	144	1.24	126	1.24
电力、热力、燃气及水生产和供应业	130	1.12	101	0.99
房地产业	97	0.83	67	0.66
教育	88	0.76	72	0.71
卫生和社会工作	55	0.47	47	0.46
居民服务、修理和其他服务业	44	0.38	40	0.39
采矿业	42	0.36	30	0.30
住宿和餐饮业	37	0.32	29	0.29
合　计	11630	100.00	10163	100.00

数据来源：全国中小企业股份转让系统。

（三）新三板企业地域分布

新三板的出现有效拓展了资本市场的覆盖面。目前，新三板市场已经实现了境内 31 个省、市、自治区，超90% 的地级行政区的全覆盖。挂牌公司从地域分布看，广东、北京、江苏、浙江、上海、山东、福建、湖北合计占比71.8%，地域集中度较高。详见表2。

表2　挂牌公司地域分布情况

省份	2017年年末		2016年年末	
	公司家数（家）	占比（%）	公司家数（家）	占比（%）
广东	1878	16.15	1586	15.61
北京	1618	13.91	1477	14.53
江苏	1390	11.95	1246	12.26
浙江	1032	8.87	901	8.87
上海	989	8.50	890	8.76
山东	636	5.47	570	5.61
福建	405	3.48	332	3.27
湖北	404	3.47	348	3.42
河南	378	3.25	342	3.37
安徽	358	3.08	302	2.97
四川	332	2.85	294	2.89
河北	241	2.07	195	1.92
湖南	239	2.06	205	2.02
辽宁	234	2.01	205	2.02
天津	205	1.76	171	1.68
陕西	164	1.41	141	1.39
江西	161	1.38	135	1.33
重庆	142	1.22	116	1.14
新疆	98	0.84	97	0.95
黑龙江	97	0.83	90	0.89
云南	92	0.79	76	0.75
吉林	88	0.76	78	0.77
山西	83	0.71	65	0.64
广西	72	0.62	60	0.59

续表

省份	2017年年末		2016年年末	
	公司家数（家）	占比（%）	公司家数（家）	占比（%）
内蒙古	66	0.57	60	0.59
宁夏	66	0.57	54	0.53
贵州	59	0.51	51	0.50
海南	43	0.37	30	0.30
甘肃	34	0.29	31	0.31
西藏	21	0.18	11	0.11
青海	5	0.04	4	0.04
合计	11630	100.00	10163	100.00

数据来源：全国中小企业股份转让系统。

（四）新三板企业股本分布

总股本在1亿以上的企业有 1237 家；5000 万～1 亿的企业有 2627 家；3000～5000 万的企业有 2549 家；1000～3000万的企业有 4295 家；500～1000 万的企业有 844 家。总股本1000 万～1 亿之间的企业合计占比 81.44%。目前企业规模总体有限，但是新三板企业大多是成长型中小微企业，市场增值空间大。详见表3。

表3　挂牌公司股本分布情况

股本（万股）	2017年年末		2016年年末	
	公司家数（家）	占比（%）	公司家数（家）	占比（%）
500以下	78	0.67	71	0.70
500 ～1000	844	7.26	808	7.95
1000～3000	4295	36.93	3777	37.16
3000～5000	2549	21.92	2171	21.36
5000～10000	2627	22.59	2275	22.39
10000以上（含10000）	1237	10.64	1061	10.44
合计	11630	100.00	10163	100.00

注：采用上组限不在内原则，如500～1000区间中不包含1000。

数据来源：全国中小企业股份转让系统

（五）新三板企业股东人数分布

挂牌企业股东人数 3 ~ 10 的有 4454 家，股东人10 ~ 50 的有4529 家，合计占比 77.24%。可见目前参与新三板企业的投资者相对较少。因当前对投资者要求门槛较高，无论机构投资者还是个人投资者，均要求证券类资产市值在 500 万元人民币以上。但随着新三板市场的发展和完善，必然要降低投资者准入门槛，让更多的投资者参与进来，促进市场交易的活跃度和流动性。具体见表4。

表4　挂牌公司股东人数分布情况

股东人数	2017年年末		2016年年末	
	挂牌公司数（家）	占比（%）	挂牌公司数（家）	占比（%）
2	742	6.38	711	7.00
3 ~ 10	4454	38.30	3921	38.58
10 ~ 50	4529	38.94	4001	39.37
50 ~ 100	953	8.19	788	7.75
100 ~ 200	551	4.74	423	4.16
200以上	401	3.45	319	3.14
合计	11630	100.00	10163	100.00

注：采用上组限不在内原则，如100 ~ 200区间中不包含200。

数据来源：全国中小企业股份转让系统

二、厦门挂牌企业在新三板市场的发展现状

（一）挂牌企业总体情况

截至 2018 年 5 月底，福建地区挂牌公司 396 家，在所有省市中排名第 7 位。其中，创新层公司 41 家，创新层企业占比 10.35%，高于市场平均 2%。其中厦门市挂牌公司 168 家，省内占比 42.4%；创新层企业 16 家，省内占比 39%。福建地区的挂牌企业新经济企业占比较多。尤其是厦门市挂牌公司行业分布中，信息软件及技术服务业占比 25%，高于市场平均 6%。

其中终止挂牌的企业有厦门佰明光电股份有限公司、厦门合立道工程设计集团股份有限公司、厦门元初食品股份有限公司、厦门久泽电力股份有限

公司、厦门快商通科技股份有限公司、厦门本捷网络股份公司股票、厦门国贸中顺环保能源股份有限公司股票、厦门兴康信科技股份有限公司、厦门乐麦网络技术股份有限公司、晋华和佐（厦门）食品股份有限公司、厦门嘉戎技术股份有限公司股票、厦门倍杰特科技股份公司、厦门益光照明科技股份有限公司、汉纳森（厦门）数据股份有限公司、厦门金邦科技股份有限公司、厦门积硕科技股份有限公司、光莆电子股份有限公司17家企业。以上终止挂牌退市的公司主要有几个原因：（1）公司准备 IPO，如果在新三板挂牌，需要花精力披露公司经营状况和业绩情况；（2）为上市进行的关联方重组在新三板手续过于繁杂；(3) 公司被上市公司或并购基金收购，以至于不符合上市要求；（4）公司因在暂停上市后未披露定期报告而退市；（5）公司受到新三板行政处罚或连续四年亏损而强制退市。

采取自律监管措施决定的企业有厦门唐人科技股份有限公司、厦门维信创联信息科技股份有限公司（2 次）、厦门元初食品股份有限公司、厦门欢乐逛科技股份有限公司、厦门富川投资有限公司5家企业。

（二）挂牌企业新三板市场的融资现状

1. 挂牌企业融资情况

新三板提高了挂牌公司金融获取能力，延伸了投融资链条，对企业来说，一方面稳定了杠杆率，降低了成本；另一方面实现了企业规模升级。截至 2017 年 12 月 31 日，厦门市挂牌新三板市场的企业有 177 家，其中总股本数均值为 3949.3 万股，总资产均值达到 13044.25 万元。厦门市中小企业近四年来在新三板市场发展情况的相关数据如表 5 所示。

表5　厦门市2014—2017年新三板发展情况

年份	挂牌公司数	做市家数	竞价家数	股本均值	总股本（万股）
2014	17	3	14	5766.84	98036.27
2015	35	5	30	4930.20	172557.89
2016	87	3	84	3833.71	333533.02
2017	38	0	38	2497.39	94901.10

数据来源：东方财富 Choice 金融终端。

从表 5 企业挂牌数量来看，2014 年 17 家企业挂牌新三板，2015 年 35 家企业挂牌，同比增长了 105.88%；2016 年厦门市新三板挂牌数量相比于 2015 年增长了 148.57%；2017 年开始挂牌数量下滑至 38 家，同比减少了 56.32%。从融资数额来看，2015 年相较于 2014 年，融资数额增长了 116.24%；2016 相较于 2015 年，融资数额增长了 90.16%；2017 年相较于 2016 年，融资数额则减少了 71.44%。2017 年下半年以来，新三板企业数量增长开始出现停滞现象，甚至有许多企业选择摘牌离去。总体而言，中小企业的挂牌数量和融资数额的增长，说明了新三板扩容之后，为厦门市的中小企业提供了一个重要的融资渠道。

2. 挂牌企业定向增发情况

在新三板市场挂牌的企业属于非上市公司，无法通过公开发行股票向社会公开募集资金，只有将定向增发作为其引入战略投资者等方式筹资。2014—2017 年厦门市新三板企业有88家成功实施定向增发，占全省总数的 40%；定向增发次数 123 次，占全省总数的 36.6%；发行股数 44870.6716（万股），占全省总数的 23.45%；募集资金 33.5213 亿元，占全省总数的 31.7%。具体见表 6。数据显示，在 88 家成功实施定向增发公司中，平均每家公司定向增发 1.398 次，仍然低于全国平均水平的 1.588 次，但是定向增发次数1次有 60 家，占比 68.18%；定向增发次数 2 次有 24 家；定向增发次数 3 次有 1 家；定向增发次数最多为 4 次，仅为 3 家。

表6　2014—2017年福建省新三板企业定向增发情况

区域	增发次数	增发家数	发行股数（万股）	募集金额（亿元）
福州市	99	63	82065.8269	34.1451
厦门市	123	88	48870.6716	33.5213
泉州市	32	25	23040.7549	16.6491
漳州市	34	14	18022.6535	10.5093
南平市	18	7	15148.9923	44297
龙岩市	8	7	12574.5000	3.0326
三明市	11	6	5076.0000	2.3152
宁德市	7	4	2096.4000	0.6958
莆田市	4	2	1483.7000	0.4226

数据来源：东方财富 Choice 金融终端。

3. 挂牌企业做市情况

做市商制度是指在证券市场上，由具备一定实力和信誉的证券经营机构作为特许交易商，不断地向公众投资者报出某些特定证券的买卖价格，并在该价位上接受公众投资者的买卖要求，以其自有资金、证券与投资者进行证券交易。做市商是促进场外证券市场运行的重要力量，充分保证了市场的活跃和稳定。2014 年 8 月新三板市场正式推出做市商制度，不但丰富了交易方式，增强了市场的流动性，还有利于股票定价机制的形成。目前厦门新三板市场挂牌的 177 家企业中有相当大部分日成交量为零，比例高达 48.93%，有交易记录的企业的换手率都较低，日均换手率在 1.00% 以下的企业占 71.88%。由此可见，厦门市中小企业在新三板市场的整体流动性较差。从表 5 可以看出，厦门市挂牌新三板市场的企业只有 11 家采用做市转让方式。166 家挂牌企业利用竞价转让方式，这种交易制度上的弊端也在一定程度上限制了市场资金的流动。

4. 挂牌企业经营情况

截至 2017 年 9 月 11 日，福建省共有400家挂牌企业，其中厦门新三板挂牌企业共有 172 家，占比 43%。从发布的新三板半年报来看，新三板市场整体发展开始回暖，收入增速从 2016 年年报时的 16.79% 上升至 2017 半年度的 21.52%，归母净利润增速从 2016 年年报的 13.09% 回升至 26.63%。同时，172 家厦门新三板企业平均营收增速为 50.13%，归母净利润平均增速为 32.18%，高于新三板整体市场的平均水平。

2017 年上半年厦门新三板企业营收排行中，营收在 5 亿以上的有 3 家，分别是维信科技、福慧达、华联电子，营收在1亿以上的企业有 19 家。

在营收增幅方面，亿能科技、点触科技和淘金互动营收增长同比超过10倍。营收增幅在 100% 以上的厦门企业有 19 家。其中亿能科技营收增幅达 1264.41%，显现良好的发展势头。另外，上半年游戏行业占据了营收增幅榜的半壁江山，营收增幅榜前十位的除了点触科技和淘金互动外，还有游动网络（300.78%）、本捷网络（223.32%）、西岐网络（169.03%）。

归属于挂牌公司股东的净利润方面，上半年保持在 2000 万元以上的厦门新三板企业有 7 家，分别是福慧达、华联电子、中平股份、点触科技、日懋园林、维信科技、点击网络。其中福慧达以 3715.11 万元的净利润摘得净利润桂冠；挂牌不久的华联电子实现营收 5.88 亿元，同比增长 21.54%，取得净利润 2941.95 万元，同比增长 49.71%。

净利润同比增长速度上，增幅在 5 倍以上的有 8 家企业，分别是淘金互动 (3144.77%)、思尔特 (1055.86%)、点触科技 (962.21%)、新泰阳 (810.94%)、本捷网络 (792.83%)、西岐网络 (767.04%)、富通股份 (622.36%) 和兴康信 (585.97%)。其中思尔特第一大股东是航天科工集团，占股34.07%，并且股东团里还有深圳创新投的身影，未来在机器人及智能设备领域的发展前景十分广阔。

每股收益方面，基本每股收益在 1 元以上的有靠谱云、淘金互动、点触科技、诚享东方和花火文化 5 家企业，4.64元 / 股收益的靠谱云表现抢眼。受益于移动互联网和传统行业互联网＋的蓬勃发展，云计算市场需求激增，靠谱云上半年的业绩实现了快速增长：营收同比增长 248.81%，净利润同比增长 243.65%。

三、厦门新三板企业融资中存在的问题及影响因素

近年来厦门市持续推进多层次资本市场的建设步伐，助力企业上市挂牌融资，更好更快地促进新经济、新产业的发展。截至2017年12月31日，厦门市共有174家中小企业在新三板挂牌融资，占据了全省的半壁江山。虽然厦门市挂牌新三板的中小企业数量年年都有增长，但其在新三板市场上的融资效果却不容乐观。

（一）融资方式较为单一

新三板挂牌公司目前主要的融资方式是定向增发股票或股权质押贷款，企业募集资金缺乏有效且多元的渠道，导致企业总体的融资量以及融资数额不及创业板以及主板，影响新三板企业资金的获取效率。2014—2017 年厦门市新三板企业有 88 家成功实施定向增发，定向增发次数123次，募集资金 33.5213 亿元，平均每家公司定向增发 1.398 次，仍然低于全国平均水平的 1.588 次。总体来看，厦门新三板企业定向增发融资效果不太理想。此外，厦门有一部分新三板企业担心发太多会稀释其他人权益也容易丧失控制权，因而引入外部投资者意愿不高，而是希望通过股权质押的方式获取融资贷款。

但是目前厦门地区的银行和券商等金融机构对参与新三板企业的股权质押融资业务积极性不高。

（二）市场流动性较差

2006—2013 年，新三板市场中有过半数以上企业无融资成交，换手率保持在10% 以下。造成流动性差的原因主要有：流通股比例低、协议转让效率低、缺乏估值参照体系、投资者门槛高等。2014 年 8 月推出做市商制度以来，交易量有所扩大，但仍然有 1400 多家挂牌企业采用协议转让，交易规模和市场活跃度仍然有限。显然新三板市场的流动性距主板和二板市场还有很大的差距。目前厦门挂牌的 177 家企业中日零成交的比例高达 48.93%，日均换手率在 1.00% 以下的企业占 71.88%。厦门挂牌企业中只有 11 家采用做市转让方式，其他挂牌企业利用竞价转让方式，这种交易制度在一定程度上限制了市场资金的流动。由此可见，厦门挂牌企业在新三板市场的整体流动性不容乐观。

（三）挂牌企业质量参差不齐

新三板规模迅速扩大，挂牌企业在行业、地域、规模、流动性等方面都存在明显差异。截至 2018 年 5 月底，厦门市挂牌公司 168 家，省内占比 42.4%；但从全国 11325 家新三板挂牌企业总量来看，厦门挂牌公司仅占 1.48%，与深圳市（886 家）、苏州市（532 家）、杭州市（433 家）等城市相比还有一定差距。厦门市挂牌公司总资产均值为 12620.4139 万元，资产规模较小，平均净资产为7474.4852 万元，低于全国的平均水平。另外，一些企业发展还不成熟，甚至有的企业为了获得政府补贴在新三板挂牌，挂牌公司质量参差不齐给股转系统监管带来很大难度，也为投资者挑选出有投资价值的公司造成困扰。

（四）转板机制缺失

截至2018 年 7 月，新三板共有 49 家企业成功转板，转板率非常低。这不仅使符合上市条件的挂牌企业无法及时获得在高层次资本市场的发展机会，影响企业继续成长壮大，也使一些有长远规划上市的有潜力、成长型的中小微企业在选择新三板挂牌孵化时信心不足，降低了市场影响力和市场活跃度。目前厦门新三板挂牌企业只有光莆电子实现成功转板。除了光莆电子，厦门还有国安达和日懋园林公司申请上市创业板的首发申请已获证监会受理，但总体数量较少。

四、完善厦门新三板企业融资的对策建议

（一）企业自身改进的角度

对于中小企业而言，新三板是重要的融资市场，目前各地都将其视为构建多层次资本市场的重要举措。因此厦门市中小企业需要从自身角度出发，努力完善企业的管理制度，优化新三板的市场融资。

1. 优化资本结构，降低融资成本

中小企业融资难主要体现在两个方面。一是渠道窄。从融资渠道来看，目前的主要融资渠道是传统的银行贷款以及民间借贷，只有不超过 10% 的企业能够采取股权方式的融资。二是成本高。从融资成本来看，目前年化利率普遍在 12%～15% 以上，远高于贷款和债券利率。严重依赖外部负债的融资结构，导致中小企业的高负债率，提高了企业的债务成本。一方面，厦门新三板企业应该加大内源融资方式的比例，降低融资成本；另一方面，应利用新三板的直接融资方式，结合自身情况发展优先股、中小企业私募债、可转债等多种筹资方式，优化资本结构。同时要合理分配企业成本与费用的支出，实现降本增益。

2. 完善公司治理机制，优化股权结构

虽然新三板挂牌企业在挂牌前经过了股改，也建立了独立董事制度、董秘制度和审计委员会、内部控制制度、关联交易管理制度、对外投资制度等制度，但只有制度，没有规范运行的大有企业在。此外，目前厦门新三板企业普遍存在大股东的持股比例过高、股权集中度过高的现象，严重影响着新三板企业的健康发展。应适当分散股权，降低大股东的持股比例，均衡各股东的持股份额，这样可以适当控制大股东的权力，也可以有效激励其他股东对企业日常经营管理活动的监督，充分实现公司的所有权与经营权分离，完

善企业的管理制度，切实保护好投资者的利益，提高企业的融资效率，从而使中小企业获得稳定的资金来源。

3. 加大科研投入，提高企业的核心竞争力

提高新三板企业的核心竞争力，创新是必不可少的因素。目前厦门新三板挂牌企业大多是具有高成长性的中小微企业，产品的技术含量以及创新度较高，在发展中缺乏足够的资金投入，导致科研成果不能很好地转化成市场所需的产品。应加强技术创新，与高等科研院校携手开展产学研合作，在提升产品科技含量的同时，提升科技成果的市场销售能力，进一步提高企业的利润，进而提高企业的融资效率。

（二）政府政策支持方面

1. 提高厦门“新三板”政策的力度

目前各地都将新三板视为构建多层次资本市场的重要举措，纷纷出台政策鼓励企业到“新三板”挂牌。如东莞市高新区补贴 200 万 ~ 300 万元，锡市南长区补贴 300 万元，昆山市补贴 250 万元，苏州工业园补贴 200 万元，深圳龙华新区贴 210 万元。目前，厦门市区两级政府也出台了鼓励厦门企业到“新三板”挂牌的政策，厦门市非上市股份有限公司依法进入全国中小企业股份转让系统（新三板）基础层挂牌并交易的，一次性奖励 30 万元。思明区给予一次性奖励 120 万元；湖里区给予一次性奖励 100 万元；集美区给予一次性奖励 130万元；海沧区给予一次性奖励 130 万元；同安区给予一次性奖励 100万元；翔安区分批给予奖励总数 100 万 ~ 120 万元；火炬高新区分批给予奖励总数 120万元。厦门的标准与全国其他地区相比偏低。建议厦门市区两级政府加大“新三板”补贴标准，优化补贴方式，适当降低融资补贴门槛。

2. 鼓励“新三板”企业转板

新三板“转板”有直接转板和按通常程序申报 IPO 两种方式。已在新三板挂牌的企业申报 IPO 审核可以在两种方式之间进行选择：第一，以新三板挂牌企业身份申报；第二，在新三板摘牌后以非新三板挂牌企业身份申报。“新三板”与主板、二板相比，从企业融资效果看仍有较大的差距，如厦门转板成功的企业光莆电子在新三板期间，公司始终处于协议转让方式，价格为 4.6 元 / 股，转板后价格为 33.95 元。而目前厦门“新三板”企业市场实现融资

的比例仅为 20% 左右。“转板”对于新三板挂牌企业来说无疑是巨大的诱惑，尤其是创业板高达 100 多倍的市盈率和新三板交投冷清的对比明显。各地政府已纷纷出台鼓励转板的政策，如上海多个区和重庆市高新区对成功转板给予累计不超过 200 万元的差额补贴，苏州工业园给予 300 万元补贴，深圳市华龙新区对战略性新兴产业重点企业按上市标准 300 万元差额补齐等。建议厦门进一步出台完善“新三板”转板奖励扶持政策，一方面在推动上市时同等条件下，对“新三板”企业优先考虑；另一方面对成功转板的“新三板”企业，给予累计不低于其他地区的补助标准。

3. 打通区域四板、厦门两岸股权交易中心的联合路径

区域性股权市场（简称四板），是为其所在省级行政区域内中小微企业证券非公开发行、转让及相关活动提供设施与服务的场所。厦门两岸股权交易中心是服务于海西经济区中小微企业的私募股权市场，为厦门市唯一的区域性股权市场运营机构和厦门市政府扶持中小微企业政策措施的综合运用平台。建议由市金融办、厦门证监局、上市办等部门牵头协调，利用交易中心股权融资经验丰富、资源充足的优势，为“新三板”企业提供提供私募、个性、定制化的金融解决方案。

4. 充分发挥厦门市新三板企业协会桥梁纽带作用

厦门市新三板企业协会是厦门市唯一的，以服务辖区内新三板企业为宗旨的社会组织。截至目前，协会会员已达 125 家。应充分发挥厦门市新三板企业协会桥梁纽带作用，通过举办资本市场培训、政策宣讲等活动，吸引大批新三板企业加入到新三板企业协会，通过与券商、投资机构、上市公司开展合作，为新三板企业提供股权融资、并购重组和业务合作上的支持。配合相关政府部门组织开展各项上市政策、监管等培训，积极对接股转系统、上证报等，争取将服务点落地协会。同时发挥好平台作用，服务好全市新三板企业，着力搭建行业交流与对外宣传的平台，打造协调服务与监管自律的平台，建设培训提升与融资融智的平台。

总　结

良好的市场环境如经济活动活跃、金融市场发达以及政府政策的支持都有利于融资效率水平的提升。企业规模、资本结构、治理结构、融资成本、资金利用率、企业成长性以及企业的盈利能力，也对融资效率具有影响。

课题指导：陈永东
课题执笔：刘　平
完成时间：2018年9月

关于激发民间投资促进厦门经济高质量发展的若干建议

一、厦门民间投资的现状和主要特点

1. 城镇固定资产投资中，民间投资呈现比重持续攀升、总量不断扩大的趋势，但也凸显出曲折上升、跌宕不稳的特点

纵观厦门固定资产投资十年发展的趋势，外商（含港澳台）投资呈小幅逐年下降趋势，国有投资先小幅下降又逐渐回升，而民间投资呈现持续上升趋势，增长了3～4 倍；占厦门城镇固定资产投资总额比重最低 2009 年 21.99%，最高 2015 年 46%，增幅 25%。总体上看，民间投资增长势头强劲，对经济增长拉动作用显著增强。

厦门市近十年固定资产民间投资情况一览表

年份	民间投资额（亿元）	占城镇固投（%）	增幅或降幅（%）	项目民间投资（亿元）	房地产民间投资（亿元）	国有投资（亿元）	占城镇固投（%）	外商投资（亿元）	占城镇固投（%）	城镇固投（亿元）
2017	753.88	31.70	20.39	423.16	330.72	1403.09	58.90	224.49	9.4	2381.46
2016	626.21	28.99	−27.88	251.29	374.92	1169.51	54.15	364.09	16.86	2159.81
2015	868.30	46.00	32.19	490.58	377.72	755.56	40.03	263.79	13.97	1887.65
2014	656.86	42.05	41.49	352.45	304.41	620.66	39.73	284.64	18.22	1562.16
2013	464.23	34.72	−4.61	240.55	223.68	642.85	48.07	230.18	17.21	1337.26
2012	483.15	36.52	6.39	315.22	167.93	580.26	43.86	259.57	19.62	1322.98
2011	453.78	40.55	22.11	309.49	144.29	426.7	38.13	238.59	21.32	1119.07
2010	374.60	37.71	93.11	209.65	164.95	412.39	41.52	206.31	20.77	993.30
2009	189.78	21.99	−18.45	137.61	52.17	523.26	60.63	149.99	17.38	863.03
2008	233.27	25.54	−12.63	118.13	115.14	508.93	55.72	171.16	18.74	913.36

统计数据表明，固定资产民间投资上升的趋势并不平稳，而是呈现跌宕中起伏上升、曲折中蜿蜒增长的特点，十年发展中既曾出现 93.11% 的大幅上升和 41.49%、32.19%、22.11% 的匀速较快增长，也出现 6.39% 的增速回落、－4.61% 的小幅下跌以及 2016 年－27.88% 的大幅下滑。其中，房地产民间投资基本呈现出逐年较为稳定增长的势头（除2009 年、2017 年外），项目民间投资跌宕起伏较大，2016 年整体滑坡严重，2017 年再度恢复增长。近年民间投资较大项目有厦门三安光电产业化 LED 外延芯片（总投资额 100 亿元）、三安集成通讯微电子器件（总投资额 30 亿元）。

从城镇固定资产投资结构来看，明显存在“一高两低三不”的特征，即：基础设施投资高速攀升，制造业和房地产业投资增速放低，固定资产民间投资增长率不稳、民间投资的领域不宽、民营资本投资的产业行业发展极不平衡。

2. 厦门国民经济运行中，民营企业注册资本呈现逐年较大幅度增长，投资发展趋势由“择易挑高”转向“竞先创优”

所谓“择易挑高”，就是选择入门易、赢利高的行业，这是民营经济起步阶段应有的投资取向。经过改革开放40年的发展，民营企业成长壮大起来，培育了较强的核心竞争力，时代发展也要求它充分发挥机制优势，不断创新创优，为经济增长提供强劲的动力源。

厦门市近十年民营企业发展情况一览表

年份	户数（户）	注册资本（亿元）	比上年净增（亿元）	增幅（%）	批零商贸业（亿元）	租赁与商务服务业（亿元）	制造业（亿元）	科研和技术服务业（亿元）
2017	265522	15356.94	3669.78	31.40	3754.92	5336.93	1273.84	1519.91
2016	224258	11687.16	3656.28	45.53	3138.45	3798.37	1100.38	1030.45
2015	177993	8030.88	2806.65	53.72	2377.28	2263.62	918.47	586.37
2014	137971	5224.23	1604.68	44.33	1600.71	1341.42	703.96	292.43
2013	108977	3619.55	495.74	15.87	1176.66	883.89	513.73	166.21
2012	96376	3123.81	604.73	24.01	994.31	754.84	449.09	135.82
2011	87648	2519.08	585.63	30.29	826.98	565.57	363.45	99.89
2010	73879	1933.45	651.13	50.79	687.37	365.88	281.91	68.03
2009	64179	1282.32	282.13	28.21	433.44	224.15	222.72	38.04
2008	55756	1000.19	269.34	36.85	345.21	158.40	184.07	28.89

纵观厦门民营企业十年来注册登记情况，投资增幅排前七名的为批零商贸业、租赁与商务服务业、制造业、科学研究和技术服务业、建筑业、信息传输计算机服务和软件业、房地产业。显然，由于批零商贸业、租赁与商务服务业进入门槛低，容易成为私人投资者首选；近年来，民营资本加快流向先进制造业，促进传统制造业的转型升级；基于机制的活力和创新力，民营资本针对高技术产业和技术服务业的投资高于平均水平；建筑业和房地产业是民营资本投向的传统热门产业，从高增长惯性趋向平稳增长的常态。

厦门民营资本投资高技术产业和战略新性行业的资本来源结构较为单一，主要依靠自有资金和发展的积累；行业选择偏好相对明显，主要集中在电子信息业、软件业、互联网服务业、微电子与光电子材料和器件行业、由生命科学推动的农业和医药产业研发。技术主要靠独立研发为主，“产学研”结合为辅。为享受优惠政策，民营高新技术企业多数向高新技术开发区、软件园等产业园区集中。

3. 新经济形势下基于转型、发展的需要，民间投资出现新趋向，主要有跨界投资、联合投资和借壳投资三种形式

（1）跨界投资。民营企业在面对产能过剩，单纯依靠增资扩产进行扩张的发展模式难以持续，行业面临转型升级压力，以及遭遇经济下行压力和金融危机的影响，包括当前受互联网经济的冲击，实体经济领域一些行业呈现整体低迷的现象，通过跨界投资实现转型升级，成为企业自我救赎和转型重生的重要途径。民营企业跨界投资有多种形式：一是通过介入资产重组、实施跨界并购，切入朝阳行业，从而在短期内提升业绩和估值；二是因为业务的关联性，产业投资延伸至上游，完成跨界融合，例如，大洲控股、当代置业均以地产起家，长期看好影视制作行业在国内的市场机遇，觊觎它的高成长性、高回报的特点，积极抢占影视行业先机；三是跨界创新，指根据不同行业、不同产品、不同偏好的消费者之间所拥有的共性和联系，把一些原本毫不相干的元素进行整合，互相渗透，使得跨界合作的品牌、产品、渠道能够得到最大化的营销。跨界创新逐渐成为大趋势，跨界创新能力卓越的企业，较为容易发展成为一个行业的强者乃至王者。

（2）联合投资。民营经济和民营企业原生具备“小、散、弱”的特征，长期单打独斗制约着企业的盈利能力。当前中国经济进入新常态，民营企业加速推进转型升级，在此过程中遭遇到投资行为分散，金融杠杆运用不充分，信息来源渠道单一，开展跨省、跨境并购重组的能力比较弱，资本实力差等问题，难以顺利实现战略性的升级、转型、并购、重组，因此抱团取暖、联合发展为上策，创建联合投资平台，抱团共同发展，成为当前民营企业重要投资取向，“厦民投”应运而生。2014 年 10 月，厦门民合投资集团有限公司正式成立，公司由 20 名股东共同出资设立，注册资本 30 亿元，发起人包括 19 家法人机构和1名自然人。厦民投成立之后确定三个投资方向：一是参与厦门市经营性的基础设施和社会事业的重大项目投资；二是承接国有企业混合所有制项目；三是对民营企业好的产业化项目进行投资。

（3）借壳投资。借壳投资有多种形式。一是借国企之壳切入垄断行业领域，主要形式为让国企控股，占 51% 以上，民企占 49% 以下，充分利用国企资源优势和垄断地位，实现稳定快速发展。二是借跨国企业之壳求百年发展，民营企业发展到一定规模，引入跨国企业实施并购，借助跨国企业的整体优势，实现更高层次发展，打造百年企业，例如银鹭集团被雀巢公司收购、中绿粗粮王被可口可乐公司收购。三是借上市公司之壳求上市融资，如三安光电借壳天颐科技、大洲控股借壳 ST 兴业、当代置业借壳 ST 大水。

二、当前厦门民间投资面临的主要问题

得益于改革开放，作为非国有经济成分的民间投资取得了令人瞩目的成就，但发展过程中仍然存在许多问题，体现在民间投资行业分布不均、产业结构不合理，投资领域有限、渠道狭窄、市场环境欠佳、政府管理服务缺位、融资渠道不畅等，主要存在十个方面的问题。

1. 民间投资好项目难找

当前实体企业不景气，非实体企业投资存在很大的不确定性，政府对产业投资缺乏有效的引导，厦门民间投资存在不懂投、不敢投、不让投的现状。“不懂投”是因为民营企业面临转型升级的压力，要从传统领域逐步退出或通过创新改造实现产业升级，但从未涉足高技术领域、新兴战略产业领域，市场错综复杂，看不准，不懂得往哪里投。“不敢投”是在国内经济下行压力不断加大的形势下，由于种种叠加因素的掣肘，民间投资变得更为谨慎，多持观望态度。“不让投”是民营企业长期难以进入一些领域，而政府背景的投资

不断加速进入这些具有垄断性的高回报领域。

2. 民营资本介入混合所有制改革停滞不前

厦门引导民营资本介入国企改革，起步早，进步缓，近年来总体停滞，发展非公有制资本控股的混合所有制企业并无实质性的举措。国家政策鼓励，准入层面障碍已扫清，厦门也较早实施了试点，且不乏具体的案例，因何仍旧没有太多实质的成效？主要原因在于：一是政府实施和推进国企改革，让民企介入国有资产兼并重组，多把“包袱”重的项目给了民企；二是垄断性行业领域的项目，国企让民企凭借合作的形式进入，借助民企的竞争优势、国企的垄断地位赢利，其盈利中国企占大头，却又对民企百般压制，仅是分一杯羹给民企；三是民营资本与国有资本进行混改后，担心被国资逐步侵蚀掉（也确实存在诸多类似的案例）。

3. 政府与民争利制约民间投资的空间

厦门民营企业反映，现在什么行业好做，政府就成立一个国企介入行业竞争；政府对经济运行拥有过多的话语权、支配权，既是游戏规则的制定者、执行者，又通过国企成为游戏参与者。厦门组建了十大国有集团企业，即建发集团、港务控股集团、国际航空港集团、夏商集团、路桥集团、国贸控股集团、海翼集团、轻工集团、住宅集团和特房集团，之后又高规格地陆续组建了金圆集团、信息集团、轨道交通集团和市政集团，组建国有企业投资公司，占据优势地位的国企已不满足于产业上游的电信、石油、矿产等领域，具备了向一般竞争性领域进军的优势条件，大量涉足竞争性领域，尤其是房地产领域。

4. 存在改革不彻底使政府服务异化为隐性缺位的现象

审批制度改革虽然缩短了办事流程，然而要达到送进审批窗口的条件，却需要折腾很长时间，企业传言“窗口一周，窗外一月”。对企业来说，交易的制度性成本升高，机会收益就丧失。由于政府在财政资源的配置上存在“越位”现象，在市场投资领域存在“错位”现象，而在政府管理和服务上又存在“缺位”现象，特别是隐性缺位现象，导致了民间投资长期以来增长不稳，近年来增速回落和下滑。

5. 政策落地难导致民间投资低迷

尽管政府对民间投资的鼓励和支持政策一波接一波地出台，厦门促进民营经济健康发展的政策平均每五年更新一次，然而民间投资似乎热不起来，仍未遏制回落和下滑的势头。究其根源，就在于政策在执行过程中没有得到实实在在的“落地”，没有“落细”“落实”。一是虽然有政策出台，但只是被动呼应中央出台鼓励民间投资的政策，思想上并未形成促进民间投资迅速扩大的决心和意识，措施手段上缺乏配套实施细则，相关优惠措施操作性不强，并未落到民营企业身上。2014 年 6 月出台的《关于促进民营企业健康发展的若干意见》（简称“44 条”），部分职能部门虽然出台了配套实施细则，但总体而言，未切中制约民企发展的主要症结，未针对民营企业当下的迫切需求，未大胆突破制约发展的限制和阻碍，较少实质性的惠企“干货”，因此实施三年来，虽然取得了一些成果，但仍不免陷入以往的政策造势效应大、实际运作成效微的循环中。

6. 隐形门槛和不公平竞争环境成为制约民间投资的双重锁链

尽管中央和地方都进一步放宽了民间资本进入的行业和领域，鼓励和引导民间投资参与公益事业和基础设施项目建设，但在具体执行过程中，民间投资的领域仍然受到限制，存在看不见的门槛。政府推出的 PPP 项目，基本是为国企量身定制的，民企无缘沾边。民企希望政府应着力减少或消除改革中伴生遗留下的桎梏，厘清法律、制度的边界：一要厘清政府与市场的边界，二要厘清政府间的边界。

军民融合产业发展，并没有出台政策实施细则，民营企业参与难；现有准入政策门槛高、执行复杂，部分政策扼制了民参军企业灵活开放特性的问题；税收、投资政策对民企和配套企业不公平。尤其值得关注的是，根据国家和军队的现行法规标准，承担武器装备科研生产任务的单位，一般应取得武器装备质量管理体系证书、武器装备科研生产保密资格证书、武器装备科研生产许可证和装备承制单位资格证书，简称“四证”。然而，对民营企业参军所具备条件的审核相当严格，如武器装备科研生产单位保密资质认证应具备条件包括“无外商（含港澳台）投资或雇有外籍人员”，然而许多民营高科技企业引进大量外方专业人才。

7. 融资难的瓶颈始终难以突破

厦门融资环境对民企而言，存在明显的不合理，银行等传统金融机构依旧“重国企轻民企”，对民间投资的支持远远不够，普遍存在“惜贷”的现象。

以国有银行为主导的信贷投放长期向国有企业倾斜，而民间投资在融资方式选择、融资机构建立等方面受到歧视，民营企业在投资过程中，得不到平等的融资机会。民营企业投资好的项目往往因为资金不足，得不到政府配套的资金扶持和金融机构有效的贷款支持，难以为继。一些政府扶持的高科技项目，由于政策补助少，难以发挥撬动民间资本的热效应。

由于民营企业缺乏有效的信用担保，很难通过正规的金融渠道融通资金，同时，各大银行强化了贷款的风险约束机制，使其获取民营中小企业信息的成本较高，审批程序复杂，耗时较长，不敢轻易批准对其贷款。在直接融资方面，民营中小企业更是被拒之门外。经济下行压力大时，这种情况更明显，为了规避所谓的风险，金融机构无一例外采取“抽贷”行为，承诺民营企业贷款先还后贷、即还即贷，导致民营企业想方设法找过桥资金、借短期高利贷，一旦贷款还进去，金融机构不是雪中送碳，而是雪上加霜，以各种理由不再续贷，造成企业资金周转困难，很多优质的企业就这样倒闭。

由于银行支持力度不够，资本市场难以进入，民间投资面临资金困难。当企业自我积累无法满足其需要时，有些企业就依靠非正规的民间借贷，甚至是地下钱庄来筹集资金。但民间借贷规模小、时间短、成本高、风险大，一旦运用不当，企业可能背上沉重的负担。民营企业普遍存在贷款难、抵押物不足和融资成本高的状况，融资困难已成为当前民间投资进一步发展的瓶颈。

8. 监管的“一刀切”极大束缚了民间投资

一是证券监管，常因个别事件影响整个行业，比如：个别企业 IPO 的不规范行为，导致整个行业企业的 IPO 都举步维艰；部分 p2p 公司有问题，就对所有投资公司、有限合伙公司停止注册。二是文化监管太严苛，如一部电视剧里的明星有负面新闻，正在播出的电视剧就被叫停，造成投资方损失巨大。三是外汇监管过于死板，进出门槛过严过紧，对企业的境外投资造成极大的限制，好的境外项目收购难，引不进来。特别是政策调整外汇收紧时，企业即使有很好的境外投资项目，但资金无法出境导致错失良机。

9. 难以有效地规避各类风险

民间投资的风险，主要来源于几个方面。一是信息不对称造成投资方向错误。由于政府未建立完善的信息发布和产业引导的体系，民间投资者了解与掌握信息来源渠道狭窄，多依赖亲朋好友，导致所获取的信息缺乏客观性，选择投资项目时存在一定的盲目性与偶然性。容易出现什么行业好赚，民间资本就蜂拥流向，导致行业竞争加剧，而过度竞争带来的结果就是低利润水平，赚钱的行业忽然间就变得不赚钱了。二是资金周转的风险每每使企业在过桥续贷的关口面临生死考验。经济形势一有振荡波动，银行容易神经过敏，本来民营企业获得贷款就不易，又常常是短贷长投，面临资金周转的关键时刻，银行的反应往往就决定了企业能否生存，许多优质良性发展的企业可能一夜之间倒闭。三是民间投资存在政策性风险。对民间投资者、民营企业而言，投资最担心的是政策变化，这是企业家自己无法控制的风险。政策变化导致企业投资失败、濒临困境的惨剧，不乏先例，也让许多投资者、企业家心有余悸。促进民间投资政策缺乏稳定性和实效性，优惠扶持政策导向不明朗，信号不清晰，缺乏长远规划和稳定性，一些政策摇摆反复，使得民间投资畏首畏尾。保持政策的相对稳定与延续性，民企投资有政策保障，才能放心放手投资。一些 PPP 项目投资较大，回报慢，政策的稳定性和延续性成为吸引民间资本投入的关键。四是人为因素的风险，包括长官意志和政府诚信的风险。邻市泉州刺桐大桥的案例已是相当久远的事了，但仍很说明问题。政府引入民间资本投建了一座桥，承诺几年内同一地点不会再另外兴建桥梁；可是一看民资建起的桥梁收费可观，翌年政府就在旁边投建了新的一座大桥，并运用政府的影响，人车通行不再从民资投建的桥上过，导致民资投建的桥梁逐渐荒芜。

10. 用地指标短缺极大制约民企增加投资

民营企业发展需要扩大规模，往往受到用地指标的制约。厦门每年有限的用地指标相对企业发展需要来说严重不足，导致投资项目迟迟不能落地。土地指标优先保障重大基础设施建设用地，可供民间投资项目的土地指标所剩不多。厦门市橱柜业商会、门窗业商会抱团谋拓展，向同安区政府要了千亩左右的发展用地，通过组建产业园，将业内商家整合在一起，既提升各企业的产能规模，又形成产业集聚效应，并带动上下游配套商入驻。但很快，同安橱柜产业园用地又不能满足行业发展的需求了，橱柜企业只能抱团到外省寻地。

三、有效激发民间投资促进经济高质量发展的对策建议

民间投资是厦门经济企稳回升的重要推动力量，有利于提高资本和劳动力的配置效率。现阶段，厦门民间投资发展并不能完全适应经济发展的节奏，激活民间投资，构建经济内生性需求基础和自主性增长机制，成为保持经济增长后劲、增强经济活力和促进经济高质量发展的迫切需要。应当乘着全面深化改革的东风，以“协同挺进深水区，攻坚敢啃硬骨头”的精神，着力改革破解激发民间投资的体制机制上的束缚，着力推进民间投资潜力的释放。建议如下：

1. 去阻清障，营造公平的竞争环境，打破体制机制创新的栓塞

当前，政策层面对于民间投资而言，市场是开放的，渠道是畅通的，环境是平等的，表面上并不存在障碍。然而实际情况是，隐性门槛、隐性歧视、隐性梗阻都不同程度地存在着，体现在政策的执行操作层面、公务人员的意识行为、社会舆论的导向和制度规则的设计等等之中，其影子若隐若现，无处不在。因此，要真正下决心采取措施，扫除隐伏的阻碍，让隐性的梗阻变为显性的支持，化作实实在在的措施、真心实意的行动和旗帜鲜明的态度，才能营造公平公正的竞争环境，市场的公平化和法制化才能真正确立，民间投资难以逾越的隐形门槛才会消除，民营企业就不怕没有好项目，混合所有制改革就可能吸引大量民间资本涌入，民间投资者就能重振投资信心，释放投资意愿。

2. 落地落细，打通“最后一公里”，打破政策落实的栓塞

促进民间投资和扶持民营企业发展，政策设计这个环节是源头，把握正确的导向，设计出好的政策，有“精品”、有“干货”，才能对企业起到真正的扶持作用，才能对民间资本起到真正的撬动作用。然而，更为关键在于政策执行的环节，要落地、落细，才能落实，民营企业才能真正受惠，否则只能是空中楼阁、海市蜃楼。习总书记强调“一分部署，九分落实”；经济学家厉以宁说，有些政策“最后一公里”还没有完成。所以，政策要落地，政策要落细，政策要落实，要让民营经济真正从政策当中增强获得感。政策落地、落细、落实，关键在于：一要有具体配套的实施细则，把宏观的惠企政策化作微观的兑现实施的具体措施；二要理顺操作环节流程，从服务民营企业的

角度，去除官本位的思维，设计操作简便的流程，易于民营企业办理；三要强化执行力，“天下之事，不难于立法，而难于法之必行”，要加强机关建设，消除执行环节三种现象，即有利的亢进执行、无利的疲软执行的趋利现象，法规不如批示、批示不如暗示的唯上现象，简单克隆、照本宣科、不越雷池的教条现象；四要建立推进落实机制，跟踪政策落实进度，及时研究解决推进过程中遇到的新矛盾、新问题，着力打通政策落实“最后一公里”。

3. 知行合一，营造“尊商、重商、亲商、扶商、安商”的良好氛围，打破观念解放的栓塞

营造“清”“亲”政商关系，不仅是全面从严治党的重要举措，也是扶持民营企业发展的良方。“亲”就是坦荡真诚地同非公有制企业及其负责人接触交往，积极作为；“清”就是同非公有制企业负责人的关系清白、纯洁。相关具体的做法和举措还在摸索中，但在优化政务服务、规范政商交往行为的前提下，可以减少权力寻租空间和私下勾兑冲动，民营企业也得到减负降成本的实惠，省略公关成本，消除不走关系办不成事的顾虑，政府官员也可以逐步打消怕和企业家走太近有意避嫌而不作为慢作为的担忧。政商关系干净、规范，有助于缩减政商之间的距离感和隔阂感，提高行政效能和公共服务质量，加强政商之间的良性互动，促进企业的健康发展。

4. 转变职能，退出越位点补上缺位点，打破政府服务的栓塞

推进简政放权、放管结合和优化服务。加大政府职能转变的力度，积极主动地放掉该放的权，减少对经济领域的行政干预，从越位点退出；同时，切实担当负责地管好该管的事，把“缺位点”补上，做到简政放权和加强监管齐推进、相协调，做到规范的“管”和灵活的“放”结合，使转变职能的成效真正显现出来，消除政府“越位”对经济产生的负面影响，补齐政府“缺位”对扶持民营企业发展留下的空白。关键还有一点，就是“管”的时候，切忌不辨青红皂白“一刀切”，要针对具体实际，研究具体可行的对策，实施有抑有扬、惩治与鼓励并举的良政，避免“一放就乱，一关就死”的恶性循环。

加强和改进政府服务。一是清理规范行政审批，建立行政审批事项动态评估、管理和调整制度，避免减后又增进而更加繁杂的现象，切实深化行政审批制度改革，积极创新审批方式，推行“电子政务”，加快实施“网上审批”和“并联审批”，为企业提供高效便捷服务，完善行政审批电子监察系统建设，强化对行政审批的监督。二是进一步清理和规范涉企收费，切实减轻民营企业负担。全面规范涉企行政收费，重点清理涉及行政审批的中介服务收费、具有垄断性的经营服务收费，坚决取消未经法定程序设定以及不适应经济社会发展要求的收费项目。三是加强面向企业的信息服务。建立服务企业转型升级的综合信息平台，及时发布有关投资、土地、人才、规划、环保、安全生产、技术标准、质量检测、检验检疫、信贷融资等政策信息，引导企业加快转型升级。四是实行容缺受理、一站式审批等行之有效的服务创新，大幅简化审批流程，缩短审批时限。所谓“容缺受理”是指行政相对人申报审批事项时，主要申报材料齐全有效，次要申请材料有所欠缺，由行政相对人做出补齐承诺，窗口先行受理该业务，进入审查环节，审查过程中由行政相对人补齐次要申请材料，材料补齐后审批部门及时做出审批决定。该模式打破原来“申请材料齐全且符合法定形式再受理”的传统，在不违反原则的前提下，开辟一条“绿色通道”，允许“边补齐材料，边受理审核”，缩短整体审批时限。要逐步建立“守信红榜和失信黑名单”，通过政务服务网共享信用信息，查看企业的信用标识，对信用记录好的企业进行“容缺受理”，依据企业承诺，边补齐材料，边受理审核，尽快完成审批；对信用记录差的企业，严格审核申报材料，推动市场主体诚信经营和个人守信自律。

5. 政银联动，构建分类支持民企发展的长效机制，打破融资渠道不畅的栓塞

加大对民间投资的融资支持，加强对民间投资的金融服务。各级政府及有关监管部门要不断完善民间投资的融资担保制度，健全创业投资机制，发展股权投资基金，继续支持民营企业通过股票、债券市场进行融资，帮助民营企业构建有效可靠的投融资渠道。

当前，政、银、企之间存在一种微妙关系，可共享福，却不可共患难。经济形势好的时候，政府需要民间投资，银行希望放贷赢利，民间资本瞄准好的项目，就较有可能获得银行的贷款支持。然而，一旦经济转入下行，再好再稳固的关系瞬间崩塌，银行功利性的抽贷保资金安全成为惯性做法，政府想帮企业，但因条块体制不同，互不隶属，没有建立常态化的协商解决机制，导致企业经营形势因资金周转不灵急剧恶化，良性发展和破产倒闭常在一念之间。因此，政府应该加快与金融机构深化合作，建立协调沟通的长效机制，针对企业发展形成共同监管、共同服务的机制，也形成共抗风险、共度危机，帮助企业解决困难和问题的应急协商机制。

课题指导：陈永东

课题执笔：肖 颖

完成时间：2018年9月

政策引导

ZHENG CE
YIN DAO

对促进民营经济发展政策执行情况的调查

2018 年 11 月，习近平总书记主持召开民营企业座谈会并发表重要讲话，引发了广大民营企业家的强烈共鸣。省委省政府、市委市政府贯彻总书记重要讲话精神，行动迅速，出政策、建机制、用实招，出台了《关于加快民营经济发展的若干意见》《福建省民营经济发展促进条例》《厦门市促进民营经济健康发展若干意见》《厦门市人民政府关于进一步支持中小企业发展若干措施的通知》等，各市直部门落实中央和省、市部署，细化方案、配套政策、强化落实，支持民营经济发展氛围更为浓厚，民营经济活力潜能持续释放。为进一步了解政策措施的落实情况，课题组通过问卷调查、召开会议、个别访谈等多种形式，先后调研了 200 多位民营经济从业者，既有大企业、“明星企业”的老板，也有三五个人的微型企业、个体工商户；既有效益很好、银行找着贷款、政策主动上门的好企业，也有挣扎求生、求贷无路、政策靠不上的困难企业。紧紧抓住习总书记在民营企业座谈会上六个方面讲话内容的落实情况、落实过程中遇到的突出问题，分析政策落实难的深层次原因，在此基础上提出破解民营经济政策落实难的有效对策。

一、主要工作成效

在座谈交流中，我们感到，不论是享受到“真金白银”还是没有得到实惠的企业，都认为2018 年以来厦门市对民营经济的支持是动真格、看得见的，主要体现以下几个方面。

（一）整体规模稳步增长，渐成上市公司主力

1. 整体规模稳步增长

据测算，2018 年民营经济增加值 2414.2 亿元，同比增长 6.6%，低于全市 GDP 7.7% 的增速，占全市 GDP 比重 50.4%，比 2017 年降低 0.1%。截至 2018 年年底，全市私营企业数（不含港澳台）31.09 万户，同比增长 17.1 %，占全市企业数的 93.48%；注册资金 18830.98 亿元，同比增长 22.62%。个体工商户 25.31 万户，同比增长 19.78%，资金数额 219.91 亿元，同比增长 28.27%。

2. 数量上渐成上市公司主力

我市境内 A 股上市的民营企业有 39 家，占全市 A 股上市企业的 80%；境外上市的民营企业有 25 家，占国境外上市公司的 96%；全市 35 家“新三板”挂牌上市公司，绝大部分为民营企业。此外，2018 年中国民营企业 500 强中有盛屯矿业集团 、禹洲集团和恒兴集团3家厦门民营企业入围；2018 年福建省民营企业百强中有 27 家厦门民营企业入围。

（二）发展环境不断改善，发展后劲持续提升

1. 减税降费等政策红利持续释放

2018 年以来，全市已累计为企业和个人减税降费 250 亿元。1—5 月份规模以上工业应交增值税增长 9.8%，增幅比上年同期大幅降低 15.3 个百分点，规模以上服务业企业单位增值税负比上年同期下降 9.7%。上半年生产经营景气状况调查显示，规模以上工业、规模以上服务业、限额以上批发零售业、限额以上住宿餐饮业分别有 87.7%、41. 3%、39.8% 和 57.6% 的企业认为从减税降费政策中受益。

2. 以民企为主的互联网＋强劲发展

互联网＋服务业经济引领作用凸显，上半年信息传输软件和信息技术服务业实现营业收入 666.88 亿元，增长 16%，拉动规模以上服务业增长 4.1%；互联网＋零售拉动作用强劲，全市限额以上网络零售额占社会消费品总零售额的 19.8%，拉动社会消费品零售额增长 5.6%。

3.“亲清”政商关系基础日益夯实

出台《关于构建政商关系新生态的若干意见（试行）》，明确 14 种党政机关及其公职人员不得利用职权或者职务影响从事的行为，以及非公有制企业及其负责人不得为谋取非法利益从事的行为，为政商双方开列负面清单，划出底线、高压线，让政商交往有章可循，优化民营经济发展环境。出台《关于营造促进企业健康发展政治生态的实施意见》，立足“监督的再监督”，要求加大各项惠企政策落地情况督查，督促有关部门清理涉企收费、摊派事项和各类达标评比活动，严肃查处惠企政策落地过程中“吃拿卡要”行为。

（三）民企对党委政府工作力度高度认可

民营企业反映，2018 年以来出现以下几个方面的明显变化：

1. 政策变多了

2018 年以来，我市出台《中共厦门市委 厦门市人民政府关于促进民营经济健康发展的若干意见》（厦委发〔2018〕26 号）、《厦门市人民政府关于进一步支持中小企业发展若干措施的通知》（厦府〔2019〕110 号）。同时，相关部门也出台了很多配套政策，如市税务方面的《关于支持民营经济健康发展的若干措施》，提出16条举措，有针对性地将税收扶持政策落地；法制方面的《关于服务保障民营经济健康发展的十条措施》，从 10 个方面服务保障民营经济健康发展，营造更好的民营经济发展的法制环境；金融方面修订《厦门市中小企业发展专项资金管理办法》，不断完善扶持中小企业的政策；人才方面印发《关于加强企业人力资源服务支持实体经济发展的意见》，提出 18 项具体支持政策和措施，切实支持我市实体经济的发展；人社局印发《关于做好暂时性生产经营困难企业认定及帮扶工作的通知》（厦人社〔2019〕132 号），帮助企业渡过难关和转型发展；等等。此外，在各责任单位出台实施细则和具体措施的基础上，制定实施指南，极大方便企业了解政策办理的相关事项，得到民营企业的广泛赞誉。

2. 态度变亲和了

2019 年以来市民营办等市直有关部门常态化开展帮办帮扶、“四走基层”活动，市级领导联系企业，尽管有的问题暂时还没有解决好、解决了，但是各级党政干部和部门的亲商态度被企业感受到了。一位民营企业家说：“我每天都看厦门新闻，今年已好几次，看到领导亲自召开企业家座谈会、亲自抓营商环境建设、亲自奔走招商，书记、市长都重视，底下办事的人就会更尽心了。”

3. 办法变好了

据我们了解，在这一轮支持民营经济发展氛围中，很多部门都想出了一些好办法、好点子，如民营办、科技等部门与企业建立 QQ 群、微信群，定期将惠企政策推送到群里；一些市直部门将所有惠企政策汇总，让企业对标查找，企业普遍反映效果不错。清理政府部门、国有企业拖欠民营企业尤其是中小企业账款见了成效。市纪委、市工商联联合开展营商环境专项排查行动，收集问题建议 200 多条，并逐一督查落实。

二、落实过程中存在的问题及原因

在落实中央和省、市委政策上坚决有力，但是从落实的效果看，与企业的期待还有一定的差距，没有充分彰显政策的最大效用。

（一）担当不足不敢为成为政策落实的新痛点

如表1所示，大多数样本企业对税收、金融扶持等相关政策的落实感到比较满意，感到满意的仅占比 18%，仍有 24% 的企业表示不满意，政策落实效果还有待进一步提高。

表1　企业对扶持政策落实的满意度

满意	较满意	不满意
18%	58%	24%

根据调研收集的材料整理，集中表现在以下两个方面：

1. 一些部门不敢为、不想为，导致政策落实效率不高

企业反映我市大的政策环境都很好，但是在具体同某个部门打交道的时候，即使是合规合理地推进，其进度都很慢，有的甚至借口讲规范讲规矩，不与企业当事人接触，事前服务不够准确有效，导致一些企业陷入“问题始终在解决，但始终也解决不了的”旋转门。

如某房地产公司反映，该公司在 2016 年年底项目竣工验收时发现存在超

容积问题，根据要求公司整改至 2017 年 5 月，6 月规划局开始计算超容面积至 11 月底将材料交给执法局，同年 12 月底该公司按要求完成处罚。可是至今该项目仍然无法办理产权证，公司虽积极协调，但是部门间文来文往，始终无法解决问题，住户天天告开发商，严重影响公司正常经营。

再如某民企反映，为执行中央军委关于部队停止有偿服务政策，经与福建省武警总队友好协商主动关停加油站。市委停偿办为该加油站迁建以专题会议纪要形式做出批示，但至今一年多的时间过去了，该迁建后续事宜仍无法落地，企业损失巨大。

2. 个别审批事项互为前置，存在“别的部门批了再找我批”的现象

项目建设审批全流程环节涉及的法律法规较多，很多改革牵涉到顶层法律、法规的修改，但当前相关部门改革步伐并不一致，权力下放还不同步，以及职能部门之间各有政策，以至于有的企业在办理相关手续时，基层部门间很难整合协调与实践操作，存在一些审批事项互为前置的情况。如企业反映，随着经济快速发展，商业业态随之转换，一些企业需把商业办公场地改成酒店，要办施工许可证，可往往是区和市里有关部门推来推去，导致目前我市多数的酒店手续不全。

（二）执行“最后一公里”未完全打通影响政策成效

企业反映我市不乏扶持民企做大做强的政策，但是政策执行“最后一公里”未完全打通，存在企业对政策措施知晓率不高、受益不足、获得感不强的情况。如表 2 所示，对扶持政策不满意的企业中，一半的企业认为手续繁杂是主要原因，36% 的企业则是不知道有哪些优惠政策，仍有 30% 的企业知道有优惠政策，但是有关部门贯彻落实不到位。

表2　企业对扶持政策落实不满意的原因

选项	不知道	政府落实不到位	政策本身不完善	手续繁杂
占比	36.17%	29.79%	23.40%	51.06%

具体表现在：

1. 宣传不到位。如有关标准化实施战略资金补助政策、研发专利单位的发明专利补助政策等，宣传力度窄，部分符合条件的企业不知情。

2. **支持或补贴的申报不够透明**。有些扶持政策是有熟人通知才去申请，支持或补贴的申报不够透明；有些专家评审环节如果通不过，相关部门没有通知企业也没有给企业申诉反映的机会就直接公布结果，评审过程不够公开。

3. **规定繁琐落地难**。如很多奖励政策都是要同项目挂钩，但是小企业往往缺乏项目，出现了企业为奖励去包装项目的现象。

4. **审核把关过于严格保守**。如企业认为我市对科技企业的认定标准比其他地方要严格；还有各种税前抵扣项目执行不够灵活；"国家企业技术中心"和"国家技术创新示范企业"两个项目在其他大部分省市都可以各自获得补贴，但我市只对其中之一补贴；国家双软认定政策 2017 年到期以后没有出台新的优惠政策，厦门的企业就不能再享受优惠，但是一些城市如福州仍旧继续执行原有优惠政策；对国家重点实验室，大部分发达城市都有相应的扶持政策，如广东省给予 2 亿元扶持资金（省里 1 亿元，市里 8 千万元，区里 2 千万元），但我市没有重点扶持的政策；无车承运人政策在国内很多地方已经落地，但厦门还没有执行，影响厦门物流公司在国内的发展。《厦门市人民政府批转市财政局等部门关于厦门市科学技术创新与研发资金使用管理暂行办法的通知》的第六条（四）规定：以往年度享受科技创新与研发资金扶持的项目经验收不合格或逾期验收的单位，市科学技术创新与研发资金不予支持。该规定没有说明不予支持的期限，实际操作中按永久性执行。

（三）融资难融资贵没有得到明显缓解

图1显示，在企业资金来源占比中，53%的企业使用自有资金达 80%～100%，高达 76% 的企业使用自有资金超过 60%，表明不少企业还是面临着融资困难的情况。

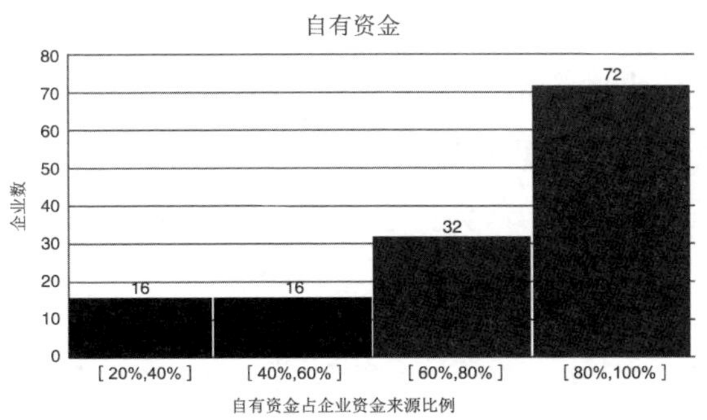

图1　自有资金占企业资金来源分布直方图

企业认为当前针对民企的贷款普遍门槛高、品种单一、额度有限、成本高，能拿到银行贷款的，基本是规上企业，同时还需要随时应对银行的“抽贷”风险，很多民间投资即使跨过“玻璃门”进入市场，也会被融资歧视这类“弹簧门”反弹出局。而政府的扶持资金由于“僧多粥少”，投入不菲却仍是“杯水车薪”。如我市的中小企业发展专项资金、中小企业信贷风险资金，难以惠及大多数民企，具体表现在以下五个方面：

1. **融资贵问题突出**。民企贷款利率一般都在基准利率上上浮 30%，加上担保费、审计费、工商查询费等，年化利率都在 12%～15% 左右，向小贷公司融资更是高达 18% 以上，超过银行基准利率的 4 倍。

2. **无形资产无法参与抵押融资**。一些新兴产业，如动漫、电商、信息服务产业，主要资产是无形资产，目前无形资产的价值评估体系不完善，我市尚未建立无形资产的抵押、交易平台，无形资产在融资时不能作为抵押。

3. **贷款授信额度低于抵押物的评估价值**。一些园区（如翔安火炬园）企业的土地厂房不管多大只能办理一本产权证，不能分割办证向多个银行进行抵押，因此能拿到的授信额度很少。像恒兴集团这样资产达 180 个亿，盈利情况良好的企业，也只能达到 2A 的评级（评级同授信额度挂钩）。

4. **过桥资金无法发挥应有的作用**。本为保障和扶持企业健康发展的政府应急还贷资金（俗称过桥资金），使用以后银行系统会认定企业风险较大，并调低企业信用等级，多个企业使用应急资金后被银行减少贷款额度。

5. **生物医药产业等长周期高新技术产业急需针对性扶持政策**。生物医药产业的产品即药品一旦上市，生命周期较长，但是前期的研发投入巨大，周期较长，急需政府部门、金融部门创新针对性的融资扶持办法。

（四）建设公平的竞争环境仍是企业的强烈诉求

如表 3 所示，绝大多数企业都认为自“座谈会”之后，建设公平环境有好转或者持平，只有 1.33% 的企业认为审批许可有所恶化。但“军民融合”与“参与国有企业改革”中，认为持平的都在 52% 左右，可见这两项还需进一步改善。

表3　企业对建设公平竞争环境的感受

单位：%

选项	市场准入	审批许可	投招标	军民融合	参与国有企业改革
有较大好转	17.57	17.33	15.07	13.64	14.52
有所好转	45.95	52.00	46.58	34.85	33.87
与当前持平	36.49	29.33	38.36	51.52	51.61
有所恶化	0.00	1.33	0.00	0.00	0.00
有明显恶化	0.00	0.00	0.00	0.00	0.00

座谈调研中，企业频频提到竞争环境问题，主要集中在国有企业过于强大，导致市场竞争环境不公平，多数认为这与政府的政策和公职人员的观念意识有关。具体表现在以下四个方面：

1. **政府采购和投资偏袒大企业**。市财政投资的项目基本上都是由市属国有企业代建，民营企业几乎没有机会参与。“政府采购都必须找万翔、夏商、古龙等国企审计才是安全的”，这种意识渗透到各个部门和领域，一定程度上影响到厦门的民营企业发展。

2. **市场准入标准不平等**。大到基础设施领域，如污水处理、保障性住房建设等，基本上还是处于以国有企业为主导的局面，民营企业进入这些领域十分困难。小到购物卡，因为发票都不一样，民企没法发行商业和餐饮休闲一体购物卡，而夏商的购物卡就可以在商业和餐饮方面统一使用。

3. **政策享受不平等**。一方面，是不同所有制享受的政策待遇不同。如民营医院只要是医保定点单位，其收费不得高于公立医院收费标准，但是民营医院却没办法享受公立医院享有的政府经费补贴及提供医疗用房与设备等；政府药品储备优先考虑国有药企，民营药企难以公平进入公立医院的药房托管；等等。再如为保民生，国有企业在如肉制品、粮油方面享受国家补贴，而民营企业却享受不到补贴。另一方面，是本土企业与招商引资企业、存量企业与增量企业、规上企业与中小企业有时难以执行同样政策，无法享受同等待遇。如在地企业享受不了引入总部经济的优惠政策。

4. **急功近利和明哲保身的思维定势影响了公平公正**。个别干部在扶持企业发展方面存在差异化和选择性对待现象，没有一视同仁。一是重视大企业轻视小微企业。对于辖区内规模大、利税多的企业，主动服务的比较多，而对处于创业初期或发展遇到瓶颈的小微企业关注少，主动帮扶不够。二是对国有企业的戒心少一些，对民营企业戒心相对多一些。一些党政干部在与企业打交道时，抱着“国企是自己人，民企是外人”的心态，觉得“帮了国企是天经地义、安全可靠；帮了民企总有点‘撇不清’”。

（五）个别部门过度执法行为伤害亲清政商关系建设

调研发现民企普遍安全感不强，他们认为个别执法部门存在过度执法行为，中小企业缺乏保护。具体表现在以下三个方面：

1. **安监、环保等领域执法过程中存在“一刀切”现象**。在生态环境保护督察执法中，很多企业都遇到“一律关停”“先停再说”的做法，而不是按照污染排放绩效和环境管理实际需要，制定实施管控措施，存在“重管理、重监督、轻服务”的现象；多头检查执法现象无形中增加了企业成本，如某公司反映，近半年来该司接受不同执法部门的检查共有40多次，派人外出参加政府部门会议共有17次，每次接受检查和参加会议之前的准备、事后的整理报告所花费的时间和精力都会给企业带来很多的工作量。

2. **公检法在执法过程中缺乏对中小企业保护的意识和观念**。法官怕个人闹事，从维稳的角度出发，不能将企业与自然人个人平等对待，多家企业反映，目前在我市司法实践中，只要是民企同员工或者个人的纠纷，不管企业对不对，都是判企业输，进而采取查封账户、冻结财产等强制手段，对企业的生产经营造成不良影响。

3. **信用黑名单缺乏动态管理机制**。企业一旦被列入黑名单，无法通过规范发展从黑名单中剔除。如某集团因“未按标准检测消防设施”被行政处罚 1 万元列入信用厦门的黑名单，公司积极整改缴交罚金，并按《厦门市公共信用信息管理办法（试行）》等规定的程序申请信用记录修复，但是相关部门只在信用厦门上备注“已履行行政处罚决定”“已整改”。经多次沟通，该公司仍无法修复信用。

三、进一步落实民营经济政策的建议

针对民营经济政策落实中存在的问题和民营企业的诉求与建议，在吸收深圳、浙江、广东、杭州等地经验的基础上，提出如下具体建议：

（一）健全制度机制，促进担当敢为

1. 建立常态化民营企业走访调研、问题收集和解决督查机制。推广年初市纪委联合市工商联走访调研企业收集问题，分门别类建立台账，移交落实，并组织督办，及时解决落实不到位的问题。

2. 建立党政领导和企业家正常沟通机制。党委、政府定期召开企业代表人士座谈会、协商会；重大、重要决策要听取企业家或商会、协会代表的意见和建议；党委统一协调安排领导干部带头联系商、协会或重点企业，规范交流要求，量化走访次数，帮助解决民企反映的难题；组织企业代表参与地方重大政策论证，增加政企沟通交流，确保政策契合企业需求。

3. 进一步细化更具指导性、操作性的公职人员与民企交往的行为规范。出台《关于构建政商关系新生态的若干意见（试行）》实施细则，一是厘清“为”与“不为”的界限，在14种不可为负面清单之外，进一步明确政商交往可为“正面清单”，让干部和企业家清楚什么应该做、什么碰不得，让机关干部放下包袱和顾虑，敢于担当作为，在支持、引导、保障民营企业克服困难、创新发展、服务企业中主动担当，主动作为，敢于做事又能做成事。二是厘清失误与错误的界限，对干部因服务企业发展造成的过失、产生的影响，要客观公正对待，具体辩证分析，对出于公心、创新担当却又出现失误的应予以免责或减责。

4. 进一步细化明晰市场公平竞争的具体政策措施。实行一视同仁的政策，如对在地企业增资扩产、产能增加部分享受招商引资的优惠政策，在项目落地、项目建设、项目扶持上，缩小本土企业、外来企业的政策区别，甚至是无区别对待。

（二）加强专项督查，强化考核落实

1. 研究出台民营经济发展环境评价指标体系。指标体系应包括政策落实情况、政府服务水平、法律法规执行情况等内容，并由相关政府部门、权威研究机构对我市发展环境进行年度评估和发布。

2. 定期开展政策效果督查。由市“两办”主导，建立政策执行落实督查督办机制，将政策效果和营商环境评估结果纳入政府绩效考评体系，有效保

障政策落到实处，让企业实实在在享受到政策红利。并加大对重要职权部门的突击检查，不定期举行民众听证会或见面答疑会等活动，及时督查企业反映的问题；及时出台与兄弟省市相应的优惠政策，加大现有优惠力度，增强厦门的政策吸引力；同时，在政策制定过程中可以让企业、行业协会参与进来，参考企业的意见和建议，让政策更有针对性，更加科学合理。

（三）完善执行方式，促进政商“亲清”

1. **安监、环保等执法部门进一步完善护航企业发展的工作方法。**在执法过程中从实际出发，加强政策的协调性，制定相关配套举措，推动各项政策落地落细落实，让民营企业从政策中增强获得感；对因“新旧政策交替衔接脱节”已经产生的历史遗留问题，在规定期限内进行梳理，尊重历史的客观实际情况，老企业用老办法，新企业用新办法，帮助企业解决实际困难。

2. **拓展延伸公检法办案一体化协调机制。**公检法机关办理案件过程中，慎重使用查封、扣押、冻结等强制性措施。对于能够采取较为轻缓、宽和措施的，就尽量不采用限制人身、财产权利的强制性措施。在需要采取查封、扣押、冻结等强制性措施时，为民营企业预留必要的流动资金和往来账户；对于涉案民营企业正在投入生产运营和正在用于科技创新、产品研发的设备、资金和技术资料等，原则上不予查封、扣押、冻结；严格区分企业行为与个人行为，在执行案件中，慎重将企业经营者列入失信人名单；针对企业经营者设立容错制度。对于涉案民营企业，要充分考虑民营企业涉案行为的动机，对认罪态度好且犯罪情节轻微的，可做出不起诉或不追究刑事责任的决定，以提出切实可行的整顿方案，规范企业经营等教育、预防、监督、事后整改的措施来代替刑罚，引导企业规范经营，保护企业的长远发展，保护企业家创新创业的热情。

3. **整合执法内容，避免重复。**对职能相近、执法内容相近、执法方式相同的部门进行整合，减少市、区重复监管。

（四）加大金融创新，缓解融资难贵

调查显示，民营企业最需要的融资政策是：增加直接融资渠道和信用支持，搭建金融机构与中小企业信息交流的渠道。为此：

1. 鼓励国有商业银行加大对民营企业信用支持的份额和力度。如加大中小企业信贷风险补偿力度，增加“中小企业信用担保体系建设专项资金”金额等，确实改善这些资金的管理办法，采取第三方评估等有效模式，提高资金的使用效率，降低资金的使用风险。

2. 完善无形资产的价值评估体系。建立无形资产的抵押、交易平台，促进新兴产业如动漫、电商、信息服务产业发展。

3. 成立市民营企业融资联席会议。建立由民营企业行政主管部门、政府金融管理部门、财政部门、金融企业以及民营企业组成的民营企业融资联席会议，研究解决民营企业融资遇到的困难问题。

（五）发挥政税引导，提升民企竞争力

调查显示，民营企业最需要的财税支持是：在本地重大工程项目上对本地企业的首次业绩给予支持，加强增值税自身的征收管理，设立促进民营企业发展专项财政资金、民营企业转型升级首次的政府采购支持。因此建议：

（1）出台“结合就业解决系数减免税收、降低土地使用成本和进行就业创业补贴”的综合支持做法，将“失业、再就业补贴”提前补贴给企业。

（2）加强增值税自身的征收管理，尤其更为注重并保障纳税人真实交易的抵扣权。

（3）加大财政对民营企业的扶持力度。按照中小企业发展所增税收的若干比例，逐年增加扶持民营中小企业发展专项资金，同时督促各区建立扶持民营中小企业发展专项资金。

课题指导：叶正辉

课题成员：王　彧　沈婷婷　章　晔

课题执笔：王　彧

完成时间：2019年10月

完善招商引资政策体系
打造现代产业“升级版”

2017 年，我国供给侧结构性改革进入深化阶段，党的十九大报告指出要加快建设实体经济、科技创新、现代金融、人力资源协同发展的现代产业体系，通过质量变革、效率变革、动力变革推动国民经济继续保持高速度增长。2018 年的中央经济工作会议更进一步指出要在“巩固、增强、提升、畅通”上下功夫，把提升产业链水平作为深化供给侧结构性改革的重要途径。

以此为契机，2019 年以来，厦门为打造“升级版”现代产业体系，出台了一系列招商引资政策，由上至下，全员参与、全民招商，逐步完善整个政策体系。为此，工商联界别组在调研的基础上，结合当前政策形势，从民营企业视角入手，针对目前厦门营商环境，对我市招商引资工作及政策体系提出以下几点建议，供决策层参考。

一、以闽西南协同区为腹地，全盘考虑招商引资政策

厦门现有的资源禀赋条件有限，是目前招商引资过程中亟待解决的问题。2018年福建省确定闽东北、闽西南协同发展区战略是厦门发展经济、做大增量的一个契机。当前，厦门应主动出击，加快推动闽西南五市紧密合作，打破地区边界、行政管理边界，探索跨城市联合招商，推进产业链跨市布局。从目前来看，五地应以全局观、系统观入手，科学规划全区域产业分布及产业链延伸发展名录，构建全区域产业结构体系，以闽西南地区为腹地，拓展厦门产业配置空间，提升资源配置效率。厦门应强化人才、资金、技术等方面的优势，加快总部、中心和平台建设，发挥自贸区和创新示范区的带头作用，突出厦门在五地中的核心地位。闽西南协同区内各地市要加快细化各级行政

管理部门，特别是招商引资相关部门间的联系与业务衔接流程，打造全区一体化招商引资流程及地区经济发展蓝图。借助基础设施与通用信息技术领域的突破，协同区内要加快要素、信息的无障碍流动，以系统观筹划智能制造体系，促进产业升级向现代产业体系转化。

二、聚焦产业链条，以精细精准招商提升产业链水平

厦门重点打造的12条千亿产业链是未来招商引资的主要方向，完整的产业链条不单需要上下游各类企业的聚集，也要有足够的地域空间进行涵养。为此，厦门应对重点发展的产业链进行摸底号脉，仔细梳理产业链条上的各环节，诊断产业链中存在的问题，结合闽西南协同区内的资源优势，制作产业招商地图，标明产业链条中不同环节企业发展的优区位，以达到强链补链延链的目的。针对产业环中集聚的企业群体，应注意层次结构，结合产业环内企业的实际情况来确定招商引资的方向与内容，避免一昧地抓重点、抓龙头，力求精准招商，以产业现状为依据，抓大不放小。全产业链条还需要向高效率升级转化，应从宏观角度对产业链进行整合，变结构优化为效率优化，招商引资的项目应向创新型项目倾斜，从政策层次引导并加快全产业链的升级优化。

三、重视企业集聚效应，分层次制定引进、培育企业政策

地处民营经济蓬勃发展的福建，厦门却是国有与外资企业实力雄厚的地区，民营企业的生存环境还有很大的提升空间。构建现代产业体系，需要运用系统思维，令产业内各类企业各司其职、协同发展，增强抵御市场风险的能力。因此，厦门在招商引资过程中，要结合产业经济发展的特点，分层次制定不同企业的引进或培育政策。对于缺少领军企业的产业链，在招大引强的过程中，不忘制定相关优惠政策促进本土企业的成长，缩短其成为龙头或领军企业的时程。在招商引资中，厦门应特别加强创新型、高成长型企业以及新业态形式的引入，辅之以宽松、优越的营商环境，加快其成长为独角兽企业，为厦门带来新的产业发展可能。招商引资中更不能忘记中小企业在整个产业链中的基础作用，重点解决中小企业的生存难题，为其搭建企业间的

信息沟通渠道，为中小企业提供全要素、立体化、全过程的支持服务体系。

四、多方位解决人才问题，为招商引资工作奠定人才基础

现代产业体系的建成需要运用系统思维将所有支撑产业发展的要素纳入其中，不单要形成产业链，更要有人才链、资金链、创新链……这是产业链完善、升级的动力保障。从厦门的人才供应情况来看，一直存在高端人才紧缺，中低端人才也不足的情况，近年来在各地抢人大赛中，厦门甚至出现了人才外流现象。结合近期出台的各项人才政策，厦门还应在以下几个方面达成共识：在高端人才的引进方面，做足配套工程，重点跟进相关科研团队与工作团队的建设，尽可能缩短人才落地后的工作筹备周期；在中低端人才的引进上，要做足后勤保障工作，切实解决人才的住房难与子女教育问题；在人才培育与留住人才方面下功夫，做好人才评定标准，给予自有人才与引进人才同等待遇，减少二者间的落差，这是发挥人才优势，防止人才外流的根本手段。

五、进一步完善金融体系，为构建现代产业体系提供不可或缺的条件

发展实体经济离不开现代金融的助力。实力雄厚的大企业，财务风险较小，并未从实质层面显现出融资困难的境况；中小企业因为本身资金有限，财务风险高，融资难、融资贵并未得到根本性的解决。厦门应创造条件，在加强金融监管体系的同时，尽快建立起完善的金融企业体系、多层次资本市场体系与中小企业信用担保体系，构建中小企业融资支持体系，提供多种融资渠道，为中小企业融资扫清道路。针对现有的金融机构，厦门应制定鼓励政策，鼓励金融机构关注厦门未来产业发展方向，减化金融服务手续，将资金流向实体经济，成为提高实体经济造血功能的重要工具。在政策层面，要鼓励各种基金进入厦门与项目对接，继续加大对创新的支持力度，对重大技术创新的奖励政策要细化落实到项目组或个人。

六、培育并强化创新氛围，为招商引资工作提供必要保障

企业因市场的需要而存在，成长性的企业一定是适应复杂市场变化的创新型企业，这类企业需要深植于创新氛围的土壤里，受创新型政府的监护，与创新型企业集聚。因此，厦门在打造“亲”“清”新型政商关系的同时，更要打造敢于创新、敢于突破、勇于不断超越的公务员队伍。围绕厦门未来的产业发展方向，政府应继续加快创新产业园、双创空间以及创新平台的建设与完善，创建全要素联动的创新生态系统，孵化更多的自主创新企业，加速培育厦门独角兽企业。创新氛围的培育与形成还有赖于全社会的参与。在引入外来高校或科研团队力量的同时，厦门更应调动本地高校、科研机构参与地方经济建设的积极性，改革现有的科研成果评定方式，强化科研人员贡献地方的荣誉感，充分调动现有的科研力量服务地方经济。此外，政府还应通过鼓励政策，将创新理念传播到整个社会。只有全社会树立起终身学习的观念，创新才能深植于心，创新创业氛围才会日趋浓厚，创新企业才会不引自来。

课题指导：叶正辉

课题执笔：王立凤

完成时间：2019年5月

深化行政审批制度改革
提升服务非公经济发展水平

促进非公有制经济发展，是一项长期战略任务。2018 年 11 月 1 日习近平总书记在民营企业座谈会时再次强调要“毫不动摇鼓励支持引导非公有制经济发展，支持民营企业发展并走向更加广阔舞台”。中央系列要求是对坚持“两个毫不动摇”方针的具体部署，正在有力促进拆除民营企业市场准入“玻璃门”“弹簧门”“旋转门”，促进更加公平市场竞争环境的形成，将有力保障和激励非公有制经济为我国经济高质量发展做出新贡献。

一、非公经济价值及厦门非公经济发展成效

改革开放四十年来，厦门市非公有制经济快速发展，在稳定增长、促进创新、增加就业、改善民生等方面发挥了重要作用，成为经济发展的新生力量、实现社会就业的主要渠道、税收增长的主要贡献者、繁荣城乡市场的主导力量、招商引资的生力军、促进科技进步的重要平台，非公经济整体实力不断壮大。至 2018 年年末私营企业数（不含港澳台）超过 30 万户，对全市的经济贡献度超过 50%，提供的新增就业机会超过 90%，一大批优秀企业家在市场竞争中脱颖而出（2018 年厦门市有 14 位非公企业家被评为福建省非公有制经济优秀建设者），不仅带领企业走向卓越，而且为社会创造了巨大财富，为城市发展进步做出了杰出贡献。

（一）非公经济发展具有较活的政策支撑

为了营造民营企业发展良好的营商环境，早在 2014 年厦门就出台《关于促进民营经济健康发展的若干意见》（简称“44 条”）；2016 年厦门市工商联

（总商会）第十三次会员代表大会提出，大力扶持民营企业创业创新，推动民营企业做大做强、转型升级，力争用3～5年时间，实现全市民营经济 GDP 占比由 24.8% 提高至 40%，市场主体数量翻一番；2018 年厦门市委、市政府贯彻落实习近平总书记关于支持民营经济健康发展的系列重要讲话精神，及时对“44 条”进行修订，从“推动民营企业自主创新”“扩大民间资本投资”“减轻民营企业负担”“缓解民营企业融资难”“推动民营企业做大做强”和“优化民企发展环境”六个方面提出了针对性强、可操作性强、精准有效的“30条”扶持措施，进一步激发民间有效投资活力。

（二）非公经济发展具有较多的平台支撑

打造专业服务新平台，近年来厦门市工商联组建参政议政、投融资、法律维权、企业文化建设、青年工作五个专委会，发挥兼职企业家领导的主体作用，凝聚众智与群力，开拓以企帮企、自我服务的新路子；转型升级平台，以会展平台为载体拓宽对外交往合作新领域，充分利用“9·8”投洽会、海峡论坛、台交会、世界闽商大会、福建省民营企业产业项目对接会、厦门文博会、物联网博览会、中小企业服务博览会、中国厦门国际茶产业博览会等展会活动，增进与海内外工商企业界人士、社团的经贸交流与合作；自2015年连续举办四届“中国(厦门)商人节”。

（三）非公经济发展具有较好的战略引领

围绕互联网、大数据、智能化相融合新常态，着力推动产业优化升级，积极支持一批敢于尝试、勇于创新的民营企业建设中小企业创业示范基地、建设公共服务平台、创办科技孵化器等，推动民营企业走转型升级的发展道路。发挥总商会海外联系广的优势，积极引导非公企业主动融入“一带一路”建设，服务非公企业“走出去”，为非公企业顺利“走出去”之后的发展搭建服务平台。

（四）非公经济发展具有良好的政商关系

近年来，市委下发《关于构建政商关系新生态的若干意见（试行）》，市纪委出台《关于营造促进企业健康发展政治生态的实施意见》，制定出台一系列意见，以清廉之“清”促进亲和之“亲”，着力为企业发展打造良好的营商环境。大力倡导“亲”“清”的新型政商关系，倡议全市民营企业家自觉遵守“亲”“清”新型政商关系行为规范（共五项倡议）：主动建言，共谋发展，不漠视责任、背离公义；放眼长远，守住底线，不弄虚作假、急功近利；恪守商德，诚信经营，不逃避监管、违反法纪；取财有道，洁身自好，不钻营关系、围猎权力；饮水思源，回馈桑梓，不舍本逐末、见利忘义。

（五）非公经济发展具有强有力的党建保障

主动适应非公企业快速发展的形势要求，把建立党的组织作为一项基础性工程，按照“涵养水源、培育孵化、发展群落”的生态管理思路，扎实有序推进“两个覆盖”工作；通过多样化选配、专业化培训、制度化激励，建设数量充足、素质优良、专兼职结合的党组织书记和党建工作指导员队伍，为抓好非公企业党建工作提供人才支撑；以建设非公企业服务型党组织为目标，将非公企业党建工作主动融入企业生产经营管理，与企业科技创新、人才工作、企业文化建设有机结合，积极探索党组织和党员发挥作用的有效途径，实现党建工作与企业发展相互促进。

二、厦门非公经济发展进程中营商环境问题

近年来，虽然经过多年的发展和积累，厦门市非公企业已具备了跨越式发展的良好基础，但是还存在一些问题和困难，比如：民营经济发展面临市场需求不旺、成本上升较快、融资难融资贵、税费负担较重、制度性交易成本较高等问题；一些民营企业面对经济转向高质量发展出现了转型困难问题，很大程度上是因为非公企业用地和发展空间受到一定制约；资金紧缺、融资困难影响非公企业的发展；非公企业进入历史转型面临管理创新、制度创新问题等。上述问题的产生与法律法规、行政审批管理以及服务能力息息相关。

（一）非公经济发展的法律法规保障还需与时俱进

《中华人民共和国中小企业促进法》是 2003 年颁布实施的，已不能完全适应目前经济形势变化。首先，没有规定统一的中小企业管理机构，我国目前中小企业管理“政出多门”，不仅增加了政策间协调的难度，难以发挥政策

的功效；其次，维护中小企业权益的制度设计方面存在不足，对于违反《中小企业促进法》中限制性和义务性规范的行为没有设置任何法律责任，特别是对于中小企业受到乱收费、乱罚款、乱摊派等不公平待遇时，没有赋予其基本的法律救济权利，使得中小企业在合法权益受损时，没有明确的法律途径获得救济；扶持中小企业发展的财税金融政策不够具体明确，如中小企业融资的具体措施、专项基金的使用和管理办法等，都没有详细和具体的规定；对于中小企业技术创新和市场开拓的条款仅寥寥数条，且普遍不具有可操作性，无助于广大中小企业利用法律、政策优势提升市场竞争力。

（二）厦门非公经济发展体量相对不大且基础薄弱

与本省及其他民营经济发达地区相比，厦门由于历史及其他各种原因，民营经济发展相对薄弱，严重影响了厦门市经济社会的发展进程。当前厦门民企普遍存在“融资难”“招人难”等问题。因为民营企业个体规模总量相对较小、实力较弱，其所能提供的员工福利以及个人发展平台很难与大型国企或外资企业抗衡，这在一定程度上决定了民营企业在引人、留人方面的困境。“融资难”在较长时间内依然会困扰民营企业。尤其是处于转型升级阶段的民营企业，无论是从产品、技术入手，还是从品牌、市场的培育入手，抑或是仅仅为了规范企业管理，都需要投入大笔资金。

（三）服务非公经济发展水平和执行能力有待提升

厦门近年来相继制定出台了一系列鼓励、支持民营经济发展的政策措施。然而为什么厦门的民营经济至今还这么弱小呢？根据前面的统计数据，目前福建省民营经济增加值约占全省 GDP 的2/3，泉州等民营经济发达地区占比高达90% 以上，而厦门民营经济的占比只有1/4左右。这种状况追溯其原因，主要在于政策落实情况不尽如人意，有的政策制定太过原则，缺乏细化的操作性和落实的强制性；有些权力部门不是真心实意为民企减轻负担，而是满足于出台了多少文件、多少政策等。而非公有制经济发展的一些制度、文件流于形式，优惠政策知晓率低，存在一般化、形式化、含金量不高、操作性不强等问题。相对国企、外资、台资等，本地民企较为弱小，见效慢，因此常不被看好和重视。此外，政商关系对厦门民间投资的增长及企业家信心有一定影响。有企业反映，厦门政商关系过于注重与企业交往的“清”，而弱化了主动关心、主动与企业交流的“亲”。

（四）非公经济发展的相关配套措施有待细化完善

非公经济的鼓励政策缺乏配套措施，主要体现在当前厦门民间投资内部结构不合理，鼓励政策缺乏相应的规划配套，落实难。如新兴产业以及教育、养老、医疗、市政、环保等，厦门民间投资进入的深度明显不足。究其原因，并非政策不支持，而是缺乏相应的配套措施，如民企投资新兴产业以及养老、医疗、教育等领域存在申请土地的困难；缺乏向民企开放的 PPP 项目清单，混合所有制还停留在纸面。有些鼓励民间投资的政策力度小、受惠面窄。例如目前厦门对年薪超过 30 万元的符合重点产业发展目录的中高端人才，三年内按个人所得税地方留成部分的 25% 给予奖励，以 30 万元年薪为例，共缴纳 5 万元的个税，奖励只有 5000 元。由于缺乏有力的金融支持，当前厦门民间投资的融资能力薄弱，对此来自市工商联的不少企业家深有体会。此外，民间投资普遍存在贷款难、抵押物不足和融资成本高的状况。目前厦门小型民企融资成本一般是 7% 以上，大型民企融资成本在 5% 左右，而国企的融资成本是 3%～4%。高房价和高人力成本，已经严重影响了民间投资的积极性！这迫使很多企业只能裁员降低成本。据统计，近年来，全市上市公司中有十余家企业员工数量在减少，中小企业高素质员工流失就更多。所以，非公经济在准入领域、融资、信贷、人才引进和培训等方面还有待宽松的政策和支持。

三、以行政审批制度改革引领非公经济新发展

福建是全国率先开展行政审批制度改革工作的省份之一，而厦门一直充当排头兵的作用。早在 2000 年3月，时任福建省省长习近平同志在省级党政机构改革动员大会上就对简政放权工作做出明确要求，强调“要改革行政审批制度，这是转变政府职能、转变管理方式的重要途径，也是推进职能转变的一个突破口”。为应对近年来经济下行压力，厦门必须加大行政审批制度改革力度，为非公经济加速转型发展创造良好的政策环境。

（一）发挥地方立法优势，积极建议国家层面修改有关法律法规

建议修订《中小企业促进法》。一是明确设立专门的中小企业管理机构。该机构根据国家的产业政策，结合中小企业特点和发展状况及时制定中小企业发展规划，拟定有关促进中小企业发展的政策；反映中小企业要求，维护其合法权益；对中小企业的经营管理、资金、技术发展方向给予指导和扶持；建立健全中小企业融资服务体系。二是完善中小企业定义标准。不同中小企业在市场环境中所处的实际地位、与大企业的关联关系等因素，简单的定量标准不足以反映中小企业在市场中的不同状况。在按照定量划分的同时，应考虑制定一个定性标准作为补充，将市场份额、与大企业的关联度等作为定性标准的一部分，对不同地区执行定量标准时留有一定的调整空间。三是切实落实国家针对中小企业的相关优惠政策，加强为中小企业技术创新的研究和开发提供资金与信贷支持，对中小企业产业结构调整提供技术服务和优惠政策。四是研究制定便利于中小企业融资的法律制度，积极引导鼓励民间资本、小额贷款公司及其他新型非银行金融组织为中小企业提供金融服务，全方位拓展中小企业融资渠道。五是建立公平开放透明的市场规则。应当明确废除或撤销损害中小企业发展的歧视性文件，建设良好的符合市场规律的商业秩序。六是切实减轻中小企业税费负担。要在《中小企业促进法》的修订中对当前正在实施的中小企业税负减免措施进行整合宣示，进一步降低税费，使中小企业的经营环境更加宽松。

（二）继续推进各项审批改革，进一步优化非公经济发展环境

一要大力简政放权。要进一步落实省政府《关于进一步激发社会领域投资活力的实施意见》和市政府《关于促进民营经济健康发展的若干意见》《关于深化行政审批制度改革的实施意见》等一系列支持非公经济发展的政策措施，继续清理现有行政审批事项，最大限度地减少对非公经济投资项目的前置审批，除国家明令禁止的领域和已经公布的“权力清单”以外，一律对非公经济不设行政或非行政许可审批，下决心降低非公经济准入门槛，消除隐形壁垒，把该由市场承担的职能交给市场。对一些涉及市政、民生、特殊从业资质等确需审批的领域，要进一步优化审批程序，明确审批流程、时限以

及各环节责任人，建立责任追究制度，大力推行“一站式”办理，为市场主体提供便捷高效的服务，切实解决好服务非公经济“最后一公里”问题。市、区政务大厅要逐步完善行政投诉中心，及时协调解决办事企业和群众投诉的问题，提振非公企业发展的信心，最大限度地释放各项政策的红利。二要深化商事制度改革。要继续推进注册登记便利化，全面推行“三证合一”“一照一码”。深入开展“先照后证”改革，与全省同步推进全程电子化登记和电子营业执照应用。放宽新注册企业场所登记条件限制，推行“一址多照”、集群注册等住所登记改革，为创新创业提供便利的工商登记服务。三要鼓励非公经济积极参与国企改革。全面贯彻落实省委、省政府《关于进一步深化国资国企改革促进企业发展的意见》及相关配套制度，动员、鼓励、支持非公企业参与国有企业改革，进一步细化工作方案，跟进督促检查，推动国有资本和民营资本相互融合，发展混合所有制经济。

（三）简化优化非公服务，进一步推动行政审批规范化标准化

一是贯彻落实国务院审改办、国家标准委《关于推进行政许可标准化的通知》（审改办发〔2016〕4号），参照《行政许可标准化指引（2016）版》，加快推进厦门行政审批标准化建设。二是加大政务公开力度，全面公布各级各类清单，坚持“公开为常态，不公开为例外”，全面推进信息公开，加大政府信息数据共享力度。三是提高“双创”服务效率，打造“双创”综合服务平台，为企业开办和成长“点对点”提供政策、信息、法律、人才、场地等全方位服务。建立新生市场主体统计调查、监测分析制度，密切跟踪新生市场主体特别是小微企业的经营发展情况。四是提高政务服务效率，进一步提升网上办事大厅功能，按照市政府的部署，大力推行“互联网＋行政审批”服务模式，探索建立全市政务服务的集成平台，打破信息壁垒，推进政府部门间数据信息共享。加快推进行政审批“三集中”改革、并联审批、“多规合一”“多证合一”等。全面实施中介服务事项目录清单管理，继续深化“办事难、办证难”专项整治。加大效能督查力度，对态度消极、改革不力的地区和部门，要予以严肃问责。六是加快推动形成更有吸引力的国际化、法治化、便利化营商环境。围绕压缩企业申请开办时间、提速投资项目审批、方便群众办事等事项，提出明确的量化指标，制定具体方案并组织实施。以硬性指标约束

倒逼减环节、优流程、压时限、提效率，激发改革动力，增强改革实效。

（四）放宽非公经济准入，推动各种所有制平等竞争共同发展

厦门作为改革开放的最前沿，应该抓住机遇，努力拓宽民间资本投资范围，让非公经济得到快速发展提升。进一步放宽民间投资准入领域，以教育、医疗、养老机构等领域为重点先行先试。要在充分用活用足国家部委配套实施细则中优惠政策的基础上，结合海西经济区优惠政策、国家给予厦门的优惠政策和厦门实际，制定更具操作性的举措，进一步降低对民间资本的准入门槛。由于厦门在卫生、教育、养老机构等与民众切身利益息息相关的领域，存在着资源严重不足的现象，现阶段建议重点引导民间资本进入这三个领域进行投资，出台专门的鼓励和引导民间投资进入卫生、教育、养老机构等领域的优惠措施，建立相关准入制度，降低准入门槛，放宽审批条件。落实向民间资本开放的政策条款，推动国资委等部门提出促进混合所有制经济发展的路径、方式和时间表，让国企和民企把各自的机制、体制、动力等优势很好地结合起来，共同服务于厦门的社会经济发展。

课题指导：陈永东
课题执笔：熊必军
完成时间：2019年10月

营改增政策
对厦门经济发展影响的研究

一、厦门市营改增实施概述

根据国务院的总体改革规划，厦门市营改增分为以下三个阶段：第一阶段，于 2012 年 11 月 1 日在交通运输业和部分现代服务业开展营改增试点工作。根据厦门市国税局的调查显示，2012 年 12 月全市申报企业户数6952 户，申报率 99.46%，总体税负率为 2.82%，较改革前下降了 1.54 个百分点，单月减税累计 3732 万元。第二阶段，于 2014 年 1 月 1 日启动铁路运输业和邮政通信业的营改增试点。本次试点的范围较小，政策影响也较为微弱。第三阶段，于 2016 年 5 月 1 日对建筑业、房地产业、金融业和生活服务业进行营改增试点。至此完成了所有营业税行业的改革工作。据统计，在 2016 年共有 12.34 万户纳税人启动了营改增试点，其中建筑业 12225 户，房地产业 3046 户，金融业 516 户，生活服务业 107273 户。数据同样显示，厦门市的营改增成效颇丰。在 2016 年，厦门市营改增试点纳税人实现整体减税 59.83 亿元，其中生活服务业减税额高达 10.91 亿元，部分现代服务业减税 7.33 亿元，交通运输业、房地产业和建筑业则分别减税 3.55 亿元、1.37 亿元和 1.25 亿元。

二、营改增对厦门市财政状况的影响

（一）厦门市政府财政收支现状

由于部分税收存在中央和地方共享，因此厦门市的财政总收入包含上划中央收入和地方级财政收入，其中上划中央收入主要包含增值税、消费税、企业所得税和个人所得税。地方级财政收入包含税收收入和非税收入，其中税收收入主要包含增值税、营业税、2013年之后的改征增值税以及其他税收。整体来看，厦门市本级财政收入有以下几个特点：

1. 以间接税为主，直接税和非税收入为辅

表 1 给出了 2008—2016 年厦门市政府的财政收入情况。表中显示，在 2008—2016 年，间接税占厦门市地方级财政收入的比重平均高达 64%，而直接税和非税收入分别仅为 21% 和 15%，说明厦门市的财政收入主要依靠营业税和增值税等间接税，企业所得税和个人所得税等直接税只能作为辅助税种。

2. 在间接税中，以营业税为主

间接税的税种结构则与地区的产业结构息息相关。由于长期以来中国实行的是增值税和营业税并存的税收体制，其中工业企业适用的是增值税体制，而以服务业为代表的第三产业适用的是营业税体制。因此，第三产业发达的地区其流转税的主体税种为营业税，而第二产业发达的地区其流转税的主体税种则为增值税。厦门市作为中国的经济特区，先后获批开发开放类国际综合配套改革试验区、自由贸易试验区、两岸新兴产业和现代服务业合作示范区等，其第三产业十分发达，因此流转税中以营业税为主。表1显示，在厦门市地方级财政收入中，营业税的比重高达 26%，而增值税仅为 12%，不及营业税的 50%。

表1　2008—2015年厦门市政府的财政收入情况表

项　　目	2008	2009	2010	2011	2012	2013	2014	2015	2016
财政总收入（亿元）	410	451	526	652	739	825	909	1002	1083
上划中央收入（亿元）	190	211	237	281	317	334	365	396	435
增值税（亿元）	105	115	118	122	141	150	157	162	167
其他（亿元）	85	96	119	159	176	185	208	234	269
地方级财政收入（亿元）	220	241	289	371	423	491	544	606	648
税收收入（亿元）	193	204	240	315	363	422	469	495	528
增值税（亿元）	35	38	39	41	48	50	52	54	81
改征增值税（亿元）	0	0	0	0	0	0	21	25	61
营业税（亿元）	67	70	73	98	122	127	126	132	64
其他（亿元）	91	96	127	176	193	244	270	284	321
非税收入（亿元）	27	36	49	56	60	69	75	111	120

续表

项　目	2008	2009	2010	2011	2012	2013	2014	2015	2016
上划增值税占总增值税和营业税比（%）	51	52	51	47	45	46	44	43	45
间接税占地方级财政收入比（%）	66	63	64	64	66	68	67	62	57
增值税和营业税占地方级财政收入比（%）	46	45	39	37	40	36	37	35	32
增值税占地方级收入比（%）	16	16	14	11	11	10	10	9	13
营业税占地方级收入比（%）	31	29	25	26	29	26	27	26	19
非税收入占地方级收入比（%）	12	15	17	15	14	14	14	18	19

数据来源：厦门市统计局。

3. 上划增值税占总增值税和营业税的比重不足50%

由于第三产业在厦门市的地位越来越重，营业税占增值税和营业税之和的比重也越来越高，导致上划增值税占增值税和营业税的比重呈逐年下降的趋势。这一比值从 2008 年的 51%，逐年下降到 2015 年的 45%。

（二）营改增对厦门财政状况的影响

以营业税为主的税收结构以及营改增的政策效应，导致厦门市财政状况受到较大的影响：第一，营改增的减税效应，导致厦门市的营业税和增值税的总财政收入下降；第二，营改增后增值税的央地分配进一步降低了厦门市的财政收入。具体表现如下：

图1给出了 2008—2016 年间厦门市级的增值税和营业税总额和增长率的变化情况。图中显示，在 2008—2016 年间，虽然增值税和营业税总额依然保持着逐年上涨的态势，但在 2012 年之后增长率大不如前。随着 2016 年营改增的全面铺开，厦门市的增值税和营业税总额甚至出现了负增长。由此可知，营改增的确影响了厦门市本级的财政收入。

随着营改增试点的全面完成，中央政府决定对增值税的央地分成比例重新划分。根据 2016 年 5 月 1 日国务院印发的《全面推开营改增试点后调整中央与地方增值税收入划分过渡方案》，在过渡期内，中央和地方增值税“五五分成”，这势必会进一步对第三产业占主导地位的厦门市产生显著的影响。图 2 给出了 2011 年1月到2017年7月厦门市本级财政的收支缺口。从图中可以看出，营改增后，厦门市本级财政收支缺口的波动率远大与营改增前。若仅看每年 12 月的收支缺口可知，在营改增后，厦门市本级财政收支缺口远大于营改增之前，且该缺口在 2016 年 12 月达到了最高水平，高达 113.29 亿元，几乎达到了 2015 年 12 月缺口的 3 倍。

因此，从短期来看，营改增会恶化厦门市的财政收入情况。不过从长期来看，如果营改增可以降低企业税负、提高企业竞争力和投资欲望，那么就会增加企业的经营利润，扩展政府的税源，从而导致企业所得税和相关税种收入的增加，进而弥补这一缺口。因此，营改增对厦门市财政收入的影响不应仅看短期，还应关注营改增的中长期效应。

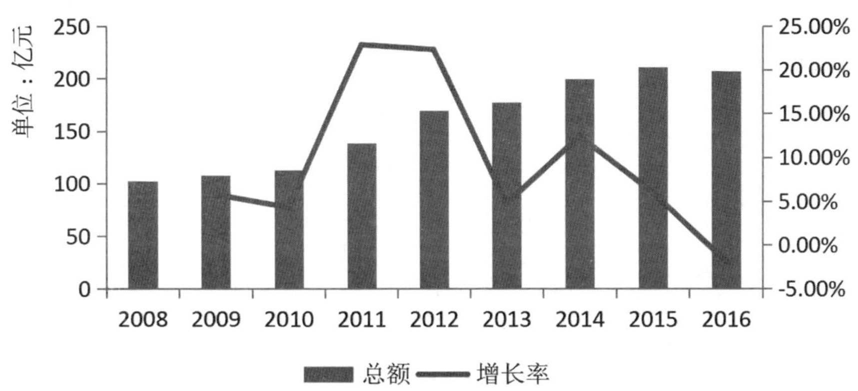

图1　2008—2015年增值税和营业税总额与增长率情况

图2　厦门市本级财政盈余月度变化情况

三、营改增对厦门市产业结构的影响

（一）厦门市产业结构现状

进入新世纪以来，厦门经济发展一直处于快速增长时期。据统计，厦门2000年的GDP为501.87亿元，2016年已增长到3784.27亿元，16年间增长了6.5倍，增长迅猛。产业结构方面，第一产业规模微小，第二产业和第三产业并重，二者长期稳定占据厦门GDP的半壁江山，但近年来第三产业有赶超之势。

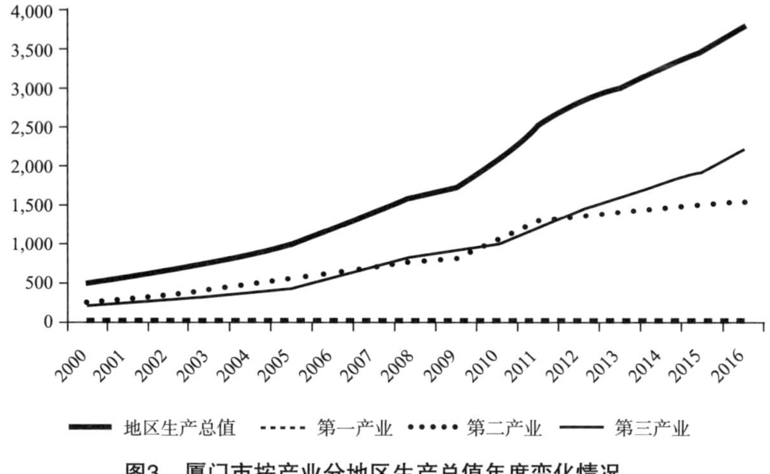

图3　厦门市按产业分地区生产总值年度变化情况

目前，我国正处于供给侧结构性改革的新时期，财税政策方面，结构性减税与总量性减税并举[①]，既致力于降低企业的整体税负成本，也着眼于健康合理的产业结构。毫无疑问，厦门已走在供给侧结构性改革的前列。在充分认识自身独特的区位优势的基础上，建设美丽厦门、发展第三产业是推进厦门经济结构调整的重要战略之一。从厦门三个产业的国内生产总值占比情况看，第二产业占比从营改增开始前2011年的51.1%连续下降到2016年的40.8%，低于全国48%的平均水平；第三产业占比从营改增开始前2011年的47.9%连续上升到2016年的58.6%，高于全国50%的平均水平[②]，但与发达国家65%的平均水平相比仍有上升空间。每一次的税制改革都会带来一次大的经济结构调整。1994年的税制改革为第二产业（除建筑安装业）引进了增值税，

① 2016年7月26日中共中央政治局会议将“降低宏观税负”列为积极财政政策目标之一。

② 根据国家统计局相关数据，2015年中国第二产业增加值占GDP的比重为47.8%，第三产业增加值占比为50.2%。

带来了制造业等行业的高速发展。此轮施行营改增改革，把增值税扩大到包含第三产业在内的全行业，也必将助推厦门现代服务业的深度发展，促进二、三产业融合，进一步优化产业结构。

表2　2000—2016年厦门市产业结构情况

单位：%

年份	第一产业	第二产业			第三产业		
		总体	工业	建筑业	总体	交通运输、仓储和邮政业	批发和零售业
2000	4.2	50.6	45.3	5.3	45.2	6.4	12.1
2001	3.9	50.7	45.9	4.8	45.3	6.9	12.3
2002	3.4	53.1	48.7	4.4	43.4	6.7	12.4
2003	2.4	55.5	51.3	4.2	42.1	6.2	12.5
2004	2.3	55.8	51.7	4.1	42	6.6	12
2005	2.1	54.9	49.8	5	43	6.6	11.8
2006	1.5	52.3	46	6.3	46.2	6.3	11.7
2007	1.3	50.2	42.7	7.5	48.4	5.7	11.7
2008	1.3	47.8	39.2	8.6	50.9	5.7	12.3
2009	1.2	47.3	39	8.2	51.6	5.4	11.7
2010	1.1	49.7	42	7.7	49.1	5.5	12.1
2011	1.0	51.1	43.7	7.4	47.9	6	11.6
2012	0.9	48.4	41	7.5	50.7	6.3	11.4
2013	0.8	46.8	40.3	7	52.5	6.4	10.9
2014	0.7	44.6	38.2	6.9	54.7	6.7	10.7
2015	0.7	43.6	37.1	6.9	55.7	7.2	10.2
2016	0.6	40.8	34.6	6.7	58.6	7.5	9.8

数据来源：厦门市统计局。

（二）营改增对厦门市产业结构的影响

1. 营改增将有效促进厦门的科学技术创新

厦门市长期拥有稳定强劲的科研实力，拥有诸如象屿保税区、火炬高新区、航空产业园、软件园一二三期等多个国家级高新技术开发区与产业园。营改增试点前，研发和技术服务、信息技术服务等行业的税率在营业税税目中属于“服务业”，税率为5%；营改增后，在增值税中税率为6%，但由于增加了进项税抵扣环节，从长远看，其总体税负将呈现下降趋势。因此，营改增将有利于厦门整体科技型企业的长期发展与壮大。

2. 营改增将有力推动厦门文化产业的繁荣发展

众所周知，厦门市历来重视文化产业的发展。目前，厦门市文化产业逐渐形成自身的特色，动漫网游、数字内容与新媒体等文化和科技融合型新兴业态的文化企业呈现聚集发展的态势，已建成一批服务文化科技产业发展的公共技术服务平台，如国际一流的动作捕捉摄影棚、动漫作品体验室、集成电路及IC设计中心、厦门云计算中心、国家LED检测中心等。根据厦门市“十三五”规划，到2020年，旅游文化产业（包括旅游会展、文化创意、健康产业等）收入将突破3500亿元，年增加值占GDP比重超过10%，成为厦门市经济发展的支柱性产业。本轮营改增改革会在一定程度上减轻文化创意服务产业的税收负担。同时，营改增也将贯通增值税抵扣链条，文创产业内部以及与相关产业联系将更为紧密，有效降低信息、资金、设备之间流通的交易成本，为创新创意营造温室，为有效供给添加动力。因此，营改增改革将会调动厦门文化产业发展的积极性。

3. 营改增将有效促进厦门现代服务业的健康发展

厦门市“十三五”规划指出，要大力发展现代服务业，推动生产性服务业向专业化和价值链高端延伸，生活性服务业向精细和高品质转变；同时，大力发展总部经济，提升产业功能能级。本次全面实行营改增，有助于解决产业分工细化过程中的重复征税问题，不仅降低现代服务业自身的税负，更有利于鼓励下游企业将以前自行提供的专业性服务外包给上游现代服务业，从而促进产业升级和技术进步。可以预见，营改增改革将极大地促进厦门市现代服务业向专业化、高价值链和高品质方向发展。

4. 营改增将有利于厦门“区域物流中心城市”的建设

厦门是海峡西岸的中心城市，背靠内地，面朝台湾，南北又与长江、珠江两大经济带相邻，区位优势明显。而且，厦门周边良港众多、海运便利，航运物流业的发展前景广阔。厦门市“十三五”规划提出，到2020年力争现代物流产业收入突破2000亿元，建成东南国际航运中心、东南区域物流中心城市。但相对其他沿海地区而言，厦门现代物流业起步较晚、起点较低、规模较小，离建设物流中心城市的目标仍有一段距离，急需财政税收的支持。营改增改革基本消除了现代物流企业重复征税的问题，从长远看会促进厦门市现代物流业的快速发展。

四、营改增对厦门市企业税收负担的影响及原因

（一）营改增对厦门市企业名义税负的影响

1. 营改增的名义减税效应

营改增的一大政策目的在于打通增值税的抵扣链条，避免重复征税，进而降低企业的税收负担。从理论上来看，对原来适用增值税的企业，在营改增之后，企业的税负由于进项税额抵扣的增加，肯定会出现减税的局面；对营改增的企业而言，在营改增之后，虽然企业的进项税额可以抵扣，但其销项税率也增加了，因此是否减税还有待确定。那么，现实情况是怎样的呢？表 3 给出了厦门市规模以上工业企业以及重点服务业2012—2016年的流转税税负情况。从表中可以看出：（1）营改增试点范围的大小与其减税的程度息息相关，试点范围越大，企业的减税效应就越明显。此次营改增在行业上主要进行三次扩围：第一次为 2012 年的“7＋1”行业试点，第二次为 2014 年的铁路交通运输业和邮政通信业的试点，第三次为 2016 年 5 月的全部行业试点。很多企业在第一轮营改增之后税负并没有显著下降，但在第三轮营改增后，税负出现了显著的下降。比如，木材加工业的流转税税负在 2012 年为 3.37%，在 2013 年下降到了 2.97%，随后在 2016 年时下降到了 1.93%；食品行业在第一轮营改增时税负不仅没有下降反而从3.06% 上升到 3.61%，不过在第三轮营改增后，其税负从 4.18% 下降到了3.29%。（2）营改增的减税效应并非惠及所有增值税行业，部分行业的流转税税负在营改增后不降反增。比如，纺织业在第一轮营改增后从2.13% 上升到了 2.16%，第三轮营改增后又进一步上升到 2.42%；服装服饰业、皮革业也有同样的变化态势。（3）营改增的减税效应也没有惠及所有的试点行业，部分试点行业的流转税税负在营改增之后有上升的态势。比如体育业，在 2012 年其流转税税负为 6.65%，但在 2016 年时，其流转税税负高达 13.14%。教育行业也从 2.86% 上升到 3.22%。因此，

从数据上看，营改增的减税效应并非如理论分析的那样，增值税行业全面减税，试点行业只减不增。

表3　2012—2016年间厦门市各行业的流转税税负情况表

单位：%

行　　业	2012	2013	2014	2015	2016
农副食品加工业	0.44	0.26	0.35	0.29	0.38
食品制造业	3.06	3.61	3.50	4.18	3.29
酒、饮料和精制茶制造业	5.73	4.98	5.11	5.61	4.69
纺织业	2.13	2.16	2.20	2.46	2.42
纺织服装、服饰业	6.26	6.48	6.73	6.39	6.48
皮革、毛皮、羽毛及其制品和制鞋业	1.54	1.58	1.71	2.15	2.11
木材加工和木、竹、藤、棕、草制品业	3.37	2.97	2.60	2.43	1.93
家具制造业	1.71	1.63	2.83	1.86	2.62
造纸和纸制品业	2.56	2.49	2.15	2.94	4.14
印刷和记录媒介复制业	4.47	4.28	4.41	4.18	3.65
文教、工美、体育和娱乐用品制造业	1.60	1.42	1.90	1.65	1.66
石油加工、炼焦和核燃料加工业	5.47	2.55	1.28	4.56	2.23
化学原料和化学制品制造业	1.55	0.90	1.32	1.29	1.60
医药制造业	6.84	6.91	6.00	4.43	4.05
化学纤维制造业	0.49	1.00	0.90	0.40	0.53
橡胶和塑料制品业	3.28	3.80	3.34	2.66	2.74
非金属矿物制品业	3.40	4.06	3.44	2.89	3.57
黑色金属冶炼和压延加工业	2.01	1.33	0.40	1.54	2.37
有色金属冶炼和压延加工业	1.16	1.34	1.41	1.96	2.17
金属制品业	1.34	1.60	1.43	2.03	1.51
通用设备制造业	2.15	2.76	2.46	3.35	2.96
专用设备制造业	2.88	2.35	2.99	3.56	4.33
汽车制造业	1.95	2.58	2.60	2.70	2.44
铁路、船舶、航空航天和其他运输设备制造业	2.11	0.87	2.26	－1.25	0.82
电气机械和器材制造业	3.12	3.16	3.12	3.12	2.71
计算机、通信和其他电子设备制造业	0.57	0.60	0.53	0.62	0.41
仪器仪表制造业	2.26	2.02	1.85	2.34	2.89
其他制造业	1.75	1.68	2.34	3.13	2.33

续表

行　　业	2012	2013	2014	2015	2016
废弃资源综合利用业	4.00	8.88	11.68	9.86	8.71
金属制品、机械和设备修理业	0.46	0.45	0.21	0.23	1.15
电力、热力生产和供应业	7.27	8.04	4.54	7.35	4.09
燃气生产和供应业				1.69	2.18
水的生产和供应业	4.32	4.44	3.29	4.09	3.42
交通运输、仓储和邮政业	3.74	2.82	1.51	1.86	1.19
铁路运输业			10.07	9.90	9.04
道路运输业	5.32	3.18	2.59	1.78	2.32
水上运输业	4.17	2.88	2.96	3.18	2.83
航空运输业	4.48	2.73	1.22	2.65	1.96
装卸搬运和运输代理业	1.50	2.76	1.10	0.73	0.39
仓储业	3.37	3.59	3.71	8.23	2.82
邮政业			2.07	1.70	1.69
信息传输、软件和信息技术服务业	3.54	3.26	4.03	4.34	3.16
电信、广播电视和卫星传输服务	3.06	3.19	4.74	4.96	2.76
互联网和相关服务	3.08	1.82	2.78	3.58	2.96
软件和信息技术服务业	4.43	3.98	3.85	4.21	3.36
房地产业	6.12	5.81	6.98	6.96	5.81
物业管理	5.68	5.64	5.61	5.67	4.64
房地产中介服务	7.74	6.41	5.96	6.04	5.65
自有房地产经营活动			15.29	13.85	10.47
租赁和商务服务业	2.41	2.43	2.52	2.75	2.09
租赁业	5.55	4.24	1.08	2.31	2.41
商务服务业	2.38	2.42	2.58	2.77	2.08
科学研究和技术服务业	5.00	5.04	4.88	5.62	5.49
研究和试验发展			8.57	7.60	6.51
专业技术服务业	5.19	5.11	5.00	5.63	5.27
科技推广和应用服务业			1.84	3.36	11.16
水利、环境和公共设施管理业	3.30	3.30	3.27	3.04	2.81
水利管理业			5.14	1.86	0.44
生态保护和环境治理业			1.61	1.23	1.44
公共设施管理业	4.36	4.37	4.31	4.32	3.63

续表

行　业	2012	2013	2014	2015	2016
居民服务、修理和其他服务业	5.22	4.99	5.01	5.06	4.13
居民服务业	4.18	4.28	4.77	4.98	3.58
机动车、电子产品和日用产品修理业	4.81	5.47	5.23	5.18	5.84
其他服务业	9.58	5.57	5.12	5.06	3.85
教育	2.86	3.30	2.92	2.85	3.22
卫生和社会工作	0.00	0.00	0.22	0.27	0.28
卫生	0.00	0.00	0.22	0.27	0.28
文化、体育和娱乐业	7.06	6.89	7.15	7.51	6.19
新闻和出版业	5.44	4.51	5.15	5.57	6.20
广播、电视、电影和影视录音制作业	5.45	4.25	4.62	6.96	5.93
文化艺术业			3.60	3.69	2.89
体育	6.65	6.18	9.92	9.43	13.14
娱乐业	12.63	12.57	11.97	11.30	6.33

附注：1. 各行业流转税税负＝（营业税金及附加＋应交增值税）/ 营业收入。

数据来源：历年《厦门市特区年鉴》。

2. 原因分析

那么，是什么原因导致理论与实际相背离呢？主要原因有以下两个：（1）不同行业的上游行业关联度不同。由于增值税“销项–进项”的核算机制，营改增后企业税负的变化取决于销项税率的大小以及进项抵扣的多少。若企业的上游行业多为增值税行业或营改增行业，且适用的增值税税率更大，那么企业可能获得的进项税额就越多，营改增对企业的减税效应也将越明显。（2）间接税可以转嫁，且不同企业的税负转嫁能力不同。由于间接税存在税负转嫁的性质，且不同企业的税负转嫁能力差异很大，造成了营改增的减税效应不一。税负转嫁能力越强的企业，越可能通过压低进项成本以及提高销售价格的方式，获得营改增的政策红利。值得注意的是，企业的这种议价方式将导致企业的进项税额下降，销项税额增加，进而增加企业的名义税负。由此可知，通过名义税负来分析营改增的减税效应是不合理的，要分析营改增的减税效应，还必须将间接税的税负转嫁考虑进来，综合分析营改增对企业实际税负的影响。

（二）营改增对厦门市企业实际税负的影响

1. 营改增的实际减税效应

为此，我们尝试通过各行业营业利润流转税税负的变化分析营改增的实际减税效应。表 4 给出了 2012—2016 年各行业营业利润流转税税负的变化情况。从表中可以看出：（1）对增值税行业而言，营改增后行业的营业利润流转税税负整体呈现下降趋势，说明营改增对增值税行业的实际减税效应凸显。（2）对营改增行业而言，营改增后行业的营业利润税负并没有呈现下降的态势，说明营改增对试点行业的实际减税效应并不明显。（3）由于税负转嫁的存在，营改增的名义减税效应和实际减税效应并不一致，部分行业的名义税负有所下降，但实际税负却上升；部分行业的名义税负有所上升，但实际税负却下降了。

表4　2012—2016年各行业营业利润流转税税负情况表

单位：%

行　　业	2012	2013	2014	2015	2016
农副食品加工业	5.32	3.00	4.32	4.24	4.74
食品制造业	16.49	17.77	15.45	19.03	15.69
酒、饮料和精制茶制造业	19.55	17.55	17.77	19.75	17.48
纺织业	15.25	15.20	16.00	15.82	12.88
纺织服装、服饰业	15.47	16.19	16.57	16.73	16.47
皮革、毛皮、羽毛及其制品和制鞋业	13.29	12.38	14.53	21.24	15.40
木材加工和木、竹、藤、棕、草制品业	22.02	20.97	18.82	19.79	15.05
家具制造业	10.45	8.80	14.66	9.53	12.91
造纸和纸制品业	17.06	19.39	19.70	19.62	26.08
印刷和记录媒介复制业	19.32	21.57	21.17	18.94	16.81
文教、工美、体育和娱乐用品制造业	10.80	9.50	12.57	9.95	9.30
石油加工、炼焦和核燃料加工业	40.68	20.02	13.50	23.53	12.32
化学原料和化学制品制造业	20.62	18.36	26.50	16.38	12.02
医药制造业	12.35	11.37	9.54	7.56	6.77
化学纤维制造	12.55	58.22	42.41	7.40	12.66
橡胶和塑料制品业	14.44	15.57	14.74	12.84	12.45

续表

行　　业	2012	2013	2014	2015	2016
非金属矿物制品业	18.13	22.22	19.90	15.53	15.33
黑色金属冶炼和压延加工业	30.01	28.03	−29.58	26.15	14.95
有色金属冶炼和压延加工业	7.37	8.40	8.80	13.05	12.50
金属制品业	9.67	11.27	10.02	11.22	8.24
通用设备制造业	10.11	11.44	9.64	12.28	10.43
专用设备制造业	15.91	13.48	14.31	16.48	16.77
汽车制造业	13.24	16.01	15.63	13.58	12.08
铁路、船舶、航空航天和其他运输设备制造业	11.70	7.28	20.98	−17.44	5.90
电气机械和器材制造业	13.52	12.85	12.82	12.55	11.01
计算机、通信和其他电子设备制造业	5.19	6.58	6.18	6.53	4.21
仪器仪表制造业	9.08	10.49	10.80	12.01	12.03
其他制造业	10.08	10.24	14.38	20.09	15.89
废弃资源综合利用业	21.22	43.29	60.38	106.37	56.90
金属制品、机械和设备修理业	6.19	5.97	2.34	2.81	13.04
电力、热力生产和供应业	49.44	38.61	31.97	37.43	35.13
燃气生产和供应业				4.86	5.17
水的生产和供应业	17.47	16.55	12.46	16.69	19.20
交通运输、仓储和邮政业	35.80	41.74	50.55	25.20	20.71
铁路运输业			−4.69	−49.09	−318.84
道路运输业	−58.29	−18.02	−12.08	−9.34	−8.07
水上运输业	34.54	35.21	18.32	8.56	6.72
航空运输业	24.83	21.73	15.21	24.84	16.05
装卸搬运和运输代理业	39.63	63.63	48.63	14.50	14.55
仓储业	36.41	35.55	−314.77	141.81	1241.64
邮政业			−34.05	−59.88	−34.43
信息传输、软件和信息技术服务业	15.32	13.19	22.29	36.16	19.80
电信、广播电视和卫星传输服务	10.19	9.96	15.70	16.52	8.57
互联网和相关服务	23.34	13.83	22.92	18.08	12.71
软件和信息技术服务业	26.15	20.59	37.46	416.54	43.26
房地产业	42.01	34.57	39.40	34.47	30.37
物业管理	60.69	54.43	50.64	43.72	37.93

续表

行　　业	2012	2013	2014	2015	2016
房地产中介服务	22.66	16.18	31.48	32.98	25.15
自有房地产经营活动			30.39	25.06	25.28
租赁和商务服务业	25.21	12.57	21.46	15.41	24.26
租赁业	12.96	5.77	6.88	12.51	−285.56
商务服务业	25.80	12.74	22.33	15.56	22.51
科学研究和技术服务业	23.75	24.38	30.33	28.49	26.50
研究和试验发展			158.70	33.00	26.58
专业技术服务业	24.46	25.04	31.28	29.28	26.11
科技推广和应用服务业			8.35	12.51	34.29
水利、环境和公共设施管理业	13.61	13.72	14.70	12.57	11.19
水利管理业			−4.38	262.50	1.36
生态保护和环境治理业			3.74	3.18	2.75
公共设施管理业	33.93	34.75	43.82	28.81	39.01
居民服务、修理和其他服务业	47.55	43.30	70.96	146.64	167.96
居民服务业	39.98	43.96	76.26	−124.62	−289.67
机动车、电子产品和日用产品修理业	41.96	38.77	63.73	39.92	46.92
其他服务业	90.75	98.21	80.35	72.25	84.03
教育	129.1	205.81	94.07	55.54	51.21
卫生和社会工作	−0.01	−0.01	6.54	4.86	1.77
卫生	−0.01	−0.01	6.54	4.86	1.77
文化、体育和娱乐业	49.50	99.96	183.42	136.22	307.34
新闻和出版业	34.16	38.35	63.61	67.78	53.86
广播、电视、电影和影视录音制作业	38.21	33.60	44.29	31.16	42.50
文化艺术业			−2.88	−2.51	−7.28
体育	83.54	−17.98	−103.46	123.38	−406.63
娱乐业	78.20	134.37	230.57	310.92	−194.18

注：1. 工业行业的营业利润流转税税负＝（营业税金及附加＋应交增值税）/（营业收入－营业成本＋营业税金及附加＋应交增值税）；

2. 第三产业行业的营业利润流转税税负＝（营业税金及附加＋应交增值税）/（营业利润＋营业税金及附加＋应交增值税）。

数据来源：历年《厦门市特区年鉴》。

2. 原因分析

税负转嫁是导致名义税负和实际税负偏离的主要原因。税负转嫁能力越强，越可能表现出名义税负上升而实际税负下降的异象。对增值税行业而言，虽然从整体上看，增值税行业的名义税负下降得并不明显，部分行业不降反升。然而，从实际税负看，营改增后，增值税行业的实际减税效应凸显，说明名义税负没有明显下降只是一个假象。对营改增行业亦是如此，只不过更加复杂一些。有些营改增行业的名义税负呈现出明显的下降态势，但其实际税负却增加了。相反的现象同样存在。比如装卸和运输代理服务业、仓储业、租赁和商务服务业均出现了名义税负和实际税负变化相背离的情况。因此，要分析营改增的减税效应，应重点关注企业实际流转税税负的变化。其中，营业利润流转税税负是一个较为真实的指标。

五、营改增对厦门市企业经营的影响

（一）营改增对企业经营业绩的影响

1. 理论模型

为了量化营改增对厦门市企业经营的具体影响，本调研课题组采用常见的政策评估工具——DID 模型进行相应分析。常用的企业经营业绩指标包括资产回报率（ROA）、净资产收益率（ROE）、销售净利率（NPM）等，因为资产回报率更能体现企业整体的经营情况，故本报告采用资产回报率衡量企业经营业绩情况。根据上述分析，可以设定如下模型：

$$ROE_{ijt}=\alpha+\beta\cdot time_t+\gamma\cdot reform_j+\delta\cdot time_t\cdot reform_j+\varepsilon_{ijt}$$

其中：ROE_{ijt} 为厦门市属于营改增类别 j[①] 的行业 i 在时点 t 的资产回报率；$time_t$ 为时间趋势变量，在营改增前设为 0，营改增后设为 1；$reform_j$ 为是否进行了营改增，将原增值税、一次营改增、二次营改增行业 $reform_j$ 设为1分别作为处理组，以前两次改革均未涉及的三次营改增行业作为对照组即 $reform_j=0$，进行 DID 回归分析（以下分别简称原行业、一次行业、二次行业和三次行业）；$time_t\cdot reform_j$ 为交互项，系数体现营改增对企业资产回报

① 根据营改增推进时间的不同，本报告将全部行业划分为原增值税行业、一次营改增行业、二次营改增行业和三次营改增行业四类。

率的影响；ε_{ijt} 为随机扰动项。

2. 实证结果

本报告采用厦门市 73 个行业 2012—2016 年的企业汇总数据。其中，原行业 34 个、一次行业 15 个、二次行业 7 个、三次行业 17 个。由于三次营改增是从 2016 年 5 月 1 日才实施的，改革效果尚未显现，本报告仅从一次营改增和二次营改增对原行业、一次行业和二次行业的影响进行分析。数据来源于历年的《厦门市特区年鉴》。

从模型回归结果来看，除一次营改增对原行业有显著的正向影响外，没有证据表明两次营改增改革对企业业绩会产生明显影响。对于原行业企业，在其他条件不变的情况下，一次营改增使这些企业的资产回报率平均提高了 6.79%。我们知道，一次行业都是和原行业联系较为紧密的辅助服务性生产部门，这说明随着抵扣链条的扩大，原行业能够获得更大的进项税额，减轻相关税负，从而改善经营业绩。值得说明的是，根据表 5 的实证结果，从整体上看，营改增并未显著提升试点行业的经营业绩。这与政策的实施初衷是有所背离的。

表5　营改增对企业经营的影响

变量	资产回报率（ROA）			
	原行业－一次	原行业－二次	一次行业	二次行业
time	0.0056	0.0016	0.0056	0.0016
	(−0.018)	(−0.017)	(−0.018)	(−0.018)
reform	0.0263	0.0812***	0.0233	0.013
	(−0.016)	(−0.018)	(−0.022)	(−0.025)
did (time*reform)	0.0679***	−0.0077	−0.0346	0.0046
	(−0.022)	(−0.026)	(−0.026)	(−0.037)
_cons	0.0261*	0.0296**	0.0261*	0.0296**
	(−0.015)	(−0.012)	(−0.015)	(−0.012)
N	185	185	98	74
r^2_a	0.1656	0.0977	−0.0133	−0.0304
r^2	0.1792	0.1124	0.018	0.0119
F	14.8215	12.2655	0.7788	0.2297

注：括号内为参数的标准差，*、**、*** 分别表示在10%、5% 和1% 的水平上显著。

从实证结果仅能看到营改增的短期效应，因此接下来我们将通过对数据的统计性分析，来探究营改增的中长期效应。由于数据的可获得性，我们仅分析一次营改增的中长期效应。图 4 给出了原行业、一次行业、二次行业和三次行业在 2012—2016 年间的行业资本回报率情况。图中显示：（1）营改增会在短期内显著提高原行业的资产回报率，但随着时间的推移，这一政策效应会逐渐消失。与三次行业相比，原行业资产回报率 2012—2013 年有较大增长，由 5.2% 提高至 17%，但此后两者之间的差距逐步缩减，到 2015 年两者的差距已经恢复到 2012 年的水平。（2）从整体上看，无论是一次营改增还是二次营改增，不仅没有显著提高企业的资产回报率，甚至还起到了抑制的反效果。一次营改增后，相比三次产业，一次产业的资产回报率逐年下降，甚至在 2014 年首次低于三次产业，此后其与三次产业的差距随着改革的推进被进一步拉大了。这说明营改增不仅没有从整体上提高试点行业的资产回报率，反而会对其起到抑制的作用。

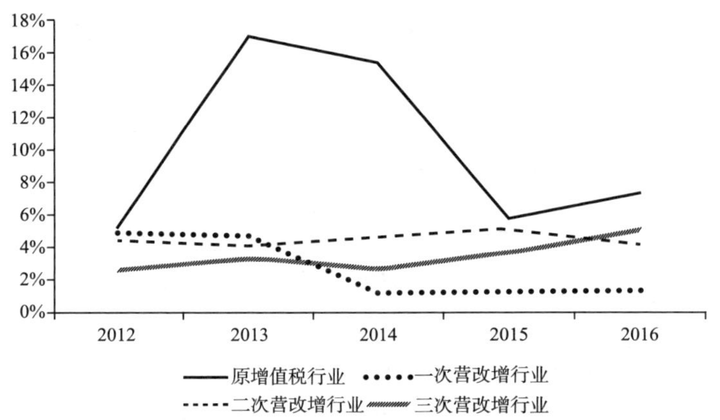

图4　2012—2016年度四类别行业资产回报率变化情况

上面我们从整体上分析了营改对原产业、一次产业和二次产业的影响。接下来，我们从细分行业的角度进行分析。从细分行业角度来看，除农副食品加工业以及计算机、通信和其他电子设备制造业外，在一次营改增期间，属于原行业的所有细分行业经营业绩均呈现大幅提高趋势，如石油加工、炼焦和核燃料加工业的资产回报率由 2012 年的 12.19% 上升至 2013年的 20.02%，通用设备制造业由 6.22% 上升至 11.44%；在二次营改增期间，原行业企业投资回报率则增减不一，属于一次行业的交通运输业、仓储业、商务服务业、科学研究和技术服务业等行业的经营业绩均呈现下降趋势，如交通运输、仓储和邮政业由 2012 年的 3.45% 下降至 2013 年的 2.04%，航空运输业由 8.93% 下降至 5.75%。此外，二次行业的资产回报率增幅不明显，如互联网和相关服务从 2013 年的 16.2% 增加到 2014 年 16.78%，广播、电视、电影和影视录音制作业由 3.51% 增加至 3.52%。详见表6、表7。

表6　2012—2016年间原增值税行业资产回报率情况表

单位：%

行　　业	2012	2013	2014	2015	2016
农副食品加工业	3.93	3.00	4.32	2.67	4.92
食品制造业	1.60	17.77	15.45	6.52	9.84
酒、饮料和精制茶制造业	11.59	17.55	17.77	15.40	7.48
纺织业	2.73	15.20	16.00	5.38	9.28
纺织服装、服饰业	14.17	16.19	16.57	13.44	12.97
皮革、毛皮、羽毛及其制品和制鞋业	1.55	12.38	14.53	0.62	3.91
木材加工和木、竹、藤、棕、草制品业	5.92	20.97	18.82	5.34	9.75
家具制造业	2.76	8.80	14.66	7.09	9.79
造纸和纸制品业	1.64	19.39	19.70	2.83	5.71
印刷和记录媒介复制业	7.48	21.57	21.17	9.55	4.58
文教、工美、体育和娱乐用品制造业	4.12	9.50	12.57	6.84	8.46
石油加工、炼焦和核燃料加工业	12.19	20.02	13.50	24.10	9.50
化学原料和化学制品制造业	1.12	18.36	26.50	−1.77	3.15
医药制造业	8.29	11.37	9.54	13.04	14.58
化学纤维制造业	−1.56	58.22	42.41	−11.98	−6.18
橡胶和塑料制品业	11.98	15.57	14.74	8.90	10.64
非金属矿物制品业	4.04	22.22	19.90	3.04	8.14
黑色金属冶炼和压延加工业	1.38	28.03	−29.58	−3.62	3.50
有色金属冶炼和压延加工业	5.86	8.40	8.80	2.43	6.02
金属制品业	3.47	11.27	10.02	8.41	9.01
通用设备制造业	6.22	11.44	9.64	9.59	10.49
专用设备制造业	3.65	13.48	14.31	0.53	4.26

续表

行　　业	2012	2013	2014	2015	2016
汽车制造业	5.57	16.01	15.63	9.62	8.76
铁路、船舶、航空航天和其他运输设备制造业	3.88	7.28	20.98	0.18	1.74
电气机械和器材制造业	9.97	12.85	12.82	14.87	13.48
计算机、通信和其他电子设备制造业	7.73	6.58	6.18	3.24	4.33
仪器仪表制造业	8.92	10.49	10.80	−1.71	12.08
其他制造业	4.74	10.24	14.38	5.83	4.57
废弃资源综合利用业	6.54	43.29	60.38	5.22	17.22
金属制品、机械和设备修理业	1.74	5.97	2.34	6.18	9.90
电力、热力生产和供应业	2.46	38.61	31.97	9.50	5.11
燃气生产和供应业				6.59	5.72
水的生产和供应业	0.32	16.55	12.46	0.60	−0.45
机动车、电子产品和日用产品修理业	7.16	9.58	6.96	7.22	6.95

表7　2012—2016年间一次营改增行业资产回报率情况表

单位：%

行　　业	2012	2013	2014	2015	2016
交通运输、仓储和邮政业	3.45	2.04	1.03	2.39	2.07
水上运输业	2.17	1.70	1.48	3.31	3.37
航空运输业	8.93	5.75	2.99	3.05	3.67
装卸搬运和运输代理业	1.89	1.48	2.00	5.44	2.78
仓储业	0.65	0.70	−0.55	−0.44	−0.45
信息传输软件和技术服务业	15.78	16.48	13.00	5.72	9.83
软件和信息技术服务业	8.22	9.59	6.72	−2.30	3.28
商务服务业	0.76	1.76	0.93	1.43	0.79
科学研究和技术服务业	2.66	2.44	2.20	1.94	2.09

表8　2012—2016年间二次营改增行业资产回报率情况表

单位：%

行　　业	2012	2013	2014	2015	2016
邮政业			−8.06	−6.65	−13.85
电信、广播电视和卫星传输服务			20.30	17.65	22.58
互联网和相关服务	10.00	16.20	16.78	16.96	18.50
文化、体育和娱乐业	2.54	0.00	−0.45	−0.55	−0.91
新闻和出版业			2.62	1.11	1.84
广播、电视、电影和影视录音制作业	5.07	3.51	3.52	7.71	3.82
体育	0.15	−3.36	−2.29	−0.28	−2.57

注：工业行业的资产回报率＝利润总额/资产总额。

数据来源：历年《厦门市特区年鉴》。

4. 原因分析

从上述结论看，正如减税效应一样，营改增对企业经营业绩的改善效应也并非完全如理论的那样，营业税改征增值税后，随着抵扣链条的完善和结构性减税政策的实施，有利于企业降低生产成本，提高经营业绩。而导致经营业绩分化的主要原因有以下三个：

（1）不同行业类别的改革背景不同。原行业的组成行业多属于工业生产部门，一次行业的组成行业多为辅助性生产部门，为原行业提供辅助性生产服务，因而一次营改增将一次行业纳入增值税抵扣链条，直接导致原行业可抵扣进项税额的扩大，显著改善原行业企业的经营业绩。相比之下，二次行业和三次行业组成行业多为生活性服务业，它们之间的产业关联度远不如前者紧密，增值税所独有的对行业间增加值课税的简便特性难以显现，因而改革对其业绩改善影响较弱。

（2）不同细分行业的税负增减不同。若企业的上游行业多为增值税行业或营改增行业，且适用的增值税税率更大，那么企业可能获得的进项税额就越多，营改增对企业经营业绩的改善也将越明显。相反，如现代服务业和交通运输业的上游行业更多是未纳入增值抵扣链条的服务行业，其进项抵扣金额不多但销项税额随税率大幅提高，迫使该行业企业在改革初期承担较高税负成本，恶化经营业绩。

（3）不同细分行业之间行业关联度也不同。行业关联度是通过产品供需而形成的互相关联的内在联系，营改增改革的核心目标在于打通抵扣链条，促进资源有效配置，其对行业关联度较高的行业影响更大，而对与上下游之间关联度较低的行业影响则微乎其微。例如，上文提到的互联网和相关服务以及广播、电视、电影和影视录音制作业，这些行业的产品标准化程度较低，客户需求的异质性程度高，决定其经营业绩的关键因素更多是人力资本所掌握的核心资源与技术，行业关联度不高，因而营改增对其影响有限。

（二）营改增对企业投资行为的影响

1. 理论模型

本节沿用上一节的 DID 计量模型，只不过需要将效应代理指标稍作修改。由于固定资产的投资最能反映企业的投资行为，本报告将行业固定资产投资额作为行业企业投资的测度指标。为了便于分析，将固定资产投资额进行对数化处理，记为 lnInv。具体模型如下式：

$$\text{lnInv}_{ijt} = \alpha + \beta \cdot \text{time}_t + \gamma \cdot \text{reform}_j + \delta \cdot \text{time}_t \cdot \text{reform}_j + \varepsilon_{ijt}$$

2. 统计结果

本节分析采用厦门市 75 个行业 2012—2016 年的企业汇总数据，其中，原行业 39 个、一次行业 13 个、二次行业 3 个、三次行业 20 个。数据来源于历年的《厦门特区年鉴》。

从模型回归结果来看，无法表明营改增改革对企业加大固定资产投资有直接的正向影响。从表 9 中可以看出，体现改革效应的 did 项系数在全部三次营改增中均呈现正值但不显著，因而回归结果不支持营改增改革会影响企业固定资产投资的结论。

与上文类似，为了探究营改增对企业固定资产投资的中长期效应，我们将对数据进行进一步统计性分析。同样，我们仅分析一次营改增的中长期效应。图5给出了原行业、一次行业、二次行业和三次行业在 2012—2016 年间的行业固定资产投资额平均变化情况。图中显示：（1）营改增对各行业固定资产投资额的影响并没有在短期内表现出来。与三次行业相比，原行业、一次行业和二次行业的固定资产投资额 2012—2013 年没有出现巨大变化，平均分别从 7.76 亿元、19.71 亿元和 4.39 亿元变化至 7.83 亿元、21.26 亿元、4.33

续表

亿元。（2）从中长期看，一次营改增后，相比三次产业，一次产业的固定资产投资额从 2014 年起快速上升，而且增速越来越快。与之相比，原行业和二次行业的影响依旧不是很明显。这说明营改增在中长期间内有刺激一次行业扩大固定资产投资的作用。

表9　营改增对企业固定资产投资的影响

变量	固定资产投资额（lnInv）			
	原行业－一次	原行业－二次	一次行业	二次行业
time	0.2897	0.1844	0.2897	0.1844
	(0.400)	(0.323)	(0.402)	(0.326)
reform	−.1104	−0.1181	0.4221	−1.6369*
	(0.435)	(0.284)	(0.667)	(0.953)
did (time*reform)	−0.2196	−0.3109	0.0303	0.2857
	(0.493)	(0.409)	(0.763)	(1.219)
_cons	10.6238***	10.7478***	10.6238***	10.7478***
	(0.358)	(0.234)	(0.360)	(0.236)
N	298	298	190	145
r^2_a	−0.0013	−0.0019	−0.0004	0.0249
r^2	0.0088	0.0083	0.0154	0.0453
F	0.8744	0.7710	0.8407	2.1340

注：括号内为参数的标准差，*、**、*** 分别表示在10%、5% 和1% 的水平上显著。

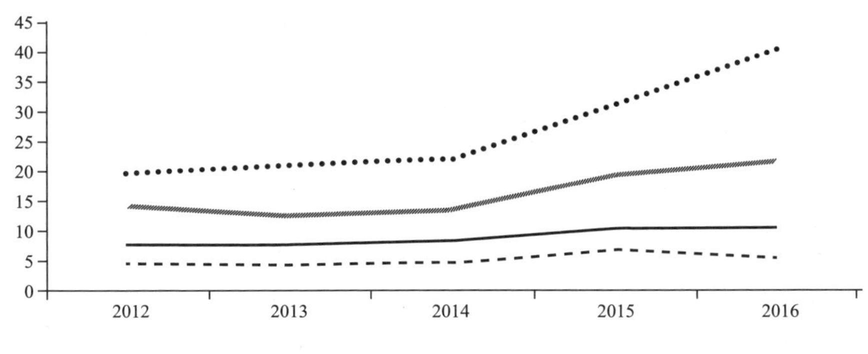

图5　2012—2016年度固定资产投资额平均变化情况

（单位：亿元）

从细分行业角度来看，受营改增影响，资产密集型或者技术密集型行业多加大了固定资产投资，而劳动密集型行业则不明显。属于原行业类别的多数非劳动密集型制造型行业在 2013—2014 年间均有明显变化，但农牧服务业、纺织服装服饰业、烟草制品业、化学纤维制造业、批发业以及零售业却表现平平；属于一次营改增的铁路运输业、道路运输业、水上运输业、仓储业、软件和信息技术服务业、研究和试验发展以及专业技术服务业均加大了固定资产投资规模，增幅比例普遍达到 50%～100%，而商务服务业和机动车、电子产品和日用产品修理业投资增加情况并不明显，反而还略有降低；二次营改增的行业数量较少，投资效应亦不明显。详见表 10 至表 13。

表10　2012—2016年原增值税行业固定资产投资情况

单位：万元

行　业	2012	2013	2014	2015	2016
农业	3767	5373	10264	11837	8226
林业		7075	572	127	358
畜牧业					11161
渔业		25640	11786	11500	4966
农、林、牧、渔服务业	1377	13365	9554		2600
农副食品加工业	55586	51319	66285	48381	56847
食品制造业	59885	67902	67566	75791	86783
酒、饮料和精制茶制造业	26355	42631	42666	28806	40361
烟草制品业	71576	22512	38671	36460	6500
纺织业	17308	31804	19255	21212	36901
纺织服装、服饰业	62347	35025	23129	26852	19865
皮革、毛皮、羽毛及其制品和制鞋业	1300	5010	430	5327	7532
木材加工和木、竹、藤、棕、草制品业	5587	17155	11285	4837	8128
家具制造业	14247	16051	14600	5698	5937
造纸和纸制品业	45194	64575	33128	17422	8943
印刷和记录媒介复制业	13371	23779	11718	20267	15728
文教、工美、体育和娱乐用品制造业	10778	20579	28574	19620	14298
石油加工、炼焦和核燃料加工业	3931	3131	2006		1207
化学原料和化学制品制造业	15497	26734	56421	18171	16834

续表

行　　业	2012	2013	2014	2015	2016
医药制造业	27271	46872	45552	29159	56040
化学纤维制造业	33339	9230	3450	4163	7421
橡胶和塑料制品业	210298	179504	237334	149379	137792
非金属矿物制品业	65046	42915	41645	59453	68054
有色金属冶炼和压延加工业	84327	51651	23231	31102	30167
金属制品业	133306	105280	71713	59314	80943
通用设备制造业	41826	49634	37300	37871	28290
专用设备制造业	40416	46027	52706	53395	64592
汽车制造业	48630	50512	62613	42727	43414
铁路、船舶、航空航天和其他运输设备制造业	19075	37257	32995	9645	64495
电气机械和器材制造业	70207	92355	82459	122326	126694
计算机、通信和其他电子设备制造业	989826	997043	1170325	1943215	2121814
仪器仪表制造业	11669	35206	15934	14982	36922
其他制造业	143817	156058	208344	95650	217870
金属制品、机械和设备修理业	19097	6335	1358	12842	133796
电力、热力生产和供应业	184541	170968	260880	353972	170228
燃气生产和供应业	10877	99549	49803	64934	93054
水的生产和供应业	107905	96000	145748	128854	169701
批发业	72764	75466	66974	104249	79571
零售业	72993	149168	138812	82035	50315
铁路运输业	51674	93604	71997	101201	3876
道路运输业	656870	885748	1010590	1587974	2722667
水上运输业	309426	329767	218186	309970	289324
航空运输业	611397	524670	746335	884778	1805816
管道运输业					1690
装卸搬运和运输代理业	18878	33949	43349	34926	20357
仓储业	174388	239088	158088	205977	155382
软件和信息技术服务业	1236	9222	9177	17847	4566
商务服务业	311988	183134	132711	216668	189089

续表

行　　业	2012	2013	2014	2015	2016
研究和试验发展	15317	20300	27650	21321	11508
专业技术服务业	2812	5473	914	57104	27137
科技推广和应用服务业					20321
机动车、电子产品和日用产品修理业	14509	13463	130	4000	745

数据来源：历年《厦门市特区年鉴》。下同。

表11　2012—2016年一次营改增行业固定资产投资情况表

单位：万元

行　　业	2012	2013	2014	2015	2016
铁路运输业	51674	93604	71997	101201	3876
道路运输业	656870	885748	1010590	1587974	2722667
水上运输业	309426	329767	218186	309970	289324
航空运输业	611397	524670	746335	884778	1805816
管道运输业					1690
装卸搬运和运输代理业	18878	33949	43349	34926	20357
仓储业	174388	239088	158088	205977	155382
软件和信息技术服务业	1236	9222	9177	17847	4566
商务服务业	311988	183134	132711	216668	189089
研究和试验发展	15317	20300	27650	21321	11508
专业技术服务业	2812	5473	914	57104	27137
科技推广和应用服务业					20321
机动车、电子产品和日用产品修理业	14509	13463	130	4000	745

表12　2012—2016年二次营改增行业固定资产投资情况表

单位：万元

行　　业	2012	2013	2014	2015	2016
邮政业	3203	1963	1800	3636	1720
电信、广播电视和卫星传输服务	84552	127098	133736	181313	162797
互联网和相关服务		900	6804	8560	612

表13　2012—2016年三次营改增行业固定资产投资情况表

单位：万元

行　　业	2012	2013	2014	2015	2016
房屋建筑业	1001	1310	9137	5177	3380
土木工程建筑业	1214	3972	30741	19289	18507
建筑安装业	3301	4666	3372	1004	7121
建筑装饰和其他建筑业	12866	6667	11411		1000
住宿业	270127	223719	232361	299813	303440
货币金融服务	25008	17623	16922	21720	21818
其他金融业	1846	92804	58678	81994	2652
房地产业	265325	111556	157417	238538	663604
租赁业	500		7229	3914	189778
水利管理业	92921	111450	111173	170355	109845
生态保护和环境治理业	92173	66675	106020	171272	657219
公共设施管理业	1303806	1125203	1205623	1704449	1559855
居民服务业	7261	2642	7693	5256	14476
教育	350313	267396	333160	332563	333259
卫生	62971	93973	91507	318438	228628
社会工作	3601	10580	2498	3619	1104
新闻和出版业	2590	3829	2101	4510	1681
文化艺术业	53522	86913	167822	129791	43941
体育	39784	55320	37008	22774	61544
娱乐业	246260	109506	67327	102053	108853

3. 原因分析

从上述统计结果看，营改增对企业投资的激励效应整体上并不明显，除个别行业外，大多数涉及营改增的服务型行业投资激励效应并不显著。而导致企业投资分化的主要原因有以下两个：

（1）不同行业的税负增减效应以及经营业绩改善效应不同。从短期来讲，只有当出现经营盈余时，企业才有可能加大投资。营改增过后，不同行业企业的税负成本以及经营业绩一些得到了改善而另一些则相反，那么只有获得改善的企业有资本进一步投资，这从客观上降低了扩大投资的企业基数。

（2）不同行业有各自的投资特点。从长期来看，行业的投资特点决定着企业的投资行为。资产密集型行业天生就有固定资产投资的需求，而轻资产的劳动密集型行业更多的成本来自人工，对固定资产需求不大，营改增的改革红利并不足以弥补人工与固定资产之间的成本差距，进而改变其投资方向。结合统计结果不难发现，营改增后所属资产密集型或者技术密集型行业的企业更倾向于加大固定资产投资，而劳动密集型行业则不明显。

六、结论与政策建议

（一）结论

1. 地方政府支配权缩小，财政收入缺口增大

从上文的分析可知，由于营改增的减税效应以及厦门市以第三产业为主的产业结构，导致政策实施后，厦门市政府的财力下降，财政收入缺口增大。若营改增的政策效应没有得到体现，厦门市政府的税源没有得到相应的增加，则营改增将阻碍了厦门市政府的投资行为，进而不利于厦门市经济长远发展。

2. 营改增的政策效应具有一定的滞后性，应重点关注营改增的中长期效应而非短期效应

从短期来看，由于抵扣机制的不完善、试点行业的逐步展开以及小规模纳税人的存在，导致试点企业在短期内无法获得预期的进项抵扣，进而导致部分企业的税负不降反升。不过，随着营改增的逐步深入，企业渐渐适应了增值税税收征管机制，从而有所好转，企业的税负也表现出了逐渐下降的态势。

3. 营改增对企业税负和经营绩效的影响与企业的市场势力和产业互联度息息相关

从整体上看，营改增显著降低增值税企业的实际税负并提高了企业的经营绩效。不过，营改增对试点企业的实际税负和经营绩效的整体影响则不显著。从细分行业看，上游产业互联度较强、市场势力较高的行业的实际税负下降幅度更大，经营绩效的提振作用也更强。对上游产业互联度较弱、市场

势力较低的行业的实际税负不仅没有起到下降的作用，反而有所上升，并进一步抑制了企业的经营绩效。

4. 营改增对试点企业固定资产投资的短期促进效应不明显，但长期促进效应显著

由于企业的固定资产投资具有一定的周期性和固定性，企业无法在短期内对政策做出反应，因此营改增对企业固定资产投资的短期促进效应并不明显。不过，随着时间的推移，企业会通过提前更新设备、扩大产能等方式充分利用政策的福利，以使企业的利润最大化。因此，从长期来看，营改增将会促进企业的固定资产投资，优化企业的资本—劳动比，促进企业的发展。值得注意的是，由于资本密集型企业对资产的依赖性显著高于劳动密集型企业，因此营改增对资本密集型企业的促进效应也显著高于劳动密集型企业。

（二）政策建议

1. 优化支出结构，提高财政支出效率；挖掘潜在税源，强化税收征管

“减支促收”应是近几年厦门市政府的财政策略。一方面，由于政府的收入受冲击的程度较严重，因此政府需要优化支出结构，将有限的资源分配到最需要资金的地方，提高财政支出的效率；另一方面，政府应全面展开税源调查，挖掘潜在税源，并对新税源进行规范化管理，规范收入不定的小税种，聚拢合并分散的税源，努力壮大税收规模，强化税收征管监督管理。

2. 鼓励企业创新，提高企业市场势力

企业能否减税，一方面在于营改增的政策，另一方面在于企业自身的市场势力。市场势力越强的企业，越可能压低进项成本、提高销售价格，进而分得大部分的政策改革红利，而市场势力低的企业则只能更多地承担政策改革带来的负面影响。因此，政府应以营改增为契机，出台一系列相关政策，将创新政策内嵌到财税体制改革的大环境中，提高企业的创新投入，促进产品的转型升级，提升企业的市场势力。只有如此，营改增的政策红利才能真正为企业所捕获，才能真正发挥促进经济发展的功能。

3. 完善增值税相关政策，加大对税负增加突出行业的扶持

企业的进项抵扣和固定资产投资是决定企业在营改增后能否减税的主要因素。对于以人力资源为主的高新技术企业，以及以资本为主的金融业，亦或者以劳动力输出为主的货物运输服务业，其能够获得的进项抵扣都十分有限，营改增后出现税负上升的情况也实属必然。因此，政府应加大对这些行业的扶持，比如，针对以人力资源为主的高新技术企业比如信息传输、软件和信息技术服务业，可以考虑将人力资源成本纳入抵扣范围，作为鼓励行业发展的重要优惠政策；对金融业采用简易征收的办法，做到平稳过渡；对货物运输服务则将其从交通运输服务中剥离，纳入物流辅助服务中，采用6%的增值税税率。

课题指导：陈永东
课题负责：童锦治
课题执笔：冷志鹏
完成时间：2018年3月

厦门民营企业人才队伍建设研究

当今社会，民营企业的竞争，归根到底是人才的竞争，人才队伍建设已不可替代地成为制约民营企业发展、决定民营企业成败的关键。近年来随着全国各地愈演愈烈的人才争夺战以及厦门高房价的劣势，现阶段厦门民营中小企业的人才队伍建设不容乐观。本课题以厦门市为例，调研厦门市民营企业人才队伍的现状，找出其存在的问题，并深入而全面地研究解决问题的对策，具有一定的现实意义。

一、引言

近年来，随着市场经济体制的完善和经济环境的不断优化，我国经济飞速发展，中小民营企业也获得了众多发展机会，改革开放40年来，我国民营经济从小到大、从弱到强，贡献了50% 以上的税收，60% 以上的国内生产总值，70% 以上的技术创新成果，80% 以上的城镇劳动就业，90% 以上的企业数量。

但由于受到企业自身、社会等多方面因素的影响，近年来，我国民营企业在人才方面的问题已经严重阻碍其发展：一方面很难吸引到优秀的人才，另一方面人才流失率居高不下。据调查，民营企业近几年的人才流失率达30% 以上，一些生产企业人才流失率甚至达 70%，民营企业中的中高层人才以及科技人员在公司的工作年龄普遍较短，一般为两到三年，最长的也不过五年，许多企业叫喊着人才难求人才难留。

当今世界中不论何种经济组织形式，其竞争的核心是人才的竞争，人才日益成为企业在市场竞争中胜负成败的关键。民营中小企业也不例外，若想使企业由弱变强，由小变大，人才必然发挥着不可替代的重要作用。面对激烈的市场竞争，民营企业只有切实加强人才队伍建设，才能应对复杂多变的市场竞争，才能不断提高企业的科研水平、管理水平，不断增强企业的核心竞争力。

“我国民营经济只能壮大、不能弱化，不仅不能‘离场’，而且要走向更加广阔的舞台。”习近平总书记 2018 年 11 月 1 日主持召开民营企业座谈会并发表十分重要的讲话。总书记突出问题导向，积极回应社会关切，就坚持基本经济制度的一系列重大理论和实践问题做出深刻阐释，提出支持民营经济发展壮大的 6 个方面政策举措，表明党中央毫不动摇鼓励、支持、引导非公有制经济发展的坚定决心和鲜明态度，为民营经济健康发展注入强大信心和动力，各地也纷纷出台了相关促进民营经济发展的政策措施。

“2019 厦门企业 100 强”榜单充分显示了厦门经济发展的活力不断增强，国有企业做强做实，打基础做平台，提升国际竞争力；民营企业做活做新，不断激发城市创新潜力。民营企业是最具活力、最具潜力的经济群体，从榜单来看，民营企业的上榜数量不断增加，2019 年上榜的 100 家企业中，民营企业 51 家，上榜民营企业数量占据半壁江山。不仅数量多，从营业收入来看，民营企业也在不断攀升，前十强中，有三家企业是民营企业，其中，均和（厦门）控股有限公司以 387.01 亿元，位居民营企业的第一名，进入榜单的第五名。

课题组走访了厦门市的一些民营企业，了解各企业的人才队伍建设和贯彻落实厦门市现有人才政策情况，对民营企业人才队伍建设方面存在的困难和问题进行深入剖析，在此基础上对推进民营企业人才队伍建设体制机制改革，完善人才培养体系提出一系列意见建议。

二、厦门民营企业面临的人才压力

2019 年第一季度全国重要城市人口吸引力排名表，北京、广州、深圳、上海、重庆、成都位列前六，厦门仅列全国第 45 位，且排名持续下降，人口吸引力不如省内福州、泉州等城市。2016 年厦门年轻人口流出率高达 37.26%，在二线城市中最为严重，而年轻人口净增加率为－19.17%。已经在厦门的年轻人正在逃离这座城市，城外的人不敢轻易决定进入，厦门的企业特别是民营企业面临越来越大的人才压力。

（一）厦门劳动年龄人口呈现逐渐减少的态势

城市的振兴和发展，与人口结构、人口素质息息相关，城市的竞争说到底还是人才的竞争。2018年厦门常住人口411万人，常住人口超过五成为非本地户籍，其中省内和省外又大致各半，反映了厦门的人居环境还是极具吸引力的。虽然目前厦门还处在人口红利期，劳动人口占到 3/4，但我们也要看到隐患：厦门人口老龄化程度不断加重（有人戏称厦门是适合养老的城市），劳动年龄人口呈现逐渐减少的态势。未来人口数量、结构与发展之间的矛盾将更为凸显，人口均衡发展面临生育意愿下降、劳动力成长不足、资源环境压力等诸多问题和挑战。未来厦门的常住人口规划是控数提质。控制数量：2020年控制在450万，2030年控制在550万。提质就是多引进各领域人才，满足厦门未来社会经济发展的需要。

（二）厦门在主要城市的人才争夺战中处于劣势

1. 房价虚高制约了人才的集聚

厦门的房价可谓是最受诟病的民生问题，二线的城市房价居然比肩北京、深圳等城市，位居全国第四，比杭州还高。这将使多少有意来厦留厦扎根厦门的人才望而生畏？当然，房价高不高其实并不重要，买不买得起才是关键。毕竟，只要工资涨得够快，大家还是有机会买到房子的。但厦门则在房价收入比上再次带来一击：统计数据显示，2019 年上半年全国 50 个典型城市房价收入比排名中，厦门排名全国第五。这也就意味着，在厦门仅靠工资买房的难度全国第五。

2. 产业薄弱加剧了人才的流失

2019 年福建省工商联发布的《福建省民营经济 100 强名单》显示，在厦门入围的 27 家民营企业中，有 6 家从事房屋建筑及房地产行业。而从事人工智能、互联网、计算机、新材料、高新技术等相关领域的民营企业乏善可陈。

明明拥有厦门大学这一金字招牌，却在用自身的资源为其他省市做嫁衣。从网易数读《2018 年 985 高校就业质量报告》发现，厦门大学 2018 年全年仅有 36% 的本地就业人数，这一数据大大低于其他许多同类高校。

这其中除了房价虚高难以为人才提供容身之所外，厦门产业的类别、规模也是加剧人才流失的重要原因。由于工作机会、发展空间、房价等因素，很多人在一线和其他城市里“进进出出”，从目前的情况看来，没有好的工作机会、缺乏城市活力比高房价更容易把人推出去。

3. 城市、企业和人才间的拉锯战愈演愈烈

近年来全国各地城市纷纷出大招吸引人才落户或创业，展开了人才争夺大战，厦门市政府也相继出台了不少支持厦门经济发展的优惠政策，包括优惠的人才政策，而且力度不断加大。例如为了吸引人才的到来，厦门在 2019 年频频放出优惠政策，为高端人才提供补贴，10 月 1 日起，更是将落户门槛放宽至大专。近期招商力度不断扩大，比如为高端人才提供了种种住房福利。7 月 29 日，厦门市召开高技术高成长高附加值企业发展大会，大会召开后，厦门市又陆续出台多项政策措施，其中就有厦门市住房局出台了“三高”企业骨干员工住房保障政策。尽管如此，在近年来日趋激烈的城市人才争夺战中我们并不占优，和西安、天津、成都、武汉、南京等同为二线的城市相比，他们的人才落户优惠政策力度非常大，甚至用零门槛和奖励政策引进人才，成效显著。相比之下，我们的优势越来越小，劣势有所扩大。

企业之间的人才争夺战一直硝烟未止，民营企业特别是中小企业在人才争夺战中历来处于劣势，假如有前景明朗、收入稳定的外企、国企、高校向他们伸出橄榄枝，人才很容易“说走就走”。这影响到了企业的转型升级和企业家们投资厦门的积极性。人才和资金的外流已经逼得一些企业搬离厦门，因为在长三角、珠三角、北上广，企业更容易招到他们所需要的高素质人才。

4. 战略地位丧失

厦门在福建省内的战略地位与三十年前相比不可同日而语。改革开放后，厦门顶着经济特区、副省级城市、计划单列市的光环，更是国家台海战略的重要窗口与标杆城市。如今，随着福建省建设平潭综合实验区、国家在福州建设国家级福州新区等政策导向，厦门的政策红利正在消失。2018年10月25日，人民网专文发布福建省委十届六次全会精神评论文章提及：重点建设福州国家中心城市、厦门国际旅游城市、泉州国际工业城市。即对福建三大城市进行了功能性定位。旅游城市的定位说明了厦门的尴尬处境。

5. 厦门的经济特区功能及中心城市带动引领作用不够

政府的“小岛主义”盛行，“小岛格局”根深蒂固，将资源基本盘倾斜于

厦门岛内，导致厦门定位日趋僵化且偏离。虽然近年来厦门市政府开启跨岛发展战略，但仍缺乏力度和火候。例如市民营科技实业家协会的698家会员单位中超过 90% 的企业在厦门岛内没有固定办公及研发场所，在岛内自建办公大楼或自有场所的仅有 7 家。由于工业生产搬迁到岛外，许多高端科技人员一听到岛外上班，都望而却步，认为岛外各种配套设施都不完善，无法满足他们继续教育、休闲、娱乐及子女教育等需求。

（三）民营企业人才队伍现状

1. 人才队伍供求矛盾十分突出

厦门是一个劳动力输入型城市，企业人力资源呈现总量不足、对外依赖程度高、流动性大等特征，虽然目前用工形势总体平稳，但季节性、结构性缺工现象仍在较长一段时间内存在。民营企业近年来迅速做大做强，对人才特别是优秀管理人才、技术人才的需求十分强烈。企业内人才总量不足、层次不高，市场配置供给渠道不畅等问题也十分集中。

2. 人员稳定性较差

调查发现，民营企业由于规模小、管理体制不完善、待遇偏低等原因造成人员流动频繁，企业缺乏吸引力。为此，大多数企业是根据自身的需要采取聘请、兼职、咨询等方式来解决某一领域、某一专业、某一项目的技术难题和项目支持。这种人才的引进和使用方式，虽然解决了企业的燃眉之急，但稳定性差，流动性大。从企业持续发展的角度看，企业没有真正属于自己的产学研一体化的高层次人才队伍，直接影响了企业的创新能力、研发能力、高新技术的吸收能力和企业的发展后劲。

（四）中美贸易战对企业用工造成影响

作为对外贸易依存度最高的经济大国之一，中国劳动力市场状况受外贸运行影响较大。厦门以港立市，外贸依存度位居全国第一，在 2018 年仍高达125.3%；外贸竞争力位居全国百强城市第 5 位；外贸集装箱吞吐量占比接近七成，外贸已成为全市社会经济发展的重要组成部分。随着中美贸易战的不断升级，一些相关企业被迫减产、歇业或向境外转移生产，这些都将导致厦门企业的人才减少或外流。

三、民营企业人才队伍建设的主要问题

目前，我市企业还存在人才机制没有完全市场化，人才结构单一、缺乏互补性，人才选拔不畅，没有真正用好人才，重进不重用等问题。部分民企只想维持企业人才现状，不舍得在人才方面进行投入，参加人事部门组织的人才洽谈会积极性不高，招聘高层次人才的诚心欠缺。有的企业对人才在工作、生活方面没有提供优厚的待遇和宽松的环境；有的人才在企业中所学专业用不上，发挥不出应有作用，出现了人才浪费和流失现象。我市整体民营企业人才流动率较高，许多企业每年都通过各种途径广招大中专毕业生以及其他各类专业技术人员，但每年又有大量的人才离开企业。另外有部分企业虽然人才流动比例相对较低，但出走的往往都是掌握关键技术及商业秘密的精英，同样阻碍着民企的发展。由于人才流动过于频繁，不但增加了民企选才招才的成本，而且也不利于企业技术攻关的连续性。人才的流失致使部分企业不同程度地存在科研人员、经营管理人员和高科技人才不足现象，开发新产品新技术的力量薄弱，制约了企业的发展。

（一）企业方面的问题

1. 民营企业吸纳、培养、使用人才的机制不够健全

用人理念上存在急功近利思想，只重产出不重投入，表现在人才的使用上“只用不养”或“重用轻养”，人才教育培训投入不足，缺乏一套长期有效的培训机制，使人才的自我发展提升空间受到限制。人才管理机制不健全，缺乏科学的人才管理办法。在人才选拔任用上存在不重业绩，而看与企业主的亲疏关系的现象，关键人才无法找到自我实现的成就感，并且在家长式的领导下工作，人才的技能不能得到充分的发挥，不能得到学习新技能和新经验的机会。此外，现在很多民营企业只注重人才的使用，往往只在需要的时候到处揽才，忽视了对现有人才的盘活作用以及人才的储备工作。

2. 缺乏激励保障措施，无法吸引优秀的人才

大多民营企业只看重人才所掌握的知识，拿来所用，却往往忽略对人才的待遇及人性化的关怀，薪酬制度不科学，薪酬水平较低，生产、生活及住宿设施不完善，与国有企事业单位以及一些外企存在较大差距；有的企业不

重视社会保险的缴纳，也不给人才办理人事代理等手续，使人才产生了很大的后顾之忧，影响工作积极性的发挥。

3. 企业文化落后，难以形成凝聚力

许多民营中小企业没有完善的规章制度，也没有长远的发展目标。有的企业虽然建立了党团及其工会组织，但并没有很好地开展工作。首先在一些民营企业内部个人权威主义太重，永远是老板说了算，关键人才往往感觉到在企业里自己的人格和专业意见得不到尊重，心情压抑；其次是管理方式上有问题，往往对下属能力不信任，不授权或授权不足，关键人才只能做执行者；再次是在员工的上下沟通上，由于企业文化的限制，导致员工之间的沟通出现鸿沟，不能形成统一的规范和社会价值观，更不用说形成有本企业特色的企业文化了。许多民营中小企业缺乏经营的核心理念，企业员工既没有归属感，也没有共同价值观的认同。因此，这些企业难以激发员工的内在积极性与创造性，企业人心涣散，员工普遍存在为老板“打工”的思想，企业对人才的凝聚力和向心力不足。

（二）政府和劳动者方面的问题

1. 政府方面

近年来，虽然市委市政府在人才引进、培养和使用方面出台了一系列政策，取得了明显的成效，但是，在对民营企业人才建设的重视程度、政策措施、引导服务等方面还存在不足，人才政策落实还不够到位。

2. 劳动者方面

首先，随着我国城镇化的进展，农村劳动力就地、就近转移就业增加，原先在厦门就业的外地务工人员纷纷回到自己的家乡就业；其次，社会上的一些就业观念发生很大变化，特别是“80后”“90后”的劳动者不再一个职业定终身，新一代的劳动者已经把流动看成是实现自己价值的一种手段和过程；再次，受传统观念的影响，劳动者普遍对民营企业存在偏见，大多数人认为中小民营企业缺乏发展空间，企业不稳定，福利待遇等各方面不如大型企业。

四、加强民营企业人才队伍建设的建议

民营企业人才队伍问题的解决既需要企业完善自身管理机制，如完善引进和管理人才的机制，使人才招得来、留得住；也需要政府助力，创新人才引进和培养机制，切实优化人才保障服务，充分激发各类人才创新创造活力。

（一）加强民营企业自身队伍建设

1. 创造良好的人才生存环境

邓小平生前曾说："要创造一种环境，使拔尖人才能够脱颖而出。"就是说，人才的成长，需要一系列的有利于人才发展的政策作为保证，想方设法为人才创造良好的生存环境，既要有较高的物质待遇吸引人，又要靠科学合理的制度留住人，更要以适当的激励机制使得人才充分施展才干。完善薪酬福利体系，尽量做到设置合理、公平公正；对于那些有突出贡献的优秀人才，要根据员工贡献的大小给予适时、适当的奖赏，而这种奖赏既要与物质利益联系起来，也要与职务晋升联系起来，充分激发员工的内在积极性，使员工自觉地努力工作，形成一种不用扬鞭自奋蹄的工作氛围；对企业管理层，在建立激励制度的时候可以实行利润分享或者是年薪制，因为管理层的劳动存在着一定的风险性，这样的激励制度能够调动管理者管理企业的动力。要提升企业人力资源管理部门的业务素质，该部门人员的素质直接影响企业招才、留才的成效；重视和加强人力资源管理部门的力量，人力资源管理部门人员必须具备良好的业务素质和主动服务员工的精神，建立从人才储备、招聘直至离职的全流程有效管理，密切关注厦门市发布的相关人才政策，并积极主动地为企业员工办理各类落户、社保、人才项目申报等事务。如果企业在技术、管理等各个环节都有优秀的人才依托，那么民营中小企业就具备了广阔的发展前景。

2. 做好职业规划工作

企业应建立职业管理体系，通过对新进员工的个人性格特点和专业进行全面的分析，正确地对人才进行评价，并为其提供一个合适的工作岗位，通过一段时间的锻炼之后，结合员工的实际工作情况，对其岗位进行合理的调整和实践，制定一个既能够满足企业需求又能促进人才自身发展的长期职业

生涯规划，充分发挥好企业人力资源部门在人才选择、任用、培养和提升方面的重要作用，进一步做好持续的改进工作，建立员工职业生涯规划管理体系。全面规范科学量化企业人才的管理办法，最大限度提升人才的主动性和积极性，这样企业的人才建设的作用才能真正发挥出来，才能真正形成企业人力资源合理的格局。

3. 重视企业人才培训工作

要对企业人才加强培训，不断提高专业技术人员的素质和水平。科学、系统的培训是加强企业人才队伍建设的重要措施和重要途径。企业要制定科学的培训目标，采取“走出去”“请进来”等多种灵活多样的形式和途径，努力为专业技术人才提供学习培训的良好条件；要舍得在培训上进行投入，鼓励专业技术人才参加各类专业培训、深造；要有重点、有目标地选送专业技术骨干外出学习，使他们的知识不断更新提高，紧跟形势和科技发展的步伐；要在企业内部建立各种专业技术小组，每年确定若干个项目进行攻关，提供活动经费，帮助企业解决技术难题。

4. 实施借脑工程

即吸引社会人才为企业所用。一是用招标方式吸引人才，例如企业新产品开发等，可以用项目招标方式把科研院所的人员组织进来共同研发，并在共同研发过程中提高本企业技术人员的科技水平；二是用过去乡镇企业用过的“星期天工程师”的做法，把人才吸引来为企业所用；三是借脑，即聘请退休或在职的专家做顾问。

5. 树立以人为本的人才观

要做到以人为本，其一要尊重人。只有尊重人，才能让人的潜能最大程度发挥出来，不仅是激发人的内在热情，更要让人才心甘情愿地奉献自己的才华。其二必须理解人。每个人才所擅长的领域不同，因此，要因人而异，合理安排岗位，人尽其才，而不是专才别用，或大材小用，或优才劣用，这都是人才的浪费。其三要关怀人。充分了解人才的内心诉求，积极为他们排忧解难，想他们之所想，让他们有归属感，以企业为家，以企业为荣。正如习近平主席所说的那样：“要大兴识才爱才敬才用才之风，……聚天下英才而用之，让更多千里马竞相奔腾。”其四要信任人。人们常说“用人不疑、疑人不用”，要相信人才能够胜任其岗位并且能够圆满地完成任务，大胆放手使用。

只有这样，他们才能心无旁骛地专心工作，也才能不惜其才倾力奉献。

6. 完善和建立现代企业制度

俗话说，栽得梧桐树，引得凤凰来。必须建立现代企业制度，以代替家族式的管理方式，建立完善的选人和用人机制，营造良好的环境，人才自然会涌进来。要构建聚集人才和吸引人才的企业环境，企业有了优秀的人才，就获得了优先发展的前提条件。

7. 提升民营企业家的管理水平

随着经济的快速发展和知识的更新换代，民营企业家的素质无法满足企业管理的需要。因此，提高民营企业家的素质是重中之重。要想解决这一问题，加强民营企业家的培训教育是最有效的方法。民营企业家可以通过到高等院校进行再深造，如读MBA，或者外聘专业人士进行培训等来提高其水平，使自己在用人方面更得心应手。

民营企业家在取得成就的时候，还需要具备人才的危机管理意识，从思想上真正重视人才。这就要求管理者们在日常工作中细心发现并解决人才流失问题，建立切实可行的内部管理制度。

（二）发挥政府在民营企业人才队伍建设中的作用

厦门这些年加快推进人才强市战略，陆续出台了“双百计划”“海纳百川”人才计划，以及“人才政策新18条”“人才新政45条”等人才政策，力度一波大过一波，对吸引和激励国（境）内外人才来厦工作和创业产生了积极作用。但是与国内一些城市相比，无论在力度和策略上还存在需要提升之处。

1. 营造吸引和留住人才的大环境

纵观近期各类人才新政，最具吸引力的不外三类：户籍便利、住房优惠、直接补贴。通俗点来讲，就是送钱、送房、送户口。面对众多城市的“重金礼聘”，全国贤士可谓挑花了眼。但对于目光长远的人来说，快速的落户、优惠的住房、豪爽的补贴，往往只能起到辅助作用，户口、房子和金钱都不是关键，他们更期待的是成长与发展空间。

城市发展对人才的吸引是存在规律的，例如，人才在一个城市的集聚必须有相应的产业集聚作为支撑。对个人的优惠利益补助只是影响人才聚集的一个因素，但绝对不是人才集聚的充要条件。产业集聚程度不高、发展方向不明或者产业结构不合理的城市，即使推出最优惠的人才政策，也不一定能抢到人才。厦门面临的最现实的威胁是产业空洞化：杭州有 IT 业，成都有电子信息业，而厦门支柱产业不明显，没有哪个行业特别发达或特别突出。厦门市政府要科学制定城市产业发展方向与思路，并明确与方向和思路一致的政策。有重点地引进人才，制定长远的人才规划，一方面确定引入急需人才的具体措施，另一方面要明确善待现有人才的举措。

城市要为各类优秀人才提供更优质的就业创业机会，有没有完善的公共服务、公正高效的行政能力、安全放心的法治环境，教育、医疗、社会保障如何……这些都是强化人才驻留信心的重要因素。厦门市在不少方面还存在短板，例如：厦门的教育资源紧张，公立学校无法满足片区居民需求；医疗水平在福建省并不占优；政府相关部门主动服务民营企业的意识较薄弱，不少民企抱怨，政府只关注厦门的那些大型国企，而对民营企业特别是小微企业缺乏主动服务意识，官本位意识较重；等等。因此，厦门市政府在高调招才之余，应保持足够的冷静和务实，既大力引才，又要下功夫在留住人才方面打好基础、补齐短板。

2. 创新人才引进机制

政府应当结合厦门实际，进一步放宽和完善人才引进相关机制和激励措施，特别是助推引进各类服务厦门地区产业发展的急需紧缺高层次人才，针对民营企业的引进人才制定特别的倾斜政策，与国企及其他类型组织有所区别，从而吸引更多人才投入民营企业的建设中。

加强人才服务平台建设，围绕国家重大发展战略，结合厦门市重点产业发展布局，突出产学研用相结合，集中创建一批民营企业博士后科研工作站、专家服务基地、专业技术人员继续教育基地等人才培养平台，引进一批科技领军人物、青年科技人才、创新创业团队和紧缺适用高层次人才。

按照“人才团队＋项目＋企业＋资金”的方式，探索建立政府与企业联动持续资助培养机制，扶持民营企业引进一批优秀青年博士后人才，完善产学研用相结合的协同育人模式，引导激励博士后人才在民营企业中创新创业，推进人才发展和经济社会发展深度融合。

稳步推进人才国际化，通过建立海外高端人才创新中心、举办海内外高层次人才交流与项目合作大会等方式吸引海归高端人才创办高科技企业；利用厦门对台“桥头堡”优势创新引进台湾人才到厦门就业或创业的模式；在国内外积极组织各种形式的招才引智活动，如在人才聚集地建立招才引智办事处，借助厦门“9·8”贸洽会的“人才项目资本合作展”的成功模式在国内外引进人才及项目落地厦门。

3. 创新民营企业人才培育方式

着眼长远，研究制定民营企业人才队伍建设的培育计划，有针对性地进行管理培训，把重大产业人才队伍培养纳入总体规划。结合民营企业人才队伍现状，帮助民营企业做好需求和培训规划，有计划地为企业提供和组织各类培训。每年应安排专项培训经费，对重要行业、重点企业的技能人才进行有计划的重点培养。注重发展壮大职业学校，在政策、资金上给予更大的扶持，充分发挥职业学校在技能型人才培养方面的作用。鼓励我市院校和教育培训机构与民营企业开展多形式、多层次和多类型的人才培养，通过“请进来、送出去”开展校企合作。建立产教融合的职业人才培育体系，以更贴近实操的商学教育的发展来应对制造业与服务业的人才匮乏问题。组织民营企业经营管理人才到高校深造，提高民营企业家的管理水平和素质。

4. 切实优化人才保障服务

政府各有关部门要从服务企业用工、聚集产业人才、提升职业技能等方面为民营企业提供人才保障，推动建立高效务实的政企互动机制，切实提高服务企业的精准度。进一步完善社会保障制度和社会服务体系，对民营企业人才在家属就业、子女入学、户籍转移、养老保险、医疗保险等方面给以政策支持，并提供优质服务，让他们安心工作。针对厦门的高房价问题，厦门市政府在前期出台的各项针对各类人才的住房政策基础上，加大力度建设更多的安居房、周转房以及廉租房，尽快兴建更多的人才公寓项目，缩短人才从申请到获得住房的时间周期，放宽各类人员申请优惠住房的标准，让更多的民营企业人才安居乐业。

5. 构建适应时代需求、人才发展的软环境

成立市级、区级、社区、园区人才服务站，加快人才服务联络员队伍建设，创新搭建人才诉求“网络＋微信公众号”平台。同时，支持市、区等各类高层次人才联谊会、海外留学归国人员协会的成立及发展，促进高层次人才交流互动。

6. **加大宣传力度，营造良好的民营企业人才氛围**

政府各个宣传部门和新闻文化单位要紧紧围绕人才问题，坚持正确的舆论导向，充分利用多种传媒方式，积极宣传民营企业主及其员工是为国家聚财的纳税人和依法致富的带头人，更是社会财富的创造者，营造从事民营经济光荣的氛围，让更多人了解和关注民营中小企业，进而愿意参与其中，施展才干。积极鼓励大专院校科研院所、行政事业单位、下岗职工中的人才以及专家学者、高级技术和管理人员，创办民营企业或者到民营企业中就业。

此外，调研中还发现有些企业反映不了解甚至不知道有关人才政策，有些优惠政策申请困难等。政府要切实高效地推进各项优惠政策的落地，加大政策的宣传和解说力度，使吸引人才的政策能真正发挥作用。

结　语

当前厦门正按照习近平总书记擘画的美好蓝图，对标高素质高颜值现代化国际化要求，把厦门放在更大格局中谋划加快发展，蕴藏着无限商机，广大民营企业在厦投资兴业恰逢其时。民营企业要积极进行内部管理提升，加强自身队伍建设，创造吸引、留住、激励人才的内部环境；政府则应全力做好服务保障，持续用力营造有利于创新创业创造的良好发展环境，努力为广大民营企业在厦发展创造更好条件，为各类创新创业人才提供广阔的发展舞台。

课题指导：陈永东

课题执笔：黄海燕

完成时间：2019年10月

提高厦门民营企业竞争力的研究

2019 年 1 月 21 日，省工商联在福州举办 2018 福建省民营企业 100 强发布会，首次发布福建省民营企业百强榜单。本次榜单厦门市占据 27 个席位，入围数量位列全省第二。 如何构建一个以大的民营企业为统领，带动中小企业共同发展的民营经济发展格局，这是厦门民营企业发展面临的重要问题。

一、2018 年福建民营企业 100 强中厦门企业情况

2018年福建百强中的厦门企业

序号	企业名称	排序	所属行业	公司简介
1	均和（厦门）控股有限公司	7	综合类：投资与资产管理	成立于 2008 年，注册资本为 31 亿元人民币。在 2018 全国民营 500 强企业排名中列第 192 名，是福建省企联常务副会长单位、厦门市企业联合会副会长单位，在2018 年位列“厦门服务业企业 100 强”第4 位。
2	厦门禹洲集团股份有限公司	12	房地产业、居民服务业、租赁业、住宿业	1994 年成立于厦门，总部位于上海，注册资本为 1.16064 亿元人民币，2009 年在香港成功上市。已连续十一年荣膺“中国房地产百强企业”称号，其中 2011 年至2017 年入选中国房地产五十强。目前已成为集房地产开发、商业投资运营、酒店运营管理、物业服务管理、金融、贸易为一体的多元化综合集团。
3	厦门恒兴集团有限公司	22	批发业、色金属矿采选业、房地产业、商务服务业	成立于 1994 年，注册资本为 4.68 亿人民币，资产总规模超过 170 亿元，是中国服务业 500 强企业、福建百强企业、厦门百强企业、厦门龙头骨干民营企业。目前公司已发展成为以投资为龙头，集矿业、贸易、资产管理、文旅等产业为一体的大型民营企业集团。

续表

序号	企业名称	排序	所属行业	公司简介
4	厦门宏发电声股份有限公司	28	电气机械和器材制造业	成立于 1984 年，2012 年 10 月 26 日获中国证监会正式批准成功上市，2013 年，首次募投成功。公司技术中心是国家级企业技术中心，目前拥有继电器行业顶尖技术人才组成的研发团队，承担了多项国家标准的制定和多项国家重点项目的实施，也是国内继电器行业唯一同时拥有博士后工作站和院士专家工作站的企业。
5	厦门航空开发股份有限公司	30	批发业、房地产业、食品制造业	以厦门航空为背景的综合型集团企业，始建于 1993 年，2002 年实施增资扩股，经政府批准完成股份制改造，注册资本为2.62亿元人民币。经营业务主要有房地产开发及持有物业运营、供应链金融服务（国内外贸易）、航空用品生产销售、投资等四大板块。
6	大洲控股集团有限公司	31	综合、房地产业	创立于 1997 年，是一家业务涵盖文化娱乐、金融证券、地产投资与开发等三大产业集群的综合性、国际化大型企业集团。集团旗下拥有境内外企业 40 多家，总资产超百亿人民币。
7	厦门宝拓资源有限公司	33	批发业、租赁业	成立于 2008 年，是恒兴集团旗下的一家大型综合性贸易公司，主要从事焦炭、煤炭、橡胶、甲醇、乙二醇、PTA、电解铜、铅、锌、玉米、纸浆及机电设备等大宗商品贸易。
8	厦门海澳集团有限公司	36	批发业、仓储业、零售业	成立于 1984 年，已成为一家集经营成品油进出口、批发、零售、码头、油库、海陆铁运输配送、保税库、加油站、交易平台及交割库为一体的石化供应产业链集团公司。
9	厦门立达信绿色照明集团有限公司	40	电气机械和器材制造业	“中国照明电器三强企业”，成立于 2000 年，是一家专业研发、生产及销售物联网智能产品及解决方案、LED 光源、LED 灯具的高新技术企业。
10	华特控股集团	44	其他制造业、土木工程建筑业	成立于 1988 年，是经国家工商总局批准设立的企业集团，是家以“公路建材”和“公路建筑”为核心产业的高度专业化企业，是国内最核心的道路沥青材料供应企业之一。

续表

序号	企业名称	排序	所属行业	公司简介
11	奥佳华智能健康科技集团股份有限公司	45	制造业、研究和试验发展	成立于 1996 年，是国内首个应用人工智能技术实现按摩椅人机直接交互的品牌，是中国领先的集品牌、营销、研发、制造、服务为一体的国际化健康保健产业集团。
12	厦门三安光电有限公司	48	电子器件制造业	成立于 2014 年，是三安光电股份有限公司投资设立的全资子公司，经营范围包括光电子器件及其他电子器件制造、危险化学品批发等。
13	厦门银祥集团有限公司	49	农副食品加工业	成立于 1988 年，是集畜禽水产饲料加工、屠宰加工、肉制品加工、豆制品加工、油脂加工、物流配送、直营连锁、检测、研发为一体的产业链型集团企业。
14	厦门永同昌集团有限公司	53	综合	成立于 1988 年，厦门经济特区首家民营企业集团，是一家横跨房地产、建筑、矿业、酒店经营、汽车、金融、进出口贸易、高科技投资等多个行业的特大型综合企业集团。下属企业 120 余家，资产总市值近500 亿人民币。
15	万利达集团有限公司	56	计算机、通信和其他电子设备制造业	创立于 1984 年，是国内工业化和信息化智能制造领域领先的科技企业集团。是以研发、制造及销售消费电子产品为主的高新技术企业。目前已形成影音、数码、小家电、新能源、汽车电子和通讯电子等六大主导产业，是中国电子百强企业之一。
16	鼎丰集团（中国）有限公司	58	综合	成立于 2008 年，已从一家金融服务公司发展成为金融控股、文旅产业并存的多元化、规模化、综合化的集团公司。于 2013年 12 月在香港联交所创业板挂牌上市，成为海西第一家在香港上市的类金融集团，并于 2015 年7 月成功转往主板上市（股份代号：6878.HK）。
17	弘信创业工场投资集团股份有限公司	63	商务服务业	成立于 2001 年，2009 年正式提出“创业工场”理念，并确立创业的商业模式，是国内首家以“创业工场”命名的企业，也是独树一帜的创新创业服务平台、领先的移动互联网产业链整合平台。
18	通达（厦门）科技有限公司	69	橡胶和塑料制品业	成立于 2003 年，是通达（香港）集团有限公司合资成立的一家精密塑料件加工企业，经营范围包括模具加工制造，塑胶制品加工制造，笔记本电脑及相关电子产品的生产，体育用品的生产，健身器材、玩具用品的生产。

续表

序号	企业名称	排序	所属行业	公司简介
19	厦门科华恒盛股份有限公司	70	计算机、通信和其他电子设备制造业	成立于 1999 年，是一家以研究电力电子技术为核心的高科技企业，是“重点国家级火炬计划项目（UPS）”的承担者，是国家科技部认定的 UPS 行业首家“国家级重点高新技术企业”。是中国本土最大的高端 UPS 电源制造商与提供商。
20	厦门源昌集团有限公司	79	房地产业	创建于 1997 年，是一家集房地产开发、工程总承包、投资担保、酒店投资、报广传媒、国际贸易、建材贸易、股权投资、物业管理于一体的大型集团企业。
21	东琦（厦门）石化有限公司	80	批发业	成立于 2011 年，为福建港丰能源有限公司分公司，经营范围包括石油制品批发（不含成品油、危险化学品和监控化学品）等。
22	四三九九网络股份有限公司	82	软件和信息技术服务业	成立于 2002 年，是一家集互联网游戏研发、发行、运营、推广、服务于一体的综合互联网休闲娱乐游戏资源平台。
23	厦门金牌厨柜股份有限公司	85	其他制造业	成立于 1999 年，是国内高端整体厨柜及定制家居的专业服务商，国家级“智能制造示范企业”，专业从事整体厨柜及定制家居的研发、设计、生产、销售、安装及售后整体服务。
24	厦门市美亚柏科信息股份有限公司	86	软件和信息技术服务业	成立于 1999 年，主要服务于国内各级司法机关以及行政执法部门，是全球电子数据取证行业两家上市企业之一。2019年7月，国投智能成为公司控股股东，国务院国有资产监督管理委员会成为公司的实际控制人。
25	厦门市建安集团有限公司	95	房屋建筑业	创立于 1974 年，集团注册资金 1.0618 亿元，净资产 3.6 亿元，总资产 6.5 亿元，下辖 8 家子公司和关联企业，是一家集建筑工程、房地产开发、园林绿化、实业投资、高校后勤服务、建材生产、劳动力管理与输出等为一体的多元化集团公司。
26	厦门金都海湾置业有限公司	96	房地产业	成立于 2010 年，是金都房产集团的子公司，公司经营范围包括房地产开发与经营（凭资质证书经营）、房地产经纪与代理等。
27	厦门华联电子股份有限公司	97	计算机、通信和其他电子设备制造业	成立于 1984 年，注册资本 1.2 亿元人民币，2017 年 8 月新三板挂牌，证券代码 872122。华联主营智能控制器、智能显示组件和红外器件及其它电子元器件的研发、生产和销售，产品领域涉及家居、商用、汽车电子等。

二、入围厦门企业的竞争力分析

（一）重视企业品牌力的提升

截至 2018 年，厦门市已拥有中国驰名商标 105 件、知名商标品牌1800多件，在全国 15 个副省级城市中表现突出。在此次入围的厦门民企中，有近一半企业持有“福建省驰名商标”甚至“中国驰名商标”的称号，并且连续多年获得“守合同重信用”企业的称号。比如厦门银祥集团有限公司的“银祥”商标被国家工商总局认定为“中国驰名商标”，“银祥”牌无公害猪肉被国家质量监督检验检疫总局认定为“中国名牌产品”，并通过农业部“无公害农产品”认证，获得全国首张“绿色市场”认证证书。万利达集团有限公司的“万利达 malata”商标被评为“中国驰名商标”，其产品激光视盘机获得了“中国名牌”“中国质量免检产品”等称号。厦门永同昌集团有限公司连续二十年被授予“守合同重信用“企业的称号。坚持诚信经营、规范管理的企业得到具有权威的认证，能够树立良好的企业形象，赢得社会的广泛赞誉。这类优秀的品牌在市场竞争中会获得消费者的更多偏好，促进企业市场份额的不断扩大，形成良性循环，助力企业进一步做大做强。

除此之外，厦门民企积极承担社会责任，增强客户和消费者满意度，在市场中形成口碑效应，树立和维持了正面的品牌形象，向市场及时有效地传递了品牌理念。比如大洲集团通过“大洲杯厦门国际风筝节”“大洲杯高尔夫精英赛”“大洲集团 & 爱乐乐团新年音乐会”及一系列公益活动增强集团的社会影响力和公众知名度。万利达教育电子在全国范围内赞助举办作文大赛、汉字书写大赛、答题争霸赛达 1500 多场次，免费捐赠学习机多达上千台，此外还包括数以千计的文房五宝和助学书包，在公众心中留下了具有价值的形象。

（二）重视提升技术研发和产品创新实力

科技创新是企业发展的源动力，是企业生存与发展的核心所在。此次入围的厦门民营企业都非常重视技术和产品方面的研发，尤其是制造业和高新产业。一方面体现在企业每年投入大量研发经费用于建设研发中心、组建研究团队等。比如通达（厦门）科技有限公司作为一家以研发为基础的技术型和资本密集型企业，研发投入每年占公司营收比例的 15%。厦门美亚柏科信息股份有限公司目前拥有研发人员 2103 人，占比高达 70.19%，2018 年研发投入 2.61 亿元，占营收比重为 16.35%。

另一方面是不断扩大的高水平技术研发队伍。位于榜单中第 40 位的厦门立达信绿色照明集团有限公司以技术创新为企业发展的驱动力，具有雄厚的创新研发实力。目前拥有厦门、深圳、台北和美国亚特兰大四大研发中心，在厦门、台南设立两大设计中心，拥有由博士硕士、海归学者、资深工程师及台籍专家等组成的 1000 多人技术研发团队。截止到 2019 年 1 月，公司已获授权及已受理申请的专利近 2000 件，其中发明专利近 500 件，是“国家知识产权优势企业”。企业拥有“国家认定企业技术中心”“国家工业设计中心”“中国轻工业重点实验室”“省级企业工程技术研究中心”“福建省院士专家工作站”“福建省重点实验室”等。

榜单中超过半数的厦门民企拥有自己的研发中心或技术中心，其中很多已经是厦门市或福建省重点发展的高新技术企业，部分还成为“国家技术创新示范企业”“国家级企业工业设计中心”等。从中可以看出厦门的民营企业着眼于技术研发和产品创新，从而更好地适应了新的发展环境，提升企业核心竞争力。

（三）重视以闽商文化促进企业发展

民营企业家的素质不断提高，为推行相应行业的改革和进步做出贡献，闽商文化对企业文化的影响渗透到员工素质、工作氛围和企业价值观上。例如源昌集团及董事长侯昌财先生以特有企业家的情怀和思想，升华为家国情怀，转化成为国家和民族培养更多栋梁之才的远大理想，彰显了一名杰出企业家强烈的使命感和社会责任感。截至 2018 年，厦门源昌集团投入支持教育事业的善款已达 8000 多万元，而董事长本人共资助 1000 多名孤困儿童，帮助 800 多名失明老人重见光明，捐建教学楼已达 52 栋，慈善捐款总金额已达 6 亿元。

另一方面，正是由于厦门民营企业家不断进行自我学习、自我教育和自我提升，增强民营企业家自身的决策力、引领力，弘扬企业家精神，坚持“诚信创新、追求卓越”的经营理念，做爱国敬业、守法经营、创业创新、回报社会的典范，从而获得业界和社会的好评。在公司治理上，规模较大的民营企业受到国内外企业管理理念的影响，大多运用高新技术和大数据，采用计算机管理系统，着眼制度化、标准化、流程化的制度体系构建，逐步建立起比较完善现代企业制度。民营企业家拓展国际视野，增强企业创新能力，建立现代公司治理的基本架构，使得现代公司治理结构真正得到运行。厦门民营企业即使存在家族化的特征，董事会或管理层的决策权也能得到保证，而没有创业者的干预，这有利于提高企业经营能力、管理水平，完善法人治理结构。比如立达信推行“为客户创造价值”的发动机文化，践行“认真、勤奋、专业、创新”的价值观，鼓励全员担任企业发动机，推动企业高效运营，持续不断为客户提供更优质便捷的产品和服务。

（四）重视历史沉淀

福州和厦门两市民营企业占据福建民营企业百强榜的半壁江山，但产业结构方面，厦门上榜的企业涉及行业更加多元，涵盖方方面面，有综合类企业、房地产业、制造业、科技与信息产业、服务业等等。榜单中入围的 27 家厦门民企中，创立超过 10 年的有 24 家，超过 20 年的有 17 家，总体来看成立时间较长，企业经验较为丰富，原始积累已经基本完成，拥有较好的赢利能力及稳定的财务状况。企业内部已形成相当实力的人力、物力、财力，并且在长期的发展过程中，积累了丰富的政府关系资源和社会影响力。通过多年来对外输出好的产品和服务，积极承担社会责任，增强客户满意度，形成口碑效应，在一代又一代消费者心中留下了好的品牌形象。比如成立于1984年的厦门宏发电声股份有限公司，在 30 多年间，建成了品种齐全、配套完整的继电器产业体系，形成了日臻完善的产业链，打造出强大的核心竞争能力，提炼出具有宏发特色的企业管理理念，培养了优秀的人才队伍，奠定了企业可持续发展的良好基础。宏发公司自 1995 年起连续多年位居中国电子元件百强前列，逐步铸就了宏发在继电器领域强大的品牌实力。

（五）重视人力资本价值

厦门民企主要通过对内培养和对外引进顶尖的技术人才来提高企业的员工水平，通过成立博士后工作站或院士专家工作站、联合高校共同培养企业需要的人才、期权激励优秀员工等方式不断提升员工的能力，使企业保持创新活力，推动企业不断向前发展。比如万利达集团有限公司通过建立“创新基金”“大学生创业基金”设立产品项目奖和产品创新奖，让有突出贡献的研究人员持股等政策，鼓励在产品创新中做出突出贡献的员工。除对内培养科研人才外，万利达与清华大学、北京大学、东南大学、浙江大学、厦门大学等国内外著名院校和科研机构及有关高新技术公司建立“产学研用”合作关系，引进人才、技术。

而在引进高级人才方面，美亚柏科与厦门大学、中国刑警学院、华东政法大学等院校结成长期的研发合作伙伴，形成了自己的研发和培训服务中心，已发展成为国内领先的电子数据取证与安全产品及服务提供商。2018 年，美亚柏科拥有研发人员 2103 人，占比高达 70.19%，教授、博士、硕士及众多技术、管理等高级人才 600 余人，研发投入 2.61 亿元，占营收比重为 16.35%。

（六）重视营收渠道的拓宽

厦门民营企业在做大做全做强主业的基础上，带动相关产品和产业链共同发展，逐步发展多元化经营，从专注单一制造某一产品向多门类产品发展转变，从单一的销售产品向为客户提供整体解决方案转变，有利于加深市场布局、扩容市场份额、做实客户基础、完善产业链协作。首先，综合型集团公司不断进入新兴行业，分散企业经营风险，增加企业营收渠道，在自己的主业精耕细作，使得各项业务规模持续扩大，逐步发展成为各自行业的领军企业。比如厦门永同昌集团有限公司就是一家横跨房地产、建筑、矿业、酒店经营、汽车、金融、进出口贸易、高科技投资等多个行业的特大型综合企业集团。大洲控股集团有限公司在 1997 年以房地产起步，出于企业做大做强的重要考虑，在 2009 年把握发展机遇，适时投资金融证券领域，又在2013年进军文化娱乐产业，推动文娱影视产业与集团地产、金融产业相互融合、相互发展。

而专注某一行业深耕的厦门民企也都逐渐建立起品类齐全、配套完整的产业体系和一体化的产品研发制造全产业链。比如厦门宏发电声股份有限公司在全球继电器市场份额第一的优秀基础上，借鉴继电器的发展模式和经验，加快推进低压电器和其他门类产品发展。基于现有的研发能力和技术平台，发展适合宏发市场和技术定位的延伸产品与扩展产品，形成“主业突出、多门类齐头并进”的良性发展局面，力争使低压电器产业至 2020 年成为公司另一个重要支撑产业。

（七）顺应全球化形势和国家政策

在全球化进程持续加快的今天，厦门民营企业也利用自身所处的区位优势，牢牢抓住全球化的趋势，通过开拓海外市场、在海外设立子公司和办事处等方式开展跨国经营，拓宽国内和国外的市场范围，逐步增加市场份额，提升国际影响力。其市场范围辐射广泛，不仅在国内的华东、华南、华北地区开展业务，还出口到亚洲、非洲、中东、欧美等海外地区。厦门民营通过参与国际经营与合作，抓住机遇，制造更多元、更广阔的发展渠道，推动实现国内和国外两个市场同步快速发展。

除了全球化经营以外，厦门民营企业的发展离不开对国家产业政策的正确解读，离不开对国家宏观要求的主动配合。厦门民企以政府产业政策为导向，不断顺应经济形势调整企业的发展战略，积极主动地参与“一带一路”倡议，以及“互联网＋”“大众创业、万众创新”“中国制造 2025”等国家战略的实施，抓住厦门的产业发展的有利契机。同时，根据国家产业政策和相应的税收、信贷、政府补贴等扶持政策，推动企业高质量发展，比如一系列人才鼓励政策、“海纳百川”人才计划、台湾人才补助计划等。不久后，厦门将建成全国获批建设的七个国家级“芯火”双创基地 (平台) 之一，推动厦门市集成电路产业的发展更上一个台阶，厦门市集成电路企业及中小设计企业会拥有更加优质的创新创业环境。

三、厦门民营企业发展中存在的问题

（一）融资难融资贵难题依然存在

目前厦门大多数的民营企业依然面临融资难融资贵难题，特别是中小微企业，在初创和升级阶段更加需要资金的支持，但是对于这些发展尚未形成规模、可用于抵押的资产有限的企业来说，金融机构的融资门槛过高。调研中发现，银行都认为融资不难也不贵，但民营企业却普遍认为融资难且贵。

银行推出了免抵押的信用贷，但金额不大，且商业银行、金融机构在评估时更愿意将贷款提供给发展稳定、实力较强的大型企业，导致中小微企业得到银行信贷支持有限，进一步制约其发展。而通过民间借贷，依赖非正规、小范畴的借贷来解决资金问题又会增加融资成本和金融风险，使得中小微民营企业出现资金流短缺或资金链断裂的现象。

（二）人才吸引力不足

首先是厦门市的人才吸引力不足。在现代市场经济条件下，厦门民营企业的人才较不稳定，存在人才流失现象。厦门年轻人口流出率较高，在二线城市中最为严重，而年轻人口净增加率为负。在 2019 年第一季度全国重要城市人口吸引力排名中，厦门仅列全国第 45 位，且排名持续下降，人口吸引力不如省内福州、泉州等城市。厦门收入过低难以为人才提供容身之所，即使拥有较强的高校资源，但学生留在厦门本地就业的比例较低，人才资源供不应求。在近年来日趋激烈的城市人才争夺战中厦门并不占优，西安、天津、成都、武汉、南京等城市的人才落户优惠政策力度非常大，如用零门槛和奖励政策引进人才，成效显著，相比之下，厦门的优势越来越小。而对于中小民营企业来说，人才的劣势更为严峻，吸引力不如国企和外企，员工对组织的归属感不强，忠诚度不够，导致人才流动性很大，特别是关键岗位人才的流失影响到民营企业的转型升级。

（三）抗风险能力弱

中美贸易争端背景下，内外部的经济环境日趋复杂，厦门民营企业总体来说抗风险能力较弱。一些民营企业尚未成熟，市场范围局限在福建省内甚至厦门市内，整体规模实力没有优势，大多中小微民企转型步伐慢，适应市场能力弱，在过去的一段时间内，没有很好地转型升级；面对形势变化，缺乏应有的适应能力，问题会更加复杂，困难也会更大。福建民营企业 100 强中前十的厦门民企只有一家，前二十只有两家。总体而言，厦门企业数量少，多数集中在第三产业，企业经营中面临信息缺失、市场脱节等问题。厦门入围 2019 年福建省工商联发布的《福建省民营经济 100 强名单》的 27 家民营企业中，从事人工智能、互联网、计算机、新材料、高新技术等相关领域的民营企业远远少于从事房屋建筑及房地产行业的民营企业。

四、提高厦门民营企业竞争力的对策

（一）政府角度

1. 促进公平竞争

通过营造公平公正的营商环境激发市场主体活力，坚持“竞争中性”原则，包括经营范围划分、补贴监管、信贷中性和政府采购中性等。厦门市政府应对各种所有制企业一视同仁，使其公平竞争，改善民营企业的劣势地位，让市场经济理念真正深入人心，提高民营企业家的信心。放宽企业准入，激发民间有效投资活力；推进项目建设，壮大民营经济规模；加快创新转型，促进民营企业提质增效；优化营商环境，健全公平竞争体制机制；完善政策执行方式，提高精准服务水平，推动民营企业聚焦实体、做精主业，创新发展、做强做优。

2. 深化金融供给侧结构改革

强化金融服务实体经济功能，完善政银企对接长效机制。充分发挥政策性融资担保等政策作用，切实缓解中小微企业融资难题。促进企业融资，通过信贷风险资金、还贷应急周转资金和产融云平台，拓展民营企业融资渠道，降低企业融资成本。拓宽民营企业的融资渠道，加强产融对接，抓紧建设面向民营企业、中小微企业的金融综合服务平台。政府应鼓励中小企业向商业银行借款，在中小企业向专门的融资体系借款时，政府应起担保作用。此外，政府应规定相应的借贷政策，使民间借贷规范化，加强对民营企业合法权益的法律保护，并严格执法。

3. 推广宣传活动

政府应该定期开展中小企业交流活动，对优秀企业进行宣传，号召其他中小企业与其交流学习。通过办培训班等方式帮助企业家提高自身素质，加强与企业家的交流与沟通，提高民营企业对总商会的归属感和荣誉感。同时，出台技术工人用工扶持政策，帮助民营企业引进人才。

（二）企业角度

1. 提升品牌

厦门是国家工商总局确定的首批国家商标战略实施示范城市之一，厦门市政府积极开展了商标品牌战略，重视商标品牌创新和培育、管理和保护的方方面面。厦门民营企业也应逐渐树立起商标意识，在提升商标价值上进行大力投入，发挥品牌经济的优势。商标品牌战略是知识产权战略之一，是厦门经济特区创新发展的途径之一。厦门市民营企业应充分发挥商标品牌的引领作用，将商标品牌战略与促进企业内部改革、优化企业对外形象相结合，从而促进越来越多的厦门优秀品牌成为驰名商标、知名品牌，推动厦门民营企业创新创造、引领发展。

2. 积极创新

厦门民营企业应该积极创新，重视科技创新投入，寻找经济增长点，通过迅速推出符合客户要求的新产品，满足客户的研发设计需求，不断提升可持续发展的核心竞争力及信誉度，同时企业管理者应该有长远眼光，使企业的运行实现规范化、信息化。

3. 弘扬闽商精神

闽籍海外侨胞在世界范围内分布广泛、人才济济，闽商的经营理念和经营方法更是中外闻名，并且闽商有恋祖爱乡、乐善好施的传统，其数量众多的社团在世界范围内产生深远影响。再加上新一代闽商的崛起，传承了厦门独有的企业家精神，拥有较为丰富的资源和各领域的高层次人才。厦门作为我国东南沿海的重要港口，邻近台湾，优越的地理优势也对企业的发展产生了积极的影响，在学习国际先进管理方法和理念方面具有较强的兼容性和开放性。

4. 注重人才培养

训练有素的员工队伍是企业赖以生存和发展的基础。人才是立企之本，人才的竞争是民营企业从“做大”走向“做强”的关键。厦门民营企业应在引进和培养人才方面予以十分重视，力争做到人尽其才、才尽其用。推动民营企业高质量发展，需要大量高素质人才作为支撑。民营企业应把人才培养放在发展的突出位置，重视关键战略性人才资源的开发，如关键技术创新人员、中高层管理团队的培养，不断提高民营企业的人力资源优势。民营企业应以绩效管理为抓手来提升组织的创新能力，激发员工的发展潜力，激励团队不断学习创新，通过完善组织结构、绩效指标、奖励系统、职业生涯管理等，加强团队执行力建设，打造符合自身特点的人才队伍，从而为企业发展提供强大的智力保障和人才支撑。

课题指导：陈永东

课题执笔：林媛媛

完成时间：2019年9月

推动厦门民营企业参与乡村振兴的对策建议

2018 年中央1号文件明确鼓励社会各界投身乡村建设。一方面提出了鼓励引导工商资本参与乡村振兴的指导意见，落实和完善融资贷款、配套设施建设补助、税费减免、用地等扶持政策，明确政策边界，保护好农民利益；另一方面，提出要发挥工会、商会等群团组织的优势和力量，发挥各民主党派、工商联、无党派人士等的积极作用，支持农村产业发展、生态环境保护、乡风文明建设、农村弱势群体关爱帮扶等。

振兴乡村需要构建农村一二三产业融合发展体系，即农业、生态旅游、文化创意与教育、食品加工贸易、智能化、网络化与共享经济等融合发展。民营企业工商资本的介入将会成为未来乡村振兴的重要力量，将为乡村发展带来资金、先进技术与经营理念，这些都是农村发展所缺乏的要素。本课题组深入海沧、集美、同安、翔安等乡村调研，了解当前乡村振兴特别是产业振兴存在的问题、困难，就如何引导民营企业参与乡村产业发展，激活民间资本与民间富余资金为乡村振兴发展贡献智慧等方面提出建议。

一、厦门市农村产业发展现状与农业产业转型成果

随着厦门市新一轮跨越式发展的快速推进和工业集中区的加快建设，厦门农村城市化和工业化快速推进，农业在国民经济中的比例和地位逐渐下降，大量的农业用地被持续不断征用。因此。在有限的农业用地上如何发展生产，提高农民收入，推动乡村振兴，是新形势下的一个重要课题。

（一）厦门岛外四个区的农村产业布局现状

1. 同安区

同安区为厦门市农业主要集中区，农业主要布局在五显、汀溪、莲花等靠山平原、半山区、山区。其农业发展主要利用北部山区的森林植被资源发展生态观光休闲农业；建设无公害生产基地，发展绿色食品，为城市居民提供生鲜蔬菜、水果、花卉等；在生态环保条件具备的地方适当发展畜牧业，为城市居民提供生猪、畜禽等；利用同安湾的西柯围垦区发展海水水产养殖，因地制宜发展淡水养殖；利用区内的厦门轻工食品工业区，大力发展农产品加工；利用区内的农产品批发市场等设施，大力发展农产品流通业，成为区域性农产品的流通中心；发展生态林和经济林。

2. 翔安区

翔安区作为厦门市的新兴城区，是厦门东部重要的工业集中区，农业用地未来将被大量征用，翔安农业的主导地位将不复存在。翔安农业发展主要利用区内的香山、大帽山、妙高山等森林景观资源，发展生态休闲观光农业；利用区内的永久性农业用地和远期农业生产用地，建设无公害农业生产基地，发展胡萝卜等特色农产品；在同安湾、大海域等发展无公害养殖基地；利用银鹭、如意等农产品加工基地，实现农产品加工企业集中发展，发展农产品加工业；利用区内的农产品批发市场设施，发展农产品流通业，成为区域性的农产品流通中心，发挥其在农产品交易中的重要作用。

3. 集美区

随着集美工业化进程加快，文教区的加快建设，城市发展大大加速，农业在集美的地位逐步下降；集美的农业发展主要利用区内的森林、果林、山体、水库等资源，发展生态休闲观光农业；利用灌口、后溪等农业生产用地，发展蔬菜、花卉、水果等种植业；通过改造林相，建设生态林，发展城市生态林业。

4. 海沧区

海沧区作为厦门的重要工业区，农业将逐步退出。区内农业发展主要是利用天竺山、蔡尖尾山等森林植被发展生态休闲观光农业；建设生态林，发展城市生态林业，发展城市绿化，塑造城市森林景观；东孚北部、风山等永久性农业生产用地主要发展花卉、蔬菜等高优生态农业。

（二）着力产业转型，推动厦门农业高效发展

按照厦门市农村“十三五”发展规划，其重点是：大力发展都市现代农业。加强农业供给侧结构性改革，优化农业产品结构、产业结构和生产力布局；大力发展现代种业；加快发展现代渔业；做强做大农产品加工业；做精做优乡村旅游和休闲农业。结合区位优势，厦门农村主导产业正在从传统农业转向生态休闲观光农业、特色精致农业方向发展。发展特色农副产业，着力培育农副产品深加工企业，延长产业链条，通过电商信息化与精致农业的融合，优化服务体系，提升农业产业规模、质量、效益，形成标准化、集聚化、特色化、生态化发展格局。

1. 调整农业结构，壮大特色产业

树立品牌意识，强化科技支撑，扩大经营规模，提升经济效益。（1）岛外靠山农村发展大棚瓜菜产业。采取“企业（合作社）＋瓜菜大户＋农户”的发展模式，由企业（合作社）或瓜菜大户牵头，建设瓜菜大棚，配套高科技水肥一体化设施，辐射带动其他农户发展高科技、高标准、高效益、规模化瓜菜产业。同时其他农户也可通过土地入股和资金入股等方式，与瓜菜种植企业（合作社）签订协议，产生效益后按比例分红；也可以通过在瓜菜基地务工而获得工资性收入。（2）发展乡村特色产业。在主导产业持续壮大的同时，充分利用当地资源优势，着力发展“一村一品”特色产业，延长产业链，提高经济效益。同时，通过示范引领、大户带动的方式，将发展目标定位高、科技支撑强、经济效益好的果品种养产业和发展模式推广到周边区域群众当中，由企业（合作社）提供专业技术指导，政府提供扶贫资金支撑，大力推动农村电商和“订单”农业，真正实现“村有特色产业，户有致富门路”。

2. 延长产业链条，完善服务体系

以企业增效、农民增收为目的，以龙头企业建设为依托，以延长产业链和提高商品率为突破口，紧扣“产业转型、合理规划、持续发展、增值高效”这条主线，坚持“政策扶持、典型引路、龙头带动、市场运作”的原则，在同安区、翔安区农作产业集中区着力发展农副产品加工业，使生产专业化、经营集约化、管理企业化，将农业再生产过程的产前、产中、产后诸多环节

联结成为一个完整的产业链，全力促进农业产业化经济发展。依托扶贫信贷资金支持，通过招商引资、大户融资、群众集资等方式，着力兴办“一村一品”特色农副产品电商交易中心，成立物流配送公司，提供产品仓储、包装、销售等服务，树立精品意识，优化服务功能，形成特色产品规模化生产和区域化布局的产、供、销一体化经营体系。

3. 培育新兴产业，打造新的经济增长极

一是推广电子商务平台，激发农村经济活力。按照“政府引导、市场运作、全民动员、社会参与”的总体思路，培育电商新兴产业，借助“互联网＋”开辟一条符合实际、特色鲜明、成效明显的电商发展新路。通过推广电子商务、信息咨询、政策引导和集中讲授等方式，让新时代农民了解电商运营模式和发展前景，开设电商技能培训班和咨询中心，实现“一对一”授课和信息交流常态化。依托已建成的电子商务示范店，辐射带动周边区域电商产业发展，同时通过“电商＋”模式，进一步带动农、副、特产品产业发展，促进产供销一体化逐步完善，推动了农村物流运输业发展，农村经济市场更加繁荣。二是积极探索乡村旅游扶贫模式，带动经济多元发展。大力发展以历史文化、生态休闲为特色的乡村旅游，依托厦门岛外优越的自然条件和独特的资源禀赋，发挥天竺山、双龙潭、金光湖、香山等岛外四个区特色旅游景区的资源优势，进一步开发休闲旅游产业。充分挖掘名村名镇中的区域历史、文化、生态资源，以点促面，结合“一村一品”融合打造“休闲＋旅游”精品，建设片带旅游景区，衍生带动农产品及其他商品贸易发展。秉持“不挖山、不砍树、不拆屋，就地生态化、产业化”的发展思路，创新发展“合作社＋贫困户”模式，突出地方特色，提升景区品位和乡村旅游档次，打造有规模、有品位、有档次的旅游产品和品牌。三是拓展全域旅游发展新空间。积极探索产业培育模式和农民持续增收的长效机制，打造群众脱贫致富的稳定增收平台，积极构建全域旅游全民参与的发展格局。进一步完善乡村电力、网络、道路、停车、公厕等基础设施和配套设施建设，加强新型职业农民的职业技术培训管理，发展智慧旅游，着力提升乡村休闲旅游与农业产业层次，加快推进乡村振兴。

二、厦门民企参与乡村振兴产业发展成效的典型案例

厦门集美区灌口镇古樾山庄是民营企业参与特色农业转型的典范。作为厦门市实施乡村振兴战略的试点，古樾山庄所在的双岭村凭借丰富的自然禀赋，吸引了工商资本介入发展休闲农业，从而带动农业产业融合。目前灌口镇双岭村聚集了龙谷山庄、古樾山庄、“禾祥西”生态新农业基地等一批优质现代农业项目，为全村带来了农业转型的新收入，并带动村民一起致富。目前，全村已有 800 亩的采摘园、800 多亩的苗木基地，以及遍布全村的休闲农庄，连片之势已然成型。

“乡村要振兴，必须培育发展产业新动能。”灌口镇党委书记张泓说，推动双岭村的乡村振兴，还要进一步促进一二三产融合，尽快连片成势，形成产业联盟，千方百计增加村民收入。除了继续引进民营企业和一些高学历人才到乡村创业创新，当新型职业农民外，“村两委”也要带领一批更有战斗力、更懂农村的成员，打造强大的乡村振兴“人才智囊团”。灌口镇正在不断加大扶持力度，特别是加强停车场、公厕、休闲步道、休息亭等公共配套的建设，促进“禾祥西”、古樾山庄等向第二、第三产业发展，最终实现“农村强、百姓富、生态美”。

与双岭村类似，在集美，在同安、在翔安，一批批传统村庄通过农业转型升级走上了乡村振兴之路，“禾祥西”西红柿、“过山”茄子、仙景芋头、铁皮石斛、金线莲、野山菜、食用菌等等一批现代农业项目形成品牌，拓展了农民增产增收空间。近年来，集美区把发展现代特色农业作为“4＋ X”产业体系的重要组成部分，围绕农村一二三产业融合发展，大力培育休闲旅游、文化体验、农村电商等新产业新业态，有效激发了乡村内生动力和活力。

无独有偶，海沧区、同安区、翔安区的广大农村，也正在经历传统农业的转型升级。厦门市农业部门正在加快推进休闲农业的转型升级，推动产业从“数量”向“质量”转变。市委、市政府积极释放政策与资金红利，吸引资本、创业者和“新农民”投身休闲农业产业，多方携手共同推动产业转型升级。截至 2017 年年底，全市有休闲农业经营主体 143 家，其中包括全国休闲农业示范和乡村旅游示范点 9 家，省级休闲农业示范点 23 家和市级休闲农业示范点 43 家。2017 年，全市休闲农业接待游客量达到 560 万人次，同比增

长 19%，总收入 6.7 亿元。有关部门正在积极吸引和撬动更多社会资本参与乡村振兴，引入特房、象屿等国有企业与乡村展开深入合作，共同打造大帽山休闲农业文创旅游度假区、香山乡苑等大型休闲农业项目的开发与建设。

三、民营工商资本投资现代农业存在的问题

传统农业以一家一户的分散经营模式为主，工商企业投资开发农业，可以带来农业发展急需的资金、技术、人才等稀缺资源，同时引进先进的经营管理方式，以技术示范、市场引导等方式带动农民增收致富，对于发展现代农业有重要作用。不过，由于土地流转滞后、政策保障不足、管理服务不到位等因素制约，严重影响工商资本投资农业作用的进一步发挥。

制约因素主要集中在四个方面：

1. 土地规模经营问题

工业用地大量占用后，农业用地更加紧张，可以连片规模经营的土地稀缺，一方面土地资源本来就少，再加上土地流转滞后，严重影响工商资本项目落地；另一方面值得注意的是，资本的逐利性加上投资农业生产经营受困，部分工商企业有可能偏离投资农业的初衷，借农业旅游开发、综合体建设“跑马圈地”，囤地待价而沽。为此特别提醒，工商资本投资现代农业，应关注政策层面动态。比如，2017 年年底举行的中央农村工作会议就强调，要“守住一条底线”，即充分保障农民土地承包经营权，不能限制或强制农民流转承包土地。这与 2018 年中央一号文件提出的“探索建立严格的工商企业租赁农户承包耕地准入和监管制度”是一脉相承的。

2. 政策保障问题

部分工商资本投资项目对政策依赖性较强，政策保障不足，影响工商资本投入信心。比如大棚等设施农业，投入较大，见效较慢，需要政府农业部门、金融部门的合理支持。再比如，工商资本投资乡村休闲农业，建设必要的管理服务用房等，城管、环保、安监、消防等部门各自为政，使乡村休闲农业发展产生“中梗阻”。

3. 管理服务问题

厦门的农业占比越来越小，海沧区、集美区也只有靠山的小部分农地山地可供耕作经营。目前乡镇农业公共服务专业技术人员欠缺，服务职能没有

全部到位，信息服务、管理服务更不到位，这些都制约工商资本投入效益的发挥。

4. 政府对休闲农业的政策扶持力度不够

这主要体现在资金、法规及宣传方面。在资金方面，由于休闲农业发展需要长期大量资金进行投入，资金不足在一定程度上影响其发展。北、上、广、杭等一线城市设立了休闲农业专项扶持资金，厦门还没有建立相关休闲农业与旅游发展专项资金扶持机构。法规方面，目前还没有比较完善的休闲农业相关法律法规，如金融、税收、卫生、环保、食品安全等方面尚未出台明确的推动乡村休闲旅游发展的法律法规。宣传方面，地方政府对本地的休闲景点宣传力度不够，很少利用现代媒介及互联网等手段宣传休闲农业品牌、扩大影响力度，难以引起社会的足够重视，在市场上也缺乏明显的竞争能力。

如何支持有条件的地方通过盘活农村闲置房屋、集体建设用地、“四荒地”、可用林场和水面等资产资源发展休闲农业和乡村旅游，因地制宜发展特色鲜明、形式多样的生态休闲农业、创意农业，有规划地开发休闲农庄、乡村酒店、特色民宿、自驾露营、户外运动等乡村休闲度假产品，建设有特色的农村生态休闲景区，是当前各级各部门推进乡村振兴必须认真思考的重要课题。

四、推动厦门民营企业参与乡村振兴的对策建议

实现乡村经济多元化，民营企业不能缺位。无论是在支持主产区农产品就地加工转化增值，农产品产后分级、包装、营销，还是在建设现代化农产品冷链仓储物流体系、打造农产品销售公共服务平台，以及改善农村人居环境、发展农村旅游康养等方面，都需要民营资本的参与。为此，建议从以下四个方面推动：

1. 构建农村一二三产业融合发展体系

振兴乡村需要构建农村一二三产业融合发展体系，即农业、生态旅游、文化创意与教育、食品加工贸易、智能化、网络化与共享经济等融合发展。民营企业工商资本的介入将会成为未来乡村振兴的重要力量，为乡村发展带来资金、先进技术与经营理念。

2018 中央一号文件提出，要“鼓励和引导城市工商资本到农村发展适合

企业化经营的种养业”。工商资本投资现代农业推动乡村振兴再度成为人们关注的热点。

事实上，善于寻找机会的民间资本早已将目光转向新农村现代农业。根据媒体报道，浙江全省工商资本连续 5 年投资农业均在 100 亿元以上，而 2011 年浙江农业投资额更是达到 200 亿元。浙江金华农业部门提供的数据显示，工商资本的大力投资已成为金华农业粮食生产功能区和现代农业园区“两区”建设的新亮点，金华“两区”内涌现出一大批上规模、技术新、产品好的新型现代农业企业。从投资领域来看，工商资本进入农门，其投资主要集中在种植业、养殖业、休闲观光农业等方面。

有关专家建议：要提高认识，创新现代农业发展理念，像抓工业园区一样抓农业园区建设，支持工商资本投入现代农业“两区”建设。

2. 创新土地流转机制，引导农民流转土地承包经营权

完善市、镇、村三级土地流转服务网，促进农业适度规模经营。厦门一直以来都没有较大规模的花卉市场，原先分布于岛内的“小、散、乱”的鲜花交易场所，尤其是占较高市场份额的盆花交易市场，不能满足产业发展的需要，厦门的花卉产业发展因此受到很大限制。为此，厦门集美区下店里蔬菜专业合作社的领头人林英达（集美区工商联、商会的执委理事），在调研分析厦门花卉环境与市场发展前景后，做出大胆决定，承包位于后溪天水路靠山的一处废弃机砖厂并用好土地流转政策，将同村的30多位乡亲农地流转承包经营，创新家庭农场发展模式，成立百乐居家庭农场，并致力于打造成厦门最大型的花卉交易中心市场。

该项目占地面积 260 亩，设计大棚面积约 70000 平方米，以盆花交易区为主，鲜切花交易区为辅。目前已经建成运营的有花卉展示交易区、鲜花冷藏处理中心和线上交易展示中心；另外花文化展示中心和休闲观光旅游区等已初步建成，即将投入试运行，并配备有停车场、接待中心、信息服务中心等。

百乐居家庭农场既有农民合作社的成分，也有农业开发公司的模式，家庭农场将农民的土地流转承包后，农民既有土地租金收入，还可以到家庭农场打工，再挣一份工资收入。同时，家里的土鸡土鸭、土鸡蛋土鸭蛋以及时令农家蔬菜等农副产品，可以带到家庭农场销售或者由家庭农场代销。通过家庭农场变革传统农业生产方式，以基地建设、园区创建、典型示范、政策

扶持、项目带动为引领，正在探索出一条振兴乡村产业融合发展、生态绿色、特色引领的农村创新创业之路。

3. 做好政策保障工作，推动工商资本振兴乡村

实施乡村振兴战略是全面补齐“三农”发展短板的需要，是不断满足农村居民对美好生活向往的需要，是解决新时代我国社会主要矛盾的迫切需要。为此，要保证乡村振兴战略的最终成效，各级政府必须进一步加大农业科技、基础设施、财政税收、金融保险、收入保障等政策支持，深入推进农业供给侧结构性改革，为乡村振兴提供体制机制保障。

乡村产业振兴是增强乡村吸引力、凝聚力和向心力的物质基础。要以政策支持为导向，有力激发工商资本投资农业的热情。当前，民营工商业者比较看好的能够投资推动乡村振兴的产业是乡村休闲农业观光产业、“互联网＋”农村电商产业、农产品深加工产业、农业生产性服务业等四大产业，为此，要从以下几方面做好政策保障：（1）加大农业招商力度，健全投入保障机制，创新投融资机制，加快形成财政优先保障、金融重点倾斜、社会积极参与的多元投入格局，实现工商资本与本地农业发展的无缝对接；（2）以完善产权制度和要素市场化配置为重点，推进体制机制创新，激活主体、激活要素、激活市场，强化乡村振兴制度性供给；（3）以重点农业园区为标杆，有效发挥示范引领作用，以提质增效为关键，加快推动农业产业转型升级；（4）以优质服务为保障，着力破解发展瓶颈制约，确保乡村产业发展工程取得实实在在的成效。

4. 抓好社会化服务体系建设助力乡村振兴

实施农业社会化服务工作是党中央的要求，是实现小农户与现代农业发展有机衔接的重要途径，也是推进乡村振兴战略实施的内生动力。农业社会化服务项目实施要以市场机制为导向，充分发挥市场配置资源的决定性作用；要以农业生产和农民群众需求为根本，着力解决农业生产薄弱环节和关建环节的难题；要以连片推进为引领，做好与农业园区建设的结合。

探索建立健全农业社会化服务体系，必须创新服务机制和服务模式，形成可复制、可推广的经验。一是要大力推进农业社会化服务的组织管理，着力完善政策保障、加快构建服务体系，着力项目绩效管理、加快建立项目管理评价机制。二是要加快构建家庭农场、专业合作社、农业企业为新型主体，

家庭经营与产业化合作经营和农业社会化服务相结合的现代农业经营体系。三是要大力推进生产、供销、信用三位一体的合作联合服务体系建设，实现小农户与现代农业发展的有机衔接。四是要依托美丽乡村建设，优化农村大众创业万众创新的创业就业环境。抓住新一轮上山下乡的热潮，按照美丽乡村要成为城里人休闲旅游、养生养老、健康娱乐、运动健身的生态乐园的发展趋势，积极发展农家乐、民宿经济、乡村旅游业、文创产业和体验农业、智慧农业、电商农业等多功能的农业新业态，让绿色美丽经济成为农民创业增收致富的新增长点。

课题指导：李实全
课题执笔：王进法
完成时间：2018年09月

LIANG AN JIAO RONG

建设厦金商界融合家园
促进两地经济共同发展
——两岸行业标准共通的现状与对策研究

2019 年 3 月 10 日，习近平总书记参加十三届全国人大二次会议福建代表团的审议时强调："要探索海峡两岸融合发展新路。对台工作既要着眼大局大势，又要注重落实落细。两岸要应通尽通，提升经贸合作畅通、基础设施联通、能源资源互通、行业标准共通，努力把福建建成台胞台企登陆的第一家园。"其中谈到了"行业标准共通"，意味着两岸要实现技术、产业、市场等的进一步对接，尤其是要打破行业标准不统一这个障碍，这为闽台、厦台深度融合发展指明了方向。

一、厦台行业标准共通的重要价值

标准追求的是统一，是秩序。标准的最初使命是解决简化、统一化的技术问题，但今天标准不仅仅解决技术问题，还是支撑全球经济发展的基础。比如说，标准支撑现代经济各领域的发展，传统制造业的优化升级离不开技术标准的支撑，信息通信产业发展离不开信息标准支撑，传统农业现代化建设离不开农业标准支撑，现代服务业的发展离不开服务标准支撑等等。事实上，标准的内涵随着时代的发展，也是不断更新和丰富过程。比如说农耕时期的标准主要方式是度量衡，工业化社会标准的典型表达是相似性，而信息时代标准的新形式则是兼容性。

（一）为两岸和平统一做铺垫

标准互信互通是未来两岸完全统一的一大标志。不同的时代对统一的标准也不尽相同，比如说秦始皇统一六国时就要求“书同文、车同轨，统一度量衡”。而清朝统一中国之后，就有“留发不留头，留头不留发”之令，剃发留辫凭借政权的力量由满族的风俗变成了满汉民族共同的风气，从现代意义上讲这就是要求标准化。所以两岸全面融合过程就是标准共通的过程。自两岸分治以来，不可否认原本同根同源的两岸在各个领域出现了一些差异。为此，未来两岸完全统一一方面必须建立在产业深度融合基础之上，而产业的深度融合离不开共同标准的支撑。由于技术标准存在差异，阻碍了两岸相关产业深度合作。唯有两岸业界不断加强合作，通过标准论坛这一重要平台，制定共通标准，才能为两岸融合发展提供保障和支持。而且如果两岸朝同一个标准发展，自然也就有合作的机会，台商台企就更愿意登陆。另一方面，如果台湾地区能够和福建沿海实现八个方面的“应通尽通”，实现四个“共享”（文化教育、医疗卫生合作，社会保障和公共资源共享）和两地基本公共服务的“三化”（均等化、普惠化、便捷化），那么两岸除了政治制度上的差异，在社会日常生活层面，将会和“一制”无异。就现在来看香港和广东做不到，因为两者之间至少还有马路“行左”还是“行右”的习惯差异。一省之内下辖的两个临近城市厦门和泉州也无法完全做到这些。唇齿相依京津冀也做不到，因为三地在各民生相关领域都还有悬殊。所以如果金门、马祖和福建能实现对标互通，这将为两岸最终完全统一奠定重要基础。

（二）进一步提升两岸企业效率

当前企业在利益驱动下的标准化竞争十分激烈。各环节上有太多的企业标准、行业标准、地区标准或者国际组织标准，而这些标准之间却又不相通，难以融合，这也成了我们发展的障碍。与此同时很多标准的推行与实施力度十分有限，监督管理不到位，无法形成真正的市场化和法制化、通用化和国际化，反而导致碎片化情形的加剧。目前两岸之间标准信息就存在不互通问题。比如说根据大陆标准法第二十五条规定，不符合强制性标准的产品、服务，不得生产、销售、进口或者提供。所以曾经有四成台湾商品不符合标准以致未能进入大陆。技术标准是引导产业发展和企业行为的重要依据，标准制度与现有两岸产业升级、新兴产业发展密切相关，对拉动两岸经济增长、提高产业共同的竞争力和促进创新有非常积极的作用。具体来说，标准不互信互通，至少会对两岸企业效率有三个方面的影响：一是成本，标准有利于降低交易成本和转换成本；二是竞争，因为没有共通的标准，就容易导致市场混乱；三是沟通和协调，难以围绕一致的技术规格组织开发技术。所以，之前两岸企业各行其是，都按照自己的标准开发生产产品，导致企业走了不少弯路。行业标准化的制定给企业发展指明了路径，节约了企业的成本。例如，闽台 LED 自从有了互认互通的标准，闽台 LED 企业就有了具体可行的统一技术规范，为沟通两岸相关市场、降低企业生产成本、避免重复建设和资源浪费创造了条件。

（三）争取市场话语权和占有额

标准是世界的“通用语言”，也是国际贸易的“通行证”。当今世界各国之间的竞争不断加剧，谁重视标准，谁先在标准上占有优势，谁掌握了标准的制定权，谁就在一定程度上掌握了经济竞争的主动权，就能在国际市场上占有一席之地，便可在全球经济一体化的进程中立于不败之地。改革开放以来，中国大陆大力推动市场经济发展，充分借鉴国外先进的标准制定程序和方法，加快我国标准制定程序和方法的改革，制定真正能满足市场和广大消费者需求的标准，提高企业产品的市场竞争力。比如说在5G 领域，中国大陆提交的5G 国际标准文稿就占全球的 32%，主导标准化项目占比达 40%，推进速度和推进质量均位居世界前列。从两岸的角度来看，两岸长期就追求在国际市场中的“两岸共同市场”，自 2001 年这个理念提出后，两岸经贸合作往来日益增多，来往就业、创业的人员也不断增加，但是两岸标准不一始终是影响两岸打造共同市场、两岸一起赚世界的钱的一大障碍。在世界经济竞争中，两岸企业有很多优势互补的地方，可以携手合作共同制定标准，掌握国际市场的话语权，去争取全世界更大的市场。例如，台湾在半导体、精密机床、生物技术、农业、医疗、养生、教育等服务业上有很强的竞争力，大陆企业在5G、大数据、AI 等科技领域领先，两岸企业在这些产业标准制定上有很多合作空间。随着两岸对外贸易的发展和扩大，标准化的作用更加突出，需要尽快提高两岸产业标准化水平，进而提高两岸产品在国际市场上的竞争力。

二、两岸尤其是闽台（厦台）行业标准共通成效

（一）两岸标准共通委员会成立且成效明显

2011 年 11 月 2 日，中国电子工业标准化技术协会与台湾华聚产业共同标准推动基金会在北京成立海峡两岸共通标准制定专家技术委员会。从2005年至 2018 年，在北京、南京、重庆、福州、长沙、哈尔滨、合肥和台北等地连续举办了十五届，累计形成 422 项产业共识，公布了 59 项两岸共通技术标准，已经成为海峡两岸信息产业和技术标准合作的重要平台。目前该平台主要达成的共通标准集中于智慧制造、云计算、车联网、移动通信 / 移动互联、显示技术、太阳光电、半导体照明、锂离子电池、网路演进、服务应用、5G 应用等领域。根据台湾华聚基金会数据，历年来两岸共通标准制定成果如表1所示。

表1　历年来两岸共通标准制定成果

领　　域	共通标准文本数	标准被采用情形	
		列为大陆行业标准	列为大陆国家标准
LED 半导体照明	6	1	4
平板显示	11	7	2
太阳能光电	11	2	6
移动通信 / 互联网	9	9	0
锂离子电池	1	1	0
汽车电子	1	1	0
物联网 / 车联网	1	2	0
智慧制造 / 机器人	1	2	0
云计算	1	1	0
5G 技术	1	3	0

资料来源：台湾华聚基金会（林淑惠制表）

（二）近年来闽台行业标准共通引领两岸

一是福建省就是最早推动两岸驾照互认的省份之一。2014 年，福建省就为保障台胞在闽协议提出了“互认驾照”创新条款。当时福建省人大常委会报告提出，“积极争取将两岸小型汽车驾驶证平等互认议题纳入‘两会’协商内容，或授权我省与台湾方面进行商谈，争取国家授权地方性法规”；而后在 2015 年国新办新闻发布会上，时任福建省副省长郑栅洁提出福建自贸区将推动实施两岸机动车互通和驾驶证的互认。二是福建加快台湾先进标准引进，加快转化、推广台湾农业新技术，承接台湾现代农业转移。2009 年 11 月16 日，闽台农业标准化研究推广中心在福建省漳浦台湾农民创业园挂牌成立。2010 年 4 月举办“闽台标准对接”，国家标准委农业食品标准部主任郭辉提出，将积极支持福建参与国家标准和国际标准的制定，同时支持闽台标准对接先行先试。三是闽台光电产业发布互认标准，开启两岸标准互认互通先河。福建是大陆 LED 产业最密集、规模最大、实力最强的区域之一，台湾的晶元、鼎元、亿光、中强、嘉晶等 LED 龙头企业在闽均有投资。《闽台 LED 标准互认协议书》的签订，明确了互认标准的制订、发布和执行机构。推动福建省地方标准与台湾团体标准的主要内容和关键指标一致，首次实现了大陆予以台湾标准的“无缝链接”。此外，闽台也开启了珠宝互认标准合作。四是厦门引领闽台行业标准共通。考虑到一些产品的行业标准上，虽然两岸检测方法基本一致，但在技术指标、专业术语等方面仍略有差异。为了对接两岸市场，厦门市从 2009 年开始，在太阳能光伏、锂离子电池、电动摩托车等方面，不断与台湾方面沟通，探索统一标准。从最开始人员互认，到检测技术比对，再到承认检验结果，逐步打通关节。

当然，标准共通不仅限于经济领域，更是通过嵌入经济社会各个方面，起到有效保障人类生活质量水平的作用，包括食品安全标准、环境保护标准、社会管理与公共服务标准等。根据习近平总书记提到的“五通”，2018 年大陆正式向金门供水，通电通气通桥成为闽台两地推进的重点。基础设施的联通、能源资源的互通已经在践行，现在行业标准的共通最为重要。针对过去两岸有些行业标准不同，台湾的标准在大陆不适用，台湾得到的专业认证在大陆没办法通行等问题，大陆“惠台政策31条”、福建“66 条措施”、厦门“60条措施”为两岸行业标准的共通起到了很大的推进作用。

三、推进厦台行业标准共通实施路径

厦门在推动对台标准共通方面具有十分明显的优势。一是营商环境评价较高，易对接。据最新第三方机构评估，厦门市营商环境在全球 190 个经济体中的排名水平由 2014 年的第 61 位提升至 2017 年的第 38 位；根据国家发改委公布的评价结果，厦门营商环境排名全国第二，超过上海、仅次北京。二是产业与台湾互补性强，尤其是厦门在生物医学、精密机械、智慧设备等现代制造业，以及健康照护、冷链物流等现代服务业上的发展优势明显。三是厦门常住台胞在福建乃至全国数量居首。在闽工作生活台胞超过 15 万人，其中厦门不低于 10 万台胞。为此，有必要在厦门开展两岸行业标准共通试点，积累经验，再向全国推广。

（一）根据《国家标准法》，制定实施条例并出台《团体标准促进法规》，为厦台行业标准共通提供法律保障

标准要跟法律结合。从上位法《国家标准法》修法情况来看，厦门已经具备法律环境。新标准法第十三条将地方标准的制定权下放到设区的市，规定设区的市级人民政府标准化行政主管部门经所在省、自治区、直辖市人民政府标准化行政主管部门批准，可以制定本行政区域的地方标准。第十八条规定国家鼓励学会、协会、商会、联合会、产业技术联盟等社会团体协调相关市场主体共同制定满足市场和创新需要的团体标准，增加标准有效供给。这意味着鼓励地方制定地方标准和社会团体制定团体标准。其中，由社会团体制定的团体标准很多被引用到地方法规中，从而具备法律效力，比如说美国建筑法规引用了上百个由自愿标准制定机构制定的标准，环境保护局、食品和药品管理局以及房屋和城市规划局也引用了上百个标准。团体标准一旦写入政府的法规中，同样具有法律效力。因此，运用好厦门特区地方立法权，构建团体标准相关的促进型立法，规范、加大政府的扶持力度，可以更好地鼓励、引导企业联盟标准健康发展。

（二）以自贸区建设和“一带一路”建设吸引台协和台企等社会团体参与制定厦台行业标准

厦门市已初步形成“海丝”建设支点城市框架，其出台的“海丝”实施意见，推动四大方面 34 项工作 64 个项目实施。截至 2017 年年末，厦门拥有“海丝”航线 42 条，通达 17 个国家和地区；建立友好港口 13 个、友好城市 19 个、26 个海外联络处、5 个投资贸易服务点；加入中欧班列运输协调委员会，中欧（厦门）班列通达 9 个国家 13 个城市，成为中欧安智贸首条铁路航线试点；累计开辟10条洲际航线，空中通道辐射亚欧美澳四大洲。中国—东盟海洋合作中心、象屿集团投资120亿元建设印尼不锈钢一体化冶炼项目、厦大马来西亚分校、厦门眼科中心与斯里兰卡眼科合作项目等成为“海丝”合作新典范。厦台应该加强标准国际化工作，更加积极参与国际标准化活动，拓展和深化标准化国际合作与交流。可在厦门成立“一带一路”行业标准委员会，吸引两岸企业加入并参与标准制定，从制定两岸标准到亚洲标准，再成为世界标准，借“一带一路”政策将两岸共同制定的标准推广出去，推进与“一带一路”沿线国家之间标准互认和标准体系相互兼容。

（三）推动厦门对台“双标”政策，提升厦门对台胞台企的包容性和开放性

新标准法第十三条规定，为满足地方自然条件、风俗习惯等特殊技术要求，可以制定地方标准。厦门经济特区因台而设、因台而兴，肩负着对台交流合作先行先试的神圣使命。这里与台湾隔海相望，地缘近、血缘亲、文缘深、商缘广、法缘久，开展两岸交流合作，厦门有着天然的优势。因此，厦门有必要打造探索两岸融合新路的高地，推行厦门对台“两标”政策，即大陆标准和台湾地区标准在厦门包容共存、互认互通。对标内容涵盖制度、模式、行业技术标准、人才资质认定、医保社保、征信等各个层面，涵盖建筑师、规划师，台籍导游、医师、教师，台籍空姐、社区助理等群体；探索在服务贸易领域全面采认台湾资格资质标准；设立两岸仲裁中心，用台湾地区有关规定、台湾律师解决涉台争执纠纷；探索在体育娱乐、文化创意、影视媒介、信息服务、健康医疗、旅游金融等领域互通；将“双标”政策融入厦门日常

生活领域，例如在道路指向标识上与台湾同步，打造一批类似台湾几大出名的夜市，在公交车、地铁、BRT 等公共交通上播放普通话和闽南语等，让厦门更具有台湾味，让台胞一到厦门就有“回家”的味道，让台湾同胞“我们不一样”转为“我们都一样”的心灵归属感。因此，有必要在厦门经济、文化、社会管理等领域对先行有效的台湾各行各业标准、规则、制度进行文献梳理分类，使厦门各行各业更加清晰地了解台湾标准的现状，有的放矢地开展相关标准共通工作。根据中央对福建沿海与台湾“应通尽通”的要求，厦门可先以厦金为示范试点，以“厦金电力需求响应标准”框架，率先推动两地智能电网共通标准，共同发起跨越两岸的技术标准化活动，让两岸同胞“来电”。

（四）推动重点领域诸如制造业和现代服务业行业标准共通，加快厦台产业链条建设

1. 推动医疗养老养生行业标准共通

一方面是推动厦台医疗行业共通。自 2000 年大陆允许台资以合资方式“登陆”设医院以来，已有 20 多家台资医院在大陆落户，长庚医院也在厦门落户。然而，两岸医疗机构还存在着显著差异，存在健保核销程序繁琐、医师职称认定标准不一、医社保缴纳及结算服务等问题，甚至也没有标准的电子病历，无法达到数据共享、跨距医疗等应用。为此，有必要在局部地域如厦门区域试点推动两岸医疗行业对接。一是实现厦台两地医疗保险异地结算服务，即允许台胞在两岸选择一地缴纳医疗保险费用，既能持台湾健保卡在大陆看病，也能拿大陆医保卡在台湾看病；二是研究两岸医 (药、护、技) 师执业管理和卫生专业技术职务任职资格评审制度的差异，制定标准和制度，实现两岸医卫职称的对接；三是出台医疗特定行业技术准入制度；四是通过制定远程医疗行业标准和收费标准，发展厦台“互联网＋医疗健康”，利用厦门麦克奥迪医疗技术推进远程医疗，为厦台人民提供更加便利的医疗服务。另一方面推动厦台养老养生行业同标。医养结合关系人民福祉，是医疗和养老行业深度融合、创新发展的新业态、新产业，具有广阔的发展空间。台湾在养老机构、高龄照护、应对老龄化等方面的一些成功做法和经验值得我们学习和借鉴。建议厦门市政府出台《厦门市健康产业发展规划》，把健康产业作为福建自贸区厦门片区优先发展的产业，深入推进厦台医养合作，在厦金打造两岸医养结合示范点。

2. 推动厦台冷链网车联网标准对接

台湾的冷链物流从20多年前开始萌芽发展，至今冷链物流市场规模已趋平稳，低温食品之冷链使用率已达90%，不输欧美等国家，而且在系统管理与科技应用上发展完备。近年来，两岸企业在厦门等主要试点城市签署了合作项目，如协助厦门中盛的冷链服务。从今后的发展趋势来看，冷链物业在两岸具有可观的前景。为此可借助厦门作为冷链物流试点城市的优势，进一步深化与扩大两岸冷链物流服务的范畴与规模。利用厦门至台湾邮轮航线恢复开通的机遇，鼓励台湾冷链协会、中华两岸贸易协会、厦门市两岸农产品流通协会、厦门市餐饮行业协会、厦门市物流协会及相关企业等加快推动厦台冷链物流电子商务深度合作，建立厦台统一的冷链物流标准，推动互通互认的运作、管理标准及规范；加快建立便捷高效的厦台通关机制；做好台湾冷链商品接驳，建立两岸相关标准衔接和产品及企业的信用机制，建立厦台“绿色通道”通关机制，促进两岸冷链贸易快速增长。车联网的产业链很长，在两岸都被列为重大专项支持。两岸在车联网领域各有优势，而欧美国家业务形态在两岸又“水土不服”，这是两岸车联网合作的基础。当前两岸车联网建设关键在于因为标准不一，造成渗透率过低，无法形成足够的使用规模。为此两岸要建立并形成行业共同的车联网技术标准，使得车联网产业链各个设备供应商所生产的车联网设备能够有共同的技术标准。建议可利用最早“走出去”实施国际化、中国客车出口布局最广、特别是“一带一路”布局最完善的企业金龙汽车集团的优势，推动厦台车用产品的标准化。

3. 推动厦台质检标准互信互通

两岸质检机构已在较少受政策影响的检验检测技术层面尝试采取检验结果“社会认证、官方采信”的合作机制，共同开展检测技术比对、大陆检验认证机构赴台考核认可、海峡两岸鱼种鉴定等技术性合作。近五年来，两岸质检合作不断向纵深发展。双方签署的各项合作协议中，涉及质检工作的就包括食品安全、标准计量、检验认证、农产品检疫检验、知识产权及医药卫生等诸多基础性民生经济领域，这为今后构筑双方的质量互信提供了坚实的制度保障。具体来说，今后厦台质检标准共通朝三个阶段推进：短期推动质检机制相通，对技术性贸易措施、卫生与动植物检疫、原产地规则、农产品检验检疫、保护两岸地理标志产品、消费品安全等领域开展交流研究，探索形成两岸贸易中的商品检验与检疫防控磋商机制；中期以拉近两岸质量理念为目标，在质量宏观管理、标准、计量、检验认证认可等领域培植新的质量共识，推动两岸在新兴制造业与现代服务业领域加快形成产业转移与产业对接；远期以促进两岸多元质量文化的交融为目标，包括质量管理思想、技术创新、行为道德规范与技术知识等。以厦台食品行业互信互通作为突破，积极合理采用国际标准，建立统一协调的食品安全法律法规标准体系。以厦台食品安全为突破口推动质检互信互通，加快制订产业发展和监管急需的食品安全基础标准、产品标准、配套检验法标准、生产经营卫生规范，及时修订重金属、农药残留、兽药残留等食品安全标准，确保两岸同胞“舌尖上的安全”。

4. 推动厦台金融流通标准互通

企业发展离不开融资，近年来大陆对台企加大融资服务力度。大陆资本市场采取多项改革措施，促进台资企业在大陆发展。目前已经有30多家台资企业登陆大陆资本市场，2016 年以来台资企业上市募集资金总额超过340亿元人民币。尤其是科创板的推出，是帮助台湾企业在大陆发展的一个重要助力。厦台可以参照沪港通、深港通的模式，建立厦台通，让两岸资本互相流通。从厦台金融合作来看，已经具备十分扎实的基础。2008 年，台湾富邦金控入股厦门银行，开启借道第三地投资大陆商业银行的先河。2010 年国务院批准在厦门成立大陆首个也是唯一冠以“两岸”的区域性金融服务中心。2013 年厦门银行成为大陆首家新台币现钞清算业务参加行。2015 年台湾第一银行厦门分行在厦开业，是台湾银行业在厦门开出的第一家分行。截至目前，厦台两地已有 44 家 22 对银行签订跨境人民币代理清算协议，厦门地区的商业银行均可以自行选择办理新台币兑换业务。为此，建议积极向上争取建立厦金货币自由兑换试点，同时加强电子商务和支付对接。在厦金之间打破两岸存在的诸多障碍与困难，如物流成本、关税、身份认证、商品证号标准不一致等问题，消除各种电子商务交易障碍。在厦金之间各类商品质量验证文件，如食品、化妆品、保健品等，通过有效途径交换认证，打造属于全球华人的电子商务市场。支付链条上，以支付宝、银联为代表的机构已积极“造船出海”，向台湾地区输出技术、标准及经验，带动了当地普惠金融发展和数字经济转型。

5. 推动厦台集成电路标准互通

集成电路是当今信息技术产业发展的重要基础。自 2006 年开始，CSIP 在工信部电子信息司的指导下实施“中国芯”工程，已成功举办九届中国集成电路产业促进大会，对于进一步完善公共服务体系，优化产业环境，打造芯片与整机大产业链，做大做强集成电路产业，提供了有力的支撑。对于积极推进产业转型升级、全力创建“信息消费示范城市”的厦门来说，发展集成电路产业的重要性不言而喻。尤其是随着清华紫光、台湾联华电子在内的集成电路巨头落户厦门，以及厦门本土骨干企业的相继涌现，厦门打造集成电路千亿产业链的成果已初步显现。厦门凭借独特的对台区位优势、“五缘”渊源，以及对台先行先试政策，也成为台湾集成电路企业登陆的第一站。建议厦门充分利用两岸集成电路产业互补性，运用5G 和 AI 优势促成与鸿海集团、台积电半导体、集成电路、显示技术等领域合作，支持在厦台资企业进行物联网关键技术研发、智能硬件产品研发、物联网应用项目研发、物联网特色应用平台建设，开展标准研究与制定，为两岸 IC 合作营造良性的产业发展生态环境，以有效防范和降低中美贸易摩擦的负面影响。

6. 推动厦台 LED 产业标准互通

厦门从2003年前瞻性地提出培育光电产业的战略目标以来，光电产业经历了十几年的跨越式大发展，已经成为我国规模最大、技术最强、品种最全的 LED 外延芯片生产基地，成为全国为数不多的 LED 全自主知识产权产业链的开发区。随着三安集成、乾照光电、厦门信达、光莆股份、优讯、三优、开发晶、立达信等创业板成功上市的行业龙头或创新型骨干企业的研发投产扩产，厦门 LED 照明产业的产品和技术已从全球跟跑提升为全球领跑水平。但从现有的多项 LED 相关标准来看，内容不够完善，缺乏 LED 寿命、色温、散热等关键性指标，以致技术门槛过低，标准成效难以显现，进而，大陆 LED 产业在国际上话语权和竞争筹码不足。目前大陆的优势主要是有广大的市场潜力。从台湾 LED 产业来看，市场虽小，但技术成熟度较高。为此两岸在 LED 产业具有广阔的合作空间。为了应对美日韩在 LED 产业标准上的垄断，两岸在 LED 产业发展共同标准是必然趋势。建议由厦台根据两岸 LED 照明术语对照手册，针对两岸 LED 零组件及灯具进行测试对比，鼓励厦台

LED 企业对标准制定事项进行协调，从团体标准的角度，在 LED 零组件和道路照明灯具方面推出系列共通标准。

（五）加快厦台标准化人才学历教育培养

标准化教育是培育标准化人才的基础，厦台之间应以“标准联通两岸，人才筑就标准未来”为主题，遵循“市场导向，协会组织，标准比对，成果共享”的原则和“共同规划，共同研制，共同发布，共同遵守”的合作模式。积极合作通过学历教育培养标准化高端人才。建议鼓励和支持厦门大学、厦门理工学院、集美大学、华侨大学等高校就共同开展工程管理硕士标准化方向教育与台湾高校签署合作协议，积极开展标准化公众教育，以传播标准化理念，培育标准化文化，为标准化活动营造良好的软环境。具体来说，一是在厦台加强标准化科研机构和技术委员会建设，建设台湾标准数据库，充分发挥其技术支撑、人才培育和桥梁纽带作用；二是鼓励和支持厦台高等学校、科研院所开展标准化原理、制度、技术等基础理论研究，开设标准化课程，建设标准化学科，设立硕士、博士学位授予点和博士后工作站，开展标准化学历教育和系统研究，培养高层次标准化人才；三是以培养适应不同工作需要的标准化专业人才为重点，由厦台分类构建标准化知识体系，组织编写标准化系列培训教材，制定标准化师资条件，建立专兼职师资队伍，互派标准化学者进修，建设一批培训基地，制定标准化从业人员培训计划，大规模开展人员培训；四是以国际化为标杆，在厦台之间实施标准化国际合作培训项目，加强参与国际标准化活动的实践锻炼，加快培养一支数量足、水平高、结构优的国际标准化专家队伍。

课题指导：陈永东

课题执笔：成　正

完成时间：2019年7月

加强两地商协会交流进一步促进两岸民间交往

两岸关系的特殊性，决定了两岸交流与合作需要更多倚重政府、市场之外的“第三方”力量。商协会具有服务微观市场主体、延伸政府公共服务、发挥统战作用、促进社会和谐等功能优势，因而成为祖国大陆实践“先经后政”“以经促政”不可或缺的重要力量。历史经验证明，两岸商协会的交流与合作不但有效促进了两岸经济利益联结，同时有效增进了两岸社会交流，拉近了两岸民众的心理距离，为两岸关系和平发展做出了重要贡献。

十八大以来，面对两岸关系发展新形势，以习近平同志为首的新一代中央领导集体，以“心灵契合”“两岸一家亲”“共圆中国梦”“打造两岸命运共同体”为核心和主旨，提出“持续推进两岸经济社会融合发展”的对台工作新理念，为两岸关系和平发展，最终实现国家统一指明了实践路径。

推进两岸经济社会融合发展是当前大陆对台交流政策主轴，探索融合发展新路，则是当前涉台部门和涉台工作者的首要任务。工商联作为工商团体业务主管部门，应在充分领会融合发展核心要义的基础上，积极探索深化两岸商协会合作的策略创新，使两岸商协会能够充分发挥沟通两岸、联结两岸的功能优势，更好地服务于两岸民间交流，为两岸经济社会融合发展做出新的卓越贡献。

一、两岸商协会合作发展方向新定位

探索两岸商协会交流的策略创新，首先需要定位融合发展语境下两岸商协会交流合作的发展方向，确立新时期两岸商协会交流的出发点和立足点。这取决于对融合发展核心要义的领会以及对其实践方向的认知和把握。

（一）融合发展的核心要义

融合发展，是以人民为中心的发展，是体现民众主体性的发展，是借由两岸经济社会交流促进两岸民众利益联结，从而打造两岸命运共同体，实践两岸同胞“共圆中国梦”，共赴中华民族伟大复兴。

融合发展是经济融合与社会融合的协同互促。融合发展体现在经济领域是两岸经济广泛、深度整合，是扩大参与基础上的深度整合，是重视个体参与、互动，并诉求由此结成两岸广泛、紧密社会联结的深度整合——参与其中的不仅是拥有资本的厂商，也包括拥有知识、技术、管理、创意的人才个体。融合发展不仅关注两岸经贸合作的规模成长、结构升级和层次深化，更重视参与主体的多元化，所形成的经贸网络的致密化以及所衍生的社会联结关系的丰富化、根植化。融合发展落实在社会文化领域，则体现在越来越多往来两岸的同胞群体能够于当地安居乐业，融入当地社区文化，享受当地社会福利和行使法定权益，拥有社会归属感。显然，就此而言，经济融合是社会融合的基础和推进剂，而社会融合则是“两岸一家亲”的综合体现，是为两岸关系和平发展累积民众基础的必由途径。

融合发展是“亲情＋福祉”，是走向“心灵契合”。习近平提出，要加强两岸交流合作，加大文化交流力度，把工作做到广大台湾同胞的心里，增进台湾同胞对民族、对国家的认知和感情——融合发展要求我们深化两岸文化交流，坚持践行“两岸一家亲”理念，持之以恒做好台湾人民的工作。

（二）两岸商协会交流合作的实践方向

从融合发展的精髓要义出发，结合商协会的社团组织属性及其功能优势，新时期两岸商协会交流合作应有以下主要遵循：

1. 有助于深化两岸经贸联结，强化两岸经贸互赖

两岸经济融合发展，旨在“深化两岸经贸联结”“打造两岸经济共同体”。两岸经贸联结取决于两岸经贸的结构优化水平，涉及“广度”与“深度”两个面向。一是拓展联结广度，实现两岸经贸领域广泛联结，其关键在于改变当前两岸产业合作以制造业为主的局面，大力发展两岸服务业与服务贸易合作，以及转变两岸加工贸易为主的局面，大力发展一般贸易，推动贸易结构

优化。二是推进深度联结，打造两岸产业嵌入式发展生态链。其关键在于利用大陆经济转型的市场机遇，优化两岸产业对接、融合的制度及政策环境，促进两岸企业联盟发展。

两岸经贸联结，是两岸经贸实质性互赖的物质基础。深化两岸经贸联结，切实提高两岸经贸联结，从而强化两岸经贸互赖，特别是强化台湾经济对大陆的依赖，是打造两岸经济共同体，进而结成“两岸利益共同体”“命运共同体”的必由路经。商协会作为行业组织，与单个企业相比，更能从全局把握行业发展脉动，同时其信息沟通、资源汇聚、标准对接诸方面的整合功能也是两岸产业实现深度对接和可持续合作的必要保障。两岸商协会合作除了为行业内部的两岸企业互动合作提供服务外，还作为企业和政府之间的桥梁与纽带，促进政府与企业互动，承担政府服务的延伸功能。尤其在当下两岸官方互动“停摆”的局面下，发挥商协会这种民间力量的沟通和服务功能，对于达成两岸经贸深度联结，打造两岸命运共同体至关重要。

（二）有助于扩大两岸经贸社会参与，促进两岸民间交流

两岸经济融合发展，诉求两岸经济合作的广度、深度与致密度，强调经济合作的社会融合促进效应。所谓“广度、深度、致密度”，一方面是经贸合作领域的拓展、经济合作一体化的纵深推进、经贸合作网络的充分发育；另一方面则是两岸社会的广泛参与、深度参与及两岸民众利益的紧密联结。在此概念下，两岸经济融合发展应着力做好扩大两岸社会参与的文章。

商协会是商贸团体、企业社群的代言人，特别是台湾地区，其商协会发展较为成熟，商家业者入会率高，透过商协会合作有助于推进两岸社会的广泛联结。这也是商协会具有统战功能先天优势的原因所在。借重两岸商协会合作，以民间性、事务性、功能性实务活动为契机，务实扩大两岸经贸合作的民众参与，吸引越来越多的台湾民众，尤其是基层民众和青年群体参与到两岸经济交流与合作中来，从而结成台湾社会各阶层民众与大陆社会的广泛而深入的利益联结纽带，形成以经贸活动扩大交流、以利益联结深化交流的两岸民间大交流局面。

（三）有助于深化两岸文化交流，助力“民心工程”

商协会是经贸交流的使者，同时也应该是文化交流的重要推手。特别是在当前世界经济加快由服务经济进阶到文化产业经济，经济文化一体化已俨然成为全球经济大趋势的历史风口，“文化经济化”“经济文化化”“经济文化复合化”图景日益清晰，市场经济导向下，两岸经济融合必然伴随着文化交流、认同与融合进程。而从融合发展要义出发，深化两岸文化交流也应从经济融合的“伴生物”和“溢出效应”层次转为目标取向层次。这是“心灵契合”的要求。商协会直接服务于微观经贸主体，这赋予了商协会广泛的社会代表性；商协会是汇聚行业精英的平台，这赋予了商协会较强的社会影响力；商协会是政府与微观经贸主体的重要纽带，是政府了解民情民意的重要渠道，也是政府政策传播的重要窗口。正是因为具有上述属性特征和功能优势，商协会被视为重要的“统战”工具。

推进两岸融合发展，需要借重文化交流促进两岸同胞心灵契合，需要借重惠台政策等“民心工程”体现两岸一家亲，做好台湾人民的工作。因此，两岸商协会合作平台有条件也有责任发挥重要作用，上升到“使命”层次深化认识、自觉为之。

二、两岸商协会合作发展成果及主要问题

（一）发展成果

商协会作为商人团体，是经济（产业）发展的产物，两岸商协会合作是两岸经贸合作实践需求的产物。1980 年代末期，伴随着台胞回大陆探亲，两岸经贸交流也开启了真正意义上的“破冰之旅”。在此进程中，从1990年台湾商人组团来大陆考察、大陆第一家台商协会——深圳台商协会成立到1996年厦门市外经贸企业协会会长率领厦门经贸代表团赴台考察，促成厦门市外经贸企业协会与台北市商会结为友好商协会，再到 2006 年高雄市中小企业协会厦门联络处揭牌，开启两岸商协会互设联络机构的发展新阶段，两岸商协会合作顺应两岸经贸交流合作需求，经历了快速发展历程。可以说，两岸商协会及其所搭建的合作平台在两岸经贸交流合作中始终发挥着重要的促进作用。

1. **大陆官方积极引导下，两岸商协会互动交流日益频繁**

一直以来，在两岸的经贸往来中，大陆是主动的一方，并多次出台惠台政策促进两岸经济贸易的发展。例如，2004 年，由商务部主管，具有社团法人地位的“海峡两岸经贸交流协会”（简称“海贸会”）成立，与台湾有关民间机构、工商团体建立联系，并通过洽谈会、展览会、研讨会、专业交流等各种方式促进两岸经贸交流合作。像“海贸会”这样的由官方主管的两岸经贸交流的组织是少数，官方更多的是起到引导的作用，而民间交流性质的商协会是大多数。以福建省为例，各地的商协会与台湾商协会之间的互动比较多，厦门市泉州商会一直注重持续推进两岸民间各领域的交流合作，深化两岸经济社会融合发展。在第十一届海峡论坛上，厦门市泉州商会选送的常务副会长单位（厦门市电商谷）及理事单位（厦门康浩科技）分别与台湾青年经贸协会上台签约，促进了闽台两岸人才交流合作。

2. **借重展会平台，两岸商协会合作协商成果丰硕**

两岸民间商协会交流有利于规避两岸政治关系问题阻碍，更实际也更有成效。两岸商协会通过参观、展览、论坛、对接洽谈会等多种形式进行沟通和交流。例如，海峡论坛是规模最大的两岸民间交流活动，目前已举办了 11 届。论坛吸引越来越多的台胞、台商参与活动，台湾地区商协会也是海峡论坛的重要参与者。除此如两岸工商合作论坛、两岸商协会合作论坛等，也是两岸商协会对接交流、聚焦民意、寻求共识的重要平台。

两岸商协会交流覆盖领域广泛，协商效果显著，促成了一系列切合两岸经贸热点的合作协议。如第三届海峡论坛上，泛珠三角区域各地商协会代表与台湾工商社团共同签署了《泛珠三角区域商会与台湾工商社团交流合作框架协议》，进一步加强泛珠三角区域商会与台湾工商社团的交流合作，促进两岸工商经济界，特别是中小企业的合作发展，推动两岸商会合作的制度化、常态化。在第九届海峡论坛讨论会上，沃尔顿链项目组同台湾云端协会签署了《沃尔顿链项目市场营销战略合作协议》，双方的合作，将进一步引领产业发展新业态，推进闽台信息产业合作，奠定价值物联网在两岸大数据发展及新型智慧城市建设中的重要基础地位。2014 年，第二届海峡青年节重要子项目“两岸青年企业家产业发展与合作论坛”举办，400 多名两岸嘉宾参会，共谋电商产业深度合作，并取得实际成果，两岸8个商会组织签订了合作框架协议，5 对 10 个企业达成合作，涉及智慧旅游、食品产业、跨境支付等电商细分行业。这些合作协议的签署，就两岸的产业融合、技术交流等相关问题达成了共识，为两岸经济发展、人才交流、社会融合搭建了一个良好的平台。

3. 互设联络机构，两岸商协会合作迈向机制化、常态化

2006 年，高雄市中小企业协会厦门联络处揭牌仪式在厦门悦华酒店举行，这是台湾城市商会第一次在大陆公开设立联络机构。2009 年福建漳州为台湾同业工会设立了驻海西的首个工作联络处，联络处设立第一年即取得了显著的成效——直接帮助洽谈促成了 8 个项目，注册资金 6000 万元人民币，项目涉及石化业、钟表业、照明业、电子科技业、农业园艺、机械等。2012 年，台湾贸易中心在上海设立代表处，两岸经贸社团互设办事机构正式开闸，随后，又在北京设立代表处。与之呼应，大陆机电产品进出口商会在台北设立了办事处，机电商会台北办事处在服务两岸企业、推动两岸经济合作中，担当民间交流推手，发挥了重要的管道作用。同年，台湾保健产业发展联盟 (厦门) 办事处、台湾市县产业促进发展 (厦门) 联络处、台湾商品经贸展销 (海西) 运营总部筹备处、台中市商业总会 (厦门) 办事处以及台中市海峡两岸交流协会 (厦门) 办事处这五个台湾商协会办事处在海沧中心区域的海投大厦落户，对于加强两岸在特定行业的交流与合作，提升产业合作水平发挥了有效的促进作用。互设联络机构，有助于保障两岸商协会交流的便利性，同时表明两岸商协会合作迈向机制化、常态化发展进程。

（二）主要问题

1. 易受政局影响，存在较大不确定性

两岸政治关系是影响两岸经贸发展的重要因素。自1 987 年隔绝状态被打破以来，两岸经济交流热络。大陆多次出台相关政策鼓励和支持台商在大陆投资，然而每一次两岸经贸往来刚刚出现“升温”现象，台湾当局就会出台各种相关政策进行“降温”。两岸经贸交流 30 年来，台湾当局曾对两岸经贸进行过九次“降温”活动，九次“降温”活动中有七次导致了次年实际台资总额的下降，很多年份增长率甚至为负。2008 年马英九上台执政，两岸关系步入和平发展进程，两岸两会重续协商，两岸交流进入大合作大发展时代，两岸商协会交流也迎来春天。此阶段两岸商协会交流在数量规模及质量层级

方面都有较大的进步，呈现繁荣发展气象。2016 年蔡英文为首的民进党重返岛内全面执政，两岸在政治层面的互信交流出现倒退，两岸官方协商机制停摆，对两岸经济、社会、文化等方面的交流和交往产生了负面影响，也冲击了两岸商协会的交流。

2 大陆商协会发育不足，影响两岸商协会交流深化发展

其一，大陆商协会体质薄弱，服务能力有限。十八大以来，国家开启商事制度改革，推动商协会“去行政化”，大陆商协会职能得以不断完善，包括通过搭建网络媒体平台为会员提供各种自信息、举办展会、组织会员外出交流等。但总体而言，商协会服务能力提升缓慢，很多商协会基础比较差，经费也比较缺乏，服务质量欠佳。尤其在政府与企业对话沟通和维权功能方面亟待进步。

其二，组织治理水平低、运行效率不高。多数商协会只有牵头作用，调动、组织资源的能力弱。大陆的商协会多半是由政府主管部门脱胎转制而来的，具有浓厚的官办色彩。作为政府的“附庸”，商协会存在工作职能不明确、决策机构形同虚设、管理层缺乏职业化、监督机制缺失等问题。这一方面导致商会发展不规范，另一方面也使得商协会的服务局限在务虚、协调关系、配合等方面。有的商会空有其表，有的商会甚至被某些不道德的操纵者当作谋取私人暴利的工具。

其三，相关立法制度欠缺。台湾立法当局将工商团体分为工业团体和商业团体，分别制定了《工业团体法》和《商业团体法》，并颁布了各自的实施细则。相关法律清晰界定了台湾商协会（同业公会）在行业自律、为会员提供咨询服务、为政府事务提供帮助以及协调各方关系等方面的职能及其必须承担的法定义务，同时其内部管理和经费制度也有严格规范。反观大陆，行业协会商会立法虽也取得了一定进展，一些地方在行业协会商会立法方面进行了有益的实践探索，但行业协会商会立法的任务仍十分艰巨。这主要表现在，一方面，立法工作落后于行业协会商会的发展。实践中所出现的行业协会商会成立难、已成立的协会难以监督和管理、体制外协会滋生等问题，归根结底，还是立法严重滞后所致。另一方面，大陆行业协会商会立法的层次和质量不高，至今还没有一部全国性的《行业协会商会法》，除了几部单行法律之外，其他规范性法律文件所处的位阶都比较低，其所规范的范围、效力等具有很大的局限性。总体而言，大陆行业协会商会的立法既凌乱又分散，没有形成统一的行业组织制度，而且有一些规定缺乏操作性。由于立法上的限制，大陆商会普遍存在由于双重管理体制带来的效率低下、法律地位缺失、职能不明确、人事关系不清等问题，并且政会不分、不够独立。

3. 政策配套不到位导致权责不清，影响商协会发展

随着两岸经贸往来日益密切，两岸商协会的交流也越来越多，关于两岸商协会合作交流的配套工作亟待完善。首先，缺乏明确的法律规范。两岸商协会的交流尚处在摸索阶段，多数源于自发性的市场行为，国家和省市虽然出台了一系列政策、指导意见支持两岸商协会开展交流合作活动，但目前尚未有明确的法律规范双方的行为，双方所应承担的权利和义务有待于进一步明确，双方交流与合作的机制和监督规范体系有待进一步完善。其次，鼓励两岸商协会发展的政策落实的力度有待于加强。例如，《关于促进两岸经济文化交流合作的若干措施》（惠台31条措施）中鼓励两岸行业协会、商协会的沟通和交流，各地方也积极落地相关政策。但实践中，政策落实的不够细化、办事效率较低，对知识产权的保护不力，重视政策的数量而不重视质量等问题频现。

4. 两岸商协会合作流于形式，实效不彰

两岸商协会虽然签订了一系列的合作协议，但是由于各种各样的原因，最后真正推行并取得实质成效的不多。有学者通过调研发现，两岸商协会在项目对接活动中签署了部分合作协议，但往往没有进一步履行协议或备忘录的内容，致使两岸商协会的合作流于形式，“合作”止于参观互访、开会研讨和签署协议阶段居多。两岸商协会合作之所以流于形式、实效不彰，与前述政会不分，职责不清，相关法律制度、治理规范不健全等问题密不可分。

三、加强两地商协会交流，进一步促进两岸民间交往的对策建议

“融合发展”为新时期对台工作提出了新要求。对标“新要求”，两地商协会交流应着力做好深化两岸经济合作、扩大两岸经贸的社会参与、促进两岸文化交流三方面工作。这三方面工作的根本诉求在于强化两岸社会联结，

促进两岸民间交往。其路径机制则为：立足经贸交流合作平台，借重经贸交流路径工具，推进经贸融合与社会融合的协同互动，诉求建立促进两岸民间交往的长效性动力机制。

另外需要强调的是，其一，商协会是商贸领域的社团组织，加强两岸商协会合作，借重经贸合作路径促进两岸民间交流，有利于发挥商协会的主场优势。其二，对策建议在“对标新要求”基础上，同时结合两岸商协会合作的现实问题及症结分析，寄望可以保障对策研究有的放矢。

（一）大力扶持商协会发展，强化大陆商协会自身建设

打铁还需自身硬。加强两岸商协会合作，首先需要切实提高大陆商协会自身的发展水平。目前来看，两岸商协会合作发展不尽如人意，主要是受大陆商协会发育不成熟、相关法律规范欠缺、行政依附性强、组织管理水平低、服务意识弱、服务能力差等方面因素影响。而其根本症结在于，大陆商协会多半是“统战”政策催生的产物而非出于商业目的而自发形成的，带有先天的“功利性”，在建制和管理方面趋于行政化，难以承担商协会应有的服务功能。因此，建议“工商联”等主管部门着力推进相关治理。第一，加快商协会的“行政脱钩”改革，在商协会的建制和管理上“去行政化”。第二，对商协会建设给予政策扶持，特别是对有利于促进两岸经贸深化联结、有利于扩大两岸经贸参与、有利于促进两岸文化交流的行业领域的商协会，给予更大力度的政策及资金支持。第三，培育标杆性“商协会”，对于发展好的商协会给予奖励。第四，在呼吁中央有关部门尽快出台全国性法规、政策文件的同时，加快研拟、出台促进和规范商协会健康发展的地方性政策文件，借以明确商协会的地位、职能、运行规范和权力及义务，为商协会组织运行和发挥社会治理服务职能提供法规依据。第五，加快政府职能向商协会转移。根据十八届三中全会相关决定精神，推进相关政策制定，通过政府授权、委托等方式，将制定行业发展规划、标准和行规行约、价格协调、培训、技能资质的考核、信用评价、质量认证、行业统计、协调行业诉求、行业自律等适合商协会承担的行业职能下放给各行业商协会行使，从而从源头上为商协会“赋能”。第六，加强商协会监督、管理。在加快政府职能转移的同时，应同步强化商协会监督、管理。由工商联会同相关部门制定管理规范，建立相应的评价机制、

进入及退出机制等。

上述有关机制体制改革部分，建议在对标十八届三中全会相关决定精神基础上，借鉴台湾地区商协会运行及管理经验，有序推进相关制度规范建设，从而加快推进大陆商协会步入健康成长轨道。

（二）对标“新要求”，加大重点行业领域两岸商协会合作扶持力度

所谓“重点行业”是指对标融合发展新要求，有利于促进两岸经贸联结、有利于扩大两岸经贸的社会参与、有利于促进两岸文化交流的行业领域，如两岸青创合作、文创产业合作、电商产业、两岸服务（贸易）合作以及与两岸基层民众利益关联紧密的“庶民经济”领域。这些重点行业对于扩大两岸民众参与两岸经贸交流合作有较大促进作用，其繁荣发展有利于两岸社会利益联结，同时使更多民众获益，有利于提高惠台政策（民心工程）绩效。对这些重点行业的两岸商协会合作，应给予优厚力度的政策支持，借以鼓励两岸相关产业领域合作的繁荣发展，同时也可通过政府相关部门“对口帮扶”、领导分管等形式予以加持。

（三）借重两岸商协会合作平台，推进“惠台政策”有效落实

十八大以来，在新时期习近平对台工作新理念新思想新论述指引下，以“31条惠台措施”出台及细化落实为标志，大陆惠台政策开启了以融合发展为主线的创新调整进程。31条惠台措施旨在“加快给予台资企业与大陆企业同等待遇，逐步为台湾同胞在大陆学习、创业、就业、生活提供与大陆同胞同等待遇”。显然，其利益诱因充足，将有效促进台湾民众来大陆交流以及在大陆投资兴业和就业创业，是利惠台湾民众、有利于促进民间交往、推进两岸融合发展的好政策。历史经验表明，大陆惠台政策成效除受政策设计、政策运行、政策管理等环节质量因素影响外，还深受岛内政治生态、台湾民众社会心理等政策环境因素的影响。由于两岸长久隔阂造成的台湾民众对大陆（民众）的心理疏离与排斥，使得台湾民众极易受负面舆论误导而对大陆惠台政策持有误解与偏见。因而，惠台政策的正向传播尤显重要。对此，借重两岸商协会合作平台，发挥商协会信息沟通、政（府）企（业）联结的纽带作用，有助于加快相关信息沟通与台湾民众诉求反馈，助力惠台政策适时进行策略

调整。

（四）充分发挥福建（厦门）的区域试点功能

福建拥有对台“五缘”优势，对台合作先行先试基础雄厚、成果亮丽，在两岸商协会合作领域也有条件率先探索新路。据调研，厦门市工商联在促进两岸商协会合作方面做了一些有益的尝试。如吸纳厦门市台商投资企业协会、厦门市两岸农产品流通协会、厦门市两岸青年创客协会等涉台企业商协会加入工商联成为团体会员；推动工商联下属商协会吸纳台资企业入会；借重商协会平台推进两岸服务业、个体经济、庶民经济领域合作已小有成就。如在 10 多年来与台湾婚庆、美发美容业界频繁交流互动基础上，响应中央惠台 31 条措施和厦门惠台 60 条细化措施，与美发美容行业协会、婚庆文创产业界协会对接，合作深入到技术培训、职业等级考核鉴定等较高水平，可以进一步培育成为厦台商协会合作的标杆典范。建议厦门市工商联积极在商协会机制体制改革方面探索新路，在落实大陆惠台 31 条措施（厦门对台 60 条）、推进习近平总书记提出的“新四通”方面，探索两岸商协会合作创新模式。

课题指导：陈永东

课题执笔：石正方

完成时间：2019年9月

关于落实“同等待遇”更好促进台湾同胞在大陆创业就业的建议

一、引言

中共十九大报告强调秉持“两岸一家亲”理念，提出“愿意率先同台湾同胞分享大陆发展的机遇”“逐步为台湾同胞在大陆学习、创业、就业、生活提供与大陆同胞同等的待遇”，这反映了中央政府为台湾同胞谋福祉办实事的真心实意。两岸经济交流与合作筚路蓝缕，三十载风雨兼程春华秋实。当前两岸关系面临关键抉择，一则以危、以忧，反之则安、则喜。随着大陆政治、经济、军事、外交、文化综合实力的快速增强，解决台湾问题的主动权在大陆。当前两岸关系的时代主题依然是坚持“一个中国”原则下的和平发展。对台工作方向则从过去的“三通”（通邮、通航、通商）转向“通心”，抓手之一是“落实同等待遇”，促进心灵契合。

习近平总书记指出，两岸关系和平发展的根基在基层，希望在青年。我们要为两岸青年学习、就业、创业、交流提供更多机遇，创造更好条件，使两岸基层民众尤其是青年一代成为推动两岸关系发展、实现民族振兴的重要力量。近年来，两岸青年交流呈现出常态化、多样化的良好态势。参与大陆的“双创”热潮成为海峡两岸青年交流的关键词，也成为两岸关系融合发展的新增长点。国台办已在 12 个省市授牌设立了 53 个海峡两岸青年就业创业基地和示范点，吸引 1000 多家台资企业和团队入驻，为台湾青年提供多样化平台。2017 年年底，据台湾《远见》杂志所做的民调，现在台湾有六成年轻人愿意到大陆工作，而不愿意的年轻人只占三成八。据台湾《联合报》民调，有 40% 的民众表示愿意赴大陆就业，有 38% 的家长愿意让孩子来大陆读书，创 8 年来新高。

与此同时，台统计部门公布的数据显示，扣除物价指数增长影响，近10年台湾人均月薪每年仅增长 0.1%。长期低薪的环境是台湾人才外流的主因，而大陆经济快速增长，建设日新月异，对台湾青年的吸引力与日俱增。台当局的统计数据显示，过去十年间台湾境外就业人口由 34 万激增至 72.4 万，其中赴大陆就业者最多，十年间由 29 万增加至 42 万。数据还显示，境外就业者中，大专以上学历占 72.5%，显示外流者以技术专业人才为主；35 岁以下的年轻人占比达 1/3，显示越来越多的台湾年轻人选择到境外就业。

二、台湾青年在大陆创业就业面临的困境

然而，两岸社会发展存在差异，台湾同胞融入大陆需要一个适应过程，涉世未深的台湾青年在相对陌生的大陆市场创业更容易遭遇失败挫折的打击，就业也面临不少政策障碍。

一是台湾青年大陆创业有较高的期望值。台湾青年赴大陆创业最希望的是能获得更好发展、更高收入。台湾青年有优越感，不愿在大陆从事中低端行业，对盈利要求高。调查显示，预期年收入 10 万 ~ 20 万元（人民币）的占 43.5%，20 万元以上的占 48.9%。但实际上，企业初期面临重重困难，前期要持续投入，实现盈利需较长时间。

二是早期台商到大陆投资成功率高，主要是因创业多年，积累了较雄厚的资本与商场历练，技术、管理、营销都较为拿手，且当时台湾经济发展水平较大陆领先很多，产业优势明显。然而现阶段，两岸发展差距迅速缩小，市场竞争激烈程度上，大陆比之台湾有过之而无不及，台湾青年执行力、行动力和拼搏精神已没有太多的优势。

三是台湾青年从小的成长环境、教育经历、文化习惯、思维理念等与大陆差异较大，创业又没有深入市场调查，普遍缺乏专业培训、资金和项目，对大陆的行政、法律、市场、文化了解把握不准，起步较艰难，后续应对困境的“备用之招”也不多。面临经营成本与市场开拓的多重压力与挑战，创业成功率平均不到 30%。

四是台湾青年不少是初次来大陆或是初次创业，缺乏人脉和经验，产品

推广的难度很大，导致创业失败率很高，若没有得到及时的辅导和帮助，会使得这些创业失败的青年铩羽而归，产生负面情绪，回到台湾后反而成为台当局负面宣传的典型，以致于影响到台湾青年后续“登陆”热情。也有不少人的创业资金是跟亲戚朋友借的，没面子回台湾面对，在大陆创业失败后又找不到工作，有的就自暴自弃。

五是创业初期资金缺乏是每个创业者一定会遇到的问题，台湾青年也不例外。大陆不少地方为创业台湾青年提供优厚条件，如提供办公场所租金补贴、个人房租补贴及创业补助金等。然而，这些补助金都要创业满一年后才能申领。而大陆城市生活成本不低，一年开销 5万 ~ 10 万元，加上开办公司的费用，带个 50 万新台币来大陆创业，撑不到一年就没有资金了，不得不放弃。有些台湾青年认为政府补助是“水中月”，看得到、拿不到，即使满一年申请补助时又会发现每年条件都在变化，因而申请很久还拿不到补助金。

三、鼓励台湾青年来大陆创业就业的对策

为此我们建议：政府对台湾青年的扶持帮助，不仅应在创业过程中“锦上添花”，更要在创业失败后“雪中送炭”；不但要辅导鼓励台湾创业青年来大陆创业就业，更要扫清障碍为台湾青年到大陆创业就业创造更多机会。

（1）媒体要客观宣传台湾青年在大陆创业的现实环境。中国经济发展进入新常态，处于产业升级与结构调整的阶段，内外需增长放缓，传统产业收缩、传统动力减弱，没有过硬的技术和本领，创业成功率不会高。不要认为创业是一件一夜暴富的事；要提前做好准备，扬长避短，认清所选择的行业；抛弃赚快钱的想法，稳扎稳打。

（2）台湾青年创业项目因缺乏人脉和关系的支持导致产品推广难，政府应在政策上精准发力，通过提供全国范围各类相关展会和节庆活动的展览费用补助，让台湾青年创业团体组团参展，打开市场，扩大影响，多承接订单。

（3）政府允诺提供的创业启动资金、创业贷款担保、参赛项目支持、培训经费资助、办公场所及居住用房租金补贴等优惠政策要及时兑现，台湾青年创业满半年就可以申请，简化审批流程，方便及时拿到补助金，缓解资金压力。

（4）提升创业就业服务的精准度，让台湾青年融入大陆发展。一是实现相关政策解析、就业创业、生活帮助等综合服务“一个窗口”。二是建立创业导师队伍，组织培训活动，为台湾青年提供就业创业咨询、培训、辅导、对接、互动、申报审批等全方位的信息服务。三是将在大陆就业的台籍人士纳入住房保障范围，无房或住房困难的台胞可申请公租房。四是解决缴交医社保的问题，允许台湾青年返台时，大陆工作期间所缴交的医社保予以全额退保结算。

（5）多为台湾青年融入大陆创造就业岗位。鼓励大陆机关事业单位、高等学校、职业院校、中小学、学前教育、科研机构、国企、民企推出更多针对台湾青年的岗位，拓展线上线下两地联动招聘模式。鼓励更多台资人力资源服务机构来大陆设点，为大陆台湾青年就业服务。打造更多就业支持平台和实训基地，建设更多对台青少年研学旅行基地。

（6）迄今为止，大陆设置的 42 类 48 项职业资格考试，厦门已向台湾开放39 类 40 项，厦门还是全国开展台湾地区居民专业技术职务任职资格评审试点工作的唯一地区。因此在开放台湾同胞职业资格考试方面已无太大政策空间，应将思路转向寻求可能的领域和行业，先试先行。如，直接认可台湾地区的教育学历、专业考试资格和职业等级；扩大法律、咨询、建筑、规划、工程、医师、护师、药师等的执业范围；扩大对台湾服务业开放，以增强对台湾高端人才的吸引力。

（7）长期以来，大陆涉台立法始终以台商大陆投资立法为主，然而，两岸关系发展迄今，对台工作从侧重引进资金、技术、管理转向大力吸引台湾优秀人才，现行立法框架中侧重于台商投资这一特定领域的立法模式的结构性缺陷已开始显现。应积极思考制定综合性的“台胞权益保护法”。

（8）如果相关的“给予台胞同等待遇”的政策措施因时机不成熟暂时无法在祖国大陆全面放开和推行，建议允许在厦门市乃至福建省先行先试，试点成熟后再全面推广。如：取消台胞就业要办理许可证的政策，改为备案登记制；允许在大陆长期居住的台湾同胞以独立个人身份参保，享受大陆户籍人员同等的社保权益；允许台胞以独资形式开设诊所、门诊部、体检机构、医学检验机构；允许设立台资独资人才中介机构或职业介绍机构；扩大面向台胞招录政府聘任制公务员的范围，如农业、卫生、防灾、建筑、环保、水利等专业技术较强的岗位；取消聘任事业单位人员必须在大陆取得全日制硕士以上学位的限制；允许中小学聘用美术、音乐、体育等领域的台湾教师；取得台湾地区高校、大陆高校相关学历的台籍学生可参加医疗卫生系统的补充工作人员考试；扩大台胞的政治参与，允许台湾同胞依法参选市级人大代表，扩大台湾同胞实际担任各级人大代表、政协委员的人数。

课题指导：陈永东
课题执笔：张思鹭
完成时间：2018年6月

大事记

DA SHI JI

厦门市工商联（总商会）2018 年大事记

日期	事　件
1月4日	厦门市工商联（总商会）牵头组织，上海市厦门商会承办的首届异地厦门商会会长联席会在上海召开。来自北京、上海、河北、西安、广西、贵州等地的厦门商会会长和秘书长参会，邱加海副主席主持会议。
1月4日	台湾三三企业交流会及三三青年会到访厦门市工商联（总商会），蓝萍副主席和总商会青年工作委员会主任陈朝宗等接待了三三会一行。
1月7日	厦门市工商联（总商会）副主席、政协第十三届政协委员、均和（厦门）石化有限公司总经理施正贤代表厦门市工商联（总商会）在第十三届厦门市委员会第二次会议上作《进一步提升发展环境 弘扬企业家精神》发言。
1月11日	蓝萍副主席会见菲律宾瓜拉雪兰莪暨沙白安南县中华商会会长陈栢铨一行。
1月11日	蓝萍副主席接待了来访的江西省工商联党组成员、副主席洪跃平一行。
1月14日	蓝萍副主席和叶正辉秘书长陪同全国工商联研究室主任林泽炎一行六人和省工商联党组成员、副主席兼秘书长陈飚走访、考察了松霖科技股份有限公司和金旸集团有限公司，并召集七匹狼集团、金牌橱柜、大博医疗科技股份有限公司、姚明织带饰品有限公司等六家总商会会员企业代表围绕“推动高质量发展”主题展开座谈。
1月20日	厦门市工商联（总商会）主办的“2018百商万人献血公益行”启动仪式在厦门湖里区万达广场举行，柯希平主席、陈永东书记、王瑞祥副主席、叶正辉秘书长等厦门市工商联（总商会）领导，市卫生与计划生育委员会领导、中心血站领导，以及各商协会代表们出席了仪式。会上为热心公益献血活动的爱心企业颁发了奖牌。
1月21日	厦门市工商联（总商会）十三届三次执委监事（扩大）会议在国家会计学院召开。会议由党组书记、常务副主席陈永东主持，柯希平主席、郑金泉监事长和蓝萍、陈福祥、范清华、林志雄、施正贤、洪明显副主席，叶正辉秘书长及十三届常委、执委、监事、团体会员300多人参加了会议。会上向参与甘肃省临夏州精准扶贫行动的会员企业、企业家和商协会颁发捐赠证书，市光彩事业促进会向市残联、第一医院分别捐赠15万元，向2017年入会的16家团体会员颁发了牌匾，介绍了即将正式上线的厦门总商会APP使用方法。会议特邀了厦门市发改委主任张志红作厦门经济社会发展情况专题报告。

1月24日	厦门市工商联（总商会）主席、会长柯希平连任第十三届全国政协委员，名列经济界130人名单中。柯希平同时为全国工商联第十二届执委会常委，中国光彩事业促进会常务理事，福建省工商联副主席，厦门市政协常委。
1月26日	厦门市工商联（总商会）主办、厦门市宿州商会承办的“2018年第一次商（协）会秘书长联席会”在亚洲海湾大酒店举办，近百家商协会的秘书长参会。厦门市工商联（总商会）秘书长叶正辉在会上做了工作部署，并倡议更多商协会参与到甘肃省临夏州2018年帮扶中来。
1月30日	厦门市工商联（总商会）党组在315会议室召开2017年度民主生活会，驻市委统战部纪检组副组长许生德、市委组织部非公办副调研员陈志泉同志到会指导，党组书记陈永东主持会议。
1月29日	在厦门市工商联（总商会）的牵线搭桥下，大博医疗股份有限公司副总裁阮东阳和国家电网厦门供电公司副总经理许志永等在厦门市工商联（总商会）会议室面对面商量解决大博医疗高速成长过程中碰到的用电难题。
1月25日	厦门市工商联（总商会）蓝萍副主席、经济联络部主任许宏伟参加了在北京召开的全国工商联经济服务工作会议。
1月26日	由厦门市工商联（总商会）主办、厦门市宿州商会承办的“2018年第一次商（协）会秘书长联席会”在亚洲海湾大酒店举行，叶正辉秘书长参加会议并做工作部署。
1月29日	厦门市工商联（总商会）特邀国家电网厦门供电公司到会与大博医疗股份有限公司面对面商量解决该公司高速成长过程中碰到的用电难题。蓝萍副主席主持座谈会。
2月6—9日	厦门市工商联（总商会）领导班子开展系列新春慰问活动，分别带队赴同安走访慰问了同安某部队官兵；前往结对共建社区嘉莲街道莲兴社区慰问50户贫困户；赴中山路与机关离退休老同志座谈；赴同安东宅村慰问对口帮扶的三户贫困户。
2月7日	厦门市工商联（总商会）执委、监事第二小组与企业文化委员会部分成员在五缘湾莲福美术馆举行交流座谈会，畅谈企业文化建设工作。蓝萍、陈琦琪副主席，叶正辉秘书长等三十多人参加了活动。
2月11日	厦门市工商联（总商会）党组召开专题会议学习贯彻十九届中央纪委二次全会、省十届纪委三次全会、市纪委十二届三次全会主要精神及市委统战系统党风廉政建设和反腐败年度工作会议精神。机关处级以上干部参加学习，陈永东书记主持会议。
2月23日	陈永东书记、蓝萍副主席、叶正辉秘书长走访恒兴集团和海澳集团，向柯希平主席、郑金泉监事长拜年，并走访海沧区工商联。
2月24日	厦门市工商联（总商会）召开了2017年度领导班子述职暨民主评议会议，市委组织部非公办副调研员陈志泉同志到会指导监督，全体机关干部参加会议，党组书记陈永东主持会议。
2月27日	厦门市工商联（总商会）召开2017年度领导班子成员述责述廉暨评议会议，会议由陈永东书记主持，机关处级以上干部参加了会议。

2月28日	陈永东书记，蓝萍、邱加海副主席走访厦门市龙岩商会、厦门市漳州商会和厦门市上杭商会。
3月6日	陈永东书记、蓝萍副主席、叶正辉秘书长走访厦门市江西商会和厦门市山西商会。
3月7日	陈永东书记带队到国际会展中心走访参加第十八届中国厦门国际石材展览会的会员企业。
3月8日	2018年第一次市区工商联书记联席会议在厦门市工商联（总商会）315会议室召开，各区工商联书记分别总结了2017年工作情况，汇报了2018年工作计划，并对厦门市工商联（总商会）工作提出意见建议。陈永东书记主持会议，蓝萍副主席、叶正辉秘书长和各部室负责人参会。
3月16—17日	厦门市工商联（总商会）党组书记陈永东，副主席蓝萍、邱加海，秘书长叶正辉等领导带领机关党员、干部赴龙岩古田开展红色历史现场教学活动。
3月19—21日	厦门市工商联（总商会）在602会议室举行为期三天的2018年第一期干部培训班，机关干部职工和各区工商联干部参加培训。
3月24日	厦门市工商联（总商会）投融资工作委员联合厦门市科技经济促进会主办《防范金融风险 促进企业融资》金融公益讲座，特邀两岸区域性金融服务中心开发建设总指挥部副总指挥、办公室主任连任为企业家讲解企业 IPO 之战。
3月25日	厦门市工商联（总商会）3月轮值活动——“民营企业‘走出去’实务与思考”专题沙龙在鸿星尔克集团大厦举办。厦门大学原校长、厦门大学一带一路研究院院长朱崇实，中国出口信用保险公司厦门分公司总经理郑忠平作为特邀嘉宾出席，厦门市工商联（总商会）60多个位会员企业参加，叶正辉秘书长主持沙龙。
3月28日	工商联界别活动小组召集人陈永东带领工商联界别活动小组成员、总商会参政议政委员会成员走访三安光电股份有限公司和奥佳华智能健康科技集团股份有限公司，并主持召开座谈会听取部分市政协委员对有关工作的意见建议。
3月30日	陈永东书记、叶正辉秘书长、厦门市工商联（总商会）副监事长、厦门伟合控股有限公司董事长曾建华接待锦州市工商联主席一行，并开展交流座谈，签订友好商会协议。
4月8日	机关党支部开展4月份主题党日活动，特邀市公安局扫黑办王前明警官作扫黑除恶专题培训，全体党员干部职工在会上签订了《承诺书》。
4月8日	蓝萍副主席、叶正辉秘书长接待日本大阪福建同乡会常务理事陈善明一行，双方就推进厦门与大阪的经济合作，加强两地商会及企业交流，促进两地经贸合作进行探讨。
4月11日	蓝萍副主席接待北京市东城区委统战部副部长、区工商联党组书记郝国信一行，座谈会后双方签订了友好商会合作协议。

4月13日	陈永东书记走访厦门燕之屋生物工程发展有限公司，向董事长黄健了解企业刚遇到的困扰，支持鼓励燕之屋用实际行动捍卫企业及品牌形象，尽快度过发展困扰。
4月14—20日	由厦门市工商联（总商会）和市经济管理学院联合举办的厦门市非公经济第十八期经营管理研修班（厦门市第五期商协会会长班）在经济管理学院和清华大学举行。邱加海副主席和经管学院周钟晋副院长带领学员到清华大学开展了为期4天的集中培训。
4月15日	厦门市工商联（总商会）4月轮值活动——“经济新常态下的投资热点”主题沙龙举办，郑金泉监事长和施正贤、洪明显、林志雄、陈琦琪副主席及厦门市工商联（总商会）40余名企业家参加，叶正辉秘书长主持沙龙。
4月19日	陈永东书记、蓝萍副主席及近十位商协会、企业代表与莅会调研的省工商联副主席陈建强一行就“民营企业高质量发展”问题进行座谈。
4月26日	厦门市工商联（总商会）主办的“甘当‘店小二’，服务好民企”系列活动之税企、科企直通车活动在602会议室举办，100多位企业代表参加。陈永东书记、蓝萍副主席，叶正辉秘书长出席，副主席、4月份轮值会长、均和（厦门）石化有限公司总经理施正贤主持。
4月27日	厦门市工商联（总商会）主办的“甘当‘店小二’，服务好民企”系列活动之一站式府服务年检在602会议室举办，当天为80多家市工商联所属商协会集中年检，69家一次性通过。
4月28日	厦门市工商联（总商会）主办的“甘当‘店小二’，服务好民企”系列活动之银企对接会在602会议室举办，100多名企业家代表及10家银行代表参加。市金融办总经济师姚志萍，蓝萍、施正贤副主席，叶正辉秘书长出席活动。
4月28日	厦门市庆祝“五一”国际劳动节暨表彰五一劳动奖状（章）大会在工人体育馆举行，厦门市工商联（总商会）经济联络部主任科员骆小兰荣获2017年度厦门市五一劳动奖章。
5月3日	厦门市工商联（总商会）2018年信息、宣传、调研、提案工作会议召开，各商协会和会员企业信息员代表参加会议。
5月9日	厦门市工商联（总商会）党组中心组专题学习习近平总书记在纪念马克思诞辰200周年大会上的重要讲话。党组书记陈永东主持会议并讲话，机关处级以上干部参加学习。
5月11日	厦门市工商联（总商会）召开全面从严治党暨党风廉政工作会议，公布了厦门市工商联（总商会）党组2018年全面从严治党主体责任清单，举行了2018年党风廉政建设责任书签订仪式。党组书记陈永东主持会议，机关全体干部参会。

5月11日	机关党支部开展“共庆改革开放40年、共学讲话精神、共话岗位奉献”主题党日活动，深入学习习近平总书记在博鳌亚洲论坛2018年年会开幕式和庆祝海南建省办经济特区30周年大会上的重要讲话精神。陈永东书记，邱加海、林志宏副主席及全体党员参加。
5月21日	陈永东书记、林志宏副主席和莅会调研的上海市工商联（总商会）副会长、虹口区工商联（总商会）主席（会长）、森信投资控股（集团）有限公司董事长王文其一行座谈。
5月23日	5月会长轮值活动——加强企业品牌建设，打造厦门城市名片主题沙龙在七匹狼公司举行，副主席周永伟、潘孝贞及30多位企业家参加活动，叶正辉秘书长主持。
5月24日	机关党支部走进厦门市消防支队特勤大队，开展“推动军地融合．共建平安厦门”主题实践活动。
5月25日	厦门市工商联（总商会）主办的厦门市商协会秘书长联席会2018年第二次会议在和悦大酒店召开，100多名商协会秘书长参加，陈永东书记、邱加海副主席出席并讲话。
5月31日	陈永东书记以《学习贯彻（2018）宪法修正案，弘扬宪法精神》为题讲了党课。 这也是市工商联“学习贯彻习近平新时代中国特色社会主义思想”专题系列培训的第一场培训。
6月1日	机关党支部和机关工会联合组织干部职工走进厦门总工会旧址陈列馆，开展“重温工会历史 传承红色文化”主题党日暨机关工会学习教育活动，30多名干部职工参加活动。
6月4日	厦门市工商联（总商会）特邀中共厦门市委党校法学教研部副教授谢进主讲《全面推进“一带一路”倡议》，机关干部和20多个商协会代表共50余人参加。这是“学习贯彻习近平新时代中国特色社会主义思想”专题系列培训的第二场培训活动。
6月6日	叶正辉秘书长陪同全国工商联联络部马君一行调研参与“一带一路”企业，走访了厦门大洲集团和厦门万里石集团。
6月8日	机关党支部第一党小组党员到厦港街道互联网青年信仰空间开展“走进互联网党群空间”主题实践活动，学习互联网企业党建先行先试工作经验。陈永东书记和林志宏副主席作为普通党员参加活动。
6月13日	林志宏副主席与莅会调研的西藏自治区昌都市工商联党组书记瞿泽刚一行进行了座谈。
6月14日	陈永东书记、邱加海副主席、叶正辉秘书长走访调研厦门市长泰商会、厦门市萍乡商会。
6月14日	厦门市工商联（总商会）“2018第二次市、区工商联党组书记联席会议”在厦门惠和腾飞园林古建筑工程有限公司召开，陈永东书记，邱加海、林志宏副主席，叶正辉秘书长及各部室负责人、各区工商联书记参加本次会议。

6月20日	党组召开中心组（扩大）学习会议，深入学习研讨《习近平新时代中国特色社会主义思想三十讲》。
6月29日	厦门市工商联（总商会）举办第六期会长轮值活动，走进金　新材料科技有限公司，探讨“新时代·新模式·新经济”。林志宏副主席，黄建设、杨清金、吴松柏、陈金火等副会长参加活动。
7月2日	机关党支部在总商会602会议厅隆重举办了纪念建党97周年主题党日暨“非公领域党支部进工商联机关”党建交流分享会。
7月9日	厦门市工商联（总商会）于市民政局、厦门自贸片区管委会联合召开2018年厦门市商（协）会信用体系建设推进会，十五家商协会代表参加会议。邱加海副主席主持会议。
7月9日	党组召开党风廉政建设专题会议，总结2018年上半年党风廉政建设主体责任落实情况，提出存在的问题，分析讨论整改措施。驻市委统战部纪检组组长陈善志、副组长许生德列席并指导。
7月13日	厦门市工商联（总商会）联合六区工商联（商会）召开“学习晋江经验助力民营经济高质量发展”座谈会，厦门市工商联（总商会）副主席、副会长和商协会代表近50人出席，林志宏主持会议。
7月18日	林志宏副主席接待了来访的四川省工商联党组成员、副主席袁明等一行8人，并与之进行了座谈交流。
7月20日	厦门总商会第七小组成员一行到访英良集团五号仓库开展会长轮值活动，学习交流了关于弘扬企业家精神、高质量发展的热点话题。
7月24日	厦门市工商联（总商会）组织数十位企业家“深入”晋江探访“晋江经验”。陈永东书记，郑金泉监事长，邱加海、林志宏、王瑞祥、陈琦琪、施正贤等副主席和叶正辉秘书长参加了此次活动。
7月25—27日	由厦门市工商联（总商会）和市委组织部、城市党建学员联合举办的全市商协会党建研修班，在厦门软件园三期“创＋会议中心”举办。近60多个商协会的党支部书记、支委及部分未成立党组织的商协会的秘书长参加了培训。
8月9日	总商会大讲堂之“共建廉洁社会，营造良好营商环境”主题讲座在602会议室举行，市监察委宣传部副部长沈培峰浅谈非公有制企业职务犯罪的惩防思考。邱加海副主席、五十多个商协会代表和机关干部参加。
8月10日	叶正辉秘书长会见来访的澳大利亚厦门商会暨联谊会会长陈壬女士一行。
8月1—4日	叶正辉秘书长率经济联络部许宏伟主任等，会同市商务局先后赴合肥、太原组织招商推介。
8月11日	陈永东书记陪同李辉跃副市长带领西藏自治区人民政府副主席甲热·洛桑丹增率领的代表团一行20多人参观厦门市工商联（总商会）会员企业美亚柏科信息股份有限公司。

8月21日	在党组书记陈永东主持下，市工商联党组理论学习中心组以巡视整改为专题开展集中学习，机关党组成员、全体处级干部参加了学习。
8月24日	厦门市工商联（总商会）党组根据市委统一部署要求，召开“落实中央巡视组巡视整改意见专题民主生活会”，陈永东书记主持会议，党组成员邱加海、林志宏、叶正辉出席，市委统战部驻部纪检组副组长许生德列席了会议。
8月25日	厦门市工商联（总商会）在副会长单位泉舜集团中心10层会议厅召开第十三届四次主席（会长）会，主席（会长）柯希平，党组书记、常务副主席陈永东，监事长郑金泉，副主席邱加海、林志宏、王瑞祥、邹剑寒、陈琦琪、周永伟、洪明显、姚明、潘孝贞及本会副会长、副监事长、秘书长共43人参加了会议。
8月26—31日	陈永东书记应邀率团赴台经贸交流，在台期间与11家工商社团100多名工商界人士交流座谈，宣传推介厦门。并与台北市商业会专题研洽两岸商人节活动。
8月28日	厦门市工商联（总商会）举办8月会长轮值活动，参观弘信电子和云创智谷并展开座谈。叶正辉秘书长参会，副会长、厦门市莆田商会会长、福建巨岸集团董事长陈文豹主持会议。
9月3日	厦门市工商联（总商会）党支部举办九月主题党日活动，市委党校党史党建教研部副主任、教授牛君以“习近平新时代中国特色社会主义思想”为题，为40多名所属商协会、非公企业党支部负责人，党员及机关干部授课。
9月10日	由厦门市工商联（总商会）主办、厦门市沙县商会承办的“2018年第三次商（协）会秘书长联席会”在君隆酒店举行。邱加海副主席、叶正辉秘书长，出席会议。
9月11日	陈永东书记会见了到厦调研的平潭综合实验区党工委党群工作部副部长、工商联党组书记欧勇率领的平潭综合实验区工商联考察团一行6人，叶正辉秘书长等参与了座谈。
9月13日	市工商联党组理论学习中心组开展集中学习研讨，以《习近平谈治国理政》（第一、二卷）和《习近平新时代中国特色社会主义思想三十讲》为学习材料，围绕全面依法治国和意识形态工作专题开展学习研讨。机关处级以上干部参加了学习。
9月13日	厦门市工商联（总商会）组织机关全体党员、干部，开展集中学习讨论，专题学习新修订的《中国共产党纪律处分条例》（下简称《条例》）。党组书记、常务副主席陈永东主持会议，并亲自作了宣讲解读。
9月14日	厦门总商会文化专委会工作会议在巨岸集团总部举行，市工商联（总商会）党组书记陈永东、副主席邱加海，市工商联副主席、市女企业家协会会长、创鑫投资集团有限公司董事长陈琦琪，及新一届文化专委会成员出席活动。

9月17日	在参加了为期2天的市管干部深入学习贯彻习近平新时代中国特色社会主义思想专题班集中轮训后，厦门市工商联（总商会）党组再次组织理论学习中心组集中学习，党组书记陈永东主持，全体处级以上干部参加了学习研讨。
9月17日	邱加海副主席接待莅会拜访的由台湾中华消防协会名誉理事长赵钢一行，并就消防领域产业的信息对接、资源共享、产业协作展开座谈。
9月21日	厦门市工商联（总商会）组织部分非公经济人士、年轻一代企业家、所属商协会党组织代表和机关党员、干部共50余人，赴集美区陈嘉庚纪念馆开展以“传承嘉庚精神，积极践行社会主义核心价值观”为主题的非公经济人士理想信念教育实践活动暨以“学习新思想，担当新作为”“贯彻新思想，廉洁过双节”为题的集中学习教育活动。
9月26—27日	陈永东书记率团赴甘肃省临夏州和政县、永靖县对接厦门市工商联（总商会）推进东西部扶贫协作工作。副主席周永伟、范清华，副会长廖志南、唐国钟、蔡艺卓，秘书长叶正辉、经济联络部主任许宏伟等随团考察。考察团走访慰问了六户建档立卡贫困户，考察了八个扶贫车间，并与两县有关部门对接在新能源光伏扶贫、增资扩产扶贫、劳务扶贫、技能扶贫等方面的意向项目。
9月28日	贵州省厦门商会成立庆典在贵阳世纪金源酒店举行，贵州星兴建工投资有限公司董事长冯敦星荣任首任会长。市政协副主席黄学惠，市委统战部副部长、市工商联党组书记陈永东，贵州省工商联副书记、副主席谭亦先等出席会议。
9月29日	全国异地厦门商会会长联席会在贵阳市世纪金源大酒店召开，来自北京、上海、西安、广西、河北、贵州等地的厦门商会会长、副会长、秘书长、副秘书长及来自沈阳、云南的厦门商会拟任会长近20人参加了会议。秘书长叶正辉主持会议，陈永东书记出席并讲话。
9月29日	9月份会长轮值活动在奥佳华智能健康科技集团股份有限公司举行，奥佳华董事长邹剑寒分享了《中国新风行业研究报告》，邱加海副主席、廖志南副会长等参加了活动。
9月30日	市工商联机关党支部在315会议室召开党员大会，进行换届选举。会议选举产生了新一届党支部委员会委员，林志宏、曾志超、冯佐行、叶泉生、林必升、刘军荣、叶红莲等七位同志当选。
10月9日	厦门市工商联（总商会）副主席、机关党支部书记林志宏带队到海沧厦门远海集装箱码头有限公司和湖里厦门自贸区管委会进行参观学习体验，开展党支部十月份党日主题活动。
10月17日	厦门市工商联（总商会）和市光彩事业促进会在1楼组织开展“汇聚民企正能量，打好脱贫攻坚战”国家扶贫日活动。随后召开“扶贫工作座谈会”，90多家商协会代表参会。

10月19日	厦门市工商联（总商会）特邀市委党校党史党建教研部讲师、博士付小红莅会作《党性修养与廉洁政治建设——关于违法违纪典型案例的若干思考》专题报告。机关全体党员、干部和所属商协会党支部书记共80余人到会听讲。
10月24日	市工商联召开专题会议学习习近平总书记给“万企帮万村”行动中受表彰的民营企业家回信精神，研究部署贯彻落实意见。陈永东书记，郑金泉监事长，邱加海、林志宏、杨清金、王瑞祥、陈琦琪等副主席，叶正辉秘书长以及商协会会长、民营企业家代表参会。
10月31日	由厦门市工商联（总商会）代拟的《关于促进民营经济健康发展的若干意见》（厦委发〔2018〕26号）由市委市政府正式印发。该《意见》从6个方面提出了30条惠企措施。
11月1日	厦门总商会和台北市商业会联合主办的2018中国（厦门）商人节活动在厦门国际会议中心酒店正式启幕，全国工商联党组成员、副主席王永庆，福建省委常委、统战部部长雷春美，福建省委常委、厦门市委书记裴金佳，福建省政协副主席、省工商联主席王光远，厦门市委副书记、市长庄稼汉，厦门市人大常委会主任陈家东，厦门市政协主席张健，台北市商业会副理事长陈春铜等领导出席。开幕式上还举办了60家厦门市2018—2019年度龙头骨干民营企业授牌仪式、《厦商风华：改革开放40年 敢勇当先40人》新书发布仪式、“海丝”城市商会联盟成立仪式。
11月2日	厦门市工商联（总商会）召开座谈会学习习近平总书记在民营企业座谈会上的讲话精神，陈永东书记传达了习近平总书记的讲话内容，分享了学习体会，并对厦门市工商联（总商会）今后的工作重点提出了的要求。
11月8日	晋中市工商联考察团一行10余人由市委统战部副部长、市工商联党组书记郭宇佳带队莅临厦门市工商联（总商会）调研，邱加海副主席、叶正辉秘书长与之座谈交流，双方签订了友好商会合作协议。
11月9日	市民营办组织召开贯彻落实市委市政府《关于促进民营经济健康发展的若干意见》工作部署会议，市民营办各组成单位及《意见》各责任单位相关负责人参会，陈永东书记主持会议。
11月9日	陈永东书记与来访的中共西安市委常委、市委统战部部长史晓红，西安市政协副主席、市工商联主席王欢畅一行座谈，双方就厦门的“商人节”和西安的“企业家节”进行深入交流。
11月14—16日	厦门市工商联（总商会）开展了为期3天的2018年度第二次机关干部培训，全体机关干部、工作人员和部分区工商联干部30余人参训。
11月19日	陈永东书记在总商会315会议室主持召开工商联界别就市政协十三届三次会议大会发言调研座谈会。市政协经建委主任朱奖思，市政协委员、市工商联副主席邱加海，市政协委员、均和（厦门）石化有限公司总经理施正贤等十几位工商联界别政协委员和企业代表参会。

11月30日	“养身益心精气神，太极走进企业家”为主题的会长轮值活动在华祥苑儒士馆举行，特邀“太极禅”名师张天啸讲授太极精要，并带领企业家习练太极拳。陈永东书记，林志宏、郑勇志副主席和叶正辉秘书长等领导参加了活动。
12月18日	厦门市工商联（总商会）组织机关干部职工观看“庆祝改革开放40周年大会”，学习习总书记在会上的重要讲话精神。
12月6日	陈永东书记接待到访的甘肃省临夏州工商联党组书记苏建明一行，双方就“共同推动民营企业快速发展，助力临夏州脱贫攻坚”的议题进行了探讨。范清华副主席，廖志南、陈金火、蔡艺卓、吴俊昕副会长，叶正辉秘书长，以及厦门市工商联（总商会）企业代表加座谈会。
12月6日	厦门市工商联（总商会）与厦门市中级人民法院联合召开保障民营经济健康发展座谈会。陈永东书记，市中院党组书记、院长王成全，中院党组成员、副院长傅远平及近十位民营企业家出席座谈会。邱加海副主席主持会议。
12月18日	厦门市工商联（总商会）召开领导班子2018年度总结暨民主评议会议。机关中层以上干部参加了会议，党组书记陈永东主持会议。
12月19日	厦门市工商联（总商会）和市司法局、市律师协会在市司法局三楼会议室联合举行全市民营企业“法治体检”专项活动启动仪式。市司法局党组成员、副局长贺菊英，市工商联副主席邱加海出席启动仪式并讲话。
12月20日	厦门市工商联（总商会）组织民营企业代表40余人前往厦门经济特区纪念馆，参观由市委宣传部主办的“厦门 勇立潮头奋进新时代——庆祝改革开放四十周年专题图片展”。
12月26日	厦门市工商联（总商会）经济联络部的骆小兰荣获“全国工商联系统先进工作者”称号，在全国工商联十二届二次执委会议上得到表彰。
12月26日	厦门市工商联（总商会）与市中级法院联合召开“服务保障民营经济健康发展新闻发布会”，发布《关于服务保障民营经济健康发展的十条措施》。陈永东书记和中院党组书记、院长王成全出席会议并讲话。
12月30日	柯希平主席获“改革开放40年40位福建最有影响力企业家”荣誉，此次评选由福建省企业与企业家联合会、福建省广播影视集团、福建省政府发展研究中心、省工商联以及相关厅局共同举办。

厦门市工商联（总商会）2019年大事记

日期	事　件
1月2日	陈永东书记、邱加海副主席与到访的市人社局局长吴新奎一行座谈。双方围绕企业用工、税金费率、继续教育、政策宣传、企业和谐劳动关系联合激励措施，以及针对企业转型升级的“一企一策”培训等展开交流。
1月7日	厦门市工商联（总商会）和市中级人民法院在315会议室召开特邀调解员座谈会，探讨如何开展民企调解工作，并由中院对特邀调解员进行调解培训。市中院立案一庭庭长刘辉煌、法官龙辉，我会会员组织部副主任冯佐行、调研员刘东旭出席会议。
1月18日	厦门市工商联（总商会）在315会议室召开2018年度领导班子成员述责述廉暨评议会议。会议由陈永东书记主持，机关处级以上干部参会，市纪委驻统战部纪检组副组长许生德列席会议。
1月23日	厦门市工商联（总商会）党组召开2018年度民主生活会。市纪委驻市委统战部纪检组副组长许生德、市委组织部非公办主任谢舒展到会指导，党组书记陈永东主持会议。
1月25日	邱加海副主席陪同省政协副主席、省工商联主席王光远一行到厦门慰问优莱柏网络科技有限公司总经理、西安邮电大学特聘教授朱槿。
1月28日	厦门市工商联（总商会）副主席邱加海，副主席、市女企业家协会会长陈琦琪携市工商联机关党支部部分党员和女企业家协会会员前往思明区嘉莲街道莲兴社区慰问15户困难对象并为他们送去年夜饭和新年祝福。
1月29日	厦门市工商联（总商会）副主席、厦门市女企业家协会会长陈琦琪带队，市工商联机关党员志愿者一行前往同安半岭村开展“送爱心年夜饭暨特困户慰问”活动，并与半岭村两委召开精准扶贫工作座谈会，签订了《厦门市城乡精神文明共建协议书》。
1月30日	厦门市工商联（总商会）召开党风廉政建设工作专题会议，学习有关文件精神，总结2018年党风廉政建设和反腐败工作情况并部署新一年的工作。党组书记陈永东主持会议，全体机关干部参加会议。

2月10日	厦门市工商联（总商会）主办的“全国异地厦门商会会长新春联谊会”，以及与市商务局联办的“2019海内外闽商新春茶话会”在宝龙铂尔曼酒店举行，我会主席柯希平，副主席邱加海、林志宏，秘书长叶正辉，商务局副局长洪本祝和50多位来自海内外闽商、全国异地厦门商会会长、秘书长参加会议。市委统战部郑秀文副部长应邀出席。
2月16日	市工商联（总商会）十三届四次执委、监事会暨厦门市光彩事业促进会二届二次理事会在海悦山庄酒店召开。会议由市工商联（总商会）党组成员、副主席邱加海主持，主席柯希平、党组书记陈永东、监事长郑金泉和副主席林志宏、孙少锋、陈琦琪、陈福祥、林志雄、胡精沛、姚明、潘孝贞等在主席台就坐，十三届执委、监事和团体会员会长370余人参会。中共厦门市委统战部副部长何秀珍、本离退休老领导王振玉、市卫计委副主任王挹青、市中心血站副站长曾晓晖、等应邀出席会议。
2月23日	厦门市工商联（总商会）2月会长轮值活动暨大健康寻味药膳活动在厦门八方问健健康管理有限公司举行。活动召集人市工商联副主席、市女企业家协会会长陈琦琪和市工商联秘书长叶正辉，副会长陈金火，副监事长吴国荣等40位常执委（监事）代表参加活动。
3月6日	全国政协委员、厦门市工商联（总商会）主席（会长）、恒兴集团董事长柯希平在全国政协经济界座谈会上作题为“支持民营企业发展的几点建议”的发言。
3月14日	厦门总商会2019“百商万人献血公益行”走进厦门恒兴集团财富中心和五缘湾宝拓大厦，恒兴集团组织了255名爱心人士献血，捐出67400毫升的鲜血。秘书长叶正辉参加活动并致辞。
3月14日	2019年第一次市区工商联党组书记联席会议在集美杏林湾商务运营中心召开。我会党组书记陈永东，副主席、海沧区工商联主席林志雄，副主席、集美区工商联主席王瑞祥，秘书长叶正辉，市工商联机关各部室负责人及六区商会书记、代表出席会议。
3月21日	厦门市工商联（总商会）“2019年第一次商（协）会秘书长联席会”在厦门大学生物馆和厦门大唐景澜酒店举行。副主席邱加海、秘书长叶正辉和100多家商协会副会长、秘书长代表150多人出席活动。
3月22日	党组书记、常务副主席陈永东为厦门市工商联（总商会）机关干部职工上党课，深入解读中央纪委十九届三次全会会议精神。
3月25—29日	厦门市工商联（总商会）和厦门经济管理学院联合举办的厦门市第六期商协会会长班在中国人民大学举办。厦门市工商联（总商会）副主席邱加海和市经管学院周钟晋副院长带领50位商协会会长进行了为期5天的研修课程。

4月9日	市工商联、市民营办联合市税务局举办"减税降费"税联企座谈会。我会主席柯希平，监事长郑金泉、副主席邱加海、林志宏、王瑞祥，秘书长叶正辉和市税务局局长张曙东、副局长陈健、总会计师郑开如及民营企业代表近50人参加会议。
4月16日	我会召开2019年全面从严治党和党风廉政建设推进会，副主席邱加海主持会议，全体机关干部职工参加会议。会议传达学习了有关文件及讲话精神，党组书记与分管领导、各分管领导与各部室负责人分别签订了2019年度党风廉政建设责任书。
4月19日	我会与市委组织部联合举办了"支持民营经济发展"专题培训班开班式，组织部徐俊鹏主持会议。此次培训采取线上线下融合的方式，即集中开班、线上学习、考察研讨相结合。市民营办主任、市委统战部副部长、市工商联（总商会）党组书记陈永东在开班式上作题为"厦门民营经济发展情况及问题对策——坚定信心全力推进民营经济再发展"的主题课。
4月25—27日	我会再次组织部分民营企业家前往甘肃临夏州考察脱贫攻坚产业合作项目。考察团由4月轮值副主席、鼎丰集团（中国）有限公司董事局主席洪明显带队，副主席施正贤，秘书长叶正辉，副会长柯希杰张建辉等企业家代表参与考察。
4月29日	在厦门市招商大会上，省委常委、市委书记胡昌升为包括我会柯希平主席在内的17名厦门市投资顾问颁发聘书。
4月29日	厦门市工商联联合漳州市工商联、泉州市工商联、三明市工商联、龙岩市工商联，在厦门召开闽西南五地市工商联（总商会）第一次联席会议。我会主席柯希平、党组书记陈永东，漳州市工商联党组书记林青，泉州市工商联主席周少雄、党组书记陈晖，三明市工商联主席朱庆添，龙岩市工商联主席郑玉琳、党组书记朱彪仁，厦门市工商联副主席邱加海、林志宏等出席会议。会上，五地市工商联签署了"闽西南五地市工商联（总商会）合作备忘录。
4月30日	厦门总商会大讲堂之2019年 PMP 项目管理标准化工具公益讲座在厦门市领事馆区行政大楼三楼举办，特聘国际项目管理高级培训师邓国林先生围绕"国际标准化项目管理工具在企业中的应用"主题作了生动的讲座，我会会员企业、商协会近百名企业人力资源主管和 PMP 项目兴趣人士参加。
5月8日	厦门市青年企业家联合会成立并召开第一次会员大会，禹道实业集团董事长陈朝宗当选首届会长。市委统战部常务副部长何秀珍，市委统战部副部长、市工商联（总商会）党组书记陈永东、市民政局有关领导参会。市青企联是在厦门总商会年青年工作委员会的基础上广泛发动六区优秀年轻企业家参与成立起来的，现有会员180名，平均年龄不到34岁。

5月9日	林志宏副主席和办公室严旭主任在副主席单位云创智谷接待了延安市工商联主席胡正郁一行，双方展开座谈会并签订了友好工商联合作协议，走访了数家园区内的云创系企业。
5月11日	由北京厦门企业商会举办的厦门市投资环境北京推介会举行，500多位在京中外投资促进机构、商协会、跨国公司、知名企业代表和闽籍企业家参会。全国政协副主席、全国工商联原主席王钦敏，省委常委、市委书记胡昌升出席推介会并致辞。
5月14日	我会与市检察院在财富中心举行了《关于加强沟通协作护航民营经济健康发展的工作意见》的会签仪式，市检察院党组书记、检察长黄延强，党组成员、副检察长张尚清，党组成员、副检察长郑国钦，以及市工商联主席柯希平，副主席林志宏，兼职副主席杨清金、王瑞祥等参加了此次会签仪式。邱加海副主席主持会议。
5月15日	我会召开全市工商联系统调研宣传信息工作会议，总结2018年全市工商联系统调研信息宣传工作，提出下阶段工作要求，表彰信息工作成绩突出的个人和单位，并举办专题辅导。宣传信息部主任刘海星主持会议，副主席林志宏参加会议并讲话。
5月15—17日	我会主办的厦门市工商联第一期秘书长能力提升班在厦门市社会主义学院举办，来自50个商（协）会的秘书长参加了此次培训班。
5月18日	邱加海副主席陪同省委统战部副部长、省工商联党组书记李家荣调研组一行，就贯彻落实工商联所属商会改革和发展的实施方案走访调研了厦门市浙江商会和厦门市物联网行业协会。
5月18日	“中国光彩事业临夏行”厦门项目推介对接暨企业家恳谈会在悦华酒店举行，我会副主席胡精沛、潘孝贞，副会长柯希杰、廖志南等20多位企业家参会。
5月23日	福建省“千企帮千村”精准扶贫行动推进会暨民企参与实施乡村振兴战略工作会议在福州召开，我会主席企业恒兴集团和副主席企业永同昌集团、奥佳华，副会长企业福信集团和厦门市南安商会、泉州、莆田等3家所属商协会上榜《福建省“千企帮千村”精准扶贫行动表扬企业商会通报》名单。
5月21日	我会联合市商务局举办2019厦门市招商推介会（异地商会、行业商协会专场），100多家商协会的会长、常务副会长、秘书长等300多人参加会议。邱加海、林志宏副主席出席会议，叶正辉秘书长主持会议。
5月28日	厦门市浙江商会作为承办单位之一，助力厦门现代服务业基地（丙洲片区）统建区在杭州举办了一场专门针对互联网及文化创意行业的招商推介会，并组织多家企业参会。
5月29—31日	“第一期厦门市商协会专职秘书培训班”在厦门市社会主义学院举办，来自51个商（协）会的专职秘书参加了此次培训班。邱加海副主席参加了开班仪式。

6月6日	市工商联召开“不忘初心、牢记使命”主题教育工作会议，党组书记陈永东主持会议并做动员部署，市委巡回第四指导组组长余江河做重要讲话。市委巡回第四指导组周斌副组长、市纪委驻统战部纪检组陈善志组长莅会指导，市工商联机关全体干部职工参加会议。
6月5日	陈永东书记会见香港贸发局福建代表钟子勤先生一行，双方商议了联合在港举办青年企业家培训、组织企业赴港参加一带一路高峰论坛、亚洲金融论坛等事宜，民营经济部主任曾志超参加会见。
6月10日	邱加海副主席与来访的加拿大福建工商联合总会创会主席林淑如一行座谈交流，我会副会长庄顺茂参加座谈。
6月12日	陈永东书记会见应邀出席第六届世界闽商大会的新西兰非物质文化遗产中心总裁洪承琛一行，秘书长叶正辉、民营经济工作部主任曾志超参加会见。
6月11日	我会联合市民政局在602会议室为96家市工商联所属商协会集中年检。当天共有93家商协会一次性通过年检，合格率达到97%，较去年的84%、前年的61% 大幅提升。
6月13日	“2019年第二次市区工商联党组书记联席会议”在同安区区政府召开。会议传达学习了习近平总书记在“不忘初心、牢记使命”主题教育工作会议上的重要讲话精神，以及《关于开展全国“五好”县级工商联确认工作的通知》等文件精神并部署相关任务。
6月13日	我会与市检察院联合组织厦门总商会顾问服务团部分顾问及企业家参观厦门自贸区海关知识产权保护展示中心。
6月16日	第十一届海峡论坛的重大活动议程首届台湾人才登陆第一家园论坛暨闽台人才融合发展成果展在厦门举办，我会促成了“两岸美容美发专业技能人才联合培训及市场推广”等5个项目的签约。
6月16日	全国工商联副主席王永庆莅厦参加海峡论坛期间，就中美贸易战对民企的影响和民企“走出去”参与一带一路国家投资情况专题调研走访了厦门姚明织带饰品有限公司和福建省民营经济国际合作商会。陈永东书记陪同调研。
6月18日	第六届世界闽商大会在福州召开，开幕式表彰了95位“福建省非公有制经济优秀建设者”，我市14位非公企业家榜上有名，包括我会副主席孙少锋、杨清金、陈福祥、林志雄、周永伟、洪明显、姚 明，副会长陈文豹，副监事长陈铁铭，常委赖国香，执委魏林棋。
6月18日	由市委市政府主办，市委统战部、市工商联（总商会）、市商务局承办的“闽商大会厦门专场招商推介会”在福州举行，来自26个国家和地区的45个工商社团领袖及精英企业代表，共计150多人参会。我会柯希平主席、陈永东书记、郑金泉监事长出席会议。

6月24—28日	市委统战部和会在上海市社会主义学院联合举办“第四期厦门市年轻一代民营企业家理想信念教育专题培训班”，42名青年企业家参训。
6月25—27日	我会在市委党校举办了为期3天的“不忘初心、牢记使命”主题教育集中轮训，机关全体党员、干部参训。
6月28日	市工商联组织界别委员、会长监事长及各区企业代表调研环东海域新城暨现代服务业基地片区指挥部。海澳集团董事长郑金泉、味友餐饮董事长王瑞祥、中绿食品总裁孙少锋、金旸集团董事长杨清金、巨岸集团董事长陈文豹等30几位民营企业家参加了调研。
7月1—3日	陈永东书记携副主席邱加海、施正贤，副会长蔡艺卓和北京厦门企业商会、厦门市浙江商会、厦门市赣州商会、厦门市青年企业家联合会等商协会会长、会长、秘书长一行共20多人赴甘肃临夏出席了“中国光彩事业临夏行”活动。市政协主席张健代表厦门市出席了活动。
7月2日	和临夏回族自治州福建商会在临夏州委党校召开成立大会，市工商联副主席廖志南当选临夏回族自治州福建商会首任会长。
7月5日	我会机关党支部开展以“不忘初心，牢记使命”为主题的庆祝“七一”主题党日活动。支部书记林志宏主持会议，机关全体党员参加会议，重温入党誓词、对照入党志愿书谈初心感想。
7月9日	辽商总会会长、东软集团董事长刘积仁携副会长、普祺集团董事长刘奇等一行莅临我会副会长单位福信集团考察交流。陈永东书记参加了在福信集团举行的政企交流座谈会。
7月12日	陈永东书记陪同省委统战部部务会成员、省纪委驻省委统战部纪律检查组组长陈章栋一行开展“亲”“清”新型政商关系 调研。实地参观走访了南安商会和四美达科技，并与商协会代表和企业代表座谈交流。
7月14日	中国香港（地区）商会 - 厦门分组成立典礼在厦门凯悦酒店举行，特步公司鞋业产品副总裁陈又诚担任首任负责人。我会监事长郑金泉，副会长黄献荣、蔡艺卓等出席庆典活动。
7月17—18日	我会组织了“追寻红色足迹、铭记初心使命”主题教育现场教学活动，全体机关党员干部和部分非公有制经济人士代表50多人参加。两天内参观了厦门大学革命史馆、厦门破狱斗争旧址、华侨博物馆特展、海堤纪念馆、特区纪念馆、白交祠村、军营村以及马塘精神主题馆、新圩初心馆等红色教育基地。
7月24日	我会主办的“2019年第二次商（协）会秘书长联席会”在厦门惠和石文化园举行，130多家商协会秘书长参加活动。邱加海、林志宏副主席和叶正辉秘书长出席活动。

7月29—31日	我会和市商务局招商中心、厦门城市建设发展投资有限公司组成招商小组，由叶正辉秘书长率队赴宁波开展招商推介活动。招商小组走访了宁波恒帅微电机有限公司、宁波微总部科技发展有限公司，并与宁波福建商会开展座谈。
8月1日	新加坡决策科学有限公司（Company name: Decision Science）总裁洪伟勤一行7位新加坡企业家莅厦考察，实地考察了厦门马銮湾新城建设指挥部，并与市工商联、市商务局展开座谈。陈永东书记、潘孝贞副主席和黄建戎、蔡艺卓等副会长参加座谈。
8月5—6日	我会和市商务局组成招商推介小组，由邱加海副主席率队赴陕西招商推介考察。招商小组与陕西省福建商会、西安市厦门商会开展了座谈，并走访了厦门惠风集团有限公司和西安鑫泉建材装饰工程有限公司。
8月9日	我会主席单位、恒兴集团携手中青旅产投（上海）投资管理有限公司与甘肃省永靖县政府共同签订总投资达30亿元的永靖黄河三峡文旅项目合作开发协议。
8月13—14日	我会和市马銮湾招商部组成招商小组，在林志宏副主席的带领下赴广西南宁开展招商推介。招商小组在广西厦门商会的牵线下，走访了南塑管业、中都新世界、弘信城、泉港江南企业总部、弘都城、大唐地产等多个厦门企业及其在南宁的项目。
8月22日	我会会长企业恒兴集团上榜全国工商联“2019年中国民营企业500强”，位列第第484位。福建22家民企上榜（数量位居全国第6)，厦门占3家，另两家分别是盛屯矿业集团 (273)、禹洲集团 (349)。
8月28日	我会在突击联盟厦门实弹射击俱乐部开展“庆‘八一’迎‘国庆’射击比赛”，20队来自市工商联（总商会）会员企业、团体会员的非公经济人士参赛。
8月29日	由我会和市科技局主办的“‘三高’企业政策辅导与经验分享座谈会”在巨岸集团举行，围绕如何成为“三高”企业以及我市新出台的21条“三高“企业扶持政策进行探讨。叶正辉秘书长参加了活动。
8月30日	市检察院联合我会和火炬高技术产业开发区管委会开展“检察护航民企发展”检察开放日活动，实地参观“三高”企业代表——科华恒盛股份有限公司并开展座谈，监事长郑金泉和副主席邱加海、范清华，副会长唐国钟、苏国强等参加了活动。
9月8日	我会联合市商务局举办的“2019厦洽会海内外客商投资推介会”在禹州温德姆至尊豪庭大酒店举行，共有34个海外客商团组、14个大陆省外商会团组、10个大陆企业团组，共计300多家企业参加了推介会。柯希平主席、陈永东书记及多位副主席参会，叶正辉秘书长主持会议。
9月8日	我会在投洽会“厦门国际果蔬产业暨都市农业展览会”创新推出“精准扶贫馆”，展出临夏扶贫超市商品和在临夏州开办扶贫车间的企业产品，同时引导和带动专业人才、先进技术、项目服务和社会资金等资源与临夏州扶贫项目的对接与合作。

9月10日	我会主席企业恒兴集团独资捐建的安溪铁铮幼儿园暨安溪第十五幼儿园正式落成，陈永东书记参加了落成仪式。
9月11日	企业家副主席陈琦琪、范清华和秘书长叶正辉接待了来自澳大利亚联邦昆士兰州阳光海岸市议员珍妮·迈凯女士一行，双方就未来可能在房地产、旅游、食品等方面的合作展开了探讨。
9月24—26日	厦门市工商联党组成员、副主席林志宏，经济联络部高兵、办公室黄洁霖、黄伟杰一行4人，前往辽宁开展招商推介。
9月23—27日	厦门市工商联组织60名企业家赴西安交通大学开展企业经营管理培训。
10月13日	结合宣传纪念第6个“国家扶贫日”、第27个“国际消除贫困日”，10月13日，厦门市工商联（总商会）、厦门市光彩事业促进会在五一广场举办“消费扶贫见行动、助力脱贫献爱心”主题消费扶贫活动。
10月12—13日	中共厦门市委统战部、厦门市工商联（总商会）主办的“2019中国（厦门）商人合唱节”初赛在人民剧场进行了2轮精彩的角逐。16支来自各商协会、企业的参赛队伍同台竞技，用嘹亮的歌声向祖国深情告白，展现出厦门民营企业家激昂的爱国情怀。比赛聘请了厦门合唱界资深专家和音乐教育专家组成评审委员团队，经过几位资深音乐人的现场评判，8支晋级合唱团出炉，分别为：厦门市女企业家协会、厦门市泉州商会 、厦门市宁德商会 、厦门恒兴集团有限公司、厦门市江西商会、厦门市江苏商会 、厦门市哈尔滨商会 、厦门集装箱码头集团有限公司。
11月1日	11月1日，2019中国（厦门）商人节在厦门国际会议中心启幕，以“创新创业实践者·奋力追梦新时代”的主题展开
11月8日	厦门召开全市民营企业家恳谈会
11月	为更好地引导我市民营企业专注于擅长领域，走“专特新精”发展道路，推进传统产业转型升级和战略性新兴产业培育，挖掘和带动一批民营企业成为隐形冠军企业，提升我市民营企业的核心竞争力，市工商联积极开展细分领域隐形冠军企业调研
11月8日	省委常委、市委书记胡昌升主持召开市委常委会会议和市委全面深化改革委员会第四次会议，会上审议通过了市工商联等单位深化改革总体方案。市委胡昌升书记充分肯定了市工商联深改方案，认为能够紧扣总书记系列讲话精神和要求，紧扣厦门特点，紧扣新时代工商联工作实际，强调市工商联要加强组织领导，推动方案实施，并在方案组织实施中更好地提升工商联工作水平。

11月28日	市工商联（民营办）在总商会602会议室召开民营企业专题座谈会，就企业享受《关于促进民营经济健康发展的若干意见》（厦委发〔2018〕26号，简称“30条”）的政策情况进行意见征集。该座谈会是市工商联（民营办）根据《中共厦门市委办公厅关于印发＜厦门市2019年督查检查考核年度计划＞的通知》（厦委办〔2019〕12号）要求，开展《关于促进民营经济健康发展的若干意见》（厦委发〔2018〕26号）落实情况专项督查工作的一个督查环节。市委统战部副部长、市工商联党组书记陈永东、副主席何培昆及市民营办部分成员单位（市发改委、市工信局、市财政局）、30家民营企业参加了该座谈会。
12月2—5日	12月2—5日，市工商联林志宏副主席率招商小分队一行4 人赴南京、苏州开展招商推介。
12月7日	全国异地厦门商会会长联席会议在西安召开
12月18日	市工商联（总商会）执委监事会第1和第11组在福信集团旗下的大唐中心举行小组活动，市工商联副主席邱加海、郑勇志，副会长唐国钟和二十多位常、执委、总商会文化专委会成员参加了活动。
12月17日	市工商联召开党组会，专题总结分析了2019年度党风廉政建设情况，提出2020年度党风廉政建设工作计划和意见。会议指出，2019年度市工商联党组压实压紧主体责任抓落实，坚持严格规范，以上率下，作风建设取得明显成效，干部担当作为的精气神凸显出来。
12月24日	福建省委书记于伟国、省长唐登杰与福建省50多位民营企业家代表座谈。厦门市工商联主席、恒兴集团董事长柯希平作为厦门民营企业家代表参加了该座谈会并发言。

附录：民营经济扶持政策汇编

FU LU

中共厦门市委办公厅
厦门市人民政府办公厅
关于进一步完善服务企业长效机制的意见

厦委办发〔2019〕48号

（2019年7月20日）

为深入贯彻落实党中央、国务院关于深化“放管服”改革的决策部署和省委十届八次全会、市委十二届九次全会精神，结合开展“不忘初心、牢记使命”主题教育，围绕市委、市政府“岛内大提升、岛外大发展”等中心工作和全市招商大会部署要求，坚持“亲商、重商、安商、富商”服务理念，突出目标导向和问题导向，进一步完善服务企业长效机制，构建“亲”“清”新型政商关系，强化精准服务、精准指导、精准施策、精准帮扶，持续提升服务效能，不断优化创新创业创造环境，倾情倾力帮扶企业破解难题、增强活力、做大做强，努力推动高质量发展落实赶超，加快建设高素质高颜值现代化国际化城市，特制定如下意见。

一、进一步完善常态化政企沟通协商机制

政企之间积极沟通、良性互动，是优化营商环境的必然要求。当前我市各级政企沟通协商总体趋势向好，政企双方积板主动意识较强，但仍不同程度地存在“大多数以会议代沟通、有工作需要才走访”“有时间就沟通、时间少少沟通”等现象。经济发展新常态下，各级各部门要更加重视政企沟通协商工作，增强服务意识，搭建沟通平台，畅通沟通渠道，进一步健全完善政企沟通协商机制。

1. 服务企业亲情化。各级各部门要把与企业进行对话沟通、为企业提供

服务作为重要的工作制度加以落实。要牢固树立服务理念，主动靠前服务，不断提高沟通技巧和服务能力，真正做到对企业政治上关心、工作上支持、感情上贴近、权益上保护，切实当好服务企业的“保姆”“保安”“店小二”，对本辖区、本行业的每一家重点关注企业基本情况应当做到“五个清楚”，即清楚企业规模情况、清楚企业主营业务、清楚企业营收税收情况、清楚企业行业地位、清楚企业当前困难和思路对策。要创新企业监管方式，寓监管于服务之中，切实做到“依法而管、管而有度”，给企业留足整改时间，允许落实上的“时间差”，避免在某些领域微观执法或金融去杠杆中对企业采取简单粗暴的处置措施。

2. 沟通渠道多元化。认真落实党政领导与企业家恳谈会制度，建立党委、政府与企业、商(协)会分场次、有计划、有重点的沟通协商制度，根据党委政府特别是领导分工、业务领域和工作实际，分层次进行沟通协商。充分发挥市工商联等部门以及行业协会商会的桥梁纽带作用，加强与企业的沟通、会商和交流。采用开通企业服务微信公众平台、建立政企微信群、APP 等现代化信息手段，增强沟通方式的多样化和时效性，实现政企“微”距离接触、“零”距离交流。充分发挥各类服务企业平台作用，为企业创新创业创造和转型升级提供良好的服务保障。

3. 挂钩联系制度化。认真落实各层级领导挂钩联系重要企业(项目)制度，多渠道多方式保持与挂钩联系企业沟通交流，全面了解和掌握挂钩联系企业经营或项目进展情况。各层级领导每季度应至少走访调研一次挂钩联系企业(项目)，进行一线指导，现场解决问题。定期召开挂钩联系企业(项目)问题专题会，研究协调解决企业经营或项目进展中的突出问题。

4. 审批服务便利化。坚持让市场在资源配置中起决定性作用，更好发挥政府作用，在更大范围、更深层次上深化简政放权、放管结合，优化服务。做好“放管服”改革涉及的地方性法规、规章、规范性文件的清理工作。建立健全企业投资项目高效审核机制，在一定领域和特殊区域探索试行企业投资项目承诺制。大力推行“一趟不用跑”“最多跑一趟”审批事项，除涉密或对场地有特殊要求的事项外，所有依申请的行政审批事项进入行政服务中心，推行“全城通办、靠前联办、全程网办、自助快办”。大力推行“互联网+政务”服务，为企业提供便利、高效、透明的服务。

二、进一步完善精准化涉企政策落实机制

针对部分涉企政策制定不精准、调整不及时、宣传解读力度不够、执行不到位等现象，要进一步强化问政于企、问需于企、问计于企，实现精准问策、订策、讲策、施策，促进政策举措落地落细，增强企业政策获得感，护航企业高质量发展。

1. 涉企政策制定精准问策。建立健全政府重大经济决策主动向企业问计求策的程序性规范，政府部门研究制定各项涉企政策、规划时，应当通过听证会、论证会、座谈会等积极听取企业的意见建议，使出台的政策更符合实际、更具操作性。保持涉企政策稳定性和连续性，基于公共利益确需调整的，严格调整程序，合理设立过渡期。研究重大经济工作议题的市委全会、市政府有关会议和各级人大、政协有关会议，可适当邀请优秀企业家和厦籍异地商会代表列席并听取他们的建议。

2. 政策宣传解读精准到位。一是开展宣传解读“持久战”，不断扩大政策知晓度。积极开展多种形式的政策宣讲活动，详细解读涉企优惠政策，编印惠企政策手册，加大宣传解读频次，接受企业政策咨询，受理企业反映问题，指导企业用足、用活、用好政策。组织政策宣讲应力求做到“三必讲”，即各级重点企业必讲，重点产业集聚园区必讲，反映政策性问题的企业逐个讲，切实将惠企政策送进“千家万户”，进一步增强企业发展信心。二是采用现代信息手段，多渠道增强解读效果。建立健全涉企政策信息集中公开制度和推送制度，进一步整合政务信息、涉企信息资源，打通数据通道，利用各级行政服务中心、网上办事大厅、移动客户端、自助终端、服务热线等线上线下载体，有针对性地主动向企业推送政策、征信、金融服务、资金项目申报等便企惠企信息。三是强化机制创新，保障宣传解读工作运行常态化。要把机制创新作为加强政策文件宣传解读工作的重要保障措施，确保宣传解读工作纳入规范化、常态化轨道

3. 政策措施落地精准有效。一要强化责任担当，以“等不起”的紧迫感、“慢不得”的危机感、“坐不住”的责任感去抓落实，争做崇尚实干、执行有力、善抓落实的引领者。二要提高政策领悟力，对要执行的政策进行全面理解，吃透精神，把握精髓，确保执行准确、高效、有力，做到不变形、不走样。

三要提高政策执行力，细化配套政策和实施细则，精简审批流程，简化审批手续，缩短政策兑现周期，切实高效地将政策落实到位；同时要完善督促检查制度、信息公开制度、考核奖惩制度、责任追究制度等，使抓落实制度化、程序化、规范化。四要提高部门协同力，要打破部门利益藩篱，探索建立涉企政策的部门联席制度，加强部门之间政策衔接配合。

4. 政策实效评估精准客观。各级各部门应定期全面分类梳理当前执行的且主动公开的涉企惠企政策特别是涉及市（区）财政补助的惠企政策。按照"所有政策进清单，清单之外不补助"的原则，尝试制订各级各部门涉企事项清单，制定规范标准，明确申报条件、办理流程和办理时限。强化涉企政策落实责任考核，吸收市工商联、企联、商会、行业协会等第三方机构参与政策后评估。要定期通过座谈交流、走访企业、发放调查问卷等方式开展政策落实评估工作，从政策落实情况、企业政策获得情况和满意度开展评估工作，重点关注企业减税降费、融资支持、财政资金支持以及企业开办、用水、用地、用工、物流、社保等方面政策落实情况，推动政策真正落地见效，并为下一步制定和完善政策提供支撑。

三、进一步完善下沉式走访服务企业机制

要积极弘扬"四下基层"优良传统，建立健全走访企业机制，坚持沉到基层、深入一线、走进车间、服务企业，做到"无事不扰，有事上门"。同时，要力戒形式主义和官僚主义，轻车简从、减少陪同、简化接待，坚决杜绝"打官腔"、"搞套路"、"扎堆"式调研、"大呼隆"式走访、"大企业走访多、中小微企业走访少"等现象，不给企业和基层增加负担，不影响企业正常生产经营活动。要紧紧抓住企业发展周期的重要时间节点、关键环节，全面推行"六必访"，主动上门服务。

1. 企业创业孵化时必访。各区、开发区和市直有关部门、各指挥部应主动上门走访创业孵化企业，掌握了解企业经营发展状况及创新发展动态，加大创新创业扶持力度，通过联合高校、实验室、产业研究机构，为创业孵化企业提供政策辅导、创业导师、市场信息、技术支持和企业投融资等创业服务和便利条件，促进技术、资本、人才、服务等创新资源的深度融合，加快

构建专业孵化新格局，促进在孵企业高质量发展。

2. 企业入库纳统时必访。建立健全市、区两级各部门的联动机制，加强交流、互通信息、密切配合，理顺项目纳统渠道。各区要进一步建立完善重点纳统企业预备库，通过部门摸排、辖区核实等方式摸清拟入库企业基本信息及营业情况，同时积极上门走访，宣传解读政策，对接近达标的企业加强业务指导，“面对面”提供个性化服务，听取企业诉求，及时协调解决企业遇到的难点问题。

3. 企业增资扩产时必访。现有企业增资扩产是最便捷、最有效的招商方式，要高度重视、主动做好我市优质企业扎根发展的工作，鼓励优质企业继续扎根厦门。各级各部门要以企业需求为导向，积极走访增资扩产企业，为企业发展提供各种政策支持和资源保障，帮助解决企业经营发展的后顾之忧，着力培育打造一批成长性好、实力强的本土生根型企业。

4. 企业筹备上市时必访。各有关部门要强化服务意识，抓住企业上市筹备过程中的关键时间节点，创新思路，加大跟踪扶持力度，加强宣传动员、指导服务，为加快上市进程营造良好的发展环境。要进一步加强与上交所和深交所的沟通联系，开展专业知识培训，邀请专家对我市筹备上市企业进行培训、辅导、改制指导，通过深化战略合作，大力支持企业拓宽融资渠道，降低融资成本，借力多层次资本市场发展壮大。

5. 企业税源变动时必访。要定期实地逐户走访重点税源企业，调研掌握企业总体经营发展规划与形势、产品销售、市场需求、资金运行、税收政策落地等情况，了解企业资产重组、股权变动等各项影响本年销售收入的财务指标和房产、土地等税源信息，及时对重点税源企业的发展趋势、纳税能力和地方税收增减变化情况进行测算研判。同时要对企业提出的问题建议进行归纳整理，明确具体责任部门帮助协调解决，并及时做好沟通反馈工作。

6. 企业经营困难时必访。要主动走访经营困难企业，了解企业亟待解决的困难，鼓励企业坚定信心、创新思路、攻坚克难，力争早日摆脱困境。各有关部门和单位要认真研究落实相关措施，推动企业积极稳妥化解难题，不断拓展发展空间，同时要加大帮扶支持力度，用足用好各项政策措施，积极帮助企业解决实际困难。

四、进一步完善闭环式诉求反馈解决机制

对企业反映的意见建议，建立收集、办理、反馈、回访机制，实现“闭环”运行，确保企业诉求落实、解决到位。坚持问题导向、任务导向、结果导向，全面建账、跟踪查账、限期销账，确保问题“见底清零”。

1. 建立诉求收集反馈机制。一是运用信息化技术，建立企业基本信息库，开设政企互动窗口，开展企业诉求、问题和建议的线上反馈收集。进一步健全完善提升“12345”便民服务平台功能，加强与“政企直通车”的协同互动，通过“业务受理、分流转办、催办督办、考评考核”，及时回应解决企业的意见诉求，维护企业合法权益。二是定期通过调研走访、产业座谈会、现场咨询等线下方式，主动对接企业，动态收集需求、问题和建议。

2. 建立企业诉求台账制度。对企业线上反映的问题和调研走访、座谈会、现场咨询等线下方式收集的问题要及时登记在册，实行信息化、动态化、精准化管理，明确问题来源、主要内容、责任单位、办结时限和办理情况。

3. 建立诉求分级处置制度。各级各部门应对自身收集建立的问题台账，实行首问责任制和限时办结制，按照“谁负责、谁办理、谁反馈”的原则，及时协调解决企业反映的意见建议并反馈解决情况。定期通过现场办公会或企业服务联席会议集中解决企业反馈的重点难点问题。对因法律法规、政策限制等原因一时难以解决的问题，要及时向企业做好说明和解释工作。

4. 建立诉求销账销号制度。要强化在册问题的跟踪，对能够协调解决的，督促承办单位办理；对已办结的问题，实行销号制度，努力推动问题归零。

中共厦门市委　厦门市人民政府印发《关于促进民营经济健康发展的若干意见》的通知

厦委发〔2018〕26号

各区党委和人民政府，各开发区，市直各部、委、办、局，各有关单位：

《关于促进民营经济健康发展的若干意见》已经市委、市政府研究同意，现印发给你们，请结合实际认真抓好贯彻落实。市直各有关单位要认真调查研究，制定务实可行、操作性强的实施细则和具体措施，于2018年12月31日前报市民营经济工作领导小组办公室（市工商联）备案后发布实施。市民营办要建立有效的督查督办机制，确保《若干意见》落到实处。

中共厦门市委 厦门市人民政府

2018年10月31日

关于促进民营经济健康发展的若干意见

为深入贯彻落实习近平总书记关于支持民营经济健康发展的系列重要讲话精神，进一步激发民间有效投资活力，充分发挥民营企业在稳定增长、促进创新、增加就业、改善民生等方面的重要作用，结合我市实际，制定如下意见。

一、推动民营企业自主创新

1. 支持民营企业研发首台（套）重大技术装备，对属于国内首台（套）的重大技术装备，按不超过销售额的 60% 给予补助；对属于省内首台（套）的重大技术装备，按不超过销售额的 30% 给予补助。单项补助金额最高不超过 500 万元。（责任部门：市经信局、财政局）

2. 鼓励民营企业建设重点实验室，对上年度营业收入1亿元以上、且重点实验室主任近三年承担省级以上项目的民营企业，其重点实验室可按照《厦门市重点实验室管理办法》（厦科联〔2017〕44号）申请确认市级重点实验室。对经认定的省、市级重点实验室，给予 200 万元的一次性补助。（责任部门：市科技局、财政局）

3. 支持民营企业兴办新型研发机构，对其自建或参股（现金参股达30%以上）建设市场化运作、企业性质的具有独立法人资格的新型研发机构的，给予一次性100万元开办经费补助；给予研发机构非财政资金购入科研仪器、设备和软件的购置经费50% 后补助，5年内补助总额非独立法人的最高可补助2000万元，独立法人的最高可补助3000万元。设立的新型研发机构利用自身科研成果在厦创办或参股达10% 以上的企业，经培育孵化成国家高新技术企业的，每孵化一家给予研发机构20万元奖励。（责任部门：市科技局、财政局）

4. 加大民营企业研发投入补助，按照税务机关核定的税前加计扣除的研发费用，基础部分给予10% 补助，增量部分给予12% 补助。对主营业务收入在20亿元及以上、且年度研发经费投入在5000万元及以上的，补助最高限额为800万元；其他企业最高限额为250万元。（责任部门：市科技局、财政局）

5. 鼓励民营企业发展高新技术，对新认定的国家级高新技术民营企业，予以一次性奖励10万元。（责任部门：市科技局、财政局）

二、扩大民间资本投资

6. 鼓励民间资本参与混合所有制改革，适时公布民间资本可参与混改项目清单，遵循市场化原则，通过上市公司、产权交易机构等平台，以出资入股、受让国有股权、股权投资基金等方式，参与国有企业改制重组。（责任部门：市国资委）

7. 对市属民办本科高校通过教育部本科教学工作合格评估的，给予120万元的一次性奖励；对市属民办高职院校完成福建省教育厅第二轮高等职业院校人才培养工作评估的，给予80万元的一次性奖励；对民办普惠性义务教育学校评估等级达到一级的，按学校规模1200人以上、800 ~ 1200人、800人以下，分别给予100万元、90万元、80万元的一次性奖励；对民办普惠性幼儿园且被评为市级示范性幼儿园的，按办园规模12个班、9个班、6个班，分别给予60万元、40万元、20万元的一次性奖励。适当提高民办普惠性义务教育学校的学位补助标准，进一步提升办学条件和办学水平。（责任部门：市教育局、财政局）

8. 鼓励民间资本举办具有国内外领先医疗技术水平的医疗机构。凡获得国家三级甲等和三级乙等的民营医院，分别给予500万元和250万元的一次性补助；对获得国家临床重点专科西医类别、中医类别和临床护理的分别给予500万元、300万元和200万元的一次性补助；首次通过国际 JCI 认证的，给予500万元的一次性奖励。鼓励民间资本举办二级（含二级）以上综合医院和中医、精神、康复、护理等专科医疗机构。对通过自建、购买等方式取得业务用房的，按提供基本医疗服务的床位，综合医院每张床位10万元、专科医院每张床位5万元的标准，在建成投入使用后给予一次性补助；对通过租赁方式取得业务用房并且租赁期在5年以上的，按上述标准的50% 给予补助，由医疗机构于租赁期满一年后提出申请，分5年平均拨付。对二级（含二级）以上综合医院和中医、精神、康复、护理等专科医院向社会提供基本医疗服务（不含特需医疗服务）的，参照公立医院标准，按其出院人次、急诊人次给予运营补助。公立医院补助政策发生变化的，予以同步调整。（责任部门：市卫计委、财政局）

9. 依照规定简化民营医疗机构审批环节，二级及以下医疗机构设置审批与执业登记“两证合一”，卫生行政部门不再核发《设置医疗机构批准书》，仅在执业登记时发放《医疗机构执业许可证》。（责任部门：市卫计委）

10. 鼓励医疗机构委托民间资本举办的独立设置的医学检验实验室、病理诊断中心、医学影像诊断中心、医疗消毒供应中心或者有条件的其他医疗机构提供医学检验、病理诊断、医学影像、医疗消毒供应等服务。（责任部门：市卫计委）

11. 鼓励民营企业以独资、合资、合作、联营等模式投资建设高端养老服务机构，为老年人提供医养结合全方位服务。市财政对每张床位一次性补助2万元开办费、每年补助2400元运营费和150元责任保险费，对其内设医疗机构一次性补助50万元设备购置费。（责任部门：市民政局、财政局）

三、减轻民营企业负担

12. 自2018年1月1日至2020年12月31日，符合条件的小型微利企业，其所得减按50%计入应纳税所得额，并按20%的税率缴纳企业所得税；对2018年1月1日起新开办的上述小型微利企业在此期间其企业所得税地方留成部分“即征即奖”给企业。优惠政策如有新规定从其规定。（责任部门：市税务局、财政局，各区政府、自贸区管委会、火炬管委会）

13. 对民营企业或其个人股东取得的股权转让收益所缴纳的企业所得税或个人所得税额达到我市规定标准的，给予适当奖励。（责任部门：各区政府，市财政局、火炬管委会、自贸区管委会）

四、缓解民营企业融资难

14. 银行业金融机构要完善内部考核体系，提高民营企业授信业务的考核权重；制定和完善民营企业金融服务尽职免责制度，明确免责情形，细化认定标准，规范操作流程，进一步落实不良贷款容忍度管理要求，贷款不良率高于贷款行各项贷款不良率年度目标2个百分点（含）以内的，在无违反法律法规和有关监管规定的前提下，原则上可免于追究信贷人员合规责任。（责任部门：厦门银保监局）

15. 新增应急还贷资金10亿元，扶持我市因临时资金周转困难而难以按时还贷的企业，有效满足企业还贷续贷过程中的资金周转需求。企业可免费使用应急还贷资金，单笔金额最高不超过1亿元。加强我市企业还贷应急资金的使用和管理，支持银行通过提前续贷审批，提高企业转贷效率。（责任部门：市金融办、财政局）

16. 银行业金融机构要建立无还本续贷“白名单”制度，提前审查贷款，理顺业务流程，实现还本续贷无缝对接；积极宣传推广无还本续贷产品，明

确续贷业务申请条件、办理时效。规范银行业金融机构员工行为管理，杜绝人为拉长融资链条。(责任部门：厦门银保监局)

17. 银行业金融机构对暂时遇到经营困难，但产品有市场、项目有发展前景、技术有市场竞争力的民营企业在银行债委会机制框架内协同行动，落实增贷、稳贷、降息、债务重组等措施，帮助企业渡过难关，不得盲目停贷、压贷、抽贷、断贷。(责任部门：厦门银保监局)

18. 支持民营企业通过资本市场直接融资，对进入厦门证监局辅导备案和证监会正式受理的企业，分别给予30万元和70万元奖励；对上市融资并投资在本市的企业，给予25～300万元奖励；对异地“买壳”“借壳”上市并迁回我市的企业，给予200～300万元奖励；对新三板挂牌并交易的企业，给予30～50万元奖励，融资并投资在我市的企业给予25～300万元奖励；对在区域性股权交易市场挂牌并交易的企业，给予10～30万元奖励；对上市后备企业在改制过程中因盈余公积金、未分配利润转增股本而缴纳的个人所得税地方留成部分，给予全额扶持。(责任部门：市金融办、财政局)

19. 纾解民营上市公司股票质押风险，建立政府引导、市场化运作的债权和股权基金，向辖内上市公司或其控股股东提供资金支持。引导金融机构给予上市公司资金融通支持，纾解民营上市公司股票质押风险。(责任部门：市金融办、厦门证监局)

20. 对融资租赁公司购入设备并被我市民营企业租赁使用的，按照租赁合同及发票金额的5‰给予奖励，单一企业单笔业务奖励金额不超过30万元，奖励金额每年不超过300万元。(责任部门：市金融办、财政局)

五、推动民营企业做大做强

21. 继续开展龙头骨干民营企业认定工作，在资源配置、要素保障等方面采取“一企一策”“一事一议”的方式给予扶持。(责任部门：市民营办，各区政府，火炬管委会)

22. 积极为我市民营企业兼并、收购、控股外地企业创造条件，为外地民营企业在我市设立区域性总部或研发中心、结算中心、营销中心等职能型总部提供优质服务。(责任部门：市发改委、经信局、财政局，各区政府、自贸

区管委会、火炬管委会）

23. 对2018年1月1日起新增的规模以上民营工业企业、限额以上民营批发和零售企业，且产值和批发零售业销售额不低于上年度水平的，以企业上年度缴纳的地方级税收收入为基数，增量部分的50　奖励给企业扩大再生产，奖励期限3年。民营企业税后利润分配给个人的，转为增资或在我市再投资用于扩大再生产的部分，其已缴纳的个人所得税地方留成部分予以全额扶持。（责任部门：各区政府，市财政局、火炬管委会、自贸区管委会）

24. 加大对有市场、有订单的工业和信息化民营企业贷款贴息支持力度，对年主营业务收入达到4亿元以上且同比正增长，新增流动资金贷款3000万元以上的企业，市财政对其当年度新增的流动资金银行贷款利息给予30% 补贴，单个企业贴息最高不超过800万元。（责任部门：市经信局、财政局）

25. 对规模以上民营工业企业实施技术改造的项目，市财政给予该类项目设备投入金额的10% 补助，单个项目补助金额最高1000万元。各区、管委会可按一定比例予以配套奖励补助。（责任部门：市经信局、财政局，各区政府、自贸区管委会、火炬管委会）

26. 获得省级评比表彰的民营企业或项目，奖金按照等额不重复原则，由市财政根据省级标准发放。（责任部门：各主管部门、市财政局）

六、优化民企发展环境

27. 建立完善市党政领导与民营企业家恳谈会制度和市区两级党政领导与民营企业挂钩联系制度，及时听取民营企业家对我市经济社会发展的意见建议，依法依规帮助协调解决民营企业家合法利益诉求。（责任部门：各区，市直各有关部门，市民营办）

28. 建立完善民营企业诉求受理处置反馈工作机制，按照“谁主管、谁负责”“属地管辖、分级负责”和“马上就办、真抓实干”的原则，及时协调解决民营企业发展中存在的困难和问题。（责任部门：市民营办，各区政府、市直各有关部门）

29. 针对我市重点产业集群中产业链薄弱和缺失环节，持续策划适合民营企业参与的招商项目。建立完善面向民营企业的项目信息发布机制，及时收

集我市策划、在谈、签约项目信息，定期将项目信息推送给相关民营企业。（责任部门：市发改委、商务局、民营办）

30. 各区、市直各有关部门应根据各自职能制定扶持民营经济发展的具体措施，需制定实施细则的应在本意见出台后60日内出台，确保政策措施落实到位。各责任牵头部门每年1月底前向市民营经济工作领导小组汇报上一年度的政策落实情况，市委、市政府适时组织督促检查，定期通报贯彻落实情况。（责任单位：市直各有关部门、市民营办，各区、管委会）

本意见自2018年11月1日起实施。

厦门市人民政府关于印发进一步支持中小企业发展若干措施的通知

厦府〔2019〕110号

各区人民政府，市直各委、办、局，各开发区管委会，各有关单位：

现将《厦门市进一步支持中小企业发展若干措施》印发给你们，请认真抓好落实。

厦门市人民政府

2019年4月12日

（此件主动公开）

厦门市进一步支持中小企业发展若干措施

为贯彻落实《中华人民共和国中小企业促进法》《福建省促进中小企业发展条例》《厦门经济特区中小企业促进条例》，以及中共中央办公厅、国务院办公厅《关于促进中小企业健康发展的指导意见》和《福建省人民政府关于进一步支持全省中小企业发展十条措施的通知》要求，营造有利于中小企业发展的良好环境，促进我市中小企业实现高质量发展，持续为我市经济发展注入新活力，制定如下措施。

一、强化组织领导

1. 市促进中小企业发展工作领导小组要加强组织领导，推动党中央、国务院，省委、省政府和市委、市政府各项支持中小企业创新发展政策的落实，研究协调全市中小企业发展中的重大事项，解决中小企业发展面临的突出问题。各区、火炬管委会应建立相应领导机制和协调机制，为促进中小企业发展提供强有力的组织保障。

责任单位：市直有关单位、各区、火炬管委会

二、加大财政支持

2. 安排专项发展资金。优化中小企业发展专项资金，重点用于支持中小企业创业创新和公共服务体系、融资服务体系建设。各区、火炬管委会安排相应资金，加大对中小企业的支持力度。

牵头单位：市工信局

责任单位：市财政局、发改委、科技局、人社局、商务局、金融监管局，各区、火炬管委会

3. 发挥政府投资基金作用。通过我市产业引导基金等产业投资基金，引导带动社会资本支持我市初创期中小企业创业创新发展体系建设。争取国家科技成果转化基金阶段参股，进一步扩大科技成果转化与产业化基金、科技创业种子暨天使投资基金等对初创期科技企业的股权投资规模，助力一批科技型小微企业加速成长为科技小巨人企业。有条件的区、火炬管委会应积极推动设立本级中小企业发展基金。

牵头单位：市财政局、科技局

责任单位：市发改委、金融监管局、工信局、人社局，各区、火炬管委会

三、强化服务体系

4. 完善中小企业公共服务体系。构建以市中小企业服务中心为龙头，各区服务中心为核心，公益性和专业性社会化服务机构为骨干的中小微企业服

务体系。发挥现有各类服务平台、众创空间、科技企业孵化器、加速器等作用，为企业提供信息、投融资、创业辅导、人才培训、技术创新、管理咨询、市场开拓、法律援助等全流程“保姆式”服务。鼓励各区和各产业园区积极探索实践中小企业公共服务政府购买机制，降低中小企业服务成本。

牵头单位：市工信局

责任单位：市科技局、发改委、财政局，各区、火炬管委会

5. 加强基地平台建设。对经认定的国家、省市中小企业公共服务示范平台和小微企业创业创新示范基地分别给予80万元、50万元的一次性奖励，同时获得两级以上部门认定的单位不重复奖励，按较高档次标准给予奖励。对年度运营工作评价结果为良好及以上的国家级、省级、市级示范平台、示范基地，给予最高不超过30万元的奖励。

牵头单位：市工信局

责任单位：市财政局，各区、火炬管委会

6. 促进企业管理提升。鼓励企业引进管理咨询机构开展战略管理、精益生产、组织架构、品牌策划、信息化建设等咨询服务。对中小企业获得管理咨询专业化服务的项目给予补助，按企业为获得该项服务实际发生费用总额，给予不超过50% 的补助，每个企业每年最高补助额不超过 30 万元。鼓励各区、火炬管委会出台相应奖励措施。

牵头单位：市工信局

责任单位：市财政局，各区、火炬管委会

7. 开展企业公益培训。组织开展成长型企业高级研修班、专精特新企业创新研修班、各类专题培训及赴境内外交流培训等多层次的公益课程。短期专题培训由专项资金给予补贴，资助标准为每人次500元。长期深度培训费用按照政府、企业、学员共同分担的原则，由专项资金给予不高于40% 的补贴。

牵头单位：市工信局

责任单位：市财政局

8. 开展系列服务专项行动。市促进中小企业发展领导小组办公室牵头组织开展全市中小微企业服务月等系列活动。各成员单位围绕部门职责，有针对性地组织开展中小微企业政策宣贯、融资服务、创新创业、信息化应用、管理提升、法律服务和市场开拓等促进中小微企业发展的相关专题服务活动。

牵头单位：市工信局

责任单位：市直有关单位，各区、火炬管委会

四、加强融资促进

9. 加大小微企业信贷支持力度。支持银行制定专门的普惠信贷计划，实现单户授信1000万元以下的小微企业贷款同比增速不低于各项贷款增速，有贷款余额户数不低于上年同期水平。开展“小微企业优秀服务金融机构”推荐活动，对优秀服务金融机构给予不超过50万元的奖励。

牵头单位：厦门银保监局、市工信局

责任单位：人行厦门中心支行，市金融监管局、财政局

10. 加大科技企业信贷扶持力度。对符合条件的科技型中小微企业贷款，市财政为合作金融机构分担信贷风险，承担科技担保贷款、科技保证保险贷款本金损失的40%。对科技担保贷款，企业按照不高于担保金额1% 费率支付担保费，单家企业在所有合作担保机构的担保余额最高2000万元。对科技保证保险贷款，单家企业在所有合作银行的信用贷款额度最高300万元。

牵头单位：市科技局

责任单位：市财政局

11. 搭建线上“银税互动”平台。通过税务机关和银行的合作，共享交换信息、创新融资方式，将企业的纳税信用与融资信用相结合，实现贷款产品集中展示、及时推送、在线贷款。

牵头单位：厦门市税务局、厦门银保监局

责任单位：市金融监管局，人行厦门中心支行

12. 开展信贷风险补偿。市财政安排1亿元用于小微企业信贷风险补偿，当银行为小微企业提供免抵押、免担保信用贷款产生风险时，可由风险资金先行给予本金损失最高70% 的补偿。

牵头单位：市工信局

责任单位：市财政局

13. 降低企业融资成本。对经认定的厦门市成长型中小微企业，根据企业的信用等级和年度实际支付的利息，给予最高不超过50% 的银行贷款贴息补

助，每个企业每年贴息额度不超过50万元；对办理专利权质押贷款的中小企业，给予最高不超过银行贷款利息的 60% 补贴；对科技担保贷款按企业实缴利息的20% 予以补贴，对科技保证保险贷款按企业实缴利息的 30% 予以补贴，企业实缴利息不超过银行贷款基准利率上浮 40% 的利息总额。

牵头单位：市工信局、市场监管局、科技局

责任单位：市财政局，各区、火炬管委会

14. 支持直接融资。给予中小企业对接、补贴、增信等政策支持，对企业上市融资的给予最高300万元的补助。引导企业通过上市挂牌、定向增发、发债、资产证券化等方式直接融资，切实提高企业直接融资比重，各区、火炬管委会根据具体政策给予适当补助。推动中小企业在厦门两岸股权交易中心进行股权（份额）托管，提升中小企业股权融资效率。对在厦门两岸股权交易中心通过发债融资的，按融资金额的3% 予以补助，最高不超过 50 万元。

牵头单位：市金融监管局

责任单位：市工信局、财政局，厦门证监局，金圆集团，各区、火炬管委会

15. 大力发展股权融资。引导各类创业投资基金、私募股权投资基金投资本地创新能力强、市场前景好、发展空间大的中小企业项目。股权投资企业对我市企业股权投资额达到 3000 万元（含）以上的，按以下标准对其管理机构给予奖励：公司制股权投资企业，按其对我市企业股权投资额的 1% 给予奖励；合伙制股权投资企业，按其对我市企业股权投资额的 0.5% 给予奖励，上述奖励最高不超过 2000 万元。鼓励各区、火炬管委会出台相关政策。

牵头单位：市金融监管局

责任单位：市发改委、工信局、财政局，人行厦门中心支行、厦门证监局，金圆集团，各区、火炬管委会

16. 实施应收账款等新型融资模式。充分运用金融政策、金融工具以及国企绩效考核等政策措施，开展金融机构、大企业和供应链核心企业支持中小企业应收账款融资试点。鼓励大企业和供应链核心企业支持我市中小企业在"中征应收账款融资服务平台"开展应收账款融资，工信、商务部门在同等条件下，对参与应收账款融资的核心企业优先安排项目扶持资金；国有资产监管部门要将参与和推进应收账款融资纳入主管国有企业的绩效考核范围，对

推进成效明显的国有企业在评优评先方面加大支持。

牵头单位：人行厦门中心支行

责任单位：市国资委、工信局、财政局、商务局、金融监管局，厦门银保监局，各区、火炬管委会

17. 妥善解决大企业拖欠中小企业账款问题。国有大企业不得违约拖欠中小企业的采购款、工程款、服务款等款项。要建立和完善以各级政府为主体和电子政务为基础的政务信息公开披露系统，对不诚信履约的企业依法依规列入诚信“黑名单”并向社会公布，取消财政性项目资金申报资格。完善国有企业指标考核体系和制度，将违约拖欠中小企业账款事项纳入绩效考评机制。

牵头单位：市减负办

责任单位：市国资委、发改委、工信局、商务局，各区、火炬管委会

18. 深化产融对接合作。创新产融合作政银企对接模式，进一步健全完善“产融云”平台功能，开展线上线下对接，提高对接效率。常态化、多形式举办产融合作政银企＋租赁、担保、基金、创投等对接会。

牵头单位：市金融监管局、工信局

责任单位：市发改委，人行厦门中心支行、厦门银保监局，金圆集团，各区、火炬管委会

19. 健全政策性融资担保体系。落实《厦门市中小微企业政策性融资担保实施办法》，构建多种模式的政银担风险分担机制。政策性融资担保业务中，中小微企业融资担保业务的银行贷款利率不超过基准上浮40%，年化担保费率不超过1.5%。坚持小额分散的原则，主要服务小微企业，单户及其关联方融资性担保余额最高不超过2000万元。引导融资担保公司开展中小微企业融资担保服务，对在我市注册并为我市中小微企业提供银行贷款融资担保的担保机构，按规定给予业务奖励和保费补助。

牵头单位：市金融监管局

责任单位：市财政局，各区、火炬管委会

20. 推进工业企业补办不动产权属登记。各相关单位应加强协调、主动服务，开辟绿色通道，妥善处理工业企业补办不动产权属登记问题，增加企业可抵押资产。

牵头单位：市资源规划局

责任单位：市工信局，各区、火炬管委会

五、支持“专精特新”发展

21. 培育“专精特新”小微企业。推动我市小微企业走专业化、精细化、特色化、新颖化发展道路。对经认定成为市“专精特新”小微企业的，给予最高50万元的奖励。鼓励各区、火炬管委会在资金奖励等方面加大对“专精特新”小微企业的政策支持力度。

牵头单位：市工信局

责任单位：市财政局，各区、火炬管委会

22. 选拔专精特新“小巨人”企业。支持我市中小企业成长成为专注于细分市场、创新能力强、市场占有率高、掌握核心技术的专精特新“小巨人”企业，对获得工信部认定的专精特新“小巨人”企业给予100万元奖励。

牵头单位：市工信局

责任单位：市财政局，各区、火炬管委会

六、支持创业创新

23. 打造特色载体。推动各类载体向市场化、专业化、精准化发展。引导开发区打造专业资本集聚型、大中小企业融通型、科技资源支撑型、高端人才引领型等创新创业特色载体，获批的特色载体按国家政策规定给予5000万元中央专项资金扶持。

牵头单位：市工信局、科技局

责任单位：市财政局，各区、火炬管委会

24. 营造创新创业氛围。进一步贯彻落实国家、省级大众创业、万众创新有关政策。大力推进福建省大学生创新创业基地（厦门）建设，引进优秀创业项目入驻基地，为高校树立创新创业典型。激发创新潜力，集聚创业资源，举办“白鹭之星”中国创新创业大赛、创客中国大赛地区赛等，对获奖企业或团队给予最高50万元的奖励。

牵头单位：市发改委、科技局、工信局

责任单位：市教育局、人社局，团市委、总工会，各区、火炬管委会

七、实施梯度培养

25. 引导个体工商户转为企业（“个转企”）。简化“个转企”程序，按照“一注一开”的原则和程序同时办理；在不违反企业名称有关规定的前提下，可保留原个体工商户的名称及特点；在经营有效期内，如经营场所（住所）不变，原个体工商户工商登记前置许可的有效证件、经营场所证明可以继续使用。

牵头单位：市市场监管局

责任单位：各区、火炬管委会

对符合税法规定条件的转型企业可以实行企业所得税核定征收；“个转企”过程中，办理土地、房屋权属划转时，投资主体、经营范围不变，且符合国家税收政策规定的，免征契税。

牵头单位：厦门市税务局

责任单位：市资源规划局，各区、火炬管委会

26. 推动小微企业上规模（“小升规”）。积极培育、扶持规模以下工业企业成长、升级为规模以上企业，引导符合条件的企业及时申报入库统计。鼓励各区、火炬管委会对首次上规模的小微企业给予奖励。

牵头单位：市工信局

责任单位：市统计局、财政局，各区、火炬管委会

27. 推动规模以上企业进行股份制改造（“规改股”）。支持规模以上工业企业通过引入战略投资、优化股权和债券结构、强化法人治理和建立现代企业制度等方式进行股份制改造。鼓励各区、火炬管委会出台具体奖励措施，支持规模以上企业进行股份制改造。

牵头单位：市金融监管局

责任单位：市工信局、财政局、市场监管局，各区、火炬管委会

28. 推动企业上市融资（“股上市”）。加强上市后备资源培育，每年筛选一批条件成熟、成长性较好的企业，作为上市后备企业，在企业改制、政策培训、提供综合金融服务等方面加大服务力度。鼓励和支持企业在新三板和区域性股权交易市场挂牌和融资，对在新三板基础层挂牌并交易的，一次性

奖励30万元；进入创新层挂牌并交易的，一次性奖励50万元；基础层的挂牌公司首次调整进入创新层后，一次性奖励20万元；对在总部注册于厦门的区域性股权交易市场挂牌并交易的，一次性奖励30万元；在厦门以外区域性股权交易市场挂牌并交易的，一次性奖励10万元。加强与境内外证券交易所的沟通合作，鼓励各区、火炬管委会出台和落实支持企业上市的奖励措施，推动更多优质企业在境内外资本市场上市、挂牌。

牵头单位：市金融监管局

责任单位：市发改委、工信局、财政局、市场监管局，厦门证监局，金圆集团，各区、火炬管委会

八、支持开拓市场

29. 鼓励企业参加各类展会。积极组织涵盖我市重点发展的电子信息、机械装备、消费品工业、战略性新兴产业、传统优势产业的展会项目和重点领域的产业链上下游和区域对接活动。对参加政府组织、列入年度计划展会的企业，按展位费80% 的比例予以补助，其中单个企业单一展会最高补助金额不超过20万元，单一展会展位费补助总额不超过100万元。鼓励企业参加中国国际进口博览会以及境外展会，并按相关规定予以补助。

牵头单位：市工信局

责任单位：市商务局、财政局，各区、火炬管委会

30. 创新营销模式。鼓励企业通过“厦门企业产品产销融通对接平台”进行产品宣传展示，扩大品牌影响力，推动厦门地产工业品上网拓展市场。发挥市级电子商务发展资金的引导作用，支持企业建设覆盖产业链上下游的行业垂直电子商务平台，发展电子商务专业服务。支持组建以龙头企业为骨干的产业联盟。

牵头单位：市工信局

责任单位：市商务局、财政局，各区、火炬管委会

九、优化企业服务

31. 推动企业“上云”。开展“千企上云”行动计划，建立市、区二级联

动协同推进机制，有序推动企业“上云”。按照企业出一点、平台让一点、财政贴一点的原则，完善企业上云鼓励政策。积极培育一批云服务商和云服务平台，鼓励云平台服务商用优惠折扣、云代金券等各种形式，促进中小企业上云。

牵头单位：市工信局

责任单位：市财政局，各区、火炬管委会

32. 用好“政企直通车”。持续优化“i 厦门”平台的“政企直通车”功能，推动与省平台实现互联互通。引导企业通过“政企直通车”咨询政策、反映问题、提出建议、表达诉求。各级各部门要加大“政企直通车”平台推广力度，持续提升平台使用率和问题办理率。

牵头单位：市信访局、工信局

责任单位：市直有关单位，各区、火炬管委会

十、强化企业人才支撑

33. 加强人才引进。围绕我市重点打造的12条千亿产业链群，突出“高精尖缺”，继续深入实施“双百计划”、“海纳百川”人才计划，并根据产业发展需要，不断创新评审方式、调整产业方向、完善扶持措施，适时补充、完善新的子计划。允许符合条件的海外高层次人才创办内资企业，企业注册资本（金）可全部以知识产权出资。加大柔性引进市外高层次人才力度，发挥院士专家八闽行、院士专家工作站、海外科技专家顾问团聚集培养人才作用。

牵头单位：市组人才局

责任单位：市人社局、科技局，各区、火炬管委会

34. 加强人才对接。鼓励和支持优秀企业经营管理人才申报各级高层次人才和创业人才项目，按规定给予相应奖励和政策支持。利用“6・18”协同创新院等产学研用平台，构建“项目＋人才＋技术＋资本”常态对接机制，吸引集聚一批具有国际和国内先进水平的行业领军人物和创新人才团队，为中小企业提供人才支撑。

牵头单位：市工信局

责任单位：市发改委、国资委、人社局，市组人才局，各区、火炬管委会

十一、弘扬企业家精神

35. 贯彻落实《中共中央国务院关于营造企业家健康成长环境弘扬优秀企业家精神更好发挥企业家作用的意见》和省、市实施意见，明确企业家精神的地位和价值，营造关心企业家，重视企业家的社会氛围，优化企业家成长环境，更好发挥企业家作用，激发市场主体活力，实现经济社会持续健康发展。

牵头单位：市发改委，市委统战部

责任单位：市组人才局，市工信局、国资委、工商联，各区、火炬管委会

十二、强化监督检查

36. 充分发挥市促进中小企业发展工作领导小组作用，不定期开展国家、省、市促进中小企业发展政策落实情况督查，打通“政策落实最后一公里”，增强企业获得感。配合国家、省对我市开展中小企业发展环境评估工作，并向社会公布评估结果，推动我市持续优化中小企业发展环境和营商环境。

牵头单位：市工信局

责任单位：市直有关单位，各区、火炬管委会

以上措施从本通知印发之日起施行，所涉及的资金奖补政策适用年限为2019年至2021年。

厦门市人民政府关于印发进一步降低企业成本若干政策措施的通知

厦府〔2019〕10号

各区人民政府，市直各委、办、局，各开发区管委会，各有关单位：

《厦门市进一步降低企业成本若干政策措施》已经市政府研究同意，现印发给你们，请认真贯彻执行。

厦门市人民政府

2019年1月12日

（此件主动公开）

厦门市进一步降低企业成本若干政策措施

为深入贯彻习近平新时代中国特色社会主义思想和党的十九大精神，落实党中央、国务院关于振兴实体经济的决策部署，根据省委、省政府关于采取有效措施帮助企业降低成本、支持实体经济发展的要求，特制定以下政策措施：

一、降低企业税费负担

（一）自2019年1月1日起，对我市外贸业务购销合同印花税核定征收比例统一暂按下限执行。（责任单位：市财政局、市税务局）

（二）加强行业协会商会会费管理。规范行业协会商会会费设置，会费档次一般不超过4级，对同一会费档次不得再细分不同收费标准，适当降低偏高会费。（责任单位：市民政局）

二、降低企业融资成本

（三）支持银行制定专门的普惠信贷计划、实现单户授信1000万元以下的小微企业贷款同比增速不低于各项贷款增速，有贷款余额户数不低于上年同期水平。（责任单位：厦门银保监局、人行厦门市中心支行、市金融办）

（四）扩大"银税互动"受惠面。推出线上"银税互动"平台，通过税务机关和银行的合作，实现贷款产品集中展示、及时推送、在线贷款。（责任单位：人行厦门市中心支行、厦门银保监局、市税务局、市金融办）

（五）加大科技信贷扶持力度。对符合条件的科技型中小微企业贷款，市级财政为合作金融机构分担信贷风险，承担科技担保贷款、科技保证保险贷款本金损失的40%。对科技担保贷款，企业按照不高于担保金额1%费率支付担保费，其余由科技发展经费补助，利息补贴按企业实缴利息（最高不超过银行贷款基准利率上浮40%的利息总额）的20%给予补贴，单家企业在所有合作担保机构的担保余额最高2000万元。对科技保证保险贷款，利息补贴按企业实缴利息（最高不超过银行贷款基准利率上浮40%的利息总额）的30%予以补贴，在所有合作银行的信用贷款额度单家企业最高300万元。对科技保险补贴，为企业投保相关科技保险给予保费40%比例补贴，每家企业每年全部保费补贴最高30万元。（责任单位：市科技局、市财政局）

三、降低企业人工成本

（六）城镇职工基本医疗保险费中用人单位缴交部分的费率由8%调整为6%，外来从业人员基本医疗保险费中用人单位缴交部分的费率由4%调整为3%。（责任单位：市医保局、市财政局、市税务局）

（七）工会经费税务部门代征缴费单位上缴部分按全部职工工资总额2%的20%，即工资总额的0.4%征收。实行自管经费的省级产业（系统）工会、省总工会直属企业工会和中国金融工会福建省工作委员会所属基层缴费单位

缴费比例按省总工会有关规定执行。（责任单位：市总工会、市税务局）

四、降低制度性交易成本

（八）自2019年1月1日起，新立项、备案或核准的房屋建筑和市政基础设施工程项目，由政府财政资金支付施工图审查费用。（责任单位：市建设局、市财政局，各区人民政府）

五、降低企业用能成本

（九）小微企业160千伏安及以下容量实行低压接入，开展小微企业"零上门、零审批、低成本"专项服务行动，客户仅需提供主体资格证明和房屋权属证明，协助确认表箱位置完成网上缴费即可，推进低压零散居民用电项目压缩至一个环节，客户当天申请，供电部门当天完成预约，当天或者第二天勘查、装表接电工作。（责任单位：国网厦门供电公司）

六、降低企业物流成本

（十）集装箱货物港务费按《港口收费计费办法》规定标准的22.5%计收，散杂货货物港务费内贸货物免收、外贸货物按《港口收费计费办法》规定标准的45%计收。（责任单位：厦门港口局、自贸委、市财政局）

（十一）外贸集装箱港口设施保安费按《港口收费计费办法》规定标准的40%计收，外贸散杂货港口设施保安费按《港口收费计费办法》规定标准的80%计收。（责任单位：厦门港口局、自贸委、市财政局）

（十二）引航费，调整《港口收费计费办法》规定的收费标准上限，即对航行国际航线船舶的收费标准上限降低15%，对航行国内航线船舶的收费标准上限降低50%；对6万净吨以上的集装箱船舶，根据《福建省交通运输厅关于规范港口收费进一步降低社会物流成本的意见》，按净吨6万吨封顶计收引航费。（责任单位：厦门港口局、自贸委、市财政局）

七、政策执行时间

第5条政策执行时间为2018年10月1日起有效期3年；第6—7条政策执行时间为2019年1月1日至2019年12月31日；第10—12条政策执行时间为2019年1月1日至2020年12月31日。期间若上级政策调整，则另行发文明确。

厦门市人民政府关于印发中小微企业政策性融资担保实施办法的通知

厦府〔2018〕260号

各区人民政府，市直各委、办、局，各开发区管委会，各有关单位、各相关金融机构：

现将《厦门市中小微企业政策性融资担保实施办法》印发你们，请遵照执行。

厦门市人民政府

2018年9月29日

（此件主动公开）

厦门市中小微企业政策性融资担保实施办法

第一章　总 则

第一条　根据《融资担保公司监督管理条例》（国务院令第683号）、《国务院关于促进融资担保行业加快发展的意见》（国发〔2015〕43号）、《福建省人民政府关于建立健全政策性融资担保体系的若干意见》（闽政〔2016〕35号）等有关文件规定，为构建政策性融资担保体系，积极运用财政资金通过担保的增信和杠杆功能，引导金融机构加大对中小微企业的融资支持力度，结合厦门市实际，制订本办法。

第二条　本办法所称政策性融资担保业务，是指为满足厦门市中小微企业的融资需求，缓解中小微企业融资难融资贵问题，由政策性融资担保公司为中小微企业向银行业金融机构借款提供以信用担保为主并履行担保责任的业务。

本办法所称政策性融资担保公司（以下简称担保公司）是指由本级金融工作部门会同财政部门予以认定的，市、区财政投资或国企全资的国有融资担保公司。

本办法所称银行业金融机构（以下简称金融机构）是指与担保公司签订政策性融资担保合作协议的各类银行。

第三条　建立全市统一的政策性融资担保体系，发展政府支持的融资担保公司，建立政府、金融机构、担保公司合作机制，按照低门槛、低费率、广覆盖、控风险、可持续的原则开展政策性融资担保业务。

第四条　厦门市金融工作办公室（以下简称市金融办）牵头组织实施厦门市政策性融资担保工作，建立健全政策性融资担保工作机制，指导、推动政策性融资担保业务发展，协调解决政策性融资担保业务开展过程中遇到的重大问题。

厦门市财政局（以下简称市财政局）会同市金融办制定促进政策性融资担保业务发展的政策措施和相关管理制度。

厦门银监局负责指导、推动辖内银行业金融机构积极加入政策性融资担保体系，督促辖内银行业金融机构推出相关贷款产品，提升金融服务水平。

第二章　扶持对象

第五条　申请政策性融资担保业务的中小微企业，应符合国家统计局《关于印发〈统计上大中小微型企业划分办法（2017）〉的通知》的划型标准，产品（服务）有市场、有效益，具备履行合同、偿还债务的能力，无恶意欠缴税费、逃废债务等不良信用记录或违法违规行为，以及金融机构和担保公司要求的其他条件。

第六条　政策性融资担保业务面向全市中小微企业，优先扶持战性新兴产业以及厦门市重大产业集群及其配套附属行业的中小微企业。

第三章　业务范围及模式

第七条　政策性融资担保业务范围包括：

（一）为厦门市中小微企业向银行业金融机构借款提供政策性担保服务；

（二）接受政府职能部门委托，为指定扶持的行业或领域设计专项担保产品，提供专项政策性担保服务。

第八条　政策性融资担保业务采用政银担三方合作模式，政府、金融机构和担保公司共同建立中小微企业融资担保风险分担和代偿补偿机制。对中小微企业担保代偿本金部分，政府补偿30%，金融机构分担30%，担保公司分担40%。

金融机构、担保公司可适当提高风险分担比例。对愿意提高风险分担比例的金融机构，在政策性融资担保额度安排、财政性资金存放等方面给予倾斜。

第九条　各区、各园区管委会、各行业主管部门等部门可根据本区域（行业）产业发展特点和实际需要，向金融机构提供拟扶持的行业、领域以及中小微企业名单，与财政部门、金融机构、担保公司签署合作协议，建立多方合作模式，推出专项担保产品。各区、各园区管委会、各行业主管部门等部门承担相应的推荐责任，安排相应资金，进一步补偿代偿风险，提高政府代偿补偿比例。

第四章　业务流程

第十条　政银担三方合作模式下，对于资信、财务状况良好的企业实行“见贷即保”，由担保公司会同金融机构设计相关产品，明确“见贷即保”应符合的条件。

第十一条　中小微企业向金融机构提出贷款申请，对于符合“见贷即保”条件的企业，担保公司应在收到金融机构的业务推荐函后，作出同意担保的决定。对于不符合“见贷即保”条件的企业，担保公司应根据自身操作规程独立审查决策。

在履行相关审批流程后，中小微企业、金融机构、担保公司三方签订相关合同，由担保公司提供担保，金融机构发放贷款。

第十二条　多方合作模式下，金融机构根据合作协议对申请企业进行认定，各区、各园区管委会、各行业主管部门等按照协议约定的审核程序确认后，各方签订相关合同，办理相关手续，发放贷款。

第五章　金融机构

第十三条　金融机构接受中小微企业申请，对政策性融资担保贷款项目进行贷前调查、审查审批和贷后管理。

第十四条　金融机构和担保公司针对中小微企业的融资需求开发相应的政策性融资担保贷款品种，并签订相关合作协议，明确各自职责，确定申请企业条件、合作模式、风险分担标准等。发生风险时根据协议约定承担相应风险，并与担保公司合作对代偿项目进行追偿。

第十五条　鼓励金融机构按照“单独流程、单独授信、单独考核、单独问责”的工作机制，引导下属分支机构扩大中小微企业的信贷投放。

第十六条　对积极为中小微企业提供授信额度管理、随借随还、无还本续贷等便捷服务的金融机构，优先安排政策性融资担保额度。

第十七条　金融机构应按照风险定价原则合理确定贷款利率，贷款利率不超过基准上浮40%，并适度降低准入门槛，提高中小微企业不良贷款容忍度。

第十八条　金融机构在政策性融资担保额度范围内不得向借款企业或担保公司收取保证金以弥补其自身应分担的风险。

第十九条　金融机构不得以以贷转存、存贷挂钩、以贷收费、浮利分费、借贷搭售、转嫁成本以及向借款企业收取承诺费、财务顾问费等不规范经营方式变相提高企业融资成本。

第六章　担保公司

第二十条　担保公司负责政策性融资担保业务的日常管理，包括担保额度管理、贷前评估、审查审批、贷后管理、代偿划转、代偿追偿、风险警示和业务中止等工作。

第二十一条　担保公司应按照小额、分散的原则，对政策性融资担保业务的客户、区域、产业、时段等集中度风险进行限额控制。

第二十二条　担保公司开展的政策性融资担保业务，应主要服务小微企业，对同一被担保企业及其关联方的融资担保余额不超过2000万元。在优先保证政策性融资担保额度的前提下，方可拓展其它担保项目。

第二十三条　对近两年年均纳税额在50万元及以上的中小微企业，担保公司按照该企业近两年年均纳税额的一定倍数给予信用担保额度，最高不超过1000万元。

在前款规定的信用担保额度内，担保公司采用信用担保方式，不得要求被担保企业提供其它财产抵押或质押。

第二十四条　担保公司应对中小微企业实施优惠的担保费率，降低企业的融资成本，年化担保费率不超过1.5%。

第二十五条　担保公司应结合风险分担机制，积极研发推广批量化、标准化的政策性融资担保业务。

第七章　风险补偿

第二十六条　财政部门安排政策性担保专项资金，用于承担政策性融资担保业务政府应补偿的代偿风险。

第二十七条　政策性担保专项资金纳入年度财政预算，在综合考虑当年度未解除的融资担保责任余额、当年预计融资担保代偿率、政府需要补偿的代偿风险比例以及上年度专项资金使用结余情况等因素后进行统筹安排。

第二十八条　政策性担保专项资金由担保公司受托管理，实行专户管理，专款专用。

第二十九条　各区、各园区管委会、各行业主管部门等部门设立担保风险补偿专项资金，用于补贴专项担保产品担保费率，降低金融机构的风险分担比例，调动金融机构的积极性，扩大担保规模。

第三十条　中小微企业连续欠息达3个月以上或贷款到期后1个月内未偿还本金，金融机构追索未果的，即可向担保公司发出履行代偿责任通知书。

担保公司在收到金融机构的履行代偿责任通知书后，根据相关合作协议和担保合同的约定，计算确认风险承担比例并先予代偿。担保公司履行代偿责任后，政策性担保专项资金、担保风险补偿专项资金分别按相关规定予以补偿。

第三十一条　担保公司应在每年度结束后的一个月内就专项资金的支出、代偿回收情况向同级金融工作部门、财政部门以及参与多方合作模式的各区、各园区管委会、各行业主管部门等部门提交年度报告。

第三十二条　金融工作部门、财政部门及各区、各园区管委会、各行业主管部门等部门应加强对政策性担保专项资金、担保风险补偿专项资金的财务监督，于每年第一季度委托中介机构对担保公司上年度的合作代偿情况（包括担保金额、实际代偿额、追回的代偿金额等）、专项资金使用合规性等进行专项审计，经过复核并报本级政府批准后对代偿损失部分予以核销。

第三十三条　政策性融资担保代偿损失政府承担的部分，市级政策性担保公司项目由市财政承担，区级政策性担保公司项目由所在区财政承担，区政府推荐给市级政策性担保公司承保的项目，由市、区两级按现行财政体制分担。

第三十四条　政策性融资担保业务进行代偿后，担保公司和金融机构按照合同约定及相关法律法规对被担保企业和反担保方进行追偿，追偿所得扣除追偿费用后按照代偿分担比例返还各方。

第八章　风险管理

第三十五条　担保公司应不断推进风险管理体系建设，完善内控机制，加强对区域（行业）和客户的风险研判，提高风险识别、评估、控制和化解的水平，防范信用风险、市场风险、操作风险、流动性风险等风险。

第三十六条　担保公司应按规定足额计提和使用未到期责任准备、担保赔偿准备金，提高风险拨备覆盖水平，加大担保不良资产清收和追偿力度，降低流动性风险。

第三十七条　政策性融资担保业务中，中小微企业的法定代表人、控股股东或实际控制人原则上应提供连带保证责任反担保。

第三十八条　金融机构和担保公司按照各自的管理规定，对中小微企业的日常经营活动进行贷后跟踪检查，建立信息沟通机制。中小微企业应积极配合，如实提供所需的资料和信息，认真履行还款义务。

第三十九条　中小微企业未按期还本付息，金融机构和担保公司应及时核实企业还款能力，采取措施保全或追偿。

第四十条　担保公司应建立代偿前审查机制，对担保公司的尽职调查金融机构应予配合。对金融机构超过约定担保责任限额的贷款，担保公司不予代偿。

第四十一条　金融机构和担保公司应建立风险监测机制、合作暂停机制。当单个金融机构开展的政策性融资担保业务年度代偿率超过5%时，担保公司应暂停该金融机构新增政策性融资担保业务。在查清原因、落实整改措施、确保风险可控的基础上，报同级金融工作部门、财政部门批准后，方可恢复该金融机构的政策性融资担保业务。

第九章　配套机制

第四十二条　金融工作部门会同财政部门按年度对金融机构政策性融资担保业务规模、增幅、风险控制水平等情况进行业绩排名，排名情况与政策性融资担保额度、财政性资金存放等相挂钩。

第四十三条　根据政策性融资担保业务开展情况，适时补充担保公司资本金，壮大担保公司实力，提升政策性融资担保能力，不断扩大担保规模。

第四十四条　担保公司开展的政策性融资担保业务可按“就高不重复”原则享受我市有关融资担保公司的业务奖励和担保费率补助等扶持政策。

第四十五条　政策性融资担保业务项下的不良资产，除运用司法手段进行处置外，担保公司可牵头会同相关债权方按照相关管理规定，通过打包出让方式实现快速处置。

担保公司处置的不良资产总额超过当年末担保赔偿准备金余额时，应报本级财政部门审批同意后方可实施。

第四十六条　政策性融资担保业务项下已进入司法执行阶段满1年仍未收回的不良担保贷款，担保公司可用担保赔偿准备金进行坏账核销。

第十章　考核机制

第四十七条　建立政策性融资担保绩效评价考核体系，着重考核担保公司政策性融资担保余额、放大倍数、扶持小微企业数量、担保费率、风险控制等指标，考核结果与担保公司负责人薪酬、扶持政策等相挂钩。

第四十八条　政策性融资担保业务发生不良的，按照“尽职免责”原则，在担保项目真实、合规、准确、有效的前提下，对于已勤勉尽责的人员可按担保公司或金融机构中小微企业授信尽职免责相关规定免于追究责任。

第四十九条　经专项审计确认存在以下情形的，政策性担保专项资金及担保风险补偿专项资金不予代偿补偿，并对担保公司相关责任方予以追责：

（一）贷款担保时，被担保企业未依法注册登记，或注册未满半年的；

（二）贷款担保审核不到位，未发现被担保企业及其法定代表人、控股股东、实际控制人在金融机构、执法部门等存在本办法第五条所述的不良信用记录的；

（三）贷款担保时，未按规定要求非国有企业法定代表人、控股股东或实际控制人提供连带保证责任反担保的；

（四）未落实合同约定的放款条件签发担保生效或同意放款通知书的；

（五）为涉及房地产项目投资或股票、期货、外汇等高风险证券投资的中小微企业提供担保的；

（六）对同一被担保企业及其关联方的融资担保余额超过2000万元，年化担保费率超过1.5%，贷款利率超过基准上浮40% 的；

（七）贷款代偿后，未按规定进行追偿的。

第十一章　附 则

第五十条　市、区两级政策性融资担保公司适用本办法。

第五十一条　各部门现行的中小微企业融资贷款风险分担政策统一按本办法执行，原已实施的有明确期限的合作协议可实施至期满为止。科技型中小微企业、农业中小微企业的政策性融资担保政策由市科技局、市财政局等相关部门另行制定。

第五十二条　本办法由市金融办会同市财政局负责解释。

第五十三条　本办法自2018年11月1日起施行，有效期3年。

厦门市人民政府关于推进企业上市的意见

厦府〔2016〕362号

各区人民政府，市直各委、办、局，各开发区管委会，市企业上市工作领导小组各成员单位：

为贯彻落实《国务院关于进一步促进资本市场健康发展的若干意见》（国发〔2014〕17号）、《福建省人民政府关于加快推进企业上市的意见》（闽政〔2007〕13号）以及《福建省人民政府办公厅关于进一步做好我省企业上市工作的实施意见》（闽政办〔2010〕21号）等文件精神，积极有效利用资本市场，推动企业改制上市，促进上市公司发展，结合我市实际，制定本意见。

一、明确上市目标

本着“企业自愿、市场主导、政府推动”的原则，按照“储备一批、培育一批、改制一批、辅导一批、申报一批、上市一批”的工作思路，坚持企业改制上市与推动投融资体制改革、实现产业结构优化升级、促进建立现代企业制度相结合，力争到“十三五”期末，全市境内上市公司超过50家，境外上市公司超过30家，新三板挂牌公司超过200家，区域性股权交易市场挂牌公司超过3000家。

二、完善服务机制

（一）成立厦门市企业上市工作领导小组，负责研究制定企业改制上市的规划以及企业改制上市的重大政策措施，协调企业改制上市重大事宜。建立企业上市工作联席会议制度和上市工作目标责任制，把直接融资摆在与招商引资同等重要的位置，本着“一企一议”原则，及时帮助企业解决改制上市工作中的具体问题。领导小组下设办公室（以下简称“上市办”），挂靠市金融办。

（二）市财政每年在年度预算中安排专项资金，落实推进企业上市各项扶持措施。

（三）开辟上市“绿色通道”。各区、各部门要树立主动服务意识，完善规章制度，规范业务流程，公开办事规则，兑现服务承诺，提高工作透明度，为企业改制上市提供高效、通畅、便捷的服务。对企业在改制上市过程中，凡涉及审批事项或者出具相关证明的，有关部门要给予“绿色通道”，上市办要全程跟踪，限时办结。对企业改制上市中遇到的因历史原因造成的产权不清晰、用地手续不全、企业帐物不符、财务报表不实、劳动用工不规范等共性问题，各职能部门要结合实际，积极研究灵活的解决办法，为企业改制上市创造条件。

（四）建立拟上市企业资源库。进入拟上市企业资源库的上市后备企业的条件是：

1. 股份有限公司或有限责任公司，基本符合上市要求；

2. 生产经营和上市募集资金投向符合国家、省市产业政策和环保要求；

3. 盈利能力强、成长性高、发展前景好；

4. 法人治理结构健全、运作较为规范，近三年内无违法违规行为；

5. 有近三年内上市的设想及初步方案。

上市后备企业采取企业申报、部门举荐、上市办审核的办法择优遴选。

（五）大力支持证券中介服务机构来我市开展业务。大力吸引并支持境内外著名证券中介机构来我市设立总部、分支机构，金融类中介机构可按照《厦门市人民政府关于促进金融业加快发展的意见》（厦府〔2015〕27号）有关规定执行；支持境内外证券公司、会计师事务所、律师事务所、资产评估机构积极参与我市企业改制上市。

三、实施政策扶持

（一）鼓励企业通过境内外多渠道上市及再融资

1. 企业经厦门证监局辅导备案，市政府给予上市工作经费一次性30万元补助。企业向中国证监会提出发行上市申请并被正式受理的，市政府给予上市工作经费一次性70万元补助。

2. 对在厦门注册的企业依法在境内外证券市场上市后，按照融资金额（包括首次融资、再融资扣除发行费用后的金额，下同）给予奖励。奖励标准为：融资金额在10亿元（含）人民币以上或等值外币的，一次性奖励150万元；融资金额在5亿元（含）~10亿元人民币或等值外币的，一次性奖励100万元；融资金额在2亿元（含）~5亿元人民币或等值外币的，一次性奖励50万元；融资金额在5000万元（含）~2亿元人民币或等值外币的，一次性奖励25万元。上述企业募集资金的40%（含）以上在本市投资的，再给予同档次同等金额的奖励。

3. 企业以存在控制关系的境外公司实现间接上市的，参照享受已出台的各项扶持企业上市的优惠政策。

4. 企业按规定异地“买壳”或“借壳”上市后，将注册地迁回本市并承诺十年内不迁离的，一次性奖励200万元；其中，主要生产经营地设在厦门并承诺十年内不迁离的，一次性奖励300万元。

（二）鼓励企业到新三板和区域性股权交易市场挂牌融资

1. 非上市股份有限公司依法进入全国中小企业股份转让系统（新三板）基础层挂牌并交易的，一次性奖励30万元；依法进入新三板创新层挂牌并交易的，一次性奖励50万元；基础层的挂牌公司首次调整进入创新层后，一次性奖励20万元。对在新三板挂牌并交易的我市企业按照境内外证券市场上市的注册地在厦门企业融资奖励的同等标准给予奖励。

2. 企业完成股改，并在总部注册于厦门的区域性股权交易市场挂牌并交易的，一次性奖励30万元；完成股改并在厦门以外区域性股权交易市场挂牌并交易的，一次性奖励10万元。

（三）企业在改制上市涉及资产重组过程中，通过合并、分立、出售、置换等方式，将全部或者部分实物资产以及与其相关联的债权、负债和劳动力一并转让给其他单位和个人，对其中涉及的不动产、土地使用权转让行为不征收增值税。

（四）上市后备企业在改制过程中，因盈余公积金、未分配利润转增股本而缴纳的个人所得税，市、区受益的部分由市、区财政部门予以全额扶持。

（五）企业因改制、重组、并购而涉及到土地使用证、房产证、车船使用证、给排水及供电计划指标、资质等级、自有工业产权等过户时，对企业法人代表及实际控制人没有发生变化的，只收取登记费，免收变更、过户交易服务费。对国有企业改制上市在补办土地使用权出让手续中，涉及土地出让金的优惠政策，依照《福建省人民政府办公厅关于进一步规范省属单位土地资产处置的通知》（闽政办〔2007〕91号）执行。

（六）上市后备企业申请上市募集资金投资项目用地，除国家规定的属于公开招标拍卖挂牌用地之外，优先办理报批手续。企业上市募集资金投资项目，凡符合国家和省市产业政策导向的，优先纳入或者上报纳入重点项目盘子。对列入国家或者省市规划、具有稳定收益的重点建设项目，在同等条件下优先选择有投资意向的上市公司作为投资方。

（七）在同等条件下，优先支持上市公司利用上市募集资金参与市政基础设施、社会事业等公共项目建设；优先向国家、省推荐上市公司和上市后备企业申报高新技术企业、技术创新企业资格；优先对上市公司和上市后备企业安排或者向国家、省申报各类科技计划（专项）、国家高技术产业项目配套资金、科技创新与研发资金、创业投资引导基金、中小企业发展专项资金等各类政策性扶持资金。

（八）各级政府性投融资项目建设中需使用的设备、材料等物资在招标采购时，本市上市公司和上市后备企业能够提供的，按照厦门市人民政府办公厅《关于支持地产工业品开拓市场的若干意见》（厦府办〔2009〕103号）精神，同等条件下给予优先采购选用。

（九）鼓励上市公司和上市后备企业投资高新技术项目、重点技术改造项目，按规定享受相关优惠政策。

（十）有明确上市时间表且有合理资金需求的上市后备企业，我市金融机构要优先予以支持；鼓励有条件的上市后备企业通过发行债券、短期融资券和中期票据融资。

（十一）上市公司和上市后备企业引进人才，在户籍迁移、人事关系挂靠、子女就学、住房安置等方面给予优先照顾，具体扶持政策按照我市有关人才政策执行。

（十二）上市后备企业和上市公司中符合条件并能提供相关证明材料的台湾居民，可办理1至5年居留签注；外籍人员及其随行的配偶、父母和未满

18周岁的子女，持 Z 字签证入境并能提交符合规定的相关证明材料的，可办理1至5年居留许可。

四、其他

（一）本意见由市金融办负责解释。各区人民政府、开发区管委会、市有关部门根据本意见，结合本区、本部门实际和各自职能，制定具体工作措施和实施办法，并报市金融办备案。

（二）享受本意见奖励或补贴的企业不履行承诺的义务或者采取弄虚作假等手段骗取优惠政策的，按有关规定收回已享受的奖励或补贴，并在三年内取消申请本意见奖励资格。涉嫌犯罪的，依法追究法律责任。

（三）本意见自文件发布之日起施行，有效期5年。2016年开始辅导备案及上市的企业可适用本办法的相应优惠政策。《厦门市人民政府关于推进企业上市的意见》（厦府〔2013〕28号）同时废止。

厦门市人民政府

2016年11月23日

（此件主动公开）

厦门市人民政府办公厅关于印发进一步加强高技术高成长高附加值企业骨干员工住房保障若干意见的通知

厦府办〔2019〕69号

各区人民政府，市直各委、办、局，各开发区管委会：

经市政府研究同意，现将《关于进一步加强高技术高成长高附加值企业骨干员工住房保障若干意见》印发给你们，请认真组织实施。

厦门市人民政府办公厅

2019年7月24日

关于进一步加强高技术高成长高附加值企业骨干员工住房保障若干意见

为进一步加强本市高技术、高成长、高附加值企业（以下简称“三高”企业）骨干员工住房保障，促进经济社会高质量发展，根据《中共厦门市委、厦门市人民政府关于高技术、高成长、高附加值企业倍增计划的实施意见》（厦委发〔2019〕17号）等规定，提出如下意见：

一、适用对象

本意见所称“三高”企业骨干员工，是指在经厦门市有关行业主管部门所确定的“三高”企业中，当年度工资及薪金收入（以税务部门提供的应税数额为准）达到厦门市统计部门公布的厦门市上一年度城镇非私营单位在岗职工平均工资的1.5倍，且距法定退休年龄5年及以上，并符合下列条件之一的员工：

（一）具有本科及以上学历（或同等学位），在该“三高”企业连续工作时间满 12 个月（连续工作时间以缴纳社会保险为凭，下同）；

（二）具有中级及以上职称（含可对应的专业技术职业资格）在该“三高”企业连续工作时间满12个月；

（三）具有高级工职业资格且在该“三高”企业连续工作时间满24个月；

（四）具有技师及以上职业资格且在该“三高”企业连续工作时间满12个月；

对于不符合前款规定的学历（学位）、职称（职业资格）条件，但在该“三高”企业连续工作时间满12个月且达到年工资和薪金收入要求，经该“三高”企业认定的，也可视同为骨干员工，在不突破该“三高”企业可获得配租配售份额的前提下，该类人员可参照享受骨干员工住房保障政策。对于配售商品房的，视同骨干员工的人员总数不得超过该“三高”企业实际享受数的20%。

二、公共租赁住房保障

（一）市、区人民政府，各园区管委会可根据实际需要，在产业园区、工业集中区内及其周边，通过建设、收购等形式集中配置公共租赁住房，优先用于解决各产业园区、工业集中区企业骨干员工的居住需求。

公共租赁住房建筑面积一般控制为：单间公寓30平方米左右，一房型45平方米左右，二房型60平方米左右，三房型70平方米左右，以一房型和单间公寓为主。

（二）各区人民政府、各园区管委会可根据企业规模、水平、成长性和贡献，综合考虑职住平衡和公共租赁房房源实际，为“三高”企业切块配租一定数量区级公共租赁住房。区级公共租赁住房数量不足的，可由各区人民政府、各园区管委会向市级运营企业申请，调剂部分市级公共租赁住房作为补充。

（三）各区人民政府、各园区管委会可自行制定管理办法，为未获得切块房源的“三高”企业单独批次配租区级公共租赁住房。

（四）“三高”企业在本企业内部无异议的前提下，自主制定本企业公共租赁住房切块房源的分配方案，配租对象为符合本意见规定的骨干员工。

此外，经企业确认属企业急需的、具有本科以上学历（学位）入职不满一年的员工，经企业书面确认并承诺不增加切块租赁房源或单独批次配租房源数量的前提下，可进一步放宽视同为骨干员工，予以配租。

由企业集体配租的应符合在厦无住房的条件，可不受本市户籍限制。拟入住人员名单经企业确认后，应报送公共租赁住房运营管理机构进行员工基本条件复核，符合相关租住规定条件的，按批次租赁方案的要求办理相关入住手续，并纳入市、区相应公共租赁住房管理信息系统。

（五）“三高”企业骨干员工租赁公共租赁住房的其他事宜，适用市级、区级公共租赁住房管理的一般规定。

三、保障性商品房保障

（一）每年初，各区人民政府、各园区管委会、市发改、工信、科技、商务部门可根据企业发展和招商工作情况，向市住房部门提出保障性商品房配售需求。由市住房部门根据当年保障性商品房房源实际情况，商市财政、资源规划等部门研究后，提出当年度各行业“三高”企业保障性商品房切块分配方案，报经市政府同意，纳入全市保障性商品房分配的总体年度计划。

保障性商品房建筑面积一般控制为：二房型60平方米左右，三房型70平方米左右。

（二）各区人民政府、各园区管委会可以根据“三高企业”的实际情况，向行业主管部门提出房源配售安排建议。各行业主管部门经与市住房局会商后，提出本行业“三高”企业的切块配售方案并予以实施切块分配。如房源需求总量较大、或者存在复杂情况的，应由各行业主管部门商市住房局后提请市政府研究。

（三）“三高”企业在本企业内部无异议的前提下，自主制定本企业保障性商品房切块房源的分配方案，分配对象为具有本市户籍的符合本意见规定的本企业骨干员工，骨干员工申请家庭（含配偶及未成年子女，可不受本市户籍限制）应符合在厦无住房、房产转让行为满5年等申购保障性商品房的条件。单身员工可不受年满35周岁的限制。

骨干员工申请家庭分配名单经“三高”企业确认，报送行业主管部门汇总，每年7月底前行业主管部门将汇总名单发函市住房保障中心，由市住房保障中心统一发函市人社、公安、税务等部门按各自职责复核骨干员工的学历、职称、社保、户籍、工资薪金等基本条件；由市住房局会同市资源规划局复核骨干员工申请家庭在厦住房等情况。综合上述各部门复核情况，纳入保障性商品房单独批次审核结果并向社会公示。对符合配售条件的，按保障性商品房配售程序办理相关手续，交房入住后的使用、退出、监督管理等事项按保障性商品房规定执行。

“三高”企业切块分配房源在1年内未能配售的，由市住房部门收回。

（四）市住房局在全市统一分配的保障性商品房房源中划出一定比例，针对未纳入切块分配保障性商品房的“三高”企业，根据实际房源情况安排单独批次配售给骨干员工。具体受理审核流程参照本意见执行，在批次配售方案中明确。

（五）符合厦门市 A、B、C 类高层次人才条件的，按厦门市高层次人才有关规定执行。

四、其他

（一）同一骨干员工适用多种住房保障政策时，只能选择其一享受。

（二）对不按规定弄虚作假违规配租配售的企业，由市住房局、人社局纳入不诚信名单，视违规情况，将对该企业配租配售住房资格进行限制，乃至取消资格。

（三）本意见由市住房局、市人社局负责解释。本意见与之前市政府颁布施行的相关规定不一致的，以本意见为准；本意见未规定事项，按市政府相关规定执行。

（四）本意见自印发之日起施行。

厦门市人力资源和社会保障局
厦门市财政局
关于印发加强企业人力资源服务
支持实体经济发展意见的通知

厦人社〔2019〕52号

各区人社局、财政局：

《关于加强企业人力资源服务支持实体经济发展的意见》已经市政府同意，现印发给你们，请认真贯彻执行。

厦门市人力资源和社保障局
厦门市财政局
2019年3月22日

关于加强企业人力资源服务
支持实体经济发展的意见

为认真贯彻市委、市政府“企业服务年”的部署，针对我市企业用工总量不足、对外依赖程度高、流动性大等特点，就加强企业人力资源服务，支持实体经济发展提出如下意见：

一、支持企业发挥主体作用

1. 支持重点企业根据企业生产经营需要和订单、市场变化，采取灵活用工方式，包括劳动合同用工和劳务派遣用工，全日制和非全日制用工。根据生产特点，实行标准工时、综合工时和不定时工时等适应不同要求的工时制度，在保障劳动者权益的前提下满足企业用工需要。

2. 支持重点企业利用政府建设的省内外劳务输入基地和村居招聘网点开展招工招才。重点企业可通过我市人社部门的厦门市重点产业人力资源服务平台，在我市省外劳务输入基地和省内村居招聘网点发布招聘需求信息。省外劳务输入基地和省内招聘网点为重点企业输送初次来厦，在重点企业就业、办理就业登记并缴交社保、在同一企业连续工作3个月以上的，经省内外劳务输入基地、村居招聘网点确认后，给予劳务输入基地和招聘网点最高2000元/人的奖励。

3. 支持企业自主招工招才。企业自主招收初次来厦就业和本市新成长的劳动力，办理就业登记并缴交社保、在同一企业连续工作3个月以上的，给予企业500元/人一次性奖励。

4. 支持重点企业利用校企合作、新型学徒制的鼓励政策加强用工保障。由人社部门负责，有计划开展校企合作活动，搭建校企合作平台。对企业完成学徒年度培训任务并经考核鉴定合格的，给予企业培训补贴。具体补贴标准另行制定。

5. 支持企业增强员工的稳定性。对上年度未裁员或净裁员率低于我市年末城镇登记失业率的企业，按该企业及其职工上年度实际缴纳失业保险费总额的50% 给予稳岗补贴，从失业保险基金中支付。

6. 支持重点企业利用我市技能培训“一企一策”政策，结合岗位技能提升，开展技能培训。根据市人社局、市财政局《关于支持重点企业开展“一企一策”职工职业技能培训的意见》（厦人社〔2017〕9号）规定，企业组织员工开展技能培训，经考核合格的，按照不同工种标准，给予企业800元~3940元/人的培训补贴。

7. 支持企业利用我市在职员工技能提升培训政策，结合用工周期，组织员工参加技能提升培训服务员工成长。根据市人社局、市财政局《关于调整职业技能培训补贴事项的通知》（厦人社〔2015〕69号）规定，企业在职员工参加企业组织的技能提升培训，员工取得职业资格证书的，按照初级工、中级工、高级工、技师、高级技师，分别给予个人600～3000元/人的培训补贴和全额的职业技能鉴定费补贴。

8. 支持企业开发特殊群体人力资源，减降用人成本。企业招用纳入政府帮扶的就业困难人员，给予企业社会保险补贴。补贴标准为：以就业困难人员实际缴费基数（最高不超过上年度全市在岗职工月平均工资的60%）计算的企业应支付的基本养老保险、基本医疗保险和失业保险费用之和。补贴期限：企业招用就业困难人员给予企业社会保险补贴的期限与就业困难人员从事灵活就业享受社会保险补贴的期限合并计算，在就业困难人员距国家法定退休年龄超过5年之前，累计不超过36个月；在就业困难人员距国家法定退休年龄不足5年期间，累计不超过60个月。

企业招收本市农村劳动力，给予企业社会保险差额补助。补助标准为：企业按照实际缴费基数（最高不超过上年度全市在岗职工月平均工资的60%）计算的企业应支付的基本养老保险、基本医疗保险和失业保险费用之和与按照外来员工缴费基数计算的企业应支付的基本养老保险、基本医疗保险和失业保险费用之和的差额。补助期限按照本市农村劳动力在企业就业时间计算。

9、鼓励企业加强院校毕业生资源开发。企业为厦门生源及在厦大中专院校（含中等职业院校、技校）的2年内未就业毕业生提供见习岗位，给予见习人员见习生活补助，补助标准为1980元/人/月，见习期不超过1年。

企业招收应届院校毕业生，办理就业登记、缴交社保并连续工作3个月以上的，给予企业社会保险补贴，补贴期限连续计算，最长12个月。其中招收本市户籍毕业生的，以实际缴费基数（最高不超过上年度全市在岗职工月平均工资的60%）计算的企业应支付的基本养老保险、基本医疗保险和失业保险费用之和，给予企业补贴；招收非本市户籍毕业生的，按照外来员工缴费基数计算的企业应支付的基本养老保险、基本医疗保险和失业保险费用之和，给予企业补贴。

二、支持人力资源服务企业加强对我市企业的人力资源服务

10、支持我市人力资源服务企业按照自愿原则参与我市省内外劳务输入

基地和村居招聘网点的建设、运营，帮助我市重点企业引进人力资源。对帮助我市重点企业招聘引进市外人力资源，符合本意见第2条用工规定的，经省内外劳务输入基地、村居招聘网点确认后，给予最高2000元 / 人的奖励。

参与我市省内外劳务输入基地和村居招聘网点建设、运营的人力资源服务企业事先经由市人社局统一备案，实行协议管理。

11. 支持我市人力资源服务企业开展行业用工调剂服务，帮助阶段性、短期性有富余员工的重点企业稳定员工队伍，降低企业人力资源成本。对根据员工富余企业要求，通过市人社局用工调剂平台一次性调剂20人以上、调剂用工时间3个月以上的，按照每人500元的标准给予奖励。

12. 支持我市人力资源服务企业帮助我市企业招聘高端人才。企业委托人力资源服务企业采取猎头方式猎聘高端人才，事先经市人社局备案、成功招聘的，按照猎头费用10% 标准给予人力资源服务企业奖励；给予用人企业40% 的猎头费用补贴。

13. 引导我市人力资源服务企业围绕我市产业发展和企业需求开展业务经营。加强人力资源储备，通过人员招聘、人事管理、岗前培训等方式服务我市企业。对服务我市企业成效突出的，由人社部门按照我市支持人力资源服务企业发展政策给予奖励。

三、加强宏观引导，增强服务企业发展的合力

14. 市、区两级人力资源公共服务机构举办或开展的线下市场招聘、外出招聘、校园招聘、校企合作活动时，优先安排重点企业参加，优先保障重点企业的招聘需求。企业派员参加（每个企业每次限2人）市、区人社部门组织的市外招工、招聘活动，所发生的交通费、住宿费由人社部门补贴50%，招聘活动费用统一由主办方承担。伙食费，场地布置费、招聘信息宣传费、招聘简章印刷费、租车费等与外出招聘、校园招聘和校企合作活动有关的费用，由市、区人社部门从招工专项经费列支。

企业在市、区两级公共人力资源服务机构举办的线上平台发布招聘信息一律免费，在所属的线下人力资源市场开展招聘，一律免进场费和摊位费，并由同级财政对未纳入财政核拨经费的公共职业介绍机构按《福建省物价局关于重新制定职业介绍等服务收费的复函》（闽价服〔2007〕329号）文件规

定的标准予以据实补助。

15. 支持我市行业协会、产业协会、企业联盟等机构参与我市省外劳务输入基地和省内村居招聘网点的建设、运营，帮助我市重点企业引进人力资源。对帮助我市企业招聘引进市外人力资源，符合本意见第2条用工规定的，经省内外劳务输入基地、村居招聘网点确认后，给予最高2000元 / 人的奖励。

16. 引导市、内外高校、职业院校和技工院校与我市重点企业开展校企合作。对学校一次性组织30名以上在校学生在我市同一重点企业实习3个月以上的，给予学校500元 / 人的实习工作经费补贴。

17. 由市人社局牵头，出台用工调剂涉及的用工管理、劳动关系、社会保障等方面的规范指引，引导建立企业、职工、社会共赢的和谐劳动关系。

18. 加强人力资源市场监管。加强我市人力资源服务企业的事中事后监管、评价和信用体系建设；加强全市范围人力资源市场监管和执法，严厉打击损害我市用工企业利益、哄抬人力资源服务价格、违规招聘、影响我市企业稳定用工等扰乱我市人力资源市场秩序的行为。

四、附则

19. 本意见所称重点企业包括：市台办确认的重点台资企业；市科技局确认的国家级高新技术企业；市总商会确认的重点民营企业；市自贸委确认的重点企业或项目；市发改委确认的未来三年有条件上市、市值可达百亿以上的成长型企业；市经信局确认的重点工业企业、规模以上工业企业、成长型中小微企业和“专精特新”小微企业；市商务局确认的重点服务业企业和新竣工投产的重点企业；市农业局确认的重点农业产业化企业和合作社；市属国有企业；各区、自贸委和厦门火炬高新区管委会确定的需要重点支持发展的企业或项目；省人社厅确认的我市省级龙头企业；市委、市政府确定的需要重点支持发展的企业或项目。

20. 本意见自2019年1月1日起实施，有效期五年，由市人力资源和社会保障局、市财政局负责解释；实施中涉及的具体标准、操作规程等事项由市人社局制定；之前相关规定与本意见不一致的，按本意见执行；鼓励各区结合本区实际情况，出台本区加强企业人力资源服务的政策措施。